WTO 무역기술장벽 대응체제와 표준정책

WTO 무역기술장벽 대응체제와 표준정책

초판 1쇄 인쇄 2019년 11월 15일
초판 1쇄 발행 2019년 11월 20일

편저자 안덕근·김민정
펴낸이 오세정
펴낸곳 서울대학교출판문화원

출판등록 제15-3호

주소 08826 서울 관악구 관악로 1
대표전화 02-880-5252 | 팩스 02-889-0785
도서 주문 02-889-4424, 02-880-7995
이메일 snubook@snu.ac.kr
홈페이지 www.snupress.com

ISBN 978-89-521-2896-6 93320

이 저서는 산업통상자원부 국가기술표준원 2018년 무역기술장벽(TBT) 대응역량 강화 사업의 지원을 받아 수행된 연구입니다.

WTO
무역기술장벽 대응체제와 표준정책

안덕근·김민정 편저

서울대학교출판문화원

추천의 말

지난 2018년에 우리나라는 사상 최초로 수출 6천억 달러를 달성하였습니다. 국가경제를 외국과의 무역에 전적으로 의존하고 있는 우리나라는 이러한 수출 동력을 지속적으로 유지하여 미국, 중국 등은 물론 근래 들어 급성장하고 있는 인도, 아세안 등 신흥국들과의 경쟁에서 우위를 차지할 수 있도록 통상·무역 촉진에 온 힘을 기울여 나아가야 할 시점입니다.

그런데 연초부터 여러 경제전문기관과 언론들이 앞으로는 우리나라가 이러한 수출증가세를 계속 유지하기 어려울 것이라는 부정적인 전망을 내놓고 있습니다. 이렇게 진망하는 기장 큰 이유는 미국, 중국 등 주요국들의 무역경쟁에서 비롯하여 전 세계로 확산되어 가고 있는 보호무역주의 때문입니다. 그중 특히 우리 기업들을 가장 직접적으로 괴롭히는 것은 각국이 외국 제품의 시장 진입을 방지하고 자국의 산업을 보호하기 위하여 시험·인증제도 등을 까다롭게 운영하는 기술규제(무역기술장벽, Technical Barriers to Trade: TBT)입니다.

일례로 2017년에 아프리카의 한 나라가 에어컨의 에너지 성능 시험을 위한 기후 조건을 특이하게 설정하는 바람에 우리나라 삼성, LG 등의 에어컨 수출이 근 1년 동안 중단된 적이 있습니다. 그 이전에는 중동의 다른 나라에서 에너지 라벨의 시한이 만료되었다는 이유로 우리나라 가전제품을 싣고 입항한 선박의 하역 작업을 거부했던 사례도 있습니다. 물론 그 이후 정부가 나서서 상대국가와 협상 끝에 문제를 해결했지만, 사소한 시험 조건이나 인증서 양식만 바꾸어도 그 시장으로의 수출길이 막힐 정도로 기술규제는 기업들이 대처하기 까다롭고 그 영향이 치명적입니다.

2018년 WTO(World Trade Organization, 세계무역기구) 회원국들이 협정에 따라 통보하는 TBT 통보문이 3,000건을 넘어서며 WTO 출범 이후 최고치를 기록하였고, 개도국들이 비공개로 시행하는 숨은 규제 건수도 급격하게 증가하고 있습니다. 이러한 무역기술장벽은 우리 상품의 수출과 신시장 개척에 큰 부담으로 작용하고 있습니다. 따라서 수출 증가세를 회복하고 산업경쟁력을 확보하기 위해서는 각국의 보호무역주의로 인한 불합리한 기술규제를 극복하는 것이 국가적 과제라 하겠습니다.

그간 정부는 국가기술표준원을 중심으로 외국의 무역기술장벽이 우리 기업의 수출과 해외시장 개척에 장애가 되지 않도록 다각적으로 지원 활동을 전개해 오고 있습니다. WTO TBT 위원회에서 외국 대표단과 불합리한 기술규제 해소 방안에 관하여 협의하고 있으며, 관련 업계에 기술규제 정보를 제공하고, 설명회 개최, 컨설팅 실시 등을 통하여 기업의 애로 사항을 적극적으로 해소하고 있습니다. 보다 중장기적인 TBT 대응전략을 논의하고 수립하기 위하여 산·학·연·관 전문가들로 구성된 TBT 정책 포럼도 운영 중입니다. 또한 업계 실무자와 대학생을 대상으로 한 전문적인 TBT 교육과 인식의 저변을 확대하는 노력도 지속적으로 전개하고 있습니다.

이러한 맥락에서 이 책 『WTO 무역기술장벽 대응체제와 표준정책』을 발간하게 된 것을 매우 환영합니다. 특히 이 책은 학계, 연구계, 업계 등 각계 전문가들이 WTO 체제의 TBT 분쟁과 대응체계, 우리나라의 TBT 대응체계와 비관세장벽 대응을 위한 산관 협력 과제, 더 나아가 자동차, 의료기기 등 주요 산업별 표준과 무역기술장벽 현황, 주요 국가별 표준정책의 특징과 TBT 과제 등을 종합적으로 정리한 데에 그 의의가 크다고 하겠습니다.

이 책의 발간이 계기가 되어 TBT에 관한 학계의 이해와 관심을 높이고 관련 교육 및 연구가 활성화되기를 기원합니다. 아울러 TBT 대응과 관련하여 어려움을 겪고 있는 수출업계에 도움이 되고, 관련 정부 부처의 TBT 대응정책 수립에 유용한 지침서가 되기를 바랍니다.

날로 불확실성이 증대하고 국가 간 갈등이 격화되는 글로벌 통상환경에서 정부, 산업계, 학계가 힘을 모아 무역기술장벽이라는 보호무역주의의 파고를 넘어 우리 경제의 성장과 산업경쟁력을 강화해 나가기를 소망합니다.

2019년 11월

국가기술표준원장 이승우

머리말

이 책은 보호무역이 강화되고 있는 최근의 글로벌 무역 환경에서 핵심적인 통상 현안으로 제기되는 무역기술장벽(Technical Barriers to Trade: TBT)의 대응체제와 쟁점을 다루고 있다. 구체적으로 세계무역기구(World Trade Organization: WTO) 다자무역체제하에서 무역기술장벽이 발생하는 근본적인 원인과 유형을 국가별·산업별 표준정책 사례를 통하여 제시하고, 현행 대응체제를 발전시키기 위하여 고려해야 할 쟁점을 다각도에서 논의한다는 점에 그 의의가 있다. 본문은 WTO 무역기술장벽 대응체제와 표준정책이라는 주제를 중심으로 크게 3부로 구성되어 있다.

제1부는 국제통상체제에서의 TBT 대응체제를 설명하고 우리나라 대응체제의 주요 쟁점과 향후 발전과제를 논의한다. 제1장은 WTO 다자무역체제에서 제기된 TBT 분쟁의 특징을 설명하고, 우리나라가 TBT 분쟁에 적극적으로 대처하기 위해서 고려해야 할 절차적 선결 과제와 역량 강화 방안에 대하여 논의한다. 제2장과 제3장은 우리나라 TBT 대응체제의 문제점과 발전과제를 구체적으로 분석하고 시사점의 도출을 주요 내용으로 한다. 특히 제2장은 우리나라의 TBT 대응체계가 발전해 온 경위와 특징, 그간의 활동 및 성과를 설명하고, 현 제도상의 문제점을 경제적·법적 이론을 바탕으로 분석한다. 제3장은 TBT가

비관세장벽의 대표적인 유형이라는 점에서 우리나라 비관세장벽 대응 체제를 다루는데, 구체적으로 우리나라의 산-관 협력체계가 구축되어 온 양상을 설명하고 이를 미국과 유럽연합(EU)의 산-관 협력체계와 비교 분석하여 향후 우리 제도의 발전 방향과 시사점을 제시한다. 제4장은 우리나라 TBT 대응체제가 사후적 접근에 치중되어 있다는 문제점을 보완하고, 사전적(ex-ante) 대응 강화와 국제 협력 및 협상에 기반을 둔 제도로 거듭나기 위해서 최근 활발하게 진행되고 있는 국제 규제협력의 특징과 시사점을 논의한다.

제2부는 주요 산업별 표준정책과 TBT 쟁점을 논의하고, 이와 관련된 우리나라 대응체제에 대한 시사점 제시로 구성된다. 제5장부터 제8장까지는 우리나라 무역에서 중요도가 높은 자동차, 의료기기, 정보통신, 식품산업 분야를 선정하여, 각각의 산업표준 발전에서 나타난 특징과 세계 수출시장에서 제기되는 TBT 쟁점을 분석한다. 각 장은 다음과 같은 공통적인 기본틀에 따라 논의가 전개되는데, 우선 해당 분야의 핵심적인 표준정책의 특징을 설명하고, 다음으로 TBT 분쟁과 대응 쟁점을 분석하며, 결론에서 우리나라 대응체제 발전에 대한 시사점을 제시하고 있다. 각 분야의 전문가들이 해당 분야의 미래 대응과제와 관련 규범의 쟁점을 포괄적으로 제시하는 부분은 실무 차원에서도 유용성이 클 것으로 기대된다. 구체적으로 제5장은 자동차산업의 전형적인 TBT 유형을 분석한다. 이어서 친환경 자동차 개발과 관련하여 공통의 국제 표준 확립이 극도로 배제된 채 주요 생산국들 사이에서 경쟁적으로 발전하고 있는 표준발전 사례와 TBT 쟁점을 논의하고, 점차 주목받고 있는 기술혁신에 따른 대응 쟁점을 분석한다. 제6장은 의료기기산업에서 나타나는 국가마다 다른 표준정책, 안전규제체계와 국제표준화 현황을

설명하고, 갈수록 중요해지는 미래 의료기기 분야의 TBT 쟁점과 유형, 그리고 대응방안을 논의한다. 제7장은 정보통신 기술표준과 쟁점의 특징을 우리나라 WIPI 및 Wibro 표준화 정책과 국제 통상갈등 사례를 중심으로 설명하고, 이후 FTA 체제에서 다양하게 발전하고 있는 통상규범과 관련한 TBT 대응에서의 정책적 시사점을 연구한다. 제8장은 최근 TBT 분쟁에서 가장 많은 문제가 제기되고 있는 식품 분야, 그중에서도 특히 식품표시 관련 표준제도의 전반적인 현황과 TBT 쟁점을 설명하고, 국제표준(Codex Alimentarius), 미국, EU 사례를 중심으로 식품표시 표준의 발전 양상과 그에 따른 TBT 대응 시사점을 논의한다. 제2부의 산업별 TBT 대응 쟁점에 관한 논의는 향후 우리나라가 TBT 대응체제를 보완하고 대응역량을 강화하는 데 있어 필수적으로 고려해야 할 사항을 체계적으로 분석하고, 정책적·산업적 시사점을 제시한다는 점에서 의의가 있다. 특히 세계통상체제에서 우리 상품의 시장 확대와 경쟁력 제고를 위하여 요구되는 핵심 TBT 정책과제가 구체적인 산업의 맥락에서 다루어지는 점은 주목할 부분이다.

제3부는 표준정책 및 TBT 대응체제에 관한 해외 사례를 중점적으로 다룬다. 구체적으로 제9장부터 제12장은 미국, EU, 중국, 베트남의 주요 표준화 제도의 발전과 특징을 연구하고, 국가별 TBT 분쟁 양상을 토대로 대응 시사점을 논의한다. 제10장에서 논의하는 미국의 경우는 민간이 표준화를 주도하고 정부가 적극적으로 지원하는 기본적인 표준화 체계와 정책적 특징을 중점적으로 설명한다. 이와는 대조적으로 제11장에서 논의하는 EU 표준화 정책은 궁극적으로 경제통합과 단일시장을 달성하려는 오랜 역사적 과정을 검토하고, 이러한 관점에서 고도로 발달한 역내 TBT 대응체계를 논의한다. 미국과 EU 사례는 이미 수

준 높은 기술경쟁력을 갖춘 민간 부분이 표준화를 주도하는 모델로 이해할 수 있는데, 구체적인 시행 방식에서의 차이를 확인할 수 있다. 한편 제9장과 제11장의 중국과 베트남의 사례는 우리나라 무역에 있어 중요한 교역상대국이자 급부상하는 신흥시장의 표준화 정책 모델을 보여준다는 점에서 중요한 의의가 있다. 두 사례에서는 정부가 강력한 표준정책을 추진하며 기술·산업 발전을 주도하고 있으며, 이 과정에서 TBT 문제가 증가하고 있는 양상을 설명하고, 우리나라의 전략적 수출대응 측면에서 TBT 대응과제를 논의한다. 선진국 모델의 전형을 보여 주는 미국과 EU 사례 및 신흥시장의 전형적 사례인 중국과 베트남 사례는 기타 다양한 교역상대국에서 접하게 되는 TBT 대응체계를 이해하는 데 유용한 틀을 제시한다. 이와 같이 제3부에서 제시된 국가별 표준정책과 TBT 쟁점에 관한 논의는, 향후 우리나라가 TBT 대응전략과 역량을 강화해 나아가야 하는 방향 수립에 있어 기본적으로 검토해야 할 시장별 특징을 분석한다는 점에서 시사하는 바가 크다.

각 분야의 전문가들이 이 책에서 제시한 분석과 정책 대안이 향후 우리 산업계의 대응전략 수립과 정부 정책 시행에 유용한 참고 자료로 활용되기를 바란다.

끝으로 이 책의 집필에 큰 도움을 준 김나영 서울대학교 국제통상전략센터 연구원과 책의 출간에 헌신적으로 애써 주신 서울대학교출판문화원에 이 자리를 빌려 깊은 감사를 표한다.

2019년 11월

안덕근·김민정

차례

제3부

국별 표준정책과 TBT 대응과제

| 제1부 |

TBT 대응체계의 발전과 과제

제1장

WTO 체제의 TBT 분쟁과 대응체계 발전*

안덕근

1. 서론

WTO 체제에서 최근 트럼프 행정부의 무역보복조치들로 인하여 관세가 주요 통상의제로 부각되고 있으나, 이러한 비정상적인 상황을 제외하면 현시점에 핵심 통상쟁점은 비관세장벽 문제이다.[1] 그리고 이러한 비관세조치 중 핵심은 TBT 조치들인데, 2010년 자료에 따르면 단순 합계 또는 무역 비중 기준으로 비관세조치 중 약 절반이 TBT 사안인 기술요건 또는 적합성 절차에 대한 조치들로 나타난다(WTO, 2012).

이러한 TBT 사안에 대한 통상마찰이 점차 가중되는데, 예를 들어 산업적인 영향이 큰 중국의 기술규제나 표준정책의 경우 자국 산업육성

* 이 글의 집필에 많은 도움을 주신 한국표준협회의 최동근 수석께 깊이 감사한다. 또한 훌륭하게 연구지원을 해 준 김혜림, 김나영 연구원에게도 감사한다.

1 TBT 의제의 중요성과 관련 핵심 규범의 발전 등에 대해서는 안덕근·김민정(2017)을 참조한다.

을 명확히 목표로 설정하여 추진되는 반면[2], 우리 정부는 중국 시장에 의존성이 큰 우리 산업계를 대변하는 차원에서 이를 견제할 수단이 마땅치 않은 한계에 처해 있다.[3] 대표적인 사례가 전기차로 자동차산업의 구조를 전환하고 있는 중국에서 핵심 부품인 전기 배터리 개발과 관련한 차별적 정책으로 중국에 투자한 우리 생산업체들이 막대한 피해를 보고 있는 것이다.[4]

TBT 관련 분쟁의 경우 불가피하게 전문적이고 기술적인 내용이 결부되는 경우가 많아 WTO TBT 협정에서도 분쟁이 제기되면 패널이 필요하다고 판단하는 경우 기술지원을 위하여 특별히 기술전문가그룹을 구성할 수 있도록 허용한다.[5] 이처럼 기술적 전문성이 요구되는 TBT 사안이나 통상 차원의 문제는 주로 법적인 측면에서 제기되는바, 대응체제를 구축하기가 실무 차원에서는 용이하지 않은 문제가 있다. 이하에서는 이러한 TBT 사안에 대한 대응체제에서 고려해야 하는 쟁점들에 대하여 설명한다.

2 중국 표준정책의 발전에 관하여 보다 상세한 논의는 제9장 참조.

3 우리나라의 TBT 대응체계 발전과 과제는 제2장에서 보다 상세하게 설명된다.

4 친환경 자동차 표준과 관련된 통상 쟁점에 대한 보다 구체적인 논의는 제5장 참조.

5 TBT 협정, 제14조. 기술전문가그룹에 대한 구체적인 규정은 부속서 2에서 별도로 제시되고 있다. 분쟁해결과 관련하여 기술전문가그룹에 대한 별도의 규정이 제시된 여타 협정으로는 SPS 협정이 있다.

2. WTO TBT 분쟁의 양상과 우리 대응체제

1) WTO TBT 분쟁과 특징

WTO가 출범하면서 TBT 협정과 기술장벽 관련 규범은 큰 주목을 받았다. 우루과이라운드까지 진행된 다자간 무역협상으로 세계시장에서의 상품 관세가 대폭 감소되면서 실질적인 무역장벽의 초점이 비관세조치로 전환되었기 때문이다. 따라서 비관세조치의 가장 핵심 사안인 기술장벽과 표준 문제를 다루는 TBT 협정상 규범과 신설된 분쟁해결제도를 통하여 이러한 규범들이 어떻게 이행되는지 여부는 상품무역 분야의 자유화 성패를 가늠하는 척도로 간주되었다.

WTO TBT 위원회는 회원국 간의 공감대 확산을 통하여 꾸준히 TBT 조치에 대한 감시기능을 강화함으로써 조기에 관련 조치를 인

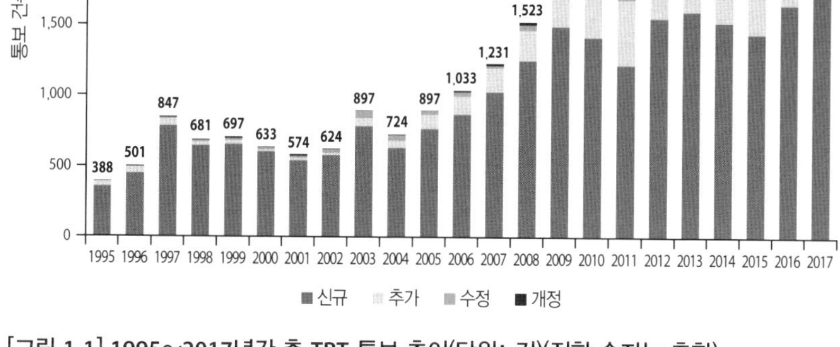

[그림 1-1] 1995~2017년간 총 TBT 통보 추이(단위: 건)(진한 숫자는 총합)

출처: WTO, G/TBT/40, 5(2018. 3. 12).

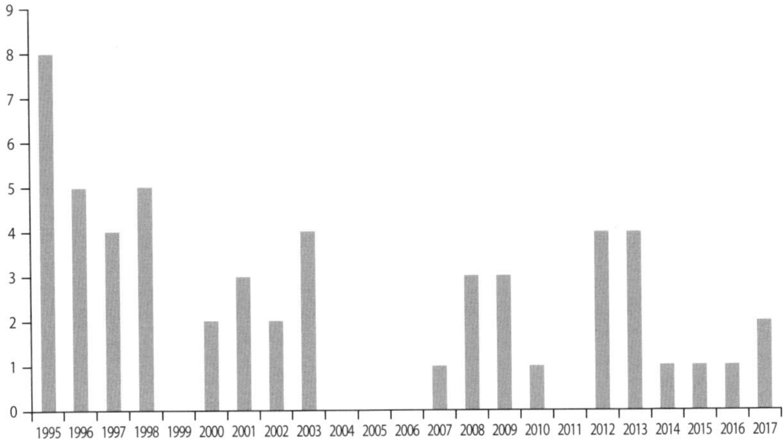

[그림 1-2] 1995~2017년간 총 TBT 분쟁 제소 추이(단위: 건)

출처: 저자 작성.

지하고 필요한 경우 특정무역현안에 대해서는 사전적인 협의를 하는 절차를 발전시켰다. 또한 TBT 사안들에 대한 분쟁해결기구 제소도 GATT 체제에 비해 한층 활성화되었는데, 이는 복수 간 무역협정으로 유지되던 GATT TBT 협정은 32개 체약국만이 채택한 반면 WTO TBT 협정은 전체 WTO 회원국들에 의해 적용되기 때문이다.

한편, 주목할 부분은 [그림 1-2]에서 나타난 바와 같이, WTO 설립 초기에 높은 관심과 더불어 많은 분쟁이 TBT 협정하에서 제기된 반면 [그림 1-1]에서 보이듯이 TBT 조치가 본격적으로 증가하는 2000년 중반 이후부터는 오히려 분쟁이 잦아드는 추세를 보이는 점이다. 실제로 WTO가 출범한 1995년에 제소된 총 25건의 분쟁 중 가장 많이 인용된 협정이 TBT 협정인 점은 현시점에서 상당히 의외의 사실이다.[6]

특히 1998년까지 4년간 집중적으로 TBT 분쟁이 WTO 분쟁해결기구에 제소되었는데 이는 WTO 출범 초기에 비관세조치에 대한 회원국들의 관심을 반영한다. 더욱이 DS2, DS3, DS4, DS5, DS7, DS12,

DS14, DS20의 분쟁번호에서 나타나듯이 WTO 분쟁해결제도가 출범한 즉시 제소된 점은 사실상 대부분 분쟁 사안들이 GATT 체제에서부터 인지된 사안들로서, 분쟁해결 절차가 대폭 개편되면서 기존 체제에서 다루기 어려웠던 사안들이 대거 제소된 것으로 보인다.

특기할 부분은 상기 8건의 1995년 TBT 분쟁 사건 중 DS3, DS5, DS20의 세 건이 우리나라에 대하여 제소된 사건이라는 점이다. 이는 미국과 캐나다 등 선진국이 우리나라의 무역 조치들에 대한 인식을 보여 주는 단적인 사례로 유의할 부분이다. 즉, 선진국들의 경우 여전히 우리 정부가 다양한 비관세조치를 통하여 시장자유화 약속을 위반한다는 인식을 고수하는 이유를 보여 주는 근거이기 때문이다. 이러한 상황은 우리 정부가 일본이나 중국 등과 FTA 협상을 할 때 해당국의 비관세장벽들에 대하여 집중하는 반면 우리 무역체제에 대한 비관세장벽 문제에 소홀한 측면이 있는지 되짚어 볼 필요를 제기한다. 향후 TBT 쟁점 관련 무역협상에서 우리 정부의 협상 담당자가 유의할 부분이다. 한편, TBT 협정상 특징으로는 분쟁해결 차원에서 패널에게 기술전문가그룹의 활용을 허용하는 점이다. TBT 협정 부속서 2에서는 분쟁당사국의 공무원을 제외하고는 기술전문가그룹으로 선임할 수 있도록 허용한다. 즉, 민간기관의 종사자는 분쟁당사국들 간의 합의가 있는 경우에는 분쟁당사국 국민들도 선임될 수 있다. 부속서에서는 이러한 기술전문가그룹의 자격과 구성에 대해서만 규정하고 있을 뿐 인원에 대한 제한은 두고 있지 않아 사안별로 해당 패널이 결정할 수 있다. European Communities–Measures Affecting the Approval and Marketing of

6 WTO 분쟁에서 두 번째로 인용이 많이 된 협정은 보조금협정으로서 7건의 분쟁이 제기되었다.

Biotech Products(DS 291, 292, 293) 분쟁에서 피소국인 EU가 기술전문가그룹의 설치를 요청한 반면 제소국인 미국, 캐나다, 아르헨티나는 이러한 요구에 반대하였다. 그러나 패널은 구체적인 기술 사안과 관련하여 기술전문가그룹을 구성했으며 CBD, CODEX, FAO, IPPC, OIE, UNEP, WHO 등의 국제기구 사무국과도 협의하여 필요한 정보를 확보하였다.

2) 우리나라의 WTO 분쟁 대응체제

우리 정부는 WTO 출범 이후 제기된 TBT 관련 분쟁들을 모두 합의로 종결하였다. 즉, 법률 쟁점에 대하여 소송 절차인 패널 절차가 개시되기 전에 협의 단계에서 제소국과 모두 상호 합의안을 도출한 것이다. 우리 정부가 최초로 패널 절차로 소송을 진행한 것은 여섯 번째 피소 사건인 Korea-Taxes on Alcoholic Beverages(이하 'Korea-Alcoholic Beverages', DS75) 분쟁에서였다. 사실 그 이전까지 피소된 사건에서 합의로 분쟁을 종결한 핵심 사유는 당시 우리 정부 내에 WTO 협정의 법적 쟁점을 분석하고 소송할 만한 역량이 제대로 갖춰지지 못한 것이다.

그러나 Korea-Alcoholic Beverages 사건에서 소송을 개시한 후 우리 정부는 피소된 사건은 거의 예외 없이 상소 기구 절차까지 진행하고 있다. 현재 우리 정부는 산업통상자원부 내에 통상분쟁대응과를 두고 WTO 소송을 전담케 하고 있다. 특히 여타 부서와는 달리 통상분쟁대응과에는 과장을 비롯하여 민간에서 활동하는 변호사를 채용하여 업무를 담당케 함으로써 실무에서의 전문성을 최대한 활용하고 있다. 또한 우리 정부가 관여하는 소송은 국내 로펌들을 선임하여 상당 부분 업무를 할당함으로써 국내의 법조 인력들 역할과 역량 제고에 노력하고 있다. 그러나 여전히 실제 WTO 소송 과정에서 중요한 부분은 제네바, 워싱턴, 브뤼셀 등에서 WTO 업무에 특화된 해외 로펌들에 크게 의존하는바, 독자적으로 WTO 소송을 감당하기에는 다소 역량이나 인력에 한계가 있다.

TBT 소송이 제기되는 경우를 상정하면 통상법무에 관한 실무는 통상분쟁대응과에서 관련 국내 전문가와 해외 법률전문가들을 섭외하여 소송팀을 구성하게 되는데, TBT 소관부서인 국가기술표준원은 해당 TBT 조치에 관한 설명을 위하여 관련 사안의 전문인력을 지정하여 지원한다. 그러나 이처럼 우리의 TBT 조치에 대하여 통상소송이 진행되는 경우 소관부서는 해당 조치에 대한 사후 정당화에 치중하게 되는바, 소송으로 제기되는 법률 쟁점에 대하여 제대로 된 방어 논리를 제시하기 어려운 경우가 많다.

따라서 TBT 조치와 정책에 대하여 합법성과 공정성을 확보하기 위해서는 사후적인 합리화보다는 사전적인 객관성과 정당성을 유지하는 것이 최선이다. 이를 위해서는 국가기술표준원 내에 TBT 관련 국제통상규범에 대한 이해가 있는 법률전문가들을 유치하여 제도 운영의 합법성을 제고하는 것이 바람직하다. 실제로 2015년 5월 WTO에 피소된 Korea-Import Bans, and Testing and Certification Requirements for Radionuclides(이하 'Korea-Radionuclides', DS495) 분쟁에서 식품의약품안전처가 시행한 일본산 수산물 수입금지조치가 문제 되었을 때 사전적인 조치 부과의 근거를 제대로 설명하지 못하여 패널 판결에서는 사실상 완패하였다. 후쿠시마 원전사태 이후 수산물 수입금지조치를 시행하는 과정에서 조치의 대상 범주가 점차 확대되었는데, 당시 그러한 조치 부과의 정당성을 입증할 객관적인 근거를 충분히 확보하지 못한 것이 주요한 이유이다. 그러나 이는 식품의약품안전청 당시 국제통상 분야의 전문성이 있는 내부 인력이 부재한 상황에서 국내에 방사능 오염 위험성이 있는 수산물 수입에 대한 여론이 확산됨에 따라 다소 성급하게 조

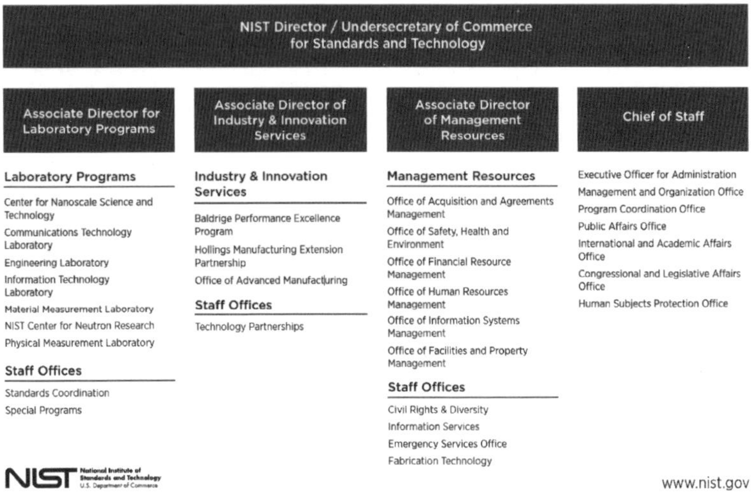

[그림 1-3] 미국국가표준기술연구소(NIST) 조직도

출처: NIST. www.nist.gov.

치가 확대됨에 따라 초래된 것으로 판단된다. 즉, 국민의 보건과 건강을 위한 조치를 부과할 권한은 당연히 우리 정부가 가지지만 그러한 조치를 채택하고 시행하는 과정에서 준수해야 할 최소한의 절차적 정당성과 조치의 합리적인 근거를 마련해야 하는 국제통상체제에서의 의무에 대하여 간과한 부분이 WTO 소송의 패배로 이어진 것이다.

조치의 기술적 전문성이나 관련 산업계에 미치는 정책적 영향 등을 고려하면 Korea–Radionuclides 사건의 전개 과정에서 제기된 문제점은 TBT 정책 시행에 있어서 중요한 시사점을 제공한다. 2013년 국가기술표준원으로 한 단계 더 업그레이드된 체제 개편을 거치면서 TBT 사안을 전담하는 기술규제대응국을 신설하였다. 현재 4개 과로 운영하는 기술규제대응국에서 향후 법무 실무를 담당할 수 있는 인력을 보충함으로써 국제협상은 물론이고 국내에 TBT 조치 입안 및 시행에 있어 법적 정당성과 공정성을 제고하는 절차를 강화하는 방안을 검토할 수 있을 것이다.

[그림 1-3]에 나타나듯이 미국 NIST의 경우 "Chief of Staff" 산하에 "Congressional and Legislative Affairs Office"를 설치하여 기술규정들을 입법화하는 과정에서 제기되는 법률 쟁점을 전담하는 법률 부서를 두고 있다. 이에 반해 산업표준과 기술규제를 제정하고 시행하는 국가기술표준원의 경우 전담 법률 부서는 물론이고 아직 법무 전문인력의 확보도 어려운 실정인바, 향후 제도 및 조직의 선진화를 위하여 고려할 부분으로 판단된다.

3. 미통보 TBT 조치와 투명성 제도 문제

TBT 문제의 또 다른 측면은 미통보규제의 비중이 증가하는 추세이다. [그림 1-4]와 [그림 1-5]에 나타난 바와 같이, 미통보 TBT 조치의 비중이 2005년까지는 별로 문제가 될 것이 없었으나 그 이후부터는 미통보 조치의 비중이 급격히 증가하고 있다.

이는 개도국들의 TBT 조치 도입이 급증하면서 상당 부분이 제대로 통보되지 않은 데 기인하는 것으로 판단된다. 실제로 2014~2016년간 미통보규제 중 비중이 높은 국가는 러시아(60%), 인도(50%), 인도네시아(50%), 중국(40%)을 포함하고 있다(한국표준협회, 2017b).

한국화학융합시험연구원의 자료에 따르면, STC 중 미통보규제의 비중이 2017년에는 59.2%로 최고치를 경신하였다. 특히 우리나라가 제기한 STC에서 미통보규제의 비중이 2014년 14.3%에서 2017년 60%로 급증하였다. 개도국들의 TBT 조치 도입이 지속적으로 증가하는 가운데, 우리 수출이 최근 미국의 보호주의 조치로 신흥국들과 개도국 시장으로 전환됨에 따라 향후 이러한 문제는 더욱 심각해질 것으로 예

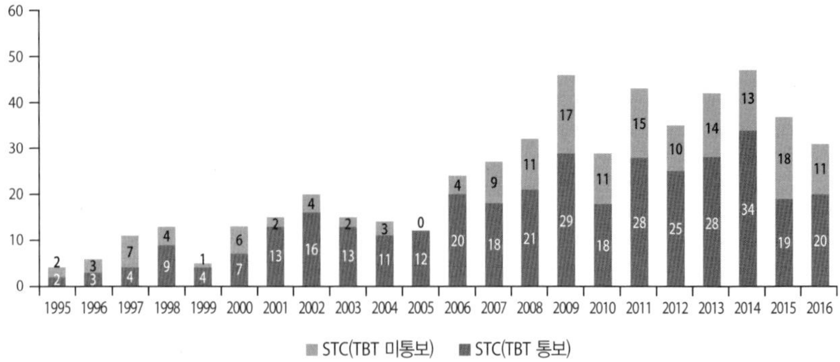

[그림 1-4] 연도별 STC 제기 건 중 TBT 통보 대 미통보 건수 추이(1995~2016)(단위: 건)

출처: 한국표준협회(2017b: 17).

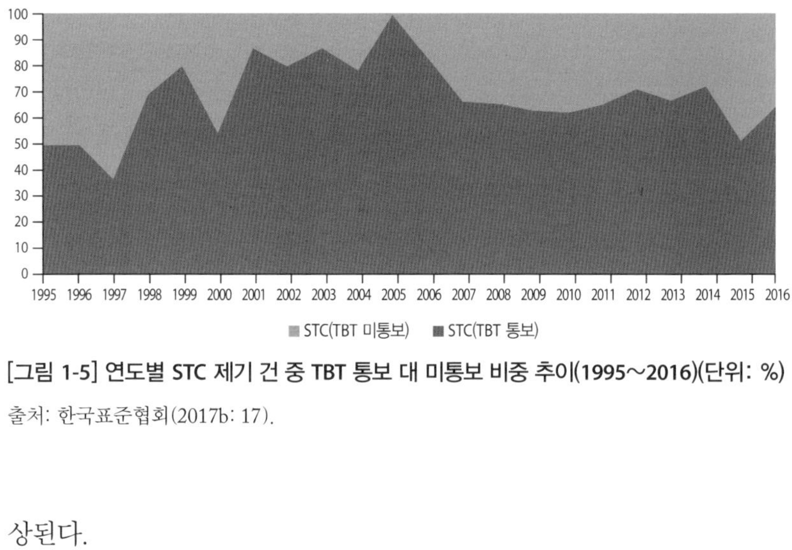

[그림 1-5] 연도별 STC 제기 건 중 TBT 통보 대 미통보 비중 추이(1995~2016)(단위: %)

출처: 한국표준협회(2017b: 17).

상된다.

이는 향후 우리의 대응체계 구축에 있어 통보된 조치에 대한 공식적인 대응 절차 수립뿐만 아니라 미통보된 조치들을 조사, 발굴하는 기능을 보완하고 이에 대한 대응 기능을 확보해야 할 필요가 있다는 점을 시사한다. 실무적으로는 이러한 개도국들 시장 상황의 경우 대부분 비영어권으로서 자료나 정보 확보가 상대적으로 용이하지 않은 문제가 있고, 해당 시장에서 문제를 겪는 기업들이 중소기업들인 경우가 많아 TBT 조치에 대한 전반적인 이해가 낮아 문제 파악 자체가 어렵다.

실제로 공식적으로 조치가 통보되어 내용 파악이 되는 경우에는 관련 기업들과의 협조로 우리 정부에서 효율적으로 대처하고 있는데 개도국 시장에서는 더욱 그러한 성공적인 대응사례가 많다. 대표적인 예가 베트남 정부가 도입한 에너지 효율 인증제도인데, 베트남의 제2위 수입 대상국인 우리의 전기전자제품 수출에 직접적인 영향을 초래할 우려가 큰 사안이었다.[7] 갑작스러운 제도 시행과 과도한 행정 절차로 인한 수출 애로 사항을 인지한 TBT 중앙사무국이 공식 서한을 송부하고 현지 규제 당국과 협의하는 한편, WTO TBT 위원회를 계기로 양자 회의를 통하여 문제를 제기하는 등 다각적인 노력을 통하여 베트남 정부가 해당 조치를 제조자적합성선언으로 완화하도록 유도하였다. 베트남 정부도 국제적으로 통용되는 공인 성적서나 우리의 국가공인 성적서를 수용함으로써 행정 절차상 효율과 공정성을 제고하는 한편, 우리 수출기업들도 불필요한 무역장벽에 의한 피해를 예방하게 되어 바람직한 문제 해결의 사례가 되었다. 그러나 미통보된 TBT 사안들의 경우 이와 같은 체계적인 대처가 용이하지 않은바, 관련 기업들에 대한 교육과 홍보를 통하여 필요한 정보를 신속히 확보하는 체계를 구축할 필요가 있다.

한편, 이러한 문제는 우리 정부의 일방적인 노력으로 모두 다루기는 어렵다. 그러므로 WTO 차원의 투명성 절차를 강화함으로써 회원국들의 통보가 적시에 적절한 내용으로 이뤄지도록 해야 한다. 다른 한편으로는 현재 다양한 기관과 협력하여 운영되는 비관세조치 감시체계를 보다 효율적으로 운영하여 우리 산업에 실질적인 영향을 미치는 TBT

7 보다 상세한 대응 과정의 내용에 대해서는 한국표준협회(2018) 참고.

조치들에 대한 인지를 최대한 조속히 하고 이에 대한 대응방안을 마련하는 절차를 수립해야 한다.

4. 대응체계 운영상 쟁점

현재 우리나라는 TBT 문제에 대하여 민관합동의 대응체계를 구축하여 운영하는 드문 사례를 보이고 있다. 국가기술표준원의 "TBT 대응사무국"을 중심으로 관련 협회와 단체들을 아울러 민관협의체인 대응 컨소시엄을 운영한다. 이러한 컨소시엄은 다양한 협회와 산업 단체들을 포괄하여 기업들의 애로 사항을 신속하게 취합하는 데 매우 뛰어난 장점을 보인다.

이러한 민관협의체 운영으로 여타 기관에서 파악하기 어려운 미통보규제에 대한 나름대로 정보나 자료도 우리 정부에서는 확보하고 있는 것이다. 이러한 TBT 대응사무국의 역할뿐만 아니라 무역협회나 대한무역투자진흥공사 등의 기관에서도 각기 비관세조치에 대한 자료를 취합하고 데이터베이스화하는 작업을 수행하고 있어, 사실상 우리 정부는 여타 국가에 비해 비관세조치에 대한 조사 및 정보 확보 차원에서는 가장 뛰어난 수준의 시스템을 구축하고 있는 것으로 판단된다(한국표준협회, 2017a).

다만 보완이 필요한 부분은 성격상 매우 다양하게 제기되는 비관세조치, 특히 TBT 조치들의 특성상 여러 정부 부처의 협의가 필요한 반면, 현재 국가기술표준원이 주관하여 운용하는 민관협의체에는 여타 유관 부처들의 참여가 상대적으로 저조한 부분이다. 인터넷 및 디지털 정보기술이 진보하고 제품의 발전 또한 다양한 특성이 융합되는 특성을 보이면서 최근에는 한 부처의 소관만으로는 관련 TBT 문제가 제대로 다루어지기 어려운 측면이 있다. 따라서 조만간 TBT 대응 컨소시엄 또는 사무국 운영에 있어 다양한 부처의 참여가 활성화될 필요가 있다.

또한 비교적 잘 정비되어 운영되는 TBT 대응체계를 통하여 현재 우리 정부는 광범위한 TBT 정보를 확보하고 있는 데 반해, 이를 토대로 한 실제 대응조치 운용에 있어서는 보다 제도화된 절차 마련이 고려될 필요가 있다. 앞서 설명한 대로 TBT 대응사무국체제나 여타 유관기관들의 비관세조치 정보 취합 노력에 따라 현재 우리 정부는 미통보조치들에 대한 감시 역량도 상당한 수준으로 향상되었다. 그러므로 향후 과제는 이처럼 확보된 TBT 조치들에 대한 자료를 바탕으로 구체적인 정부의 대응조치를 연결하는 작업이다.

이러한 차원에서 미국에서 운용하는 소위 301조 절차[8]나 유럽연합의 무역장벽규정(Trade Barriers Regulation) 절차[9]를 들 수 있다. 미국의 301조 절차는 무역을 수행하는 민간 기업이 해외에서 부당한 무역장벽에 직면했을 때 이를 미국 무역대표부에 신고하고 이러한 신청에 기초하여 미국 정부가 해당 사안의 해결을 위하여 실제 조치를 취하도록 하는 제도이다. 이러한 301조 제도는 WTO가 출범되기 이전 GATT 체제에서는 무역규범의 범주가 기본적으로 관세부과에 제한적으로 적용된바, 무역과 관련 있는 서비스, 지재권, 기술표준 등의 사안에 대하여 GATT 규범만으로 효과적으로 교역상대국의 조치를 다룰 수 없는 경우 일방적인 무역보복조치를 동원하게 되어 있다. 이러한 무역보복조

8 CRS Report for Congress(2000), "Section 301 of The Trade Act of 1974, As Amended: Its Operation and Issues Involving its Use by the United States". https://www.everycrsreport.com/files/20000817_98-454_d52f2569b3c3c07492e504ad9ca6ae8a50cf714d.pdf (검색일: 2018년 9월 27일)

9 European Commission(2008), *Trade Barriers Regulation(TBR)*. http://trade.ec.europa.eu/doclib/docs/2005/april/tradoc_122567.pdf (검색일: 2018년 9월 27일)

치 발동 권한이 이후 미국 의회의 요구로 소위 수퍼 301조로 강화되면서 세계무역체제의 지탄의 대상이 되었다. 현재 트럼프 대통령이 이러한 301조 조치를 발동해 중국에 무역보복조치를 강행하면서 더욱 해당 조치의 합법성에 대하여 우려가 고조되는 상황이다(Bown, 2018).[10]

그러나 원래 301조의 핵심 취지는 민간의 무역 애로 사항에 대한 불만을 미국 정부의 조치로 체계적으로 연결하는 데 있다. WTO TBT 협정으로 보호하려는 경제 이해의 주체는 결국 민간의 수출업체들이라는 점을 고려하면 이들 민간 경제 주체가 직면하는 문제를 실제로 WTO에 제기하기 위해서는 여전히 중간에 대리인으로 역할을 하는 정부에 협조를 구해야 하는 구조적 문제가 있다. 이를 제도적으로 절차를 마련하여 객관적이고 공정한 기준에 의거하여 운용하고자 하는 것이 301조 본연의 취지인 것이다. 이는 미국 의회가 이후 동 절차를 무역상 이해가 크게 걸려 있는 통신산업, 지재권 분야 등으로 확대해 기본적인 301조 틀을 유지하면서 해당 산업의 특징을 고려한 특성화된 절차를 도입한 주된 이유이다. 유럽연합의 경우 이러한 301조 제도에서 일방적인 보복조치 권한을 제거하고 교역상대국의 조치에 WTO 협정 의무 위반 소지가 있다고 판단되는 경우 이를 WTO 분쟁해결제도에 회부하도록

10 미국이 301조 조사에 근거하여 무역보복조치를 부과하자 중국은 동 조치를 WTO 협정 의무 위반이라고 제소하였다. United States-Tariff Measures on Certain Goods from China(DS543). 이후 중국의 맞대응에 대하여 트럼프 행정부가 무역보복조치 수준을 2,000억 달러로 확대하자 이에 대하여 중국은 추가로 WTO 소송을 제기한 바 있다. United States-Tariff Measures on Certain Goods from China II(DS565). 한편, 미국도 중국에 대하여 무역보복조치를 부과하는 한편, 301조 부과의 근거가 된 중국의 지재권 위반 행위가 WTO 협정상 의무 위반이라고 주장하면서 WTO에 제소한 바 있다. China-Certain Measures Concerning the Protection of Intellectual Property Rights(DS542). 이 쟁점에 대해서는 EU도 대중국 제소에 합류하였다. China-Certain Measures on the Transfer of Technology(DS549).

규정해 보다 WTO 친화적인 절차를 운용하고 있다.[11]

따라서 우리 정부도 현재까지 운용한 TBT 대응 컨소시엄의 역량과 경험을 바탕으로 실제적인 정부의 대응 조치가 수반되는 절차 도입을 검토해야 한다. 즉, TBT 조치에 관하여 취합된 통보 또는 미통보된 조치들에 대하여 국가기술표준원 또는 TBT 대응사무국에 예비적으로 이를 검토하고, 실질적으로 우리 무역상 피해가 심각할 수 있다고 판단되는 사안에 대해서는 직권으로 후속 조사 및 대응 절차가 개시되는 제도적 기반을 마련해야 한다. 이러한 직권조사 기능에 더하여 민간 기업 차원에서 수출상 중요한 문제에 직면하는 경우 직접 신청함으로써 대응 절차가 가동되는 제도가 구비되어야 한다. 그러나 민간 기업들이 신청하는 모든 사안에 대하여 관련 부서가 구체적인 조치를 부과하는 것은 아니고 내부적인 검토를 거쳐 해당 사안에 관하여 충분한 법적 근거가 있고 무역상 피해가 상당하다고 판단하는 경우에 한해 제도상 대응 절차가 발동되도록 기획함으로써 과도한 행정비용 소요의 위험을 예방할 수 있을 것이다. 또한 필요한 대응조치도 소관부서인 국가기술표준원에서 모든 부분을 담당할 필요는 없고 내부적으로 처리할 수 있는 수준의 조치까지 진행한 후, 정부 대 정부 차원의 WTO 소송 또는 이에 준하는 대응조치는 산업통상자원부의 통상 대응 담당 부서로 이후 절차를 주관하도록 업무상 조율이 필요할 것으로 판단된다.

이러한 절차와 제도 운용을 위해서는 일정 수준 내부적인 TBT 심사 역량을 제고할 필요가 있다. 현재 국가기술표준원에는 여타 부서와 비교하면 박사학위를 소지한 전문인력들이 많이 배치되어 있으나 이공계 분야 전문가들이 대부분으로서 TBT 대응체제상 요구되는 법무 분

11 TBR 제도에 대한 보다 구체적인 논의는 McNelis(1998: 149-155) 참조.

야나 경제 분석 전문성이 있는 인력은 보완이 필요한 상황이다. 최소한의 인력들이라도 내부적으로 충원이 가능한 방안을 모색하고, 대안으로는 TBT 대응사무국 차원에서 그러한 전문인력을 확보하는 방안 등이 고려될 수 있을 것이다. 이러한 제도 및 조직상 정비를 통하여 보다 실효성 있는 "TBT 통상대응 절차"를 마련하고 운용하는 것이 현시점의 TBT 대응체계를 보다 선진화하는 데 주된 과제로 판단된다.

5. 결론

우리 정부와 산업계는 무역에 실질적인 장애 요인으로 부각된 TBT 조치에 대한 대응체계 구축에 주력해 왔는데, 현재 TBT 대응사무국을 중심으로 매우 적극적인 활동을 추진하고 있다. 실제로 표준정책을 주도하는 기관이 산업계의 다양한 협회나 단체를 아울러 컨소시엄 형태로 대응체제를 운영하는 것은 세계적으로도 유례가 흔치 않다.[12]

그러나 아직 그러한 효율적인 체제를 통하여 취합된 TBT 조치들에 대한 문제를 체계적으로 정부의 대응조치와 연결하는 제도나 절차가 미비되어 있어 향후 보완이 필요한 부분으로 판단된다. 정부의 재량적인 판단보다는 일관성 있는 제도적 절차로 대응체제가 보완되는 경우 개도국들에서 최근 빈번하게 제기되는 TBT 문제의 상당수가 더욱 효과적으로 다뤄질 수 있을 것으로 보인다. 이는 우리 정부의 대응체제상 문제로 인지되어 TBT 대응 관련 국내 절차가 가동되는 경우 정부가 궁

12 선진국의 경우 TBT 대응 업무는, 대부분 통상분쟁 전담 부서에서 여타 쟁점들과 동일한 방식으로 다루게 된다. 보다 상세한 국별 체제는 한국표준협회(2017a) 참조.

극적으로는 WTO 제소 등의 국제분쟁까지 추진하여 문제 해결을 한다는 인식이 확대되는바, 해당 개도국 정부들의 보다 신중한 접근이나 적극적인 협조를 기대할 수 있기 때문이다. 이러한 차원에서 미국의 301조 제도나 EU의 TBR 제도 경험을 참고할 필요가 있다.

세계무역체제에서 비관세장벽, 특히 TBT 조치의 중요성은 갈수록 고조될 것이다. 또한 산업기술 진보의 중요성이 한층 더 부각되는 현시점에서 TBT 조치 관련 통상분쟁은 점점 더 복잡하고 어려운 구조로 제기될 것이다. 트럼프 행정부의 전례 없는 무역보복조치 강행으로 악화되는 수출환경 속에서 보다 효율적이고 효과적인 대응체제를 구축하여 우리 산업의 활로를 지켜내길 바란다.

참고문헌

안덕근·김민정(2017). 『국제통상체제와 무역기술장벽』, 박영사.

한국표준협회(2017a). 『주요국 무역기술장벽(TBT) 대응체계 분석 및 시사점: 미국, EU, 중국, 일본, 독일』.

____(2017b). 『WTO 출범 이후 TBT(무역기술장벽)의 통보 동향과 시사점』.

____(2018). 『우리나라 무역기술장벽(TBT) 대응사례 연구』.

McNelis, N.(1998). "The European Union Trade Barriers Regulation: A More Effective Instrument", *Journal of International Economic Law*, Volume 1, Issue 1, pp. 149-155.

WTO(2012). "Trade and Public Policies: A Closer Look at Non-Tariff Measures in the 21st Century", *World Trade Report*.

Bown, C.(2018). "More than Soybeans: Trump's Section 301 Tariffs and China's Response", *PIIE Trade and Investment Policy Watch*, 4 April 2018. https://piie.com/blogs/trade-investment-policy-watch/more-soybeans-trumps-section-301-tariffs-and-chinas-response (검색일: 2018년 7월 20일)

CRS Report for Congress(2000). "Section 301 of The Trade Act of 1974, As Amended: Its Operation and Issues Involving its Use by the United States". https://www.everycrsreport.com/files/20000817_98-454_d52f2569b3c3c07492e504ad9ca6ae8a50cf714d.pdf (검색일: 2018년 9월 27일)

European Commission(2008). *Trade Barriers Regulation(TBR)*. http://trade.ec.europa.eu/doclib/docs/2005/april/tradoc_122567.pdf (검색일: 2018년 9월 27일)

NIST. http://www.nist.gov.

WTO, G/TBT/40, 5(2018. 3. 12).

[참고] WTO TBT 분쟁 목록

분쟁 번호	분쟁 이름	제소국	판결 여부
2	United States — Standards for Reformulated and Conventional Gasoline	Venezuela	○
3	Korea, Republic of — Measures Concerning the Testing and Inspection of Agricultural Products	United States	
4	United States — Standards for Reformulated and Conventional Gasoline	Brazil	
5	Korea, Republic of — Measures Concerning the Shelf-Life of Products	United States	
7	European Communities — Trade Description of Scallops	Canada	○
12	European Communities — Trade Description of Scallops	Peru	○
14	European Communities — Trade Description of Scallops	Chile	○
20	Korea, Republic of — Measures concerning Bottled Water	Canada	
26	European Communities — Measures Concerning Meat and Meat Products (Hormones)	United States	○
41	Korea, Republic of — Measures concerning Inspection of Agricultural Products	United States	
48	European Communities — Measures Concerning Meat and Meat Products (Hormones)	Canada	○
56	Argentina — Measures Affecting Imports of Footwear, Textiles, Apparel and other Items	United States	○
61	United States — Import Prohibition of Certain Shrimp and Shrimp Products	Philippines	
72	European Communities — Measures Affecting Butter Products	New Zealand	○
77	Argentina — Measures Affecting Textiles, Clothing and Footwear	European Communities	
85	United States — Measures Affecting Textiles and Apparel Products	European Communities	
100	United States — Measures Affecting Imports of Poultry Products	European Communities	
134	European Communities — Restrictions on Certain Import Duties on Rice	India	
135	European Communities — Measures Affecting Asbestos and Products Containing Asbestos	Canada	○
137	European Communities — Measures Affecting Imports of Wood of Conifers from Canada	Canada	

분쟁 번호	분쟁 이름	제소국	판결 여부
144	United States — Certain Measures Affecting the Import of Cattle, Swine and Grain from Canada	Canada	
151	United States — Measures Affecting Textiles and Apparel Products (II)	European Communities	
203	Mexico — Measures Affecting Trade in Live Swine	United States	
210	Belgium — Administration of Measures Establishing Customs Duties for Rice	United States	
231	European Communities — Trade Description of Sardines	Peru	○
232	Mexico — Measures Affecting the Import of Matches	Chile	
233	Argentina — Measures Affecting the Import of Pharmaceutical Products	India	
263	European Communities — Measures Affecting Imports of Wine	Argentina	
279	India — Import Restrictions Maintained Under the Export and Import Policy 2002-2007	European Communities	
290	European Communities — Protection of Trademarks and Geographical Indications for Agricultural Products and Foodstuffs	Australia	○
291	European Communities — Measures Affecting the Approval and Marketing of Biotech Products	United States	○
292	European Communities — Measures Affecting the Approval and Marketing of Biotech Products	Canada	○
293	European Communities — Measures Affecting the Approval and Marketing of Biotech Products	Argentina	○
369	European Communities — Certain Measures Prohibiting the Importation and Marketing of Seal Products	Canada	
381	United States — Measures Concerning the Importation, Marketing and Sale of Tuna and Tuna Products	Mexico	○
384	United States — Certain Country of Origin Labelling (COOL) Requirements	Canada	○
386	United States — Certain Country of Origin Labelling Requirements	Mexico	○
389	European Communities — Certain Measures Affecting Poultry Meat and Poultry Meat Products from the United States	United States	
400	European Communities — Measures Prohibiting the Importation and Marketing of Seal Products	Canada	○
401	European Communities — Measures Prohibiting the Importation and Marketing of Seal Products	Norway	○

분쟁 번호	분쟁 이름	제소국	판결 여부
406	United States — Measures Affecting the Production and Sale of Clove Cigarettes	Indonesia	○
434	Australia — Certain Measures Concerning Trademarks and Other Plain Packaging Requirements Applicable to Tobacco Products and Packaging	Ukraine	
435	Australia — Certain Measures Concerning Trademarks, Geographical Indications and Other Plain Packaging Requirements Applicable to Tobacco Products and Packaging	Honduras	○
441	Australia — Certain Measures Concerning Trademarks, Geographical Indications and Other Plain Packaging Requirements Applicable to Tobacco Products and Packaging	Dominican Republic	○
446	Argentina — Measures Affecting the Importation of Goods	Mexico	
458	Australia — Certain Measures Concerning Trademarks, Geographical Indications and Other Plain Packaging Requirements Applicable to Tobacco Products and Packaging	Cuba	○
459	European Union and Certain Member States — Certain Measures on the Importation and Marketing of Biodiesel and Measures Supporting the Biodiesel Industry	Argentina	
463	Russian Federation — Recycling Fee on Motor Vehicles	Japan	
467	Australia — Certain Measures Concerning Trademarks, Geographical Indications and Other Plain Packaging Requirements Applicable to Tobacco Products and Packaging	Indonesia	○
484	Indonesia — Measures Concerning the Importation of Chicken Meat and Chicken Products	Brazil	○
499	Russian Federation — Measures Affecting the Importation of Railway Equipment and Parts Thereof	Ukraine	○
506	Indonesia — Measures Concerning the Importation of Bovine Meat	Brazil	
525	Ukraine — Measures relating to Trade in Goods and Services	Russian Federation	
532	Russian Federation — Measures Concerning the Importation and Transit of Certain Ukrainian Products	Ukraine	

제2장

우리나라의 TBT 대응체계 발전과 과제*

장용준

1. 서론: 우리나라 TBT 대응체계의 발전 개요 및 현황

1) 대응절차

미국의 저명한 교육 이론가인 데이비드 콜브(David Kolb)는 경험학습이론(Experiential Learning Theory: ELT)을 제시하였다. ELT는 경험을 통한 학습이 4단계를 거쳐 진행됨을 설명한다. 어떤 일에 대하여 우리는 첫 번째 단계에서 무슨 일이 일어났는지를 파악하고(What), 두 번째 단계에서 결과를 예측한 후(So What), 세 번째 단계에서 여러 가지 실행 가능한 행동 방식들을 설정하여(Now What), 최종적으로 하나를 선택하여 실행한다(Do it). 사실, 어떤 현안에 대한 국가의 대응 방식도 이와 유사

* 이 글은 필자가 작성한 국가기술표준원(2017)의 연구보고서를 가독성 있게 재구성한 것이다. 다만, 일부 내용은 최근의 현황과 자료에 따라 수정, 보완하였다.

[그림 2-1] 우리나라의 해외 TBT 대응 절차

출처: 국가기술표준원(2017).

하다. 이를 근거로 해외 TBT에 대한 우리나라의 대응 절차도 크게 4단계로 구분할 수 있다. [그림 2-1]은 이러한 단계를 도식화한 것이다.

첫째, '정보수집'은 ELT의 'What'에 해당하는 것으로, 해외 TBT의 존재를 파악하는 단계이다. 우리나라는 주로 WTO TBT 통보문(이하 'TBT 통보문')을 통하여 해외 TBT 정보를 입수한다. 1995년 WTO 출범과 더불어 발효된 WTO TBT 협정(이하 'TBT 협정')에 따라, WTO 회원국(이하 '회원국')은 신규로 기술규제를 제정할 때 WTO TBT 위원회(이하 'TBT 위원회')에 미리 통보해야 한다(TBT 협정 제2.9조). 이는 TBT 협정에 따른 회원국의 의무사항이다. 회원국은 TBT 위원회가 제공하는 양식에 따라 통보문을 작성해야 하며, 위원회는 기술규제의 투명성을 확보하기 위하여 이를 공개한다. TBT 통보문은 기술규제의 입안예정일, 대상품목, 규제내용 등 정보를 담고 있어 해외 TBT 현황을 파악하는 데 유용한 자료가 된다. TBT 통보문은 'WTO TBT IMS(Information Management System)'에서 누구나 확인할 수 있다.

그러나 회원국은 모든 기술규제를 TBT 위원회에 통보할 의무는 없다. TBT 협정 제2.9조에 따르면, 각국의 정책입안자는 국제무역에 심각한 장애를 초래할 것으로 판단되는 기술규제만 선별적으로 통보하면 된다. 보건, 환경보호, 소비자 정보제공과 같이 각국이 정책적 목적에 따라 기술규제를 제정할 권한을 최대한 보장하기 위해서이다. 하지만 기술규제 정보를 파악하는 처지에서는 이러한 사실이 불리할 수밖에 없다. 따라서 대사관, 코트라와 같은 재외공관이나 협회와 기업 해외 지사를 통하여 WTO에 미통보된 기술규제를 직접 발굴하는 작업이 추가로 필요하다.

둘째, '조사분석'은 ELT의 'So What'에 해당하는 것으로, 1단계에서 파악된 해외 TBT가 우리 수출기업에 어떠한 영향을 미칠지를 분석하는 단계이다. 조사분석은 두 가지로 나뉜다. 일반분석은 파악된 기술규제 내용을 국문으로 번역하여 기업에 전파하고 의견을 수렴하는 방법이다. 심층분석은 전문가가 직접 수행한다. 일반적으로 입수된 해외 TBT는 일반분석 과정을 먼저 거치며, 기업 의견에 따라 일부는 심층분석으로 진행된다.

셋째, '전략수립'은 ELT의 'Now What'에 해당하는 것으로, 2단계에서 분석된 내용으로 대응전략을 수립하는 단계이다. 대응전략은 국가별, 업종별, 유형별, 시기별로 유연성 있게 수립된다. 공급 측면에서 해외 TBT로 인하여 수출기업은 기술개발, 생산설비와 인증에 추가비용이 든다. 그러나 수요 측면에서 소비자가 인증 마크를 신뢰하여 소비가 증가할 수도 있다. TBT의 생산비용 효과와 소비촉진 효과 간의 상대적 크기는 국가별, 업종별, 유형별, 시기별로 다르게 나타날 수 있다(장용준 외, 2011). 따라서 적극적인 대응으로 입안 반대나 유예를 요구할지, 진입장벽으로 이용하여 개도국과의 경쟁을 회피할지 등 대응전략은 여러 가지 상황에 따라 달라진다. 물론 대응전략 수립 과정에서도 해당 업계와의 피드백은 계속된다.

마지막으로, '대응'은 ELT의 'Do it'에 해당하는 것으로, 3단계에서 수립된 전략을 실제 실행하는 단계이다. 대응은 크게 대외적 대응과 대내적 대응으로 구분된다. 먼저 대외적으로 우리 정부는 TBT 위원회 다자간 정례회의, 양자 간 비공식 접촉, FTA 협상에서 현안을 직접 제기할 수 있다. 특히 TBT 위원회는 연 3회(3, 6, 11월) 다자간 정례회의를 개최하는데, 각국은 이 회의에서 공식적으로 해외 TBT에 대한 이의나 질의를 할 수 있다. 이를 특정무역현안(Specific Trade Concerns: STC)이라 하는데, 해외 TBT 현안에 대한 대표적인 대응 방법이다.

만약 중요한 TBT 현안을 STC를 통하여 해결할 수 없다면 정부는 최종 단계로서 WTO에 제소하는 방법을 고려할 수 있다(국가기술표준원, 2015a). 다만 상호인정협정(Mutual Recognition Agreement: MRA), 양해각서(Memorandum of Understanding: MOU)와 같이 상호 간 무역협정을 통하여 TBT 현안을 해결하는 방법은 얼마든지 존재한다. MRA는 다른 내용의 기술규제나 인증 절차를 서로 인정하는 것으로 협정을 통하여 TBT 현안을 해결하는 대표적인 방법이다. MRA보다는 구속의 정도는 낮지만 서로 협력하자는 의미에서 정부 또는 인증기관끼리 MOU를 체결할 수도 있다. 개도국 TBT의 경우 기술 전수나 지원을 통해서도 현안을 해결할 수도 있다. 대내적인 TBT 대응 활동으로는 국내 기업 대상 TBT 홍보와 맞춤형 컨설팅, 기술지원 등이 있다.

2) 대응조직

앞서 설명한 대응 절차에 따라 우리나라의 TBT 대응조직은 크게 두 개로 구분되어 있다. 먼저 'TBT 대응 컨소시엄'은 협회, 인증기관 등 주로 민간단체로 구성된 조직으로서, 대응 절차 중 1단계 '정보수집'과 2단계 '조사분석'의 기능을 주로 맡는다. 반면 'TBT 중앙사무국'은 산업통

[그림 2-2] 우리나라의 해외 TBT 대응체제 구성도

출처: 국가기술표준원(2017).

상자원부 국가기술표준원 내 정부조직으로서 대응 절차 중 3단계 '전략 수립'과 4단계 '대응'을 주로 맡는다. [그림 2-2]는 이들 조직과 기능을 도식화하였다.

(1) TBT 대응 컨소시엄

'TBT 대응 컨소시엄'은 협단체와 인증기관, 연구원으로 구성된 민간조직이다. 'TBT 대응 컨소시엄'은 해외 TBT 정보를 입수하여 업계에 전파한 후 애로 사항을 수집하고, 심층분석을 통하여 경제적 효과를 분석하여 정부에 전달하는 임무를 수행한다.

① 세부 조직

2014년 3월, 국가기술표준원은 민간 중심 TBT 대응조직으로서 'TBT 대응 컨소시엄'을 발족시켰다. 그 이전인 2012~2013년 동안은 국가기술표준원이 정부 용역사업을 통하여 민간단체를 지원하여 TBT 통보문 입수, 번역, 업계전파 등 대응을 수행케 하였는데, 업무의 효율성을 높이고자 2014년에는 아예 민간조직을 발족시켰다. 2012~2013년 동안 정부 용역사업을 통한 대응은 한국화학융합시험연구원(KTR)이 주로 맡았다. 2014~2016년 동안 전자정보통신산업진흥회(KEA)가 'TBT 대응 컨소시엄'의 주관기관을 맡았고, 2017년 이후부터는 다시 KTR이 주관기관이 되었다.

정부지원 예산은 2012년과 2013년에 각각 2천만 원과 8억 원이었으나 'TBT 대응 컨소시엄'이 발족한 2014년에는 8억 5천만 원으로 늘었다. 2015년에는 12억 5천9백만 원으로 크게 늘었고, 2016년에는 20억 8천백만 원으로 2012년 예산의 100배 수준이 되었다.

'TBT 대응 컨소시엄'은 2개의 하부조직으로 구성되어 있다. 하나는 업종별 협단체이고, 다른 하나는 전문분석기관이다. 먼저, 업종별 협단체는 대응 1단계인 '정보수집'의 역할을 주로 맡고 있다. 이들 협단체는 품목별로 3개의 협의회로 나누어져 있고, 총 19개의 협회가 이들 중 하나에 속해 있다. '전기전자협의회'는 간사기관인 KEA를 필두로 총 5개의 협회로 구성되어 있다. '기계금속협의회'는 건설기계산업협회(KOCEMA)를 간사기관으로 하여 총 5개의 협회로, '화학생활협의회'는 정밀화학산업진흥회(KSCIA)를 간사기관으로 총 9개의 협회로 구성되어 있다. 이들 3개 간사기관은 정부로부터 직접 예산을 지원받는다. [표 2-1]은 이들이 다루는 세부 품목을 나타낸다.

전문분석기관은 총 8개의 시험인증기관과 연구원으로 구성되어 있다. 이들은 우리 수출에 큰 영향을 미친다고 판단되는 해외 TBT를 심

[표 2-1] 협의회가 다루는 세부 품목

구분 \ 분야	전기 · 전자	기계 · 금속	화학 · 생활
세부 품목	TV/AV, 생활가전, 주방가전, IT/모바일, 전기기기, 조명, 전지, 의료기기, 가스기기	일반기계, 자동차, 이륜자동차, 건설토목, 건설광산농업 기계, 금속/비금속 소재	도료, 화장품, 염안료, 타이어, 계면활성제, 플라스틱, 완구, 섬유제품, 석유화학, 일반

출처: 국가기술표준원(2017).

층적으로 분석하는 임무를 맡는다. 이는 곧 대응 2단계인 '조사분석'의 역할이다. 이들 중 한국화학융합시험연구원(KTR), 한국기계전기전자시험연구원(KTC), 한국건설생활환경시험연구원(KCL)은 정부로부터 직접 예산을 지원받아 심층분석을 수행한다. 나머지 기관은 상황에 따라 이들 3개 기관으로부터 하청받아 분석한다.

② 주요 업무와 성과

'TBT 대응 컨소시엄'은 해외 TBT 정보를 수집하여 국내 기업에 전파한 후 애로 사항을 취합한다. 또한 중요하다고 판단되는 TBT는 전문가의 심층분석을 통하여 그 효과를 예측한다. 업계 애로 사항과 심층분석 결과는 정부 조직인 국가기술표준원에 전달한다. 이러한 과정을 통하여 우리 정부와 기업이 해외 TBT에 효과적으로 대응할 수 있도록 지원하는 것이 'TBT 대응 컨소시엄'의 설립 목적이다.

'TBT 대응 컨소시엄'의 주요 업무를 자세히 살펴보면 다음과 같다. 첫째, 'TBT 대응 컨소시엄' 내 협단체는 TBT 통보문을 국문으로 번역하여 업계에 전파한다. WTO 공식 통용언어가 영어, 프랑스어, 스페인어임에 따라 TBT 통보문은 이들 중 하나로 작성된다. 따라서 우리 업계에 이를 소개하기 위해서는 국문 번역작업이 필요하다. 'TBT 대응 컨소시엄'은 2012년부터 매년 제출된 전체 TBT 통보문의 약 90%를 국문으로 번역하여 기업에 전파하였다(국가기술표준원, 2017).

협단체는 번역된 국문 통보문을 회원 기업의 푸쉬(push) 메일과 우리나라 TBT 종합포털인 'KNOW TBT'를 통하여 전파하고 있다. TBT 대응의 여러 정보를 제공하는 'KNOW TBT'는 현재 KTR이 운영하고 있다. 정보는 TBT 통보문뿐만 아니라 미통보된 해외 기술규제의 내용도 포함하고 있다. 각 협회 회원과 더불어 포털에 'TBT 알림경보시스템'을 두어 포털 가입 기업을 대상으로 실시간으로 해외 TBT 정보를 확인하도록 하고 있다. 'TBT 대응 컨소시엄'의 TBT 알림 대상 기관 수는 2012년 총 816개에서 꾸준히 증가하여 2016년에는 1,464개로 집계된다(국가기술표준원, 2017).

둘째, TBT 통보문의 국문 번역 과정이나 업계 피드백에 따라 해당 TBT가 우리나라 주력 수출상품에 장벽이 될 것으로 판단되는 경우 'TBT 대응 컨소시엄'의 전문분석기관은 심층분석을 실시한다. 2012년은 국문 번역 통보문의 0.5%만이 심층분석 대상이었으나, 2013년 10.4%, 2014년 19.9%, 2015년 23.1%, 2016년 27.3%로 그 비중이 높아지고 있다(국가기술표준원, 2017). 심층분석 내용은 우리 수출에 대한 경제적 효과 예측, 규제의 세부 내용, 국제표준과의 부합 여부, 애로 사항 해결을 위한 대응전략 제안을 담고 있다.

셋째, 'TBT 대응 컨소시엄'은 우리 기업의 TBT 인식 제고와 기업 애로 사항 접수를 위하여 TBT 설명회와 세미나, 포럼을 상시로 개최한다.

마지막으로, 'TBT 대응 컨소시엄'은 TBT 통보문 번역과 분석, 기업 피드백을 통하여 취합된 내용을 정부에 전달하면서 외교적 대응을 요청할 수도 있다. 2012년 TBT 현안에 대하여 민간이 정부에 공식적 외교대응을 요청한 건수는 총 3건이었으나 이후 꾸준히 늘어나 2016년에서는 총 35건을 요청한 것으로 집계되고 있다(국가기술표준원, 2017).

(2) TBT 중앙사무국

'TBT 중앙사무국'은 산업통상자원부 국가기술표준원 내 정부 조직이다. 'TBT 중앙사무국'은 'TBT 대응 컨소시엄'으로부터 업계 애로 사항과 심층분석 내용을 전달받아 해외 TBT 대응전략을 수립하고 WTO, FTA에서 협상하는 임무를 수행한다.

① 세부 조직

2008년 9월 29일 당시 지식경제부(현재는 산업통상자원부) 산하 기술표준원(현재는 국가기술표준원)은 'TBT 중앙사무국'을 창설하였다. 'TBT 중앙사무국'은 국내 최초 정부 TBT 대응조직으로 국내외 TBT 대응 업무수행과 TBT 협정의 원활한 이행을 위하여 만들어졌다. 다만 'TBT 중앙사무국'은 국내법상 정확한 설치 근거 없이 OECD 권고와 한·미 FTA 협상 과정에서 설립되었다. OECD는 우리나라 TBT 대응의 효율성을 높이기 위하여 단일창구인 중앙 질의처를 설치하도록 권고하였다(OECD, 2007). 한·미 FTA 협상 과정에서도 양국 간 TBT 업무의 총괄 조정과 대외창구 단일화를 위하여 중앙사무국을 설치하는 데 합의하였다. 한국 측은 당시의 기술표준원이 이를 맡기로 하였다(기술표준원, 2009). 따라서 당시 기술표준원에서 TBT 관련 유일한 부서였던 '기술규제서비스과'가 자연스레 'TBT 중앙사무국'의 업무를 담당하게 되었다. 이때부터 우리 정부는 TBT 대응 업무를 총괄적으로 수행하였다.

당시 'TBT 중앙사무국'의 하부조직으로는 운영위원회와 실무위원회, 특정 이슈에 대응하는 TBT 연구회가 있었다. 운영위원회는 WTO TBT와 FTA TBT 협정 이행에 관한 의견수렴과 의사결정을 하는 역할을 하였다. 운영위원회는 WTO TBT 위원회의 각종 문헌을 검토하고 다자간 회의 의제에 관한 우리 정부의 견해를 정리하는 등 주요 사항을 심의하였다. 또한 대내적으로는 정부 부처 간의 협력과 의견을 조정하는 역할을 하였다.

실무위원회는 해외 TBT의 기술적 세부사항을 검토하고 의견과 안건을 운영위원회에 상정하는 역할을 하였다. 실무위원회는 품목별로 5개의 그룹으로 구성되었고, 각각의 그룹에서 11개의 전문 분야가 나누어졌다. 실무위원 중에서 코디네이터를 선발하여 해외의 신규 TBT 내용을 업계로 전파하고 의견을 수렴하는 역할을 맡겼다.

마지막으로, 해외 TBT에 대하여 특별한 대응이 필요하다고 판단할 경우 'TBT 중앙사무국'은 TBT 연구회를 임의로 조직하였다. TBT 연구회는 통상, 법률, 기술 등 각 분야의 전문가로 구성되었고, 특별한 이슈에 대하여 심층분석을 실시하였다. 당시 실무위원회와 TBT 연구회가 했던 역할은 현재 'TBT 대응 컨소시엄'이 하는 것과 비슷하다. 이처럼 설립 초기의 'TBT 중앙사무국'은 현재 'TBT 대응 컨소시엄'이 맡은 업무까지 모두 총괄하여 수행하였다.

2013년 12월, 우리 정부는 국가기술표준원 내 TBT 담당 부서를 '과' 단위에서 '국' 단위로 승격하면서 '기술규제대응국'을 신설하였다. 해외 TBT에 대한 대응 강화와 국내 기술규제의 통상적 대응 기능 개선이 '국' 단위의 부서를 신설한 목적이다. 따라서 현재의 'TBT 중앙사무국' 업무는 '기술규제대응국'이 관장하고 있다. '기술규제대응국'은 '기술규제정책과', '무역기술장벽협상과', '기술규제조정과', '기술규제협력과'의 4개 과로 구성되어 있다. 2014년 3월에 민간 중심의 'TBT 컨소시엄'이 발족함에 따라 이후부터는 TBT 현안 관련 외교적 대응이나 협상 업무를 '기술규제대응국'이 주로 맡고 있다. '기술규제대응국' 내 4개 과의 주요 업무는 [그림 2-3]에 잘 나타나 있다.

[그림 2-3] 기술규제대응국의 주요 업무 분장

출처: 국가기술표준원(2017).

② 주요 업무와 성과

현재 '기술규제대응국'이 관장하는 'TBT 중앙사무국'은 국내 TBT 관련 업무를 총괄·지휘하면서 우리 정부의 양자 또는 다자간 TBT 협상을 전담하고 있다.

대내적으로 'TBT 중앙사무국'은 우리 정부의 TBT 대응 총괄 조직으로서 부처별로 분산된 대응을 취합하고 조정과 협력의 채널을 강화하는 것을 주요 목적으로 한다. 이를 통하여 WTO와 FTA TBT 협정 이행을 극대화하고자 한다. 목적 달성을 위하여 'TBT 중앙사무국'은 'TBT 대응 컨소시엄' 등 민간 대응조직이나 시스템을 재정적으로 지원하여 각종 정보를 입수하고, 부처 간 회의나 행사를 기획·운영하고 있다. 이러한 대내적 TBT 업무는 주로 '기술규제조정과'와 '기술규제협력과'가 담당하고 있다.

대외적으로 'TBT 중앙사무국'은 WTO TBT 질의처(enquiry point)의 역할을 맡고 있다. WTO TBT 협정 제10.1조에 따라 각 회원국은 의무사항으로서 교역상대국의 TBT 질의와 요청사항을 관장하는 TBT

질의처를 정부 조직 내에 두어야 한다. 현재 우리나라는 2개의 정부 부서가 TBT 질의처로서 WTO 사무국에 등록되어 있다. 하나는 '기술규제정책과'로서 총괄적 TBT 업무를 수행하는 한편, 다른 하나는 농림축산식품부의 '검역정책과'로서 주로 농산품 관련 TBT 업무를 담당하고 있다. 우리 정부의 TBT 질의처는 WTO 다자간 회의나 협상에서 정부 공식 의견을 전달하는 역할을 하고 있다. 또한 국내에서 기술규제를 신설할 때 TBT 통보문을 제출하고 해외 정부의 질의나 요청사항에 대응하는 역할을 하고 있다.

'기술규제대응국'의 4개 과 중에서 '기술규제정책과'는 주로 WTO 대응 업무를 맡고 있다. 현재 WTO TBT 위원회가 개최하는 다자간 정례회의는 '기술규제정책과'를 주축으로 우리 정부 대표단이 구성되어 파견된다. 앞서 서술했듯이 이 회의에서 회원국은 특정무역현안(STC)을 논의한다. 우리 정부는 해외 TBT에 대하여 적극적으로 STC를 제기하였고, 연도별 건수는 [그림 2-4]에 잘 나타나 있다. 여기서 보면 해외 TBT에 대응한 우리나라의 TBT STC 제기는 2009년부터 눈에 띄게 증가하였다. 즉, 우리 정부가 'TBT 중앙사무국'을 신설하여 TBT 대응을 총괄적으로 하기 시작한 해부터 STC가 매우 증가하였다.

TBT 협정 제15.4조에 따라, WTO TBT 위원회는 정례회의와는 별도로 WTO 출범 연도인 1995년부터 3년에 한 번씩 TBT 협정 운용과 이행사항을 검토하고 보고서를 작성하였다. 이를 「WTO TBT 위원회 3년 주기 검토보고서(Triennial Review)」라고 한다. '기술규제정책과'는 3년 주기 검토 회의에 참석하여 우리나라의 공식 의견서를 제출하고 타국 의견서에 대응하는 역할을 하였다. 그간 우리 정부는 3년 주기 검토 회의에서 중앙정부와 지방정부 간 기술규제 내용 불일치, 국제표준 기준 설정, TBT 질의처 기능 강화, TBT 연구 작업반 설치에 대한 의견을 제시한 바 있다(국가기술표준원, 2015b).

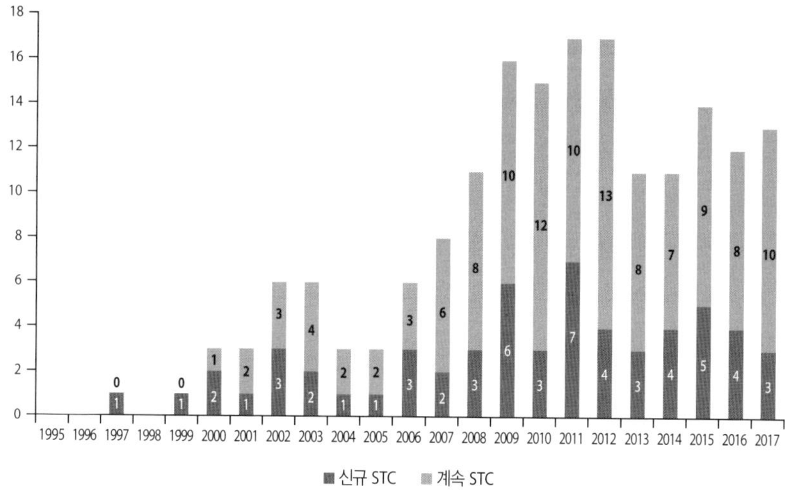

[그림 2-4] 연도별 우리나라가 제기한 TBT STC 건수(1995~2017)(단위: 건)

출처: WTO I-TIP.

한편, 대외적으로 'TBT 중앙사무국'은 각종 개별 무역협상의 TBT 분과에서 협상 주체로 참여하고 있다. 이 역할은 '무역기술장벽협상과'에서 주로 맡고 있다. 우리나라 FTA 협정문의 대부분은 TBT를 별도의 장으로 구성하여 다루고 있다. 그 내용은 WTO TBT 협정문 이상의 내용인 WTO 플러스(+)로 구성된다(유새별, 2016). WTO TBT 협정 이행, 기술규제 제·개정 시 상대국 참여보장, 정보제공 메커니즘 마련, 상호인정협정과 기술 기준 동등성 추진 협력, 양자 간 TBT 협력체 구성 운영이 그간의 우리나라 FTA 협정에서 WTO 플러스(+) 수준으로 다루어졌다.

상호인정협정(MRA)은 무역협상이나 국제 규제협력(International Regulatory Cooperation: IRC) 활동에서 가장 많이 활용되는 방법이다(국가기술표준원·한국표준협회, 2017). 그간 주요국과의 MRA도 '무역기술장벽협상과'에서 주도적으로 체결하였다. 우리나라는 2007년에 싱가포르와 전기전자 분야에서 최초의 MRA를 체결한 바가 있으며, 2016년 12월 20일에는 동 분야에서 중국과도 체결하였다. 특히 한·중 MRA는 2015년 12월 20일에 발효된 한·중 FTA 1주년을 맞아 FTA 이행사업 중 하나로 체결되었다. 전기전자 분야에서 우리나라의 대중 수출기업들은 국내에서 발급받은 국제 전기기기 인증제도(IECEE-CB scheme) 성적서가 중국의 CCC(China Compulsory Certification) 인증 절차 과정에서 일부 항목만 인정되어 중국 현지에서 재시험을 받아야 하는 애로 사항이 있었다. 따라서 우리 정부는 한·중 MRA를 통하여 173종 KC(Korea Certification) 인증대상 품목과 104종 CCC 인증대상 품목의 IECEE-CB 공인시험성적서를 상호 인정토록 하여 이를 극복하고자 하였다.

마지막으로, 'TBT 중앙사무국'은 「WTO/TBT 업무 매뉴얼」 등 각종 홍보물과 정보 자료를 발간하고 있다. 특히 2012년부터는 매년 '무역기술장벽(TBT)보고서'를 발간·배포하여 TBT 대응사례를 우리 기업에 홍보하고 있다. 또한 'TBT 중앙사무국'은 개도국 TBT에 효과적으로 대응하기 위하여 한국국제협력단(KOICA)과 협력하여 개도국 공무원을 대상으로 TBT 교육·훈련 프로그램을 운영하는 등 개도국 기술지원사업을 수행하고 있다.

2. 우리나라 TBT 대응체계의 주요 특징

1) 민관합동 대응체제 구축

우리나라 TBT 대응체계의 가장 큰 특징은 민간과 정부가 합동으로 체계를 구축하고 있다는 점이다. 앞서 [그림 2-2]에 나타난 것처럼 정보 수집과 업계 의견청취 등 조사와 분석 업무는 민간의 업종별 협단체와 전문기관으로 구성된 'TBT 대응 컨소시엄'이 맡고 있다. 반면, 최종 전략수립과 국가적 대응은 정부기관인 'TBT 중앙사무국'이 맡고 있다. 국가기술표준원은 매년 학술연구용역사업 공모를 통하여 'TBT 대응 컨소시엄'의 주관업체를 선정하여 예산 지원을 하고 있다. 따라서 민간 중심의 'TBT 대응 컨소시엄'은 'TBT 중앙사무국'과 재정적 측면에서 밀접한 협력 관계를 유지하고 있다.

정부 조직인 'TBT 중앙사무국'이 TBT 대응에 필요한 정보수집과 업계 의견청취 업무를 민간 조직인 'TBT 대응 컨소시엄'에 위탁하게 된 이유는 최근의 통상환경 변화와 밀접한 관련이 있다. 전 세계적으로 최근 보호조치는 관세보다는 비관세조치(Non-Tariff Measures: NTM)를 통하여 실현되고 있다. 관세는 수치로 명확히 나타나므로 협상을 통하여 낮추기가 쉽다. 실제로 그간 FTA를 통하여 평균 관세 수치가 많이 낮아졌다. 국내 특정 산업을 보호하기 위하여 관세를 다시 올리려면 WTO에 제소당하기 쉽고 기존 FTA를 개정하거나 파기해야 하는 등 절차가 복잡하다. 반면 비관세조치는 수치로 나타나지 않아 불명확하여 FTA 협정에서 잘 다뤄지지 않았고, WTO 제소도 복잡하여 최근 보호조치 수단으로서 급격히 증가하고 있다(장용준·서정민, 2014). WTO는 이를 신규무역제한조치(New Trade Restriction)로 명명하였고, 각국이 일시적이 아닌 장기적 산업육성 정책으로 활용하고 있음을 우려하였다(정철 외, 2012).

TBT는 자국민의 건강 및 안전, 소비자 보호, 환경 등의 정책적 명분과 함께 각국의 지리적·문화적·사회적 환경에 따라 다르게 적용할 수 있다. 그래서인지 여러 가지 비관세조치 중에서도 TBT의 비중이 가장 높다. WTO 비농산물시장개방(Non-Agricultural Market Access: NAMA) 협상 과정에서 제출된 회원국의 NTM 통보문에서 '표준 및 기술규제' 관련 건수의 비중은 30%로 가장 높았다(Santana and Jackson, 2012). 1995

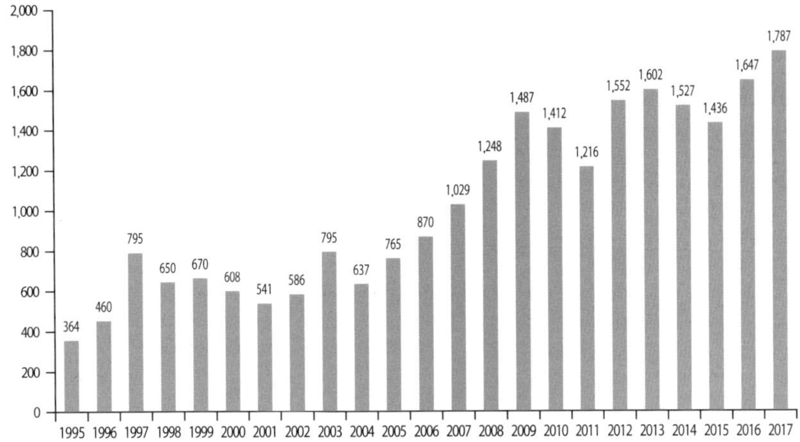

[그림 2-5] 연도별 WTO TBT 통보문 건수(1995~2017)(단위: 건)

출처: WTO I-TIP.

년부터 2016년 3월까지 WTO에 제출된 NTM 통보문 누적 건수에서도 TBT는 48.1%로 가장 비중이 높다(Ghodsi et al., 2017). Gourdon and Nicita(2013)는 비관세조치의 관세상당치(Ad-Valorem Equivalents: AVEs)를 추정했는데[1], TBT가 중심인 기술적·제도적 조치가 50% 이상을 값을 가져 NTM 중 가장 큰 비중을 차지함을 보였다.

[그림 2-5]를 통하여 WTO 회원국들이 제출한 TBT 통보문 건수를 연도별로 살펴보면, 1995년 WTO 출범 당시 364건이던 것이 2000년대 말부터 급격히 증가하기 시작하여 2017년 1,797건으로 역대 최대치를 기록하였다. TBT 통보문 제출 국가의 수도 1995년은 25개국에 불과하였지만, 2016년에는 79개국으로 증가하였다(국가기술표준원·한국

1 비관세조치를 관세로 전환하여 수치화하는 방법이다. 전환 방법은 수출가격과 수입가격 간의 차이를 이용하는 가격차 방법(Price-wedge method), 수입량 감소를 이용하는 수량 기준 계량경제학적 방법 등 다양하다(김태윤·이재호, 2010).

표준협회, 2017). 이처럼 TBT는 2000년대 말부터 절대적 수치와 다양성 모두 현저히 증가하기 시작하였다.

최근 TBT 현안의 양적·질적 증가로 인하여 정부의 TBT 대응 업무도 과중해지고 있다. 규제는 외부성과 정보의 비대칭성으로 야기되는 시장실패를 해결하기 위한 정부의 대표적인 정책수단이다. 따라서 기업이 기술규제를 잘 활용한다면 오히려 생산과 수출이 증가하는 계기를 마련할 수도 있다(장용준 외, 2011). 예를 들어 소비자가 제품 안전 인증 마크를 크게 신뢰하여 정보의 비대칭성 문제를 해결할 수 있다면, 인증을 받는 것이 오히려 판매에 도움이 된다. 또한 인증을 받지 못한 제품은 시장에서 퇴출당하므로 규제가 시장진입장벽으로 작용할 수도 있다.

해외 TBT를 수출에 효과적으로 활용하기 위해서는 수출기업의 다양한 의견 청취가 매우 중요하다. 그러나 최근의 TBT 통보 건수를 보면 정부가 이를 완벽하게 수행하는 것이 불가능하다고 할 수 있다. 대안적으로 민간 기업이 회원으로 있는 협단체가 TBT 조사부터 기업 의견 청취의 역할을 맡고, 정부는 전략수립과 국가 간 대응 업무에 집중하는 분업체계가 해외 TBT를 효과적으로 대응하는 데 바람직하다. 실제로 국내 기업들도 의견 청취와 정보를 수집하는 업무에 있어 정부보다는 민간이 의사소통의 창구를 마련하는 것이 바람직하다는 의견을 내놓고 있다(국가기술표준원, 2017).

한편, 해외의 TBT 대응체제를 살펴보면 미국이 대체로 우리나라와 같은 민관합동 TBT 대응체제를 유지하고 있는 것으로 보인다. 미국은 연방정부 주도 아래 상무부와 무역대표부(USTR)가 TBT 대응조직을 갖추고 있으며, 상무부의 기술관리국 산하 미국표준기술연구소(NIST)가 질의처 업무를 맡고 있다. 그리고 각 정부조직은 산업계 대응협의회와 같은 민관협의체를 모두 운영하고 있다. 그러나 우리나라의 'TBT 대응 컨소시엄'과 같이 독립 형태의 민간대응체제가 구축된 것은 아니다.

EU는 중소기업 해외시장 진출 지원사업 협의체 내에서 TBT 대응 현안을 다루고 있어 완벽한 TBT 대응체계를 구축했다고 할 수 없다. 중국은 TBT 관련 협의체가 아예 존재하지 않는다. 이상 종합적으로 살펴보면 우리나라의 민관합동 TBT 대응체제는 다른 선진국에 비해서도 우수한 체제라고 할 수 있다. 실제로 WTO TBT 위원회나 각 회원국의 TBT 업무 담당자, 국내외 TBT 전문가들도 우리의 민관합동 TBT 대응체제가 우수하다고 평가한다.

2) TBT 중앙사무국의 실체적 근거

'TBT 중앙사무국'은 법적 설치 근거가 없고 국가기술표준원 내 조직도에도 나타나지 않아 실체적 근거가 불명확하다. 'TBT 중앙사무국'은 '국가표준기본법' 제26조 2와 한·미 FTA TBT 협정문 제9.6조, 부속서 9-가를 통하여 설립된 것으로 보인다. 그러나 실제 이들 조문 내용에서는 정확히 'TBT 중앙사무국'이라는 명칭이 없다. 따라서 이들 조문이 'TBT 중앙사무국'의 법적 설치 근거라고 명확히 주장하기는 힘들다. 다만 '국가표준기본법'과 한·미 FTA TBT 협정의 원활한 이행을 위하여 사후적으로 'TBT 중앙사무국'이 만들어진 것으로 보인다. 한·미 FTA협상에서 미국 측은 FTA TBT 협정 이행을 위하여 국내 TBT 업무의 총괄 조정과 대외창구 단일화 역할을 하는 조직을 신설하도록 요구하였다.

'TBT 중앙사무국'은 국가기술표준원 조직체계에도 나타나지 않는다. 현재 국가기술표준원은 표준정책국, 제품안전정책국, 적합정정책국, 기술규제대응국의 4개국으로 조직되어 있다. 이 중 TBT 업무를 담당하는 부서는 기술규제대응국이고 4개의 과로 구성되어 있다(그림 2-3).

이 중 기술규제정책과는 WTO 현안을, 무역기술장벽협상과는 FTA와 같은 개별 무역협상을 맡아 대외적 대응 업무를 주로 맡고 있다. 기술규제조정과와 기술규제협력과는 TBT 관련 국내 조직과 규제 정비와 같은 대내적 업무를 주로 맡고 있다. 'TBT 중앙사무국'이 대내외적 TBT 업무를 모두 총괄하고 있다는 점에서 실질적으로 기술규제대응국이 곧 'TBT 중앙사무국'이라 할 수 있다. 다만 그 명칭이 국가기술표준원의 조직체계 내에서 존재하지 않을 뿐이다.

3. 결론: 우리나라 TBT 대응체계의 향후 과제

우리나라 TBT 대응체계는 민간과 정부가 업무를 분담한다는 점에서 분업의 장점이 나타날 여지가 크다. 그러나 이들 조직 간의 소통이 잘 이뤄지지 않는다면 업무 중복과 같은 비효율이 발생할 수 있다. 또한 TBT 컨트롤 타워로서 정부기관의 역할과 권한에 대한 법적·경제적 근거가 명확하지 않다는 것도 문제점으로 지적할 수 있다. 민간으로 이원화된 우리나라 TBT 대응체계는 효과성 측면에서도 여러 문제점을 안고 있으며, 보다 구체적으로는 다음 다섯 가지를 지적해 볼 수 있다. 이들은 향후 우리나라 TBT 대응체계가 극복해야 할 과제라 할 수 있다.

1) 용역입찰 사업 형태의 문제점

민간 대응체제인 'TBT 대응 컨소시엄'은 조직운영을 위하여 매년 용역사업 공모를 통하여 정부로부터 예산지원을 받고 있다. 그 과정에서 여러 가지 비효율이 발생하고 있다. 우선, 사업 공모와 주관기관 선정 절차로 인하여 매년 계약 비용이 발생한다. 용역입찰 과정에서 민간조직은

[표 2-2] 월별 WTO TBT 통보문 제출 건수(2010~2016)(단위: 건)

1월	2월	3월	4월	5월	6월
1,558	1,356	1,254	1,194	1,114	1,225
7월	8월	9월	10월	11월	12월
1,414	1,151	1,007	1,292	1,168	871

출처: WTO TBT IMS(Information Management System).

해외 TBT 대응이 아닌 대내 기관 간의 경쟁과 계약체결을 위하여 인력과 예산을 사용하고 있다. 정부 또한 민간조직 간의 경쟁 심화를 막고 이를 조정하기 위하여 행정력을 낭비하게 된다. 실제로 업계 관계자들의 의견에 따르면 기업 대상 홍보, 컨설팅, 대응 회의 개최에서 민간조직 간 업무의 중복이 발생하고 있는 것으로 보인다. 이들 사업은 효과적 대응보다는 전시성 사업일 확률이 높다.

일반적으로 정부 용역사업은 진행 절차상 매년 4~5월이 되어서야 계약체결이 완료된다. 따라서 매년 TBT 대응 업무도 4~5월부터 본격적으로 시작되고, 그 이전인 1~3월의 TBT 현안은 놓칠 가능성이 크다. [표 2-2]는 2010~2016년 동안 WTO 회원국이 제출한 TBT 통보문을 월별로 집계하고 있다. 이 통계에 따르면 전체 통보문의 절반 이상인 52.7%가 전반기(1~6월)에 제출되고 있음을 알 수 있다. 특히 1월의 경우 1,558건으로 1년 중 TBT 통보문이 가장 많이 제출된 시기이다. 이 시기는 민간단체가 정부 용역입찰을 위하여 가장 바쁘게 준비해야 하는 시기이기도 하다.

매년 주관기관을 선정하는 사업집행 방식은 대응 업무의 안정성을 떨어뜨리고 지식 축적에 따른 규모의 경제를 달성하기 어렵게 한다. 'TBT 대응 컨소시엄'에서 실제로 정부예산을 직접 지원받는 기관은 3개 간사기관(KEA, KOCEMA, KSCIA)과 3개 전문분석 기관(KTR, KTC, KCL)이다(그림 2-2). 나머지 기관은 업무에 참여하게 될 때 이들을 통하여 간접적으로 지원받는다. 따라서 나머지 기관이 TBT 대응 업무에 지속해서 참여할 만한 동기는 없다. 직접 예산 지원을 받는 기관 또한 매년 용역사업 선정 심사를 받는 처지라 대응 주관기관의 권위와 신뢰성이 부족할 수밖에 없다.

마지막으로, 매년 정부 용역입찰로 운영되는 현재의 'TBT 대응 컨소시엄'은 장기적 관점의 거시적 조망과 대응전략을 수립하는 데에는 한계를 가진다. 'TBT 대응 컨소시엄'은 단기적으로 각 현안에 대한 국내 기업의 애로 사항을 접수하고 신속히 대응하는 데에 큰 장점을 발휘할 수 있다. 그런데 민간조직은 이후 용역사업 선정에서 유리한 고지를 선점하기 위하여 당장 눈으로 보이는 성과를 보여 주는 것이 중요하다. 특정 기업의 해외 TBT 극복 사례가 대표적인 성과이다. 다만 TBT 대응의 로드맵 수립, 국제표준 선점이나 부합을 위한 기술개발, 개도국 기업과의 경쟁을 위한 진입장벽 활용 전략은 다소 장기적인 성과를 바라보고 세워야 할 계획이다. 이들 또한 기업 의견수렴을 바탕으로 작성할 수 있다면 더욱 실용적인 전략으로 가치가 있을 터인데, 매년 용역입찰로 주관기관이 바뀔 수 있는 상황에서는 추진하기가 쉽지 않다.

2) 조직 간의 거버넌스 문제

본인-대리인 문제(principal-agent problem)는 어떤 일을 본인이 직접 하지 않고 대리인을 임명하여 수행하는 과정에서 이들 사이의 비대칭적 정보(asymmetric information)로 인하여 발생한다. 이들의 관계는 대리관계(agency relationship)로 명명된다. 주주와 전문경영인 간의 관계가 대표적인 예라 할 수 있다. 이때 주주는 본인, 전문경영인은 대리인이다. 대리인은 본인과 다른 이해관계를 가질 수 있으며, 때때로 본인의 이익을 오히려 해치는 행동을 할 수도 있다. 그런데도 본인은 대리인이 어떠한 행동을 하고 있는지 완벽하게 관찰할 수 없어 정보의 비대칭성 문제가 발생한다.

'TBT 중앙사무국'은 기업 애로 사항을 근거로 대응전략을 마련하여 타국 정부와 협상해야 한다. 그리고 TBT 현안을 보다 효율적으로 다루기 위하여 민간조직인 'TBT 대응 컨소시엄'에 일부 업무를 위탁하고 있다. 구조상 'TBT 중앙사무국'은 본인, 'TBT 대응 컨소시엄'은 대리인이 되어 대리관계가 형성된다. 그런데 문제는 대리인인 민간과 본인인 정부의 이해관계가 다르다는 점이다. 주로 협회로 구성된 'TBT 대응 컨소시엄'의 목적은 기업의 이윤 극대화를 위하여 산업계의 목소리를 대변하는 것이다. 반면 정부조직인 'TBT 중앙사무국'은 기업뿐만 아니라 소비자 등 이해관계자 모두를 포함한 사회 전체 이득을 추구한다.

'TBT 중앙사무국'과 'TBT 대응 컨소시엄' 간의 다른 이해관계로 인하여 분석대상 TBT 선정, 통계자료 생성과 축적, 업계 의견수렴과 전달 과정에서 본인-대리인 문제가 발생할 수 있다. 특히 TBT로 인하여 기업은 기술개발, 설비, 인증에 추가 생산비용이 들지만, 소비자는 더 나은 품질의 제품을 구매할 수 있어 이득을 얻는다. 따라서 기업은 해외 TBT가 당장은 수출 장벽이 되어 부정적 인식을 가질 수밖에 없지만, 소비자를 포함한 시장 전체를 고려하는 정부는 이를 무조건 제거해야 하는 것으로 다루면 안 된다. 정부는 해외 TBT로 인한 기업비용 효과에 더하여 수요촉진(demand stimulation)을 포함하는 전체 시장효과를 종합적으로 고려하여 대응해야 한다. 그러나 'TBT 대응 컨소시엄'은 단기적 성과로서 기업 이익을 대변해야 하고, 시장 전반의 종합적 정보보다는 기업에 유리한 것만을 선별적으로 정부에 전달할 여지가 있다.

TBT 민관합동대응체제는 정부와 민간 간의 소통뿐만 아니라 민간조직 간의 거버넌스(governance) 문제 또한 안고 있다. 협단체 간, 전문분석기관 간, 협단체와 전문분석기관 간 거버넌스 모두가 여기에 포함된다. ‘TBT 대응 컨소시엄’ 내 민간조직도 각각의 이해관계에 따라 다양한 목적 함수가 존재한다. 이들 간의 수평적 관계 속에서 협조나 지시사항의 이행성이 부족할 수밖에 없다. 특히 이들은 주관기관이나 수행기관 선정, 예산 배분 과정에서 서로 경쟁을 하는 처지가 된다. 예산 배분의 유리한 고지를 점령하기 위하여 홍보성, 전시성 사업을 서로 간에 중복적으로 할 수도 있다. 따라서 ‘TBT 대응 컨소시엄’은 참여기관 간의 경쟁구도를 유발하지 않고 협력의 유인을 주는 체계로 개편할 필요가 있다.

3) TBT 대응체제의 법적 근거

우리나라 TBT 대응체제는 정부 부처 간의 거버넌스에도 여러 문제점을 안고 있다. 주된 이유는 ‘TBT 중앙사무국’에 대한 법적 근거가 없기 때문이다. 정부 부처 간의 협조를 위해서는 서로의 권한과 책임 문제를 먼저 따져야 하는 상황이 발생한다. 최근 TBT 통보 건수와 대상 품목의 다양성이 증가하는 추세에서 정부 부처 간의 거버넌스 갈등은 TBT 현안을 일관성 있게 대응하는 데에 절대 바람직하지 않다. 외국과의 협상 과정에서 각 부처가 이해관계에 따라 다른 목소리를 낸다면 결코 협상에 도움이 되지 않을 것이다. 이러한 이유로 WTO는 각 회원국이 TBT 대응을 위하여 단일 창구를 두도록 권고하고 있다. 그러나 우리나라 TBT 대응 주체인 ‘TBT 중앙사무국’은 설치와 존재에 대한 법적 근거가 전혀 없어 다른 부처와의 협업을 위한 행정적 권한을 전혀 갖지 않고 있다. 법적 근거가 없는 ‘TBT 중앙사무국’의 권한으로는 다른 부서의 협조를 얻어내기가 쉽지 않다. 외부와의 협상을 효율적으로 진행하기 위해서는 각 부처 간의 이견 조율이 선행되어야 하는데, 현재 우리나라 TBT 대응체제는 이를 주도하는 권한을 가진 부서가 없다.

[표 2-3]은 해외 통관 과정에서 기술적 조치(대부분 TBT)로 인하

[표 2-3] 업종별 기술적 조치로 인한 우리나라 제품 통관 거부 건수(2012~2015)(단위: 건)

순위	업종별	거부 건수
1	의료기기 및 의약품	960
2	가공식품	946
3	잡제품	351
4	수산물	333
5	농산물	119
6	생활용품	70
7	기계	23
7	임산물	23
9	자동차 및 자동차 부품	20
10	섬유/직물	17
11	전기/전자	10
12	플라스틱/고무/가죽	5
12	화학공업	5
14	축산물	4
15	교육	2

출처: 장용준(2017).

여 우리나라 수출품이 통관 거부된 사례를 업종별로 나누어 보고하고 있다. 해외 TBT로 인한 우리 수출제품의 통관 거부는 업종별로 다양하여 대상 범위가 넓다. 우리나라는 대상 업종에 따라 담당하는 부서가 나뉜다. 전기전자 분야는 국가기술표준원, 동식물 및 식품은 농림축산식품부, 의약품, 의료기기는 식품의약품안전처, 자동차 안전, 배기가스 배출량은 국토교통부, 방송·통신, 전자파는 과학기술정보통신부가 담당한다. 따라서 TBT 대응 업무는 이들 간의 협업이 필요하다. 또한 WTO TBT 위원회에 미통보된 해외기술규제를 발굴하기 위해서는 대한무역투자진흥공사(KOTRA)와 대사관, 기업 해외 지사의 협조도 중요하다.

현재 정부는 TBT 대응조직의 법적 근거를 마련하기 위한 여러 가지 방안을 모색하고 있다. 그중 하나는 국가기술표준법이 우리나라 공식 WTO TBT 질의처인 'TBT 중앙사무국'에 관한 권한 내용을 다루는 방안이다. 총리실 등 높은 권한을 가지는 기관이나 조직 산하에 TBT 전담 대응부서를 설립하자는 주장도 있었다(장용준 외, 2011). 현재 국표원 인력 중심의 'TBT 중앙사무국'을 대체하여, 다른 부처와 민간조직의 인력을 파견하여 운영하는 'TBT 종합지원센터'의 설립도 논의 중에 있다(국가기술표준원, 2017). 어떠한 방안이든 TBT 대응조직의 법적 근거 확보는 다른 부처와의 협업, 예산의 안정적 확보, 중·장기적 TBT 대응 전략 및 체제를 마련하는 데 큰 도움이 될 것이다.

4) 정부지원의 경제적 근거

정부가 특정 산업이나 기업에 대하여 지원하려면 반드시 명분이 필요하다. 즉, 시장개입의 정책적 정당성이 있어야 한다. 정부의 TBT 대응 업무는 인증 산업과 관련 기업에 대한 지원으로 해석된다. 따라서 정부 예산으로 운영되는 TBT 대응체제는 시장개입에 대한 정책적 정당성을 확보하여야 한다.

때때로 자유 거래 과정에서는 공공재, 외부성, 정보의 비대칭성 문제가 발생하며, 배제불가능성(non-excludability)이 생기게 된다. 이때 정부는 시장에 개입하여 이를 바로 잡아야 하는 정책적 정당성을 가진다. 여기서 배제불가능성은 대가를 지불하지 않아도 소비를 하는 데 아무 문제가 없는 특성을 말한다. 소위 무임승차자(free rider) 문제가 좋은 예이다. 대표적 공공재인 국방서비스를 보면 지불한 사람과 지불하지 않은 사람 모두가 혜택을 누릴 수밖에 없다. 만약 다른 누군가가 국방서비스를 지불한다면 자신은 공짜로 혜택을 볼 수 있다. 즉, 배제불가능성이 발생하게 된다. 이러한 상황에서 개인은 지불의사가격(willing-to-pay)을 제대로 표시하지 않는 것이 합리적인 행동이 되고, 참여자 모두가 무임승차자가 될 것이다. 결과적으로 배제불가능성이 있으면 시장은 형성되지 않는다.

그런데 배제불가능성이 해외 TBT 대응 과정에서도 존재하고 있다. WTO와 FTA TBT 협상 성과를 특정 수출기업만 누릴 수는 없다. 만약 어떤 기업이 해외 TBT 현안을 먼저 해결한다면 WTO의 내국민대우원칙(National Treatment: NT)에 의해 같은 종류의 상품을 수출하는 기업에 무차별적으로 혜택이 적용될 것이다. 배제불가능성이 발생하는 상황에서 정부가 TBT 대응 업무를 하지 않는다면 민간은 누구도 이 일을 먼저 하지 않을 것이다. 따라서 현재 WTO와 FTA TBT 협상의 성과가 우리 수출기업 모두에 비차별적으로 돌아간다는 측면에서, 우리나라 TBT 대응체제는 시장개입의 정책적 정당성을 가지고 있다.

다만 TBT 대응업무 과정에서 정책적 정당성을 벗어나는 일부 지원에 대해서는 주의가 필요하다. 예를 들어 개별 수출기업에 대한 지원은 그 혜택이 모두가 아닌 특정 기업에만 한정한다는 점에서 바람직하지 않다. 해외 TBT 대응에 대한 정부지원은 정보제공, 대응기반시설 확립, 국제 규제협력(IRC)을 통하여 혜택이 모두에 골고루 배분되는 사업으로 진행되어야 한다. 특히 중소기업 중심의 지원이 필요하다.

한편, 현재 'TBT 중앙사무국'이 진행 중인 기업 컨설팅 지원과 기술지원 사업은 우리 기업의 제품 혁신을 독려하므로 정부지원이 바람직하다. 일반적으로 기업 R&D는 지식파급효과(spillover effect)를 통하여 양(+)의 외부성이 발생한다. 배제불가능성이 존재하고, 정부 시장개입의 정당성이 있다. 특히 환경규제 중심의 선진국 TBT는 높은 기술수준을 요구하므로 R&D와 혁신을 활성화시키는 제도적 지원이 대응에 효과적이다. 다만 이 경우 WTO 수출보조금 금지조항에 대한 주의가 필요하다.

5) 개도국 TBT와 경제발전

국제무역은 개도국의 경제개발을 견인하는 중요한 요인이다. 따라서 이들의 무역 확대를 위한 국제사회의 지원 논의가 본격화되고 있다. 한 예로 2005년 제6차 홍콩 WTO 각료회의에서 회원국은 무역을 위한 원조(Aid for Trade: AfT)의 이니셔티브를 채택하였다. 2015년 UN 총회에서 발표된 지속가능개발목표(Sustainable Development Goals: SDGs)에서도 AfT가 세부 목표 중 하나로 제시되었다. 이러한 추세에서 개도국 대상 TBT 관련 지원사업도 중요해지고 있다. 개도국이 국제가치사슬(Global Value Chain: GVC)에 성공적으로 편입하는 데 TBT가 중요한 역할을 하기 때문이다. 우리가 AfT를 통하여 표준이나 인증 체계를 개도국에 적극적으로 전수한다면 개도국이 제품의 국제기준을 정립하고 품질을 더욱더 높이는 데 도움이 될 것이다. 이를 통하여 GVC로의 적극적인 참여를 유도할 수 있다. 물론 이 과정에서 우리 경제에 대한 긍정적인 영향 또한 기대할 수 있다.

그뿐만 아니라 개도국에 대한 TBT 관련 원조는 최종재의 교역비용을 최소화하는 데도 이바지한다. AfT는 개도국 TBT를 완화하고 對개도국 수출을 증진하는 데 결정적인 역할을 하고 있다(최보영·장용준, 2018). 개도국으로의 교역 증진을 위하여 인증 관련 제도 및 인프라 구축, 시험·인증 기기 지원 등 TBT 관련 원조를 보다 적극적으로 해야 할 시점이다.

참고문헌

국가기술표준원(2015a). 『기술규제 관점에서의 통상분쟁 사례 조사분석』.

____(2015b). 『제7차 WTO TBT 위원회 제3년 주기 검토보고서 대응전략수립』.

____(2017). 『무역기술장벽(TBT) 종합지원센터 지정·운영방안 연구』.

국가기술표준원·한국표준협회(2017). 「WTO 출범 이후 TBT(무역기술장벽)의 통보 동향과 시사점」, 『TBT Policy Report』 001, 2017-1호.

기술표준원(2009). 『기술표준백서』.

김태윤·이재호(2010). 「인도네시아 비관세장벽 현황과 철강제품 비관세조치의 관세상당치 추정 연구」, 『대외경제정책연구원 연구자료 10-13』.

유새별(2016). 「Mega FTA 대응전략 연구: TBT 협정을 중심으로」, 『대외경제정책연구원 연구자료 16-04』.

장용준(2017). 「해외 TBT와 SPS의 한국 수출에 대한 효과 분석: 수출비용효과와 수요증진효과」, 『공공관리학보』 제31권 3호, 319-343쪽.

장용준·서정민(2014). 「무역상 기술장벽(TBT)이 한국의 교역에 미치는 영향」, 『국제통상연구』 제19권 제1호, 1-31쪽.

장용준·서정민·김민성·양주영(2011). 「무역상 기술장벽(TBT)이 무역에 미치는 영향과 정책적 대응방안」, 『대외경제정책연구원 연구보고서 11-14』.

정철 외 17인(2012). 「최근 보호무역주의 동향과 우리나라의 대응방안」, 『대외경제정책연구원 오늘의 세계경제』 제12-19호.

최보영·장용준(2018). 「AfT 대상국 TBT의 수출 효과와 원조정책에 대한 시사점」, 『국제개발협력연구』 제10권 3호, 85-112쪽.

Ghodsi, M., J. Grubler, O. Reiter, and R. Stehrer(2017). "The Evolution of Non-Tariff Measures and Their Diverse Effects on Trade", *Research Report 419*, The Vienna Institute for International Economic Studies.

Gourdon, J. and A. Nicita(2013). "A Preliminary Analysis on Newly Collected Data on Non-tariff Measures", *Policy Issues in International Trade and Commodities Study Series*, No. 53.

OECD(2007). *OECD Reviews of Regulatory Reform: Korea 2007.*

Santana, R. and L. Jackson(2012). "Identifying Non-Tariff Barriers: Evolution of Multilateral Instruments and Evidence from the Disputes(1948-2011)", *World Trade Review*, Vol. 11, Issue 3, pp. 462-478.

WTO I-TIP(Integrated Trade Intelligence Portal).

WTO TBT IMS(Information Management System).

제3장

우리나라 비관세장벽 대응 산관협력체계의 과제

제현정

1. 서론

비관세조치(Non-tariff Measures)는 관세를 제외하고 무역에 영향을 미치는 모든 조치를 일컫는 포괄적인 용어이다. 가장 대표적인 조치가 기술장벽(Technical Barriers)이며, 이 외에 무역구제조치, 통관 절차, 수량 통제 등 그 범위가 상당히 넓다. 수많은 비관세조치 중에 실제로 기업들의 무역행위에 방해가 되는 조치를 비관세장벽(Non-tariff Barriers)이라 표현하는데, 기업들의 상관행이나 소비자들의 인식을 제외하고는 대부분이 정부의 제도, 규정 또는 행위와 연관되어 있다. 따라서 외국 정부와 관련된 비관세장벽은 민간의 수출 또는 투자 기업이 직접 문제를 제기하고 해결하는 데는 한계가 크다. 결국 수출국 정부가 기업을 대리하여 상대국 정부와의 협의를 통하여 비관세장벽을 해소하는 과정을 거쳐야 하기 때문에 효율적인 대응을 위하여 무엇보다 민간과 정부 간 대화와 유기적인 협력이 선행되어야 한다.

1) 비관세장벽 대응에 대한 기업의 인식

비관세장벽은 기업들이 수출 또는 투자 과정에서 직면하는 애로 사항이기 때문에 기업들 스스로 장벽을 인식하고 정부에 제대로 전달하는 과정이 매우 중요하다. 그런데 우리 기업들은 과거 수출 주도형 성장을 추구하는 과정에서 해외시장의 장벽을 해소하기 위하여 노력하기보다는 그 시장에 순응하는 전략으로 시장을 개척해 왔다. 이러한 경향은 기업들이 겪는 수출장벽을 정부에 전달하는 메커니즘이 제대로 마련되어 있지 않았던 이유도 있지만 보다 근본적으로 우리 정부가 당시 주요 수출시장인 미국이나 유럽 국가들을 대상으로 비관세장벽을 해소하는 데 역부족이라는 인식이 강했기 때문이다. 심지어 해외시장의 장벽에 어렵게 적응하여 수출을 순조롭게 진행하고 있는 기업들은 정부의 노력으로 비관세장벽이 해소되면 다른 경쟁 수출기업들도 혜택을 누릴 수 있다는 생각에 비관세장벽 해소를 적극적으로 요구하지 않는 경우도 적지 않았다.

비관세장벽에 대한 기업의 인식과 관련하여 또 다른 문제는 비즈니스를 진행하고 있는 기업 입장에서는 정부의 '조치'와 무역에 저해가 되는 '장벽'을 제대로 구분하기 힘들다는 점이다. 기술장벽만 보더라도 소비자의 안전과 건강을 위한 정당하고 합법적인 조치인지 아니면 수입을 제한하는 불합리한 장벽인지를 기업 스스로 판단하는 데 한계가 있다. 특히 전담 인력이 갖춰져 있는 대기업 이외에 중소기업들이 비관세장벽을 제대로 인지하고 문제를 제기하는 것은 현실적으로 어려움이 크다. 더구나 기업들은 수출 과정에서 겪는 어려움을 비관세장벽이라기보다는 단순히 애로 사항으로 인식하기 때문에 여러 형태의 비관세장벽 중 어떤 부류에 속하며 전달해야 할 관련 기관 또는 정부 부처가 어디인지를 찾기도 힘든 실정이다. 이러한 이유로 기업들이 겪는 각종 애로 사항을 수렴하여 비관세장벽 여부를 판단하고 분류하여 해당 정부 담당 기관에 전달하는 업종별 단체와 경제단체의 역할이 중요하다.

2) 비관세장벽 대응 산관협력체계의 역사

1995년 WTO 출범과 1990년대 후반부터 본격화된 자유무역협정(Free Trade Agreement) 체결의 확산으로 관세장벽이 낮아지면서 점차 강화되는 비관세장벽에 대한 관심이 높아지기 시작하였다. 그러나 비관세장벽 대응을 위한 총괄적인 산관협력체계의 역사는 길지 않다. 초창기 비관세장벽 대응은 먼저 비관세장벽에 대한 정의와 분류 그리고 실제로 우리 기업들이 수출하는 과정에서 또는 해외시장에 진출해서 겪는 비관세장벽을 조사하는 작업부터 시작되었다. 이러한 작업은 주로 국책 연구기관인 대외경제정책연구원과 무역진흥기관인 대한무역투자진흥공사(KOTRA), 그리고 한국무역협회에서 문헌연구와 업계 설문조사를 통하여 진행되었다. 한국무역협회는 2004년 『주요국의 비관세장벽 실태조사』와 2005년 『ASEAN 10개국의 비관세장벽 현황과 시사점』이라는 보고서를 발간(한국무역협회, 2004; 2005)하였고, 코트라는 2006년에 『주요국의 비관세장벽(NTBs) 현황 분석』을 발간하였다. 이후에도 한일 FTA 협상 개시를 앞두고 일본의 비관세장벽과 한중 FTA 협상을 위하여 중국의 비관세장벽에 대한 보고서가 작성되었다.

비관세장벽에 대한 현황 파악 보고서가 비정기적으로 발간되기는 했지만 실제로 통상을 담당하는 부처가 이러한 의견을 수렴하고 해결해 나가는 공식적인 제도는 오랜 시간이 지난 후에야 만들어졌다. 우리나라가 1990년 후반 본격적으로 FTA 정책을 추진하면서 협상국을 상대로 비관세장벽에 대한 논의 메커니즘을 협정문에 반영하게 되어 이전보다 적극적으로 기업들이 겪고 있는 비관세장벽의 실체를 파악하고 해결하려는 노력이 시작된 것이다. 물론 비관세장벽 자체가 다양한 분야를 포함하고 있어 SPS(Sanitary and Phytosanitary Measures)나 TBT(Technical Barriers to Trade) 분야의 경우에는 해당 부처가 이전부터 비관세장벽 대응을 위하여 업계와 협력해 왔다. 그러나 범부처 차원에서 비관세장벽 해소를 위하여 상시적으로 점검하고 협의하는 산관협력체계는 2013년에야 비로소 구축되었다.

2. 우리나라 비관세 대응 산관협력체계 현황

1) 비관세장벽협의회

(1) 구성 배경 및 현황

2013년 통상 기능이 외교부에서 산업통상자원부로 이관되면서 신통상 로드맵이 발표되었으며, 동 로드맵에는 비관세장벽에 대한 적극적인 대응이 포함되었다. 관세장벽의 완화로 비관세장벽이 점점 높아지는 현실에 대한 인식과 함께 산업통상자원부는 "중소기업의 해외 진출 애로 발굴 및 해소를 위하여 비관세장벽에 대하여 적극 대응"하겠다는 의지를 밝히고 '비관세장벽협의회'를 발족하였다.[1] 비관세장벽협의회의 위원장은 산업부 통상차관보가 담당하고 사무국인 무역협회, 정부 부처와 업종별 단체, 경제단체 및 유관 기관 등 총 40여 개 기관으로 구성된 전문 민관 공동협의체가 구성된 것이다. 정부 부처는 산업부, 외교부, 보건복지부, 식품의약품안전처, 국가기술표준원 등 10개 부처와 18개의 업종별

1 비관세장벽협의회 구성은 2013년 9월 27일 대외경제장관회의에서 비관세장벽 대응을 위한 범정부적 대응체계 구축을 위하여 의결되었다.

[그림 3-1] 비관세장벽협의회 조직도

출처: 수입규제 통합지원센터.

단체가 포함되어 있다.

(2) 기능 및 운영

비관세장벽협의회의 주요 기능은 우선 기업들의 신고를 통하여 비관세장벽을 발굴하고 해결이 시급한 사안들을 비관세장벽협의회에 상정하여 장벽 해소를 위한 민관 공동의 대응전략을 마련하는 것이다. 또한 비관세장벽을 DB화하여 체계적으로 관리하는 것도 주요 기능 중 하나였다. 이를 위하여 비관세장벽 사례를 발굴하고 주요 사안을 선정하여 전

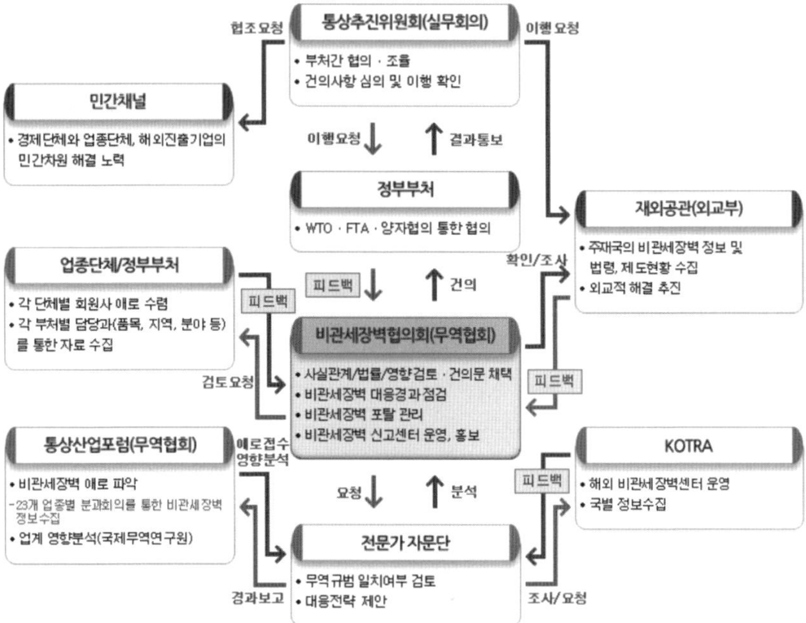

[그림 3-2] 비관세장벽협의회 기능

출처: 수입규제 통합지원센터.

략을 마련하기 위하여 비관세장벽협의회를 분기별 1회 정기적으로 개최하고 있다. 2013년 11월 12일에 제1회 비관세장벽협의회가 개최되었으며, 2018년 11월까지 총 17차례의 회의가 개최되었다.

비관세장벽 해소를 위한 첫 단계는 바로 기업이 직면한 장벽 자체를 발굴하는 작업이다. 기업들의 신고 접수와 같은 수동적인 접근으로는 한계가 있기 때문에 업종별 단체뿐 아니라 코트라의 해외무역관을 통하여 현지 실태조사를 실시하여 비관세장벽 사례를 발굴해 오고 있다. 2017년에는 코트라가 40개국의 비관세장벽 신규사례를 발굴하여 정부에 제공한 바 있다.

여러 경로를 통하여 발굴된 비관세장벽 사례는 국제규범을 위반했는지의 여부와 정부가 직접 대응해야 할 필요성을 검토하여 비관세장벽 협의회의 중점과제로 선정되고 집중 관리된다. 관리의 총괄은 산업부의 통상법무기획과가 담당하고 있으며, 부처별로 비관세장벽담당관을 지정하여 해당되는 비관세장벽의 동향을 모니터링하고 장벽을 해소하기 위하여 노력하고 있다. 정부가 관리대상으로 판단한 비관세장벽은 주로 양자 또는 다자간 채널을 통하여 해당국 정부와 협의를 시도한다. 다자간 채널은 WTO의 관련 위원회에서 해결방안을 모색하며, 대표적으로 TBT 및 SPS 위원회에서 활발하게 논의된다. 양자 간 채널은 좀 더 다양한데 부처별로 개별 협의체를 통하여 접촉하거나 통상장관 또는 필요시 정상회담을 통하여 문제 제기가 가능하다. 주로 국가 간 경제공동위원회를 개최하거나 통상장관회담, 관세청장회의가 있는 경우 비관세장벽 협의의 기회가 주어진다. 최근에는 FTA가 체결되어 있는 국가의 경우 정기적으로 개최되는 FTA 이행위원회가 비관세장벽 논의를 위한 장이 되고 있으며, 한중 FTA의 경우에는 비관세장벽 해소를 위한 별도의 위원회가 설치되어 있기도 하다.

(3) 비관세조치 DB

산업부는 비관세협의회 발족과 함께 우리 기업들이 수출시장에서 유념해야 할 비관세조치를 한눈에 볼 수 있도록 비관세장벽 DB 구축을 기획하였다. 여러 경로를 통하여 수집된 비관세조치를 국가, 품목, 유형별로 통합무역정보서비스(TradeNAVI)[2] 에 게재했으며, 현재 총 932건의 정보가 입력되어 있다. 동 정보 중 대부분이 인증과 관련된 조치이며, 식품위생 및 동식물 검역과 관련된 조치도 상당 부분을 차지하고 있다. 동

2 통합무역정보서비스(www.tradenavi.or.kr) 내 비관세조치 DB 참조.

▸대상국 전체 ▾ ▸품목 전체 ▾ ▸유형 전체 ▾

검색조건 ▾ 결과보기

· 전체 : 932 · 페이지 : 1/47 20개씩 보기 ▾ 확인

번호	국가	품목	관련HS(6단위)	유형	제목
932	터키	농축산물	020110	정부 조달 제한	자국기업에 대한 가격 가점
931	태국	농축산물	020110	지적 재산권	지적재산권 보호 미흡
930	터키	농축산물	070810	수량 통제 조치	농산물 수입허가제
929	터키	정보기기	844331	수량 통제 조치	복사기, 데이터처리장비, 디젤·
928	태국	의약품	300120	수량 통제 조치	의료기기, 의약품, 화장품 원자··
927	태국	금속광물	260900	수량 통제 조치	원자재 등 일부 품목에 대한 수··
926	멕시코	패션, 의류	500100	수량 통제 조치	의류, 원단 및 신발 온라인 수입··
925	멕시코	철강금속	730110	수량 통제 조치	철강류 수입허가제
924	대만	의료기기	902129	인증	의료기기 GMP(Good Manufa···
923	대만	화장품	330510	인증	화장품 GMP(Voluntary Cosm···

[그림 3-3] 비관세조치 DB

출처: 통합무역정보서비스.

DB에 포함된 내용은 '비관세장벽'으로 판단된 것이 아니고 단순히 비관세조치들을 입력해 놓은 것이기 때문에 정부가 집중하여 관리하는 비관세장벽과는 다르며, 기업들이 수출 시 참고할 수 있는 수준의 내용으로 이해하는 것이 바람직하다.

2) 기타 협의 채널

산업부가 비관세장벽 대응을 위하여 산관협력체제로 구축한 비관세장벽대응협의회 이외에 관련 부처 개별적으로 기업과의 협의를 통하여 해당 비관세장벽 대응을 위한 노력을 지속하고 있다. 가장 대표적인 기관이 국가기술표준원이다. 광범위한 비관세장벽에는 여러 분류의 장벽이 포함되어 있는데, 상당히 큰 비중을 차지하고 있을 뿐 아니라 기술발전과 함께 지속적으로 증가하고 있는 것이 기술 조치와 관련된 장벽들이

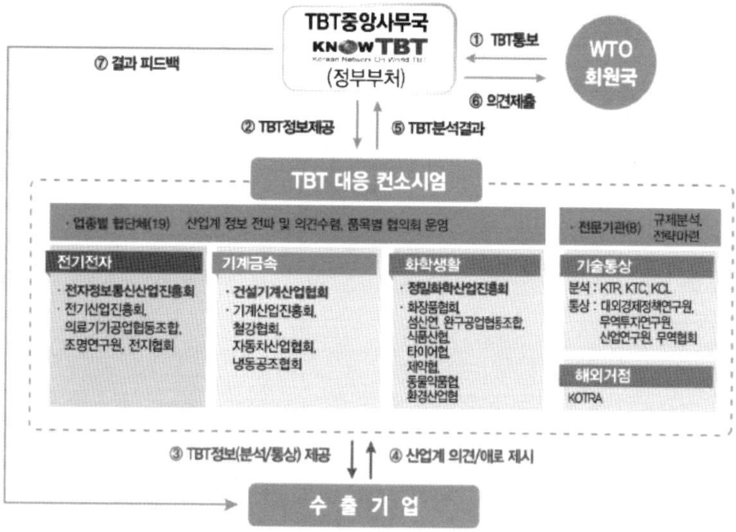

[그림 3-4] TBT 대응 컨소시엄 구성도

출처: 국가기술표준원(2018).

다. 더구나 기술장벽과 밀접하게 관련된 전자전기 및 정보통신 분야가 우리나라 주요 수출 및 해외투자 산업에 포함되기 때문에 기술장벽 해소의 중요성이 더욱 중요해지고 있다. 따라서 국가기술표준원은 TBT와 관련하여 기업들에 정보를 제공하고 애로 사항을 접수하여 해소하기 위하여 별도의 TBT 통합정보 포털인 해외기술규제정보시스템(KNOW TBT)을 운영하고 있다.[3] 또한 전기, 전자, 화학, 생활, 기계, 금속, 식·의약품 등 19개 협단체, 기업, 시험기관 등 총 27개 기관으로 구성된 'TBT 대응 컨소시엄'을 운영하고 있다. 2014년 3월부터 운영되고 있는 동 컨소시엄은 업계에 무역기술장벽 관련한 정보를 제공하는 한편, 기

3 해외기술규제정보시스템(www.knowtbt.kr) 참조.

[그림 3-5] TBT 통보문 DB

출처: 해외기술규제정보시스템.

업들의 관련 애로 사항을 전달받는 채널이 되고 있다.

국가기술표준원은 WTO TBT 협정에 의거하여 우리나라의 공식 질의처로 지정되어 있기 때문에 핵심 기능 중 하나가 WTO에 통보되는 각 회원국의 국내 기술 규정안을 번역하여 공유하고 우리나라 통보문에 대한 외국으로부터의 질의에 대하여 답변을 제공하는 것이다. 특히 우리 수출에 미치는 영향이 큰 사안에 대해서는 신속한 대응을 위하여 해당 국가의 상세한 조치 내용을 입수하여 관련 기관 및 업계에 공유하고 있다.

이러한 정보공유 이외에 해외기술규제 관련 기업의 애로 사항을 접수하여 상담 서비스를 제공하고 전문가 컨설팅도 지원하고 있다. 또한 우리 기업들이 가장 어려움을 겪고 있는 중국의 기술장벽과 관련하여 별도로 기술규제, 시험, 인증 등의 정보를 제공하고 있다.

국가기술표준원 이외에도 통관 애로, 식품검역 등의 이슈와 연관되어 있는 농림축산식품부, 식품의약품안전처, 관세청 등도 한국식품산업협회, 한국제약협회 등 업종별 단체들과 협조하여 수출기업들의 애로 사항을 수집하고 다자간 또는 양자 간 채널을 활용하여 해당 국가들과 비관세장벽 애로 해소를 위한 협의를 진행하고 있다.

3. 선진국의 비관세장벽 대응 산관협력체계

1) 미국의 비관세장벽 대응체제

비관세장벽 대응을 위한 미국의 산관협력체계는 법적으로 제도화되어 있을 뿐 아니라 미국의 정치적·경제적 헤게모니를 바탕으로 타 국가들의 비관세장벽을 해소하는 데 효과적이었다. 1970년대부터 많은 미국 기업이 다국적화되고 해외 진출이 활발해지면서 해외시장에서 직면하는 여러 비관세조치에 대하여 불만을 토로하고 미국 정부가 문제를 해결하기 위하여 적극적으로 나서 줄 것을 요청하기 시작하였다.

(1) NTE(National Trade Estimate) 보고서

미국의 1974년 통상법 181조는 미국 무역대표부(US Trade Representative)로 하여금 매년 주요한 해외무역장벽(foreign trade barriers)에 대한 보고서를 대통령과 의회에 보고하도록 규정하고 있다. 동 보고서는 "National

Trade Estimate"라는 제목으로 매년 3월 31일까지 발간된다.

Section 181. Estimates of barriers to market access[4]

(a) National trade estimates

(1) In general - For calendar year 1988, and for each succeeding calendar year, the United States Trade Representative, through the interagency trade organization established pursuant to section 1872(a) of this title and with the assistance of the interagency advisory committee established under section 2171(d) (2) of this title, shall—

(A) **identify and analyze acts, policies, or practices of each foreign country which constitute significant barriers to, or distortions of—**

(i) United States exports of goods or services (including agricultural commodities; and property protected by trademarks, patents, and copyrights exported or licensed by United States persons),

(ii) foreign direct investment by United States persons, especially if such investment has implications for trade in goods or services; [1] and

(iii) United States electronic commerce, [2]

(b) Reports

(1) In general - On or before April 30, 1989, and on or before March 31 of each succeeding calendar year, **the Trade Representative shall submit a report on the analysis and estimates made under subsection** (a) for the calendar year preceding such calendar year (which shall be known as the "National Trade Estimate") **to the President, the Committee on Finance of the Senate, and appropriate committees of the House of Representatives.**

NTE 보고서는 USTR, 상무부 및 정부기관뿐 아니라 미국 대사관으로부터 수집된 정보와 민간 통상자문위원회의 기업들과 관보를 통하여 기업들로부터 수렴한 정보를 기초로 작성된다. 주요 수출국가 60개국에 대하여 미국의 상품 및 서비스 수출에 영향을 미치는 무역장벽을 기술하고 있으며, 이러한 무역장벽에는 수입국 정부의 법, 규정, 정책 또는 관행들이 포함된다. NTE 보고서에서 다루는 무역장벽은 다음과

4 19 U.S.C. 2241 Estimates of Barriers to Market Access.

같이 열 가지 카테고리로 구분되고 있다.

① 수입정책(관세, 기타 수입세, 수량규제, 수입면허, 통관 애로 등)
② 위생검역 조치 및 기술장벽
③ 정부조달(국산품 우선 구매 정책, 폐쇄적인 입찰 등)
④ 수출보조금(특혜 조건의 수출 금융, 농산물 수출보조금 등)
⑤ 지식재산권 보호 미흡(특허, 저작권, 상표권, 지식재산권 강행 등)
⑥ 서비스 장벽(해외 금융기관의 금융서비스 범위 제한, 해외 데이터 처리 사용에 대한 제한, 해외 전문직 서비스 제공에 대한 장벽 등)
⑦ 투자장벽(로컬 콘텐츠 요건, 기술이전 요건 등)
⑧ 해외시장에서 미국 상품 및 서비스의 판매 또는 구매를 제한하는 국영기업 또는 민간 기업의 반경쟁 행위
⑨ 디지털 무역장벽(국경 간 데이터 이전, 디지털 제품, 인터넷 서비스에 영향을 주는 제한 또는 차별적 관행 등)
⑩ 기타 장벽(부패, 뇌물 등)

NTE 보고서를 작성한 역사가 깊기도 하지만 60개국의 비관세장벽을 수집하고 확인하여 축적하는 작업은 정부의 노력만으로는 불가능하다. 실제로 미국 기업들이 수출과 투자를 하는 과정에서 겪는 애로 사항을 적극적으로 정부에 전달하는 문화가 정착되어 있고, 각국에 있는 상공회의소를 비롯하여 경제단체와 업종별 단체가 정부와 기업을 잇는 역할을 효과적으로 수행하고 있기 때문에 가능한 것으로 평가된다. 또한 NTE 보고서 작성이 법으로 규정되어 있고 USTR이 오랜 기간 이 업무를 전담하면서 전문성을 쌓아 온 것도 시사하는 바가 크다. NTE 보고서는 그 자체가 비관세장벽에 대응하기 위하여 정부와 민간이 협력한 결과물이라고 할 수 있다. NTE 보고서에 서술된 각종 무역장벽 중

수년간 해결되지 않은 채 지속적으로 지적되는 이슈가 상당수를 차지한다. 단기간에 해소되기 어려운 비관세장벽의 특성상 당연하다고 이해할 수 있으나, 미국 정부 차원에서 기회가 있을 때마다 문제를 제기할 수 있도록 계속해서 자료를 축적하고 관리한다는 것은 매우 중요하다.

(2) 비관세장벽 해소를 위한 체제

상무부의 국제무역담당실(International Trade Administration)에는 집행과 준수(Enforcement and Compliance)를 담당하는 부서하에 비관세장벽을 수집하고 해소를 담당하는 무역협정협상 및 준수 담당(Office of Trade Agreements Negotiations and Compliance: TANC)이 설치되어 있다. 주요 업무는 미국이 무역협정을 체결하면서 또는 현재 발효 중인 무역협정이 시장접근과 공정한 대우를 보장하도록 하는 과정에서 외국 정부가 부과한 무역장벽을 해소하는 것이다.

TANC는 온라인으로 미국 기업이 애로를 겪고 있는 무역장벽 정보를 수렴하고 있다. 일단 기업이 무역장벽을 신고하면 동 사안을 분석하는 팀이 구성되고, 정부 간 협의를 통하여 애로를 해소할 수 있는 전략을 세우는 동시에 업계와 협력하여 최적의 결과를 도출하기 위하여 노력한다. 상무부 차원에서 해결되지 않는 사안들은 WTO 또는 무역협정하의 분쟁해결 절차 활용 검토를 위하여 USTR 또는 기타 해당 부처로 이관된다.

2) EU의 비관세장벽 대응체제

EU 집행위원회(EU Commission) 통상총국(Directorate-General for Trade)은 여러 EU 회원국의 기업들이 제3의 시장에서 겪고 있는 통상장벽을 해소하기 위한 산관협력체제를 구축해 왔다. 미국과 같이 법으로 규정되어 있지는 않지만 EU 기업들이 직면하는 비관세장벽에 대한 정보를 수집하고 해소해 나가는 과정을 투명하게 공개하는 정책을 채택하고 있다.

(1) EU의 시장접근전략

비관세장벽에 대한 대응체제는 1996년 시장접근전략(Market Access Strategy)으로부터 본격화되었다. 당시 EU 집행위는 다자간 및 양자 간 무역협정을 시행하고 제3의 시장을 개방시키기 위하여 EU 기업들에 시장접근 여건에 대한 정보를 제공하고 무역장벽을 해소할 체계를 만드는 전략을 수립하기 시작하였다. 시장접근 여건에 대한 정보제공은 웹사이트상의 시장접근 데이터베이스(Market Access Database)의 형태로 구현되었다.

실제로 무역장벽을 해소하는 메커니즘은 2007년 시장접근 파트너십(Market Access Partnership: MAP)의 시작으로 구체화되었다. MAP는 EU 집행위, 회원국 정부, 그리고 민간 기업들이 함께 EU 수출자와 투자자들을 위하여 해외시장의 무역장벽을 해소하기 위하여 구축된 체제이다. MAP의 세 가지 주요 플랫폼은 첫째, 시장접근 자문위원회(Market Access Advisory Committee: MAAC), 둘째, 시장접근 실무자 그룹(Market Access Working Groups: MAWG), 셋째, 지역시장접근팀(Local Market Access Teams: MAT)으로 구성된다.

시장접근 자문위원회는 집행위, 회원국, EU 기업협회의 대표들로 구성된다. 주요 기능은 시장접근전략과 시장접근 파트너십의 운영과 전략적 방향에 대하여 자문을 하고, 특정 시장접근 장벽에 대하여 논의하며, WTO TBT 위원회 회의를 위한 포럼 역할을 담당하는 것이다. 시장접근 실무그룹은 특정 국가에서 특정 산업에 대한 해당 시장접근 이슈에 집중하고 자문위원회에 기술적인 자문을 제공한다. 이들은 새로운 조치들에 대하여 조기 경고를 하거나 동 이슈에 대한 기술적인 분석을

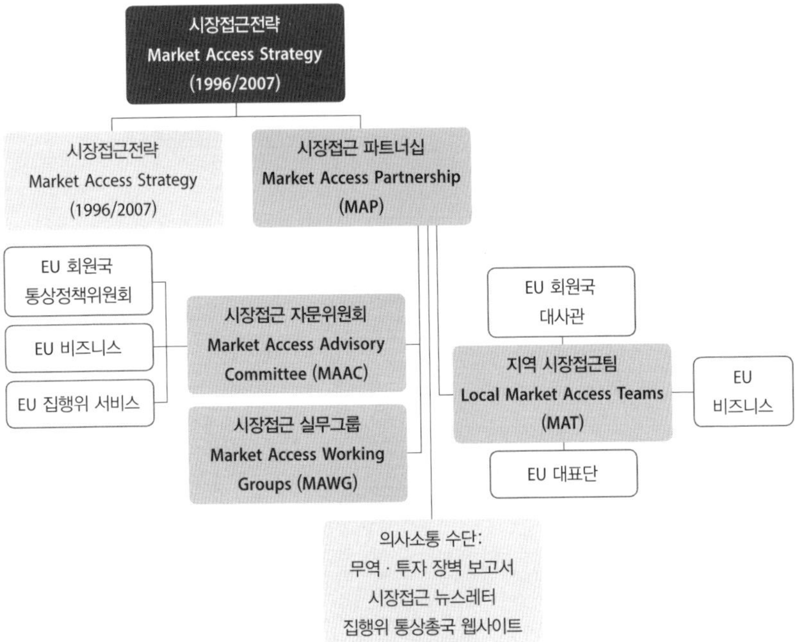

[그림 3-6] EU의 시장접근전략 및 시장접근 파트너십

출처: ECORYS(2012).

제공하기도 한다. 지역 시장접근팀(MAT)은 제3의 시장에서 정보를 수집하고 주요 장벽들을 분석하는 플랫폼 역할과 집행위, 회원국, 기업들 간의 조정(coordination) 역할을 담당하고 있다. 시장접근 파트너십은 다양한 의사소통 채널을 활용하고 있는데, 이 중에는 매년 발간되는 『무역 및 투자 장벽 보고서(Trade and Investment Barriers Report)』, 정기적인 시장접근 뉴스레터, 통상총국 웹사이트 등이 포함되어 있다. 『무역 및 투자 장벽 보고서』는 집행위가 매년 EU 의회와 EU 이사회에 보고하는 형태이며, 시장접근 데이터베이스에 등록된 조치들의 통계와 1년간 파악된 국별 신규 장벽에 대한 상세 분석 그리고 성공적으로 문제가 해결된 장벽들도 담고 있다.

(2) EU의 시장접근 데이터베이스

EU 통상총국(Directorate-General for Trade) 홈페이지의 시장접근 데이터베이스에는 EU 수출기업들을 위하여 관세, 원산지, 비관세장벽 등 여러

Country: South Korea

Title	Country	Measure	Sector	Creation date	Key Barrier(*)
Pricing of pharmaceuticals and medical devices	South Korea	Other Non-Tariff Measures	Pharmaceuticals	01 Jan 2006	
cosmetics	South Korea	Standards and Other Technical Requirements	Cosmetics	15 Jul 2008	
IPR: Public Performance Rights	South Korea	Legislation on Copyright and Related Rights	Other Industries	07 Feb 2018	
repaired goods	South Korea	Standards and Other Technical Requirements	Horizontal Aircraft	12 Feb 2018	
Non- recognition of EU 's regionalisation measures implemented due to African Swine Fever	South Korea	ANIMAL HEALTH REASONS African Swine Fever (ASF)	Agriculture and Fisheries	15 Feb 2014	
Bovine products.	South Korea	Bovine Spongiform Encephalopaty (BSE) Animal health reasons	Agriculture and Fisheries	01 Dec 1996	
Pre-listing of establishments.	South Korea	Long approval procedures	Agriculture and Fisheries	01 Jan 2005	
Slow procedures on applications to allow import of animal and plant products.	South Korea	Long approval procedures Other SPS import restrictions	Agriculture and Fisheries	04 Apr 2012	
Safety Certification of certain machinery and electrical products	South Korea	Non Tariff Barriers Registration, Documentation, Customs Procedures	Machinery	13 May 2013	
Support to own shipbuilding/shipping sector	South Korea	Subsidies	Shipbuilding	22 Sep 2016	

Barrier details

Title	**Safety Certification of certain machinery and electrical products**
Reported date	13 May 2013
Last update / check	24 Jan 2018
Barrier id	10163
Sector	Machinery
Measure	Non Tariff Barriers Registration, Documentation, Customs Procedures
Country	South Korea
Description	Early May 2013, the EU industry complained about a mandatory third-party safety certification regime for press brakes newly introduced in Korea as of 1 March 2013. Gradually, producers of other machinery products started complaining about their products being covered by the new legislation, and about underlying problems to export to Korea. Quite a number of these products are not subject to 3rd party certification in the EU (only SDOC). Korea did not notified the new model to the TBT and caught EU exporters by surprise. Issues at stake for industry: lack of detail in the Korean legislation as to *the product scope*, *high costs* related to the process (not only stemming from certification fees, but also from *translation requirements*), lack of *transparency*, *lack of technical information* on test methods to be applied, *inconsistencies* in approval process, need to submit potentially *sensitive information on machine designs*, and overall difficulty to deal with KOSHA.
HS codes	84 - Nuclear reactors, boilers, machinery and mechanical appliances; parts thereof 85 - Electrical machinery and equipment and parts thereof; sound recorders and reproducers, television image and sound recorders and reproducers, and parts and accessories of such articles
Barrier Status	Active

[그림 3-7] EU 통상총국 시장접근 데이터베이스 예시

출처: EU 통상총국.

유용한 정보를 제공하고 있다. 비관세장벽의 경우 국가별, 산업별, 분야별로 일목요연하게 정리되어 있으며, 이슈별로 상세한 설명이 덧붙여 있다. 상세 설명의 경우 비관세장벽이 보고된 시점, 정보를 업데이트한 가장 최근 날짜, 해당 산업, 주요 내용, 품목 HS 코드 등이 기재되어 있다. 예를 들어 2018년 11월 현재 EU 통상총국 시장접근 데이터베이스에 입력되어 있는 한국 관련 무역장벽은 총 17건이다. 이 중 7건이 SPS 관련 이슈이며, TBT 관련이 3건, 이 외에 비관세장벽이 3건 등이다.

4. 결론: 비관세장벽 대응 산관협력체계를 위한 과제

정부 차원의 협의를 통하여 비관세장벽을 해소하는 과정은 대부분 장시간이 소요된다. 무역장벽으로 어려움을 겪는 기업들은 단기간에 문제가 해결되기를 희망하는 반면, 정부 차원에서 규정이나 관행을 시정하는 결정을 내리기가 쉽지 않기 때문이다. 다자간 또는 양자 간 협정에 위반되는 조치의 경우에는 국가 간 분쟁해결 절차를 활용할 수 있는 가능성이 있지만, 차별성이 애매한 조치는 실제로 비관세장벽인지 아닌지에 대한 논쟁만으로도 오랜 시간이 걸린다. 이러한 어려움에도 불구하고 관세장벽의 완화로 비관세장벽이 증가하고 확대됨에 따라 장벽 완화에 대한 요구는 커지고 있는 실정이다.

한국은 기본적으로 수출 의존도가 높을 뿐 아니라 2000년대부터 우리 기업들의 해외 진출이 크게 확대되면서 해외시장에서 겪는 비관세장벽의 문제점을 인식하고 문제 해결에 대한 필요성이 제기되어 왔다. 따라서 앞에서 서술한 바와 같이 정부 차원에서 비관세장벽 해소를 위한 노력을 지속해 왔으며, 기업에 정보를 제공하고 기업으로부터 의견을 수렴하는 민관 공동의 대응 메커니즘을 구축해 왔다. 정치뿐 아니라 시장 자체의 힘을 고려할 때, 한국이 미국과 EU와 동일하게 무역 상대국 또는 투자국을 대상으로 비관세장벽에 대하여 원만하게 협의하고 문제를 해결하는 데는 분명히 한계가 있다. 그러나 세계 무역규모 8위를 차지하고 우리 기업의 글로벌화가 가속화되는 상황에서 업계들이 겪고 있는 각종 비관세장벽을 해소하기 위하여 좀 더 적극적이고 공세적인 입장을 취할 필요가 있다. 이를 위해서는 기업과 정부의 유기적인 협력이 수반되어야 하며, 보다 효과적인 민관 대응체제를 구축해 나갈 필요가 있다.

1) 비관세장벽에 대한 기업의 인식 제고

과거에 비해 우리 기업들이 비관세장벽에 대하여 관심을 두고 정부에 대하여 애로 해소를 요구하는 사례는 크게 증가하고 있다. 대기업 및 중견기업의 경우 이러한 사안들을 담당하는 부서가 별도로 설치되어 있는 경우도 있기 때문에 직접 정부 담당 부처의 문을 두드리거나 해당 협단체를 통하여 의견을 제시하고 있다. 그러나 아직도 정부에 대하여 적극적으로 비관세장벽 관련 정보와 애로를 전달하는 기업의 수는 매우 제한적이다. 단기적인 기업의 이윤을 추구하는 과정에서 무역장벽을 중장기적으로 해결하려는 노력보다는 현실에 순응하거나 비공식적인 방식으로 문제를 해결하는 방안을 선택하기 십상이다. 따라서 미국과 EU처럼 먼저 기업으로부터 문제가 제기되는 상향식(bottom-up) 의견수렴보다는 정부가 다자간 또는 양자 간 비관세장벽 논의 의제를 찾기 위하여 애로를 수집하는 경우가 빈번하다. 비관세장벽의 효과적인 해소의 출발은 장벽의 실체와 기업들의 피해 현황 자체를 파악하는 것이기 때문에 이 부분에서 기업들이 문제를 제대로 인식하고 적극적으로 의견을 개진하는 문화가 정착되는 것이 시급하다.

2) 비관세장벽 해소를 위한 민관합동 대응체제와 거버넌스의 확립

앞서 살펴보았듯이 국가기술표준원을 비롯한 개별 정부 부처들은 해당 분야와 관련된 비관세장벽 해소를 위하여 자체적으로 협의 및 의견수렴 메커니즘을 구축하고 있다. 그리고 관계부처 비관세장벽 대응을 위해서는 '비관세장벽 이력관리시스템'을 구축하고 담당 비관세장벽 대응 현황과 실적을 입력, 공유하고 있다. 동 내용은 비관세장벽협의회 시 업종별 단체 및 유관기관과 공유되나 일반에게는 공개되지 않고 있다. 일반에게 공개되는 비관세조치 DB는 통합무역정보서비스(TradeNAVI)에서 제공되고 있으며, 현재 932건의 비관세조치가 입력되어 있다. 동 DB는 비관세조치에 대한 정보공유라는 취지에서 구축되었으나 문제는 현재 업데이트가 제대로 이뤄지지 않고 관리가 소홀하다는 점이다. 2013년부터 비관세장벽 해소의 중요성이 강조되면서 정부 차원에서 비관세장벽협의회를 구성하고 DB를 만들기로 결정했으나 비관세장벽협의회의 사무국은 한국무역협회가 담당하고 DB도 무역협회의 사이트에 구축해 놓았다. 초기에는 DB에 정보를 입력하고 활발하게 관리를 했으나 비관세장벽의 성격상 빠른 시일 내에 해소되지 않을 뿐 아니라 2017년부터 보호무역조치에 따른 여러 이슈가 발생하면서 관심도가 낮아지기 시작하였다. 더구나 당초 기업들에 정보를 제공하는 목적으로 만들어진 비관세조치 DB가 오히려 이해가 부족한 언론과 국회가 정부를 상대로 질타하는 근거로만 사용되면서 그 의미가 퇴색되었다.

미국의 경우 USTR이 매년 직접 NTE 보고서를 발간하고 상무부에도 비관세장벽 해소 업무를 전담하는 부서가 해당 사이트를 운영하고 있다. EU 통상총국도 웹사이트를 통하여 시장접근 데이터베이스를 직접 관리하고 상세 내용을 투명하게 일반 공개하고 있다. 반면 우리나라의 경우 비관세장벽협의회를 구성하고 비관세조치 DB를 운영함에 있어 법률적인 근거가 전혀 없을 뿐 아니라 사무국을 민간협회에 맡겨 둔 채 정부가 직접 관리, 운영하지 않고 있기 때문에 거버넌스상의 문제가 발생할 수밖에 없는 구조이다. 특히 수입국 정부가 조치를 취하고 조사 대상인 민간 기업이 직접 대응하는 반덤핑, 상계관세와 같은 무역구제 조치와는 달리 비관세장벽은 결국 정부 간 협의를 통해서 해결이 가능하기 때문에 산관 공동 협력체계를 정부가 직접 주도해야만 한다.

3) 민관의 전문성 제고

세실리아 말름스트롬(Cecilia Malmstrom) EU 통상담당 집행위원은 2017년 무역 및 투자 장벽에 대한 보고서 서문에서 "(비관세장벽을 해소하는) 조용한 업무는 머리기사를 만들어 내지 못한다. 그러나 그 영향은 EU가 체결한 수많은 무역협정의 영향과 필적할 만하다. (This silent work does not make the headlines, but it should: its impact rivals that of many of our trade agreements)"라고 서술하였다. 앞서 여러 번 언급했다시피 비관세장벽을 해소하는 일은 기업이나 정부 모두 인내심을 갖고 장시간 많은 노력을 투입해야 한다. 이러한 업무를 효과적으로 수행하기 위해서는 업무의 연속성이 어느 정도 보장되어야 하며 전문적인 지식도 갖춰져야 한다. 대기업의 경우 비관세장벽을 담당하는 부서 또는 적어도 담당자가 지정될 수 있지만 중소기업은 인적·물적 자원이 부족하기 때문에 업종별 단체 및 경제단체가 틈새를 메워 주는 역할을 담당해야 한다. 정부 차원에서도 비관세장벽 해소 업무에 관한 한 단기적인 실적 위주의 평가를 지양하고 업무상의 특성과 전문성을 이해하고 인정할 필요가 있다.

참고문헌

국가기술표준원(2018). 『2017 무역기술장벽(TBT) 보고서』.

대한무역투자진흥공사·산업자원부(2006). 『주요국의 비관세장벽 현황 분석』.

장용준 외(2016). 『주요국의 비관세장벽, 우리기업의 해법은?』, 대한무역투자진흥공사.

조문희·김종덕·박혜리·정민철(2017). 『신보호무역주의하에서의 비관세조치 현황과 영향에 관한 연구』, 대외경제정책연구원.

최보영·방호경·이보람·유새별(2015). 『한·중·일의 비관세장벽 완화를 위한 3국 협력 방안』, 대외경제정책연구원.

한국무역협회(2004). 『주요국의 비관세장벽 실태조사』.

____(2005). 『ASEAN 10개국의 비관세장벽 현황과 시사점』.

____(2011). 『일본 비관세장벽 대응 및 진출 성공 사례』.

한국무역협회·외교통상부(2003). 『일본에 대한 비관세작벽 현황 및 개선방안』.

ECORYS(2012). *Evaluation of the Market Access Partnership, Rotterdam.*

European Commission(2018). *Report from the Commission to the Parliament and the Council on Trade and Investment Barriers.*

ITC-European Commission(2016). *Navigating Non-Tariff Measures: Insights from a Business Survey in the European Union.*

USTR(2018). *2018 National Trade Estimate Report on Foreign Trade Barriers.*

산업자원통상부 통상정보. http://fta.go.kr (검색일: 2018년 10월 30일)

수입규제 통합지원센터. http://antidumping.kita.net (검색일: 2018년 10월 30일)

유럽연합(EU) 통상총국. http://ec.europa.eu/trade/ (검색일: 2018년 10월 30일)

통합무역정보서비스(TradeNAVI). http://tradenavi.or.kr (검색일: 2018년 10월 30일)

해외기술규제정보시스템. http://knowtbt.kr (검색일: 2018년 10월 30일)

Office of Trade Agreements Negotiations and Compliance. http://tcc.export.gov (검색일: 2018년 10월 30일)

USTR. http://ustr.gov (검색일: 10월 30일)
19 U.S.C. 2241 Estimates of Barriers to Market Access.

제4장

국제 규제협력 발전과 TBT 대응

김민정

1. 서론

국가마다 기술규제가 서로 다르다는 점이 국제무역에 있어 가장 근본적인 무역장벽의 원인이 된다. 일반적으로 정부는 국민과 환경에 적절한 기술규정, 표준, 적합성평가를 시행하므로 국가마다 기술규제가 다른 것은 당연한 결과일 수 있다. 그러나 같은 목적과 효과가 있는 기술규제라면 국가마다 불필요한 다양성을 줄임으로써 무역기술장벽의 문제를 상당히 해소할 수 있을 것이다.

국제통상 규범에 따르면 무역기술장벽을 해소하기 위한 하나의 방편으로 국가 간 규제협력을 권고한다. 규제협력의 의미는 다양하게 해석되고 있으나 일반적으로 공통의 기술규제 도입에서 동등성 인정, 국제표준 사용, 모범규제관행(best regulatory practice)의 공유에 이르기까지 그 유형이 광범위하다. 비록 국제통상법상 국제 규제협력에 관한 의무가 자발적인 참여를 필요로 하는 연성법적 성격을 띠지만 무역기술장벽을 근본적으로 해소할 수 있는 수단으로 그 중요성이 점차 강조되고 있다. 특히 국제통상제도에서뿐만 아니라 주요 국제기구와 지역기구에서 규제협력에 관한 논의가 활발하게 진행되고 있어 관심이 집중된다.

이 장에서는 국제 규제협력에 관한 기본 개념과 의의, 유형, 그리고 무역기술장벽 대응과 관련이 높은 국제 규제협력 활동에 관하여 알아본다.

2. 국제 규제협력 개념과 중요성

1) 국제 규제협력의 개념

국제 규제협력(regulatory cooperation)은 일반적으로 국내 규제를 도입 또는 실행하는 단계에서 국가 간 규제를 완전히 또는 유사하게 일치시키기 위하여 노력하는 것을 의미한다. 국제 규제협력에 대하여 OECD 규제정책위원회(Regulatory Policy Committee: RPC)는 규제의 설계, 검토, 집행 혹은 사후관리 단계에서 특정 형태의 협력을 증진하기 위하여 국가 간 공식적으로 혹은 비공식적으로 협정을 체결하는 것으로 정의한 바 있다.[1] 즉, 무엇을 어떻게 협력한다는 것에 해당하는 구체적인 사항은 국가 간 협의하여 결정할 것이며, 다만 가능하면 효율적이고 합리적인 국내 규제가 도입될 수 있도록 상호협력하는 것을 주된 목적이라 하겠다.

국제 규제협력과 관련 있는 다양한 개념이 사용되고 있는데 각각의

---

1 OECD(2013)의 국제 규제협력 정의의 원문은 다음과 같다. "Any agreement or organisational arrangement, formal or informal, between countries to promote some form of cooperation in the design, monitoring, enforcement, or *ex post* management of regulation."

의미가 명확하게 정의된 바가 없으나 조금씩 다르게 사용된다. 대표적으로 사용되는 관련 개념 내지는 용어로 규제협력(regulatory cooperation), 규제일관성(regulatory coherence), 규제수렴(regulatory convergence), 규제정합(regulatory alignment), 규제조화(regulatory harmonization) 등이 있다. 이 중에서 특히 규제협력(cooperation)과 규제일관성(coherence)이 구분되는데, 예를 들어 일부 복수국 간 무역협정에 규정된 각각의 정의는 다음과 같다.

우선, 환태평양경제동반자(Comprehensive and Progressive Trans-pacific Partnership: CPTPP) 협정은 규제일관성(reuglatory coherence)을 규제협력(regulatory cooperation)을 위한 하나의 유형으로 제시한다. 동 협정의 규제일관성에 대한 구체적인 정의는, 국내 정책목적을 달성하기 위하여 그리고 그러한 정책목적 달성과 국제무역과 투자, 경제성장과 취업을 장려하는 규제협력을 강화하기 위하여 정부 간 노력하는 과정에서 규제조치의 계획, 설계, 발효, 집행 및 검토 절차 단계에서 모범규제관행을 사용하는 것으로 정의한다.[2] 다시 말해 규제일관성은 규제협력을 위하여 모범규제관행 사용을 의미하는 것으로 이해된다.

한편, 범대서양무역투자동반자(Transatlantic Trade and Investment Partnership: TTIP) 협정은 규제협력(regulatory cooperation)과 규제일관성(regulatory coherence)을 구분하여 사용하고 있다. 다시 말해 동 협정은 규제협력을 파트너십과 규제의 상호호환성 강화를 통하여 규제자들이 달

2 TPP 협정 제25.2조1항의 원문은 다음과 같다. "[R]egulatory coherence refers to the use of good regulatory practices in the process of planning, designing, issuing, implementing and reviewing regulatory measures in order to facilitate achievement of domestic policy objectives, and in efforts across governments to enhance regulatory cooperation in order to further those objectives and promote international trade and investment, economic growth and employment."

성할 수 있는 혜택에 근거하여 미국과 EU 규제자들이 상호작용하는 것으로 정의한다. 한편, 동 협정은 규제일관성을 국내 규제 절차 과정의 모범규제관행, 투명성, 이해관계자 참여에 관한 것으로 정의한다(US Chamber of Commerce, 2015).[3] 이처럼 동 협정에서 구분되고 있는 두 개념에 대하여 Mavroidis(2016)는 전자가 양국 규제자 간의 (국제)협력을 도모하는 것임에 반해 후자는 국내 절차에 관한 것으로 설명하였다.

WTO TBT 위원회는 무역 관련 규제협력에 대해서 시장을 규제하는 규정과 원칙에 관해 정부 규제자들이 함께 참여하는 것으로 설명하였다(WTO, 2012).[4] 또한 규제협력을 통하여 규정을 보다 더 양립가능하고 투명하며 단순하게 만들고 무역장벽을 완화한다는 목적을 분명하게 제시하였다.

끝으로, 양준석(2016)은 규제수렴(regulatory convergence)은 유사 목적의 여러 규제를 하나 또는 소수의 규제로 통합시키는 것을 의미하고, 규제일관성(regulatory coherence)은 대체로 규제의 투명성과 규제의 효율성을 제고하기 위하여 국내 제도를 개선하고 협력하는 것을 의미하는 것으로 설명한다. 이와 같이 여러 용어가 국문 번역상 혼용되고 있는 점 또한 제도상의 문제로 지적되고 있어 국제 규제협력과 관련 용어에 대

---

3 US Chamber of Commerce에 따르면 해당 조문은 다음과 같다. "'Regulatory cooperation' is the process of interaction between US and EU regulators, founded on the benefits regulators can achieve through closer partnership and greater regulatory interoperability. 'Regulatory coherence' is about good regulatory practices, transparency, and stakeholder engagement in a domestic regulatory process."

4 WTO TBT 위원회 보고서의 원문은 다음과 같다. "Regulatory cooperation is about regulators from different governments engaging with one another on rules and principles for regulating markets in the pursuit of more compatible, transparent and simple regulations, and the lowing of trade barriers."

한 개념 정립이 필요한 실정이다.

2) 국제 규제협력의 유형

국제 규제협력은 다양한 형태로 이뤄지고 있다. 모범규제관행을 공유하거나 규제일치(harmonization)를 도모하거나 규제일관성(coherence)을 촉진하기 위한 협력을 비롯하여 국제표준의 사용을 확대하거나 규제의 투명성을 제고하는 등 광범위한 활동으로 나타난다. 또한 정부 간 상호인정협정을 체결하거나 지역무역협정 내에서 다양한 규제협력 메커니즘을 도입하는 등 적극적으로 제도를 마련하고 이를 이행하기 위하여 협력하고 노력하는 행위가 모두 해당된다.

OECD(2013)는 국제 규제협력에 관한 유형을 열한 가지로 제시하는데, 국가기술표준원·표준협회(2017)는 이러한 유형을 다음과 같이 설명한다.[5]

- 초국경적 기구를 통한 통합과 조정: EU
- 구체적인 합의에 관한 협약: 협정, 조약
- 공식적인 규제협력 파트너십: 미국-캐나다 RCC 등
- 정부 간 국제기구: OECD, WTO, APEC, IMO 등
- 규제조항이 있는 지역협정: RTA, FTA
- 상호인정협정(MRA)
- 규제기관의 정부 간 네트워크

5 국가기술표준원·표준협회는 OECD가 제시한 열한 가지 국제 규제협력 유형과 이와 관련 있는 최근의 OECD 정책개발 동향에 관하여 자세히 설명하고 있다.

• 동일 사안에 대한 다른 체제의 관할권 조율
• 국제표준과 일치와 정합: ISO, IEC 등
• 연성법적 접근: 원칙, 가이드라인, 행동, 수칙
• 대화/정보를 통한 비공식적 교환: Transatlantic Dialogue

즉, 가장 높은 단계의 규제협력으로 규제통합이 있으며, 가령 EU 체제에서 회원국 무역정책 및 규정을 유럽연합 차원의 정책과 규정으로 조화(harmonization)시키는 경우가 이에 해당된다. 다음으로 정부 간 공식적인 국제협정 혹은 조약을 체결하여 규제협력을 명시하거나 OECD, WTO 등 정부 간 국제기구나 APEC 등 지역체제 등에서 규제협력에 관하여 합의를 도출하고 협력을 이행하는 유형이 있다. 또한 양자적 차원에서 무역협정 내 규제협력 기제를 도입하거나 상호인정 협정과 같이 상호규제의 동등성을 인정하기 위한 협정이 있다. 그리고 비교적 낮은 단계의 규제협력으로 국제표준 사용을 권고하거나, 규제지침과 같이 권고적인 가이드라인을 제시하고 자발적인 참여를 유도하거나, 대화 및 정보교환의 채널을 확보해 두는 형태가 있다.

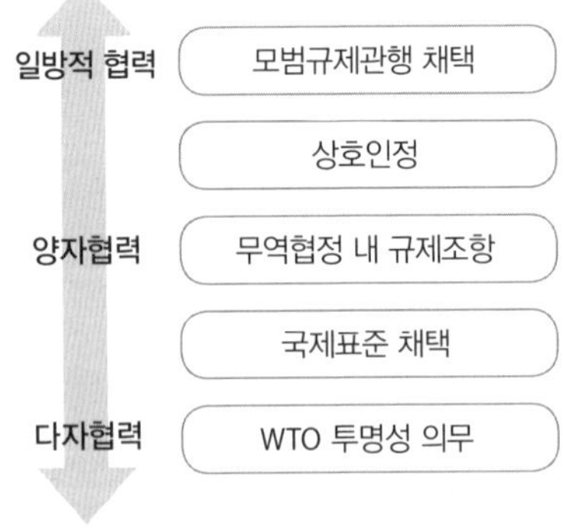

[그림 4-1] 무역 관련 국제 규제협력의 유형

출처: OECD(2017: 35).

이처럼 무역비용을 낮추기 위한 규제협력의 유형은 비공식적 의견 교환에서 양자 및 다자협정 체결, 국제표준과 일치, 그리고 경제통합에 이르기까지 매우 광범위한 것을 알 수 있다. 또한 규제협력을 통하여 달성하려는 목표의 수준도 규제를 일치시키거나 규제 자체를 일치시키지는 않지만 상호 동등한 것으로 인정하는 경우도 있고, 일방적(자발적) 참여를 기반으로 협력하는 경우에 그치기도 한다.

3) 국제 규제협력의 필요성: 규제 다양성과 무역비용

일반적으로 국가마다 다른 규제는 국제무역에서 거래비용을 초래한다. 이러한 거래비용은 세 가지 측면에서 살펴볼 수 있는데 첫째, 수출기업이 수입시장의 규제에 관해 탐색하는 정보비용(information cost), 둘째, 수출기업의 상품 및 서비스를 수입시장 규제요건에 부합하도록 설계하고 생산하는 적응비용(specification cost), 셋째, 수입시장의 규제요건에 적합하다는 사실을 증명하는 적합성평가비용(conformity assessment cost)이다(OECD, 2017).

정보비용은 해외시장 진출을 위하여 필요한 규제요건과 정보를 수집하는 비용을 의미한다. 일반적으로 수입시장의 규정과 제도가 얼마나 투명한지 그리고 얼마나 복잡한지에 따라 그 비용이 결정되고 대기업보다 중소기업이 겪는 정보비용이 더 큰 것으로 나타난다.

통상적으로 거래비용을 구성하는 일정 부분은 불가피하게 발생한다. 이는 국가마다 다른 국내적 여건이나 시민의 요구를 반영하여 국내 기술규제를 도입하기 때문이다. 그러나 실제로는 정부가 국내 기술규제를 도입하는 과정에서 국제기준이나 국제적 관행, 외국 사례 등을 고려하지 않고 독립적인 절차로 규제를 도입하는 경우가 상당히 존재하는데, 이러한 상황에서 발생하는 거래비용을 낮추는 데에 국제 규제협력이 유용한 대응수단이 될 수 있다. 예를 들어 규제영향평가를 개방하여 규제협력을 도모해 볼 수 있는바 이에 관하여 자세하게 설명하면 다음과 같다.

보통은 정부가 어떤 규제를 도입할 때 규제영향평가(Regulatory Impact Assessment: RIA)를 실시하는데, 이 평가를 통하여 해당 규제안이 원하는 공공정책의 목적을 달성할 수 있는지를 사전 검토한다. 규제영향평가를 할 때 고려하는 주요 요소는 일반적으로 특정 규제에 따른 경제적 비용과 편익, 효율성, 효과성이다. 만일 이러한 규제영향평가에서 규제의 무역 효과를 반영하여 검토한다면 규제가 무역장벽으로 작용하는 것을 사전에 막을 수 있다는 논리에서 규제영향평가 시 무역 효과를 검토하기도 한다. 규제영향평가에서 무역 효과 검토는 일반적으로 해당 규제안이 수출입, 투자, 시장개방, 경쟁, 그리고 제3국 효과를 정량적으로 분석하는 부분과 국제기준, 외국 규제조치, 무역협정과의 합치성 등에 대하여 정성적으로 검토하는 부분을 의미한다.

규제영향평가에서 무역 효과를 검토하는 기준은 국가마다 다르다. 가령 호주, 캐나다, 오스트리아, 독일, 스위스 등 대부분 국가는 규제가 무역과 투자에 미치는 영향을 중점적으로 고려하는데, EC와 같은 통합체제에서는 글로벌가치사슬의 관점에서 무역 효과를 보다 정밀하게 검토하기도 한다. 구체적으로 EC는 글로벌가치사슬에서 유럽시장의 위치를 파악하고 이에 따른 무역 효과를 종합적으로 검토하는데, 가령 EC의 생산자가 글로벌가치사슬의 상위 그룹에 속하는 생산구조에서는 해당 규제가 수입에 미치는 영향이 매우 민감한 사안이 될 수 있으므로 수입을 중요하게 다룬다.

실무적 차원에서 보면, 규제영향평가 대부분이 거시경제 데이터를 바탕으로 종합적으로 분석되기 때문에 기업 차원의 무역비용이나 적합성평가 비용과 같이 세부적인 내용이 반영되지 못하는 한계가 있다. 따라서 이 문제를 보완하는 일반적인 절차로서 규제 초안이 마련된 이후, 즉 사후적인 평가단계(ex post evaluation)에서 이해관계자를 참여하여 규제영향에 대하여 의견을 제시하는 방법이 있다. 원론적으로는 만일 이러한 사후적 절차를 외국 국적의 이해관계인에게도 개방한다면 규제도입으로 인하여 예상하지 못했던 국제무역에 대한 제한 및 차별을, 다시 말해 무역기술장벽 문제를 더욱 적극적으로 해소할 수 있을 것이다.[6]

최근 규제영향평가를 시행하는 관행이 점차 확산되고 있는 것이 사실이지만 이해관계인의 참여를 허용하거나 무역 영향에 대하여 사후 평가 절차를 추가하는 사례는 사실상 많지 않은 것으로 보고된다(OECD, 2016). 특히 OECD 회원국들도 무역 관련 편익분석을 위하여 명시적인 법 절차를 두거나 대안조치(alternative measures)를 고려하지 못하고 있는 것으로 나타난다.

이에 따라 OECD, APEC 등 국제 경제협력체제에서는 규제다양성에 의한 무역제한 효과를 최소화하기 위하여 여러 지침 및 가이드라인을 도입하고 있다. 그중에서도 정부가 이해관계인 참여를 충분히 보장하고 사후 평가에서 무역 요소를 고려할 것을 권고하고 있다. 또한 모범규제관행을 적극적으로 활용하고 다양한 형태의 국제 규제협력 방안을 강화하도록 한다. 다음에서는 주요 국제 규제협력 유형과 TBT 대응의 실질적인 사례에 관하여 알아본다.

6 OECD는 외국 이해관계인을 규제설계 단계에서 자문하도록 하거나 규제 초안을 마련한 사후적인 평가단계에서 규제 영향에 관한 의사를 개진하도록 하는 기본 방침과 가이드라인을 마련하여 제시하고 있다. OECD(2005) 참고.

3. 국제 규제협력 활동과 TBT 대응

1) 모범규제관행을 통한 TBT 대응

모범규제관행이란 국내 규제를 제정하는 과정에 적용되는 절차적·실체적 원칙과 수단을 의미하며, 규제에 대한 정책(regulatory policy), 스마트 규제(smart regulation), 더 나은 규제(better regulation), 규제 거버넌스(regulatory governance) 등 다양한 표현으로 동일한 개념이 사용되고 있다. 모범규제관행에 따르면 국내 규제를 설계하고 집행하는 과정에서 투명성(transparency), 책임성(accountability), 포용성(inclusiveness), 대상자와 대상 제도에 대하여 명확성(clear structure)을 확보하는 것이 그 기본 원칙이다.

국제 규제협력을 도모하는 여러 유형 중에서 모범규제관행은 불필요한 규제 다양성을 줄이는 데 유용한 수단이 된다. 특히 국가들이 자신의 규제 경험을 바탕으로 시행착오와 가장 효과적인 규제 모델을 공유하는 과정에서 모범규제관행이 확산되는데, 이처럼 모범규제관행이 실제 사례를 근거로 하므로 실효적인 측면이 강하다. 또한 모범규제관행을 통한 규제협력은 결국 규제를 도입하는 국가가 다른 국가의 규제 일부 혹은 전부를 자발적으로 수용하는 것이므로 규제주권에 관한 논쟁을 줄일 수 있다. 그리고 처음에서 소수의 국가가 특정 모범 관행을 수용하지만, 이 과정이 계속 반복되다 보면 해당 규제관행의 유용성이 점차 인정을 받고 더 나아가 상호 신뢰 구축과 여타 국제 규제협력 메커니즘을 촉진하는 긍정적인 효과가 있다.

앞서 살펴본 무역기술장벽 관련 세 가지 비용 측면에서 보더라도 모범규제관행 확산은 정보탐색, 적응 및 적합성평가 비용을 모두 절감시키는 효과가 있는 것으로 나타난다(OECD, 2016). 직관적으로도 알 수 있는데, 가령 투명성 협력과 비교하면 투명성 강화는 정보탐색비용을 감소시키는 효과에 그치지만, 모범규제관행은 규제 중복성, 불필요한 규제 다양성, 비효율적인 행정 관행과 절차 등을 최소화하므로 규제의 질을 높이고 정보탐색, 적응 및 적합성평가 비용을 감소시키는 효과가 있다.

다만, 모범규제관행은 규제국가 혹은 규제담당자가 다른 국가의 모범 관행을 수용할 의사가 있을 때만 실현된다는 제약이 있다. 따라서 우선은 규제자들이 규제영향평가를 할 때 무역 효과를 고려하는 것이 필요하다고 인지해야 하고, 더 나아가 가장 적절한 방법, 즉 모범 관행을 모색하고 검토하기 위하여 국제적으로 정보와 경험을 적극적으로 공유하고 논의하는 것이 필요하다.

끝으로, 무역기술장벽에 대한 국제통상체제의 기본 규범은 곧 국내 기술규정, 표준 및 적합성평가절차를 도입하고 시행하는 과정에서 준수해야 할 의무사항이 된다. 예를 들어 WTO TBT 협정은 기술규정이 비차별적인 조치로 준비, 채택, 적용되어야 하고(제2.1조) 정당한 목적을 달성하는 데 필요한 수준으로만 무역을 제한할 것(제2.2조)을 규정한다. 또한 국제표준을 기초로 사용해야 하고(제2.4조) 시행 전에 공표하고 WTO 통보해야 하는 등의 통보 절차(제2.9조)를 규정한다. 이러한 규정들은 곧 기술규정을 설계하는 기본 요건이 되며, TBT 협정 규정과 합치하는 기술규제를 제정, 시행하기 위하여 모범관행을 참고하는 것이 유용할 수 있다. 더욱이 WTO 체제는 모범규제관행을 명시적으로 장려하는데, TBT 협정과 SPS 협정은 WTO 협정 중에서도 모범규제관행을 권장하는 조항을 포함하는 대표적인 협정이다.[7]

7 SPS 협정은 기본적으로 TBT 협정의 규제 기준을 채택하고 있는데 추가적으로 제2.2조와 제2.3조를 통하여 국민의 건강과 동식물을 보호하기 위한 조치로서 과학적 근거를 기초로 해야 한다고 의무를 추가로 규정하고, 제3조는 국제표준을 기초로 사

이외에도 WTO 회원국이 TBT 조치를 제정하면서 규제 초안을 WTO에 통보할 때 다른 회원국이 제기하는 질문에 답변을 제출하는 것, 다른 회원국의 의견을 해당 규제에 반영하기 위하여 노력하는 질의응답 절차도 모범규제관행의 일부분을 볼 수 있다(OECD, 2016). 그리고 회원국이 질의처(enquiry point)를 운영하거나 TBT 위원회 회의에서 특정무역현안(STC)을 제기하면서 다른 회원국들과 질의응답 절차를 거치는 과정도 규제 다양성에서 비롯되는 무역비용을 최소화하는 데 도움이 되는 규제협력에 해당한다.

결론적으로 WTO 회원국이 TBT 협정과 합치하는 기술규제를 도입, 시행할 때 혹은 WTO 회원국이 TBT 문제를 제기하거나 투명성 절차를 진행할 때와 같이 TBT 협정 이행 전반에 있어 모범 관행을 적용함으로써 유용한 규제협력을 도모할 수 있다.

2) 국제표준 확산을 통한 TBT 대응

국제무역체제에서는 무역기술장벽을 최소화하기 위하여 국제표준이 적극적으로 활용되고 있는바, 국내 기술규제를 국제표준화하거나 국내 기술규제가 국제표준으로 수렴하거나 일치할 수 있도록 많은 국제협력이 이뤄지고 있다. 더욱이 WTO TBT 협정과 SPS 협정은 국내 기술규제의 국제표준을 기초로 제정되고 시행되도록 기본 의무를 명시적으로 규정하고 있어 이행을 위한 다양한 국제협력 방안이 강구되고 있다.[8]

용하고 제7조는 TBT 협정과 마찬가지로 투명성 절차를 규정한다. 이와 유사하게 GATS도 서비스 규정을 도입할 때 비차별 의무, 특히 최혜국대우 원칙에 준하도록 규정하고 투명성 의무를 부과하고 있다.

8 구체적으로 TBT 협정은 WTO 회원국이 국내 기술규정, 표준, 적합성평가절차를

그러나 현실적으로는 WTO 회원국이 기술규제를 도입하는 과정에서 국제표준을 참조하는 데 있어 몇 가지 어려움이 있는 것으로 나타난다. 가장 중요한 문제 중 하나는 국내 규제자가 국제표준의 현황을 잘 알지 못한다는 점이다. 한 영역에서 동일한 목적으로 만들어진 무수히 많은 표준이 존재하고 공공 및 민간 국제기구에서도 계속하여 국제표준화를 제정하므로, 국내 입법자가 국제표준을 시시각각 파악하고 활용하는 것이 여간 어려운 일이 아닐 수 없다. 더욱이 기술규제를 제정하는 그 당시에 해당 국제표준이 있어야 하고 정부 및 기업의 수요를 모두 충족하는 국제표준을 찾아내야 하므로 규제자 또는 입법자의 많은 역량이 요구된다.

이러한 어려움을 해소하고자 국가마다 방안을 마련하고 있는데, 가장 대표적으로 국제표준을 참조하고 활용하기 위하여 유용한 방법과 정보출처를 소개하는 가이드를 만들어 사용하고 있다. 가령 호주 정부는 정책 및 규제의 표준활용과 위험평가에 관한 모범관행가이드를 발간해서 사용하고 있는데, 이에 따르면 모범규제관행의 일부 요소로서 국제무역장벽을 최소화하기 위하여 가능하면 언제나 규제조치와 표준이 관련 국제 또는 국제적으로 수락된 표준 및 관행과 양립 가능해야 한다고 규정하고 있다.[9] 이 경우 양립 가능하도록 한다는 것이 반드시 일치해야 한다는 것을 의미하지는 않으며, 국내기술규제가 적어도 국제표준과 상치하지 않아야 함을 분명하게 제시하고 있다.

준비, 채택, 적용할 때에 "관련 국제표준을 기초로" 사용할 의무를 규정하고, 관련 국제표준을 사용하는 것이 해당 정책의 정당한 목적을 달성하는 데 비효과적이거나 부적절한 경우, 즉 지리적 또는 기후적 요소, 혹은 근본적인 기술적 문제가 있는 경우를 제외하고 이행할 것을 요구한다. 자세한 내용은 안덕근·김민정(2017)을 참조한다.

9 Best Practice Guide to Using Standards and Risk Assessments in Policy and Regulation.

WTO TBT 위원회에서도 국제표준 사용을 촉진하기 위하여 많은 논의가 이뤄지고 있다. 위원회가 조사한 바에 따르면, 일반적으로 국제표준이 존재하지 않거나 시대에 맞지 않아 사용할 수 없는 경우가 많은 것으로 나타난다.[10] 또한 국제표준화 과정에 되도록 많은 회원국이 참여하는 것이 필요하다는 문제점도 있다. 따라서 개발도상국들이 국제표준확립 과정에 참여할 수 있도록 지원하는 방안을 적극적으로 논의하고 국제표준화기관과의 협력을 강화해 나가고 있다. 이를 위하여 회원국들이 자발적으로 국제표준화 방식과 정부 활동에 관한 정보를 다른 회원국들과 공유하고 국제표준화 관련 어려움과 문제점을 다른 회원국 그리고 국제표준화기관과 논의할 수 있는 포럼을 제공하고 있다.[11] 즉, 위원회는 국제표준 관련 국제 규제협력의 채널을 확대하는 한편, 국제협력이 필요한 구체적인 사안을 제시하여 TBT 문제를 해소하고자 한다.

이처럼 국제협력의 기본 방향은 TBT 협정상의 의무이지만 위원회가 이행 강화를 위하여 구체화 작업이 이뤄지기도 하는데, 가령 국제표준의 질을 높이기 위해서 국제표준 확립에 관한 일련의 원칙들을 채택한 바 있다. 국제표준의 투명성, 개방성, 공평성과 합의, 관련성과 효과성, 일관성, 그리고 개도국 대우가 그러한 6대 원칙이며, 국제표준기구가 이를 적극적으로 준수하고 확대하기를 기대한다.[12]

또한 위원회는 국제표준화기관이 상기 원칙을 준수하여 국제표준

---

10 WTO TBT 위원회 제1차 3년 차 검토보고서.

11 WTO TBT 위원회는 예를 들어 국제표준화기관과의 정보교류세미나(1997), 국제표준에 관한 정보세션(1998), 국제표준 개발과 원칙에 관한 세미나(2000), 경제개발에 있어서의 국제표준의 역할에 관한 워크숍(2009) 등을 개최하였다.

12 WTO, "Decision on Principles for the Development of International Standards", Guides and Recommendations with relation to Article 2, 5, and Annex 3 of the TBT Agreement, G/TBT/1/Rev.9.

을 충분히 공급한다 하더라도 여전히 국가가 판단하기에 '부적절하거나 비효과적인' 국제표준이 존재할 수 있으므로 신축적으로 TBT 제도를 운용할 수 있도록 지원한다.[13] 또한 국제표준이 없는 경우에도 적절한 국제표준이 확립될 때까지 중간적 조치로서 기술규제 간의 동등성 인정을 장려한다.

끝으로 OECD는 각국 정부가 국제표준을 보다 체계적으로 도입할 수 있는 국내제도를 마련하고 국제표준의 질 향상을 위하여 노력하자는 일반적인 정책 방향을 제시하고 있다(OECD, 2016). 또한 국제표준에서도 분절화와 중복 문제를 최소화하기 위하여 OECD 차원에서의 협력과 국제기구 및 국제단체와의 협력을 강화하고 있다.

이처럼 WTO 및 OECD 등 국제경제체제에서 국제표준을 활성화하여 무역기술장벽을 해소하기 위하여 많은 논의가 이뤄지고 있어, 향후 이러한 의제에 관한 국제 규제협력이 점차 강화될 것으로 기대된다.

3) 상호인정을 통한 TBT 대응

상호인정이란 일반적으로 수출국 시장에서 생산·판매가 허용되는 상품 및 서비스가 수입국 시장에서도 제한받지 않고 생산 및 판매될 수 있도록 수입국이 수출국의 기술요건 또는 적합성평가 결과의 효력을 승인해 주는 것을 말하며, 모범규제관행 및 국제표준 사용과 마찬가지로 국제 규제협력에 해당한다.

상호인정은 실체적 요건(기술규정, 표준)에 대한 동등성 인정과 절차적 요건(적합성평가)에 대한 동등성 인정으로 구분된다. 전자에 해당하는

13 TBT 협정 제2.4조, 제5.4조, 부속서 3의 F항.

대표적인 예는, EU가 표준통합 과정에서 채택된 상호인정 체계[14]와 호주-뉴질랜드 간 체결된 Trans-Tasman 상호인정협정이 있다.[15] 후자의 경우 국가 간에 직접 양자 또는 다자 상호인정협정을 체결하거나 무역협정 내에서 상호인정을 합의하는 등의 방식이 있다. 그리고 주체에 따라 정부 간 상호인정과 적합성평가 기관 간 상호인정이 가능하고 통상적으로는 상호 동등성 인정을 기본 합의사항으로 하지만, 드물게는 일방적인 동등성 인정을 선언하는 사례도 있다.

정부 간 상호인정은 다른 국가의 적합성평가 기관을 승인하거나 다른 국가의 적합성평가 결과를 수용하는 등 수용하는 대상과 범위가 다양하다. 통상적으로 정부는 국제 상호인정협정(Mutual Recognition Agreement)을 체결하거나 국제·지역체제에 참여하기도 하는데, 대표적인 사례로 국제도량형위원회(International Office of Weights and Measures: CIPM), 국제시험소인정기구협의체(International Laboratory Accreditation Cooperation: ILAC), 국제인정기구포럼(Arrangement of the International Accreditation Forum: IAF)과 같은 국제 인정체제가 있다. 최근에는 자유무

14 EU의 표준통합 과정과 상호인정체계에 관한 자세한 내용은 이 책 제11장을 참조한다.

15 Trans-Tasman Mutual Recognition Arrangement(TTMRA)는 호주-뉴질랜드 긴밀한 경제관계무역협정(Closer Economic Relations Trade Agreement)을 구현하기 위하여 양국이 단일경제시장을 형성하고 규제조율과 규제통합을 이행하기 위하여 체결한 협정으로 거래비용 감소, 단일표준에 따른 생산을 통한 경쟁력 제고, 소비자 선택 다양화, 규제 당국 간 협력 강화, 신규 표준, 규정, 직업등록요건 도입 관련 규제 당국에 대한 정책 강화를 기본 목표로 한다. 특히 한 당사국에서 판매 가능한 상품은 다른 당사국에서도 판매가 허용되어야 하며, 이러한 원칙은 양국 표준 또는 상업 규정이 상이하더라도 적용된다고 규정하고, 직무 관련 인증도 상호 동등성을 인정하였다. 다만 동 협정은 관세, 지식재산권, 국제의무, 세법, 상품유통, 위생검역, 멸종위기 생물 보호, 군수산업, 화약(불꽃), 오존층 보호, 농축산업 화학물질, 게임용 기기에 대해서는 적용되지 않는다.

역협정(FTA) 등 지역무역체제 내에서 합의하는 접근 방법이 늘어나고 있다. 그리고 APEC의 통신기기 분야와 전기전자제품 분야의 상호인정 체제와 같이 특정 분야에 특화되어 다자협력을 기반으로 발전하기도 한다.[16]

상호인정에 있어 가장 중요한 요소는 바로 참여국 또는 참여기관 간의 신뢰이다. 즉, 상대 국가 혹은 상대 기관이 자신과 동일한 내지는 유사한 수준의 기술적·제도적 역량을 갖추었다는 기대가 전제되어야 이를 바탕으로 상호인정에 관한 협정(협약)을 논의할 수 있기 때문이다. 이러한 신뢰는 서로의 규제역량, 적합성평가 역량, 시장관리 제도와 정책역량에 있어 모두 중요하게 고려된다.

또한 협정이 체결되었다 하더라도 시장에서 이를 충분히 이해하고 이행하기까지 많은 시간과 저항이 따르는데, 제도적으로 상호인정이 보장되더라도 시장의 경제 주체들이 실제로 외국 제품의 동등성을 인정하지 않는 사례가 적지 않은 것으로 보고된다(OECD, 2016). 일반적으로 과학기술과 관련이 높은 산업일수록 그리고 글로벌 생산 네트워크가 강하게 형성된 산업일수록 상호인정이 체결될 가능성이 큰 것으로 분석되며, 주로 정보통신 분야와 전기전자기기 분야가 이에 해당한다.

요컨대 상호인정은 양 당사국의 국내 규제를 서로 간섭하지 않으면서도 무역기술장벽을 해소하고 상호 무역을 증진하는 유용한 국제 규

16 APEC-TEL Mutual Recognition Arrangement(MRA)는 APEC 지역 경제의 다자 상호인정협정으로 1999년 발효하였고 미국, 캐나다, 멕시코, 칠레, 호주, 뉴질랜드, 러시아, 중국, 한국, 일본, ASEAN 등 22개 회원국이 참여하고 있다. 동 협정은 통신기기의 적합성평가에 관한 상호인정체제(The APEC TEL MRA for Conformity Assessment of Telecommunications Equipment)를 구축하였고, 이를 기반으로 2010년 기술요건의 동등성에 관한 상호인정협정(The MRA for Equivalence of Technical Requirements)을 추가로 발효하였다.

제협력 수단이 된다. 그러나 상호인정은 양자 간 공고한 신뢰를 바탕으로 이뤄지기 때문에 성사되기가 용이하지 않은 측면이 있다. 그럼에도 불구하고 정보통신 분야에서처럼 APEC 상호인정체제가 발전하고 민간기관을 중심으로 하는 국제인정체제가 빠르게 확대되는 것에서 알 수 있듯이, 향후 상호인정 관련 국제협력활동이 강화될 전망이다.

4) 무역협정 내 규제협력 제도

국제 규제협력이 규제에 의한 불필요한 무역장벽을 제거하고 무역을 증진하는 기본적인 접근 방법인 만큼 갈수록 많은 지역무역협정에서 규제협력에 관한 조항을 도입하고 있다. 특히 국가들이 무역협정을 통하여 비차별 의무를 강화하고 불필요한 무역제한을 금지하는 의무와 절차를 강화할 뿐만 아니라 투명성, 규제협력, 정보교환 등 규제협력에 관한 제도를 적극적으로 도입하는 추세이다.

OECD(2017)는 무역협정의 국제 규제협력 조항을 크게 세 가지로 분류하는데 첫 번째 유형은 조화, 상호인정, 동등성, 투명성 등 국제 규제협력 메커니즘에 관한 구체적인 조항이고 두 번째 유형은 분야별 접근이나 규제협력에 관한 규제협력 조항이다. 세 번째 유형은 협정에서 일반적인 의무로 도입되는 규제협력 및 투명성 관련 조항이다.

무역협정 대부분이 세 번째 유형의 조항을 널리 도입하고 있지만 최근 많은 무역협정에서 첫 번째와 두 번째 유형에 해당하는 규정을 도입하고 있다. 예를 들어 동등성 인정이나 적합성평가에 대한 상호인정의 경우, 상대 국가의 요청을 수락하지 않는 경우 그 이유를 설명하도록 하는 WTO 협정에는 없는 절차가 있는데, 이는 당사국들이 규제협력 가능성을 충분히 고려하도록 하기 위한 제도적 장치라 할 수 있다(김민정·박정준, 2015: 47).

우리나라가 체결한 자유무역협정을 보더라도 상호인정, 동등성 인정, 투명성에 관한 의무와 절차를 WTO 조항보다 구체적으로 그리고 명료화하여 도입하고 전기전자, 자동차, 의료기기 분야 등 특정 분야에서 양자 규제협력을 전례 없는 강화된 수준으로 도입하였다.[17] 특히 분야별 접근의 경우, EU와 체결한 FTA는 전기전자 분야, 자동차 분야, 의약품 및 의료기기 분야, 그리고 화학 분야에서 강도 높은 규제협력을 합의하여 TBT 문제를 적극적으로 다룰 수 있는 제도를 마련하였다.

EU와의 TBT 문제를 해소하기 위하여 양자 채널을 적극적으로 활용해 볼 수 있으며, 한-EU FTA의 TBT 규범은 이러한 면에서 괄목할 만하다(안덕근·김민정, 2017). 동 협정은 전례 없이 분야별로 TBT 해소를 위한 합의사항을 도출하였는데 자동차, 전기전자, 화학 분야, 의약품 및 의료기기가 그러한 분야이고, 분야마다 다른 규세협력의 방향을 제시하였다. 특히 전기전자 분야에서는 SDoC를 도입하고 자동차 분야는 환경기준에 대하여 상호인정을, 그리고 안전기준에 대해서는 미국 측, EU 측 기준을 모두 수용하는 것에 대한 합의가 이뤄졌다.

미국과의 FTA도 자동차 분야에서 동등성 인정에 관한 조항을 도입하고, 캐나다와의 FTA에서도 의약품·의료장비 분야 국제기준 사용 촉진, 통신장비 적합성 상호인정(APEC) 도입, 전기기기 관련 국제인증 상호인정, 목재·건축자재 적합성 관련 동등성 인정 등 다양한 규제협력 메커니즘을 도입한 사례가 있다. 이처럼 TBT를 해소하기 위하여 FTA 내 규제협력 메커니즘이 적극적으로 활용되고 특정 분야별로 상당히 구체적인 협력 제도가 도입된바, TBT 대응에 있어 규제협력이 중요한 수단으로 강구되고 있음을 알 수 있다.

---

17 자세한 내용은 안덕근·김민정(2017)을 참조한다.

이처럼 무역협정 내 TBT 관련 규제협력이 강화되고 있는 양상은 비관세장벽에 대한 새로운 규범을 확립하고자 추진되었던 mega-FTA 혹은 선진국 간 무역협정에서 더욱 분명하게 나타난다.[18] 대표적인 예로, CPTPP 협정은 제8장에서 TBT 해소를 위하여 강화된 수준의 규제협력을 의무화했을 뿐 아니라 협정 부속서에서 8개 특정 분야에 대한 분야별 구체적인 규제협력 사항을 규정하였다.[19] 마찬가지로 최근 타결된 미국-멕시코-캐나다협정(USMCA)도 당사국들이 화학물질, 화장품, 정보통신기술, 에너지, 의료기기, 의약품 분야에서 규제협력을 주요 내용으로 하는 부속서를 채택하고 있어 그 중요성이 점차 증가하고 있음을 알 수 있다.[20]

4. 결론

무역기술장벽을 최소화하기 위하여 광범위한 차원에서 국제 규제협력이 활용되고 있다. WTO, OECD 등 다자 경제기구에서도 규제협력이

18 미국과 EU가 규제협력 관련 새로운 통상제도를 구축하겠다는 목표로 협상을 추진했던 범대서양 무역투자동반자협정(Trans-Atlantic Trade and Investment Partnership: TTIP)에서도 양측 규제가 양립(compatible)할 수 있도록 포괄적인 규제협력 챕터를 도입하고 의약품, 의료기기, 자동차, 의류, 화장품, 서비스, 중소기업 등 9개 분야에 대하여 구체적인 협상을 진행한 바 있다. 양측의 규제협력 협상 목표로 더 나은 규제(better regulation), 더 나은 집행(enforce rules better)을 제시하였다. http://trade.ec.europa.eu/doclib/press/index.cfm?id=1230 (검색일: 2018년 11월 10일)

19 8개 해당 분야는 와인 및 증류주류, 정보통신기술제품, 의약품, 화장품, 의료기기, 포장식품 및 식품첨가물에 관한 등록공식, 유기농제품이다.

20 http://ustr.gov/trade-agreement/free-trade-agreements/united-states-mexico-canada-agreement (검색일: 2018년 11월 10일)

비관세장벽 문제를 다루는 유용한 방안이라고 보며, 협력을 강화할 수 있는 법적 근거나 지침을 마련하고 있다. 이 장에서는 국제 규제협력이 TBT 대응수단으로 활용되고 있는 주요 분야와 방법에 관하여 알아보았다. 주요 규제협력 유형인 모범규제관행, 국제표준 확대, 상호인정 및 무역협정 내 규제협력 수준이 점차 강화되는 것을 알 수 있다. 국제 규제협력이 제도적으로 구체화되고 발전하는 한편, 그 중요성이 강조되고 있다.

규제협력은 무역장벽 해소 수단으로서는 유용하지만 실행에는 많은 어려움이 따른다. 이에 대하여 Hoekman(2015)은 국내 절차에서 이견을 조율하고 이해관계를 일치시키는 것이 쉽지 않고 정부 부처 간 협업이 제한적이라는 점을 가장 근본적인 문제로 보았다. 여기서 국내 이해관계 불일치 문제는 무역협상자와 국내 규제자 간에, 정부 부처 내에서, 정부-민간(업계, 단체) 관계에서 일어난다. 그리고 상호 입장 차이와 협력에 있어서의 제약에 못지않게 국가 간 정보 비대칭 문제가 국제 규제협력 증진을 제약하는 요인으로 보았다.

마찬가지로 WTO TBT 위원회에서도 TBT 문제를 해소하기 위하여 정부의 자발적인 의지와 참여가 중요하다는 인식이 강하다. 실무 차원에서 보면 고위급, 실무자급에서 회원국 간 많은 대화가 필요하고, 국가 간 규제에 대한 정보를 공유하는 것이 먼저 필요하다. 이를 밑거름으로 차츰 규제 차이를 조율하려는 기술적인 노력이 이뤄지고, 제도적으로 상호인정을 보장하는 등 실질적인 방안 모색이 이어지기 때문이다.

정책적인 관점에서 상황에 따라 가장 적절한 협력 방법이 다르므로 사안에 따라 규제협력의 목표와 방식을 정하기 위한 전문성이 필요하다. 예를 들어 대화 증진이 목적인지, 규제와 제도의 상호호환성을 강화하는 것이 목적인지, 기술·제도적 역량을 강화하는 것이 목적인지 등 규제협력의 단기적 목표가 다르고, 이에 따라 적절한 협력 방법이 정해질 것이기 때문이다. 한편, 규제협력을 추진하는 때는 장기적이고 지속적인 전략으로 관계를 구축해 나가는 것이 중요하다.

끝으로, 우리나라의 무역기술장벽 대응에 있어서 그리고 더 나아가 비관세장벽에 효과적으로 대응하기 위해서 대외경제 관계에서 체계적인 국제 규제협력 방안이 수립되어야 할 것이다. 무역기술장벽 문제는 여러 수출시장의 다양한 규제 분야와 다양한 이슈에서 제기된다는 특징이 있으므로 일괄적인 기준이나 단기적·단편적 대응은 비효율적일 뿐만 아니라 근본적인 전략이 될 수 없다. 국제통상, 개발협력, 외교관계 등 다각적인 채널을 바탕으로 규제협력을 추진하고 지역체제의 규제협력 메커니즘을 적극적으로 선도하기 위한 노력이 필요하다.

참고문헌

국가기술표준원·표준협회(2017). 「국제기구의 국제규제협력(IRC) 활동 현황과 시사점: OECD 조사결과를 중심으로」, 『TBT Policy Report』 003, 2017-3.

_____(2018). 「APEC GRP(모범규제관행) 이행 동향」, 『TBT Policy Study』 009, 2018-6.

김민정·박정준(2015). 「한국 FTA의 TBT 규범 비교연구에 따른 법적 쟁점 연구」, 『국제지역연구』 제24권 4호, 31-73쪽.

안덕근·김민정(2017). 『국제통상체제와 무역기술장벽』, 박영사.

양준석(2016). 「TPP 협정의 규제일관성 내용 분석」, 『무역학회지』 제41권 제1호, 187-213쪽.

Basedow, R. and C, Kauffmann(2016). "International Trade and Good Regulatory Practices: Assessing the Trade Impacts of Regulation", *OECD Regulatory Policy Working Papers*, No. 4, OECD Publishing.

Correia de Brito, A. et al.(2016). "The Contribution of Mutual Recognition to International Regulatory Cooperation", *OECD Regulatory Policy Working Papers*, No. 2, OECD Publishing.

Fliess, B. et al.(2010). "The Use of International Standards in Technical Regulation", *OECD Trade Policy Papers*, No. 102, OECD Publishing.

Hoekman, Bernard(2015). "Trade Agreement and International Regulatory Cooperation in a Supply Chain World", *EUI Working Papers* 2015/04.

Mavroidis, Petros(2016). "Regulatory Cooperation: Lessons from the WTO and the World Trade Regime", *Policy Options Paper*, ICTSD & WEF E15 Initiative.

OECD(2013). "International Regulatory Cooperation: Addressing Global Challenges", OECD Publishing.

____(2016). "International Regulatory Cooperation: The Role of International Organisations in Fostering Better Rules of Globalisation", OECD Publishing.
____(2017). "International Regulatory Cooperation and Trade: Understanding the Trade Costs of Regulatory Divergence and the Remedies", OECD Publishing.
Von Lampe, M. et al.(2016). "Trade-Related International Regulatory Cooperation: A Theoretical Framework", *OECD Trade Policy Paper*, No. 195, OECD Publishing.
WTO. "Decision on Principles for the Development of International Standards", Guides and Recommendations with Relation to Article 2, 5, and Annex 3 of the TBT Agreement, G/TBT/1/Rev.9.
____(2012). Summary Report of the TBT Workshop on Regulatory Cooperation between Members, G/TBT/W/348.

OECD(2005). "APEC-OECD Integerated Checklist on Regulatory Reform", Paris. https://www.oecd.org/gov/regulatory-policy/41992858.pdf (검색일: 2018년 11월 10일)
US Chamber of Commerce(2015). "Regulatory Coherence & Cooperation in the Transatlantic Trade and Investment Partnership(TTIP)". https://www.uschamber.com/report/regulatory-coherence-cooperation-the-transatlantic-trade-and-investment-partnership-ttip (검색일: 2018년 11월 10일)

| 제2부 |

산업별 표준정책과 국제통상

제5장

자동차산업 무역기술장벽의 현재와 미래

김현정

1. 서론: 자동차산업과 무역기술장벽

자동차는 기술 규정과 표준이 매우 중요한 제품이다. 대부분 공산품이 시장에 나오기 위해서는 형식 승인 혹은 인증 절차를 거쳐야 하지만, 자동차는 특히 소비자의 안전과 생명에 직결되므로 엄격하게 관리되어야 하기 때문이다. 또한 대기의 질과 기후 등 환경과 국민 건강에도 지대한 영향을 미치기 때문에 더욱 규제의 영향과 제약을 많이 받을 수밖에 없다. 따라서 자동차가 개발되어 양산 단계에 이르고 시장에 나오기까지는 수많은 항목으로 구성된 인증과 테스트를 거쳐야 한다. 이는 각종 부품 및 부분품의 표준 규격과 형태 및 기능[1], 안전과 관련된 기준 및 등

1 미국의 연방자동차 안전기준(FMVSS)나 유럽연합의 안전기준(EEC) 등이 대표적인 자동차 표준 및 안전기준이며, 국가별로 기술개발 및 도로 특성에 맞게 다르게 운영되고 있는 것이 현실이다.

급[2], 그리고 각종 유해가스 배출 허용 한도에 관한 규제에 이르기까지 광범위하다.

이 규제들은 전 세계적으로 통일된 것이 아니기 때문에 자동차의 자유로운 무역을 어렵게 하는 기술장벽이 될 수 있다. TBT 협정은 규제의 표준, 테스팅 및 인증이 불필요한 무역장벽을 형성하는 것을 경계하며, 특히 규모의 경제가 가장 중요한 경쟁력의 원천인 자동차산업에서 이러한 장벽은 생산 및 개발의 효율성을 극대화하고 기업의 이윤을 창출하는 데 있어 걸림돌이 된다. 게다가 전 세계 많은 국가에서 사업을 영위하는 글로벌 기업일수록 무역기술장벽으로 인하여 초래되는 비용과 비효율은 더욱 부각된다.

한편, 자동차산업의 100년사에서 볼 수 없었던 커다란 변화, 즉 내연기관을 대체하는 전동 파워트레인의 등장과 기계 장치였던 자동차를 스마트기기처럼 변화시키는 ICT 산업과의 연결(connectivity)과 융합, 그리고 자율주행기술에 이르기까지 파괴적 혁신(disruptive innovation)이라고 일컬어지는 산업 전반의 거대한 변화는 자동차산업에 있어 새로운 기술장벽의 출현을 예고하고 있다.

이 장에서는 현재 WTO를 중심으로 논의되고 있는 자동차산업의 대표적인 무역기술장벽 규제와 사례를 살펴보고, 최근 떠오르고 있는 친환경차와 관련된 쟁점사항, 그리고 자동차산업의 기술혁신으로 인하

---

2 대표적인 것으로 신차평가제도(New Car Assessment Program: NCAP)가 있다. 새로 출시되는 자동차에 대하여 충돌시험과 제동성능시험 등을 통하여 안전성을 평가하고 그 결과를 소비자에 공개하는 제도이다. 통일된 신차평가 테스트가 존재하는 것은 아니며, 국가별로 별도의 규정이 존재하여 테스트 항목이나 기준이 상이하다. 미국에서는 NCAP, 유럽에서는 Euro NCAP, 국내에서는 KNCAP이라고 불린다. 국내의 경우 1999년부터 건설교통부 내부 지침으로 운영되어 오다가 2003년 정식 법규로 제정되었으며, 평가기관은 한국교통안전공단이다.

여 가시화되고 있거나 가까운 미래에 부상할 것으로 예상되는 잠재적인 무역기술장벽을 전망해 보고자 한다.

2. WTO와 자동차 관련 TBT

현재까지 자동차의 무역기술장벽이 국가 간 무역 마찰의 원인이 되어 WTO 분쟁해결 절차까지 진행된 사례는 없다. 그러나 전반적으로 TBT에 대한 관심이 커지고 중요성이 부각되고 있는 트렌드와 마찬가지로, 자동차 분야에서도 WTO에 통보되는 TBT 사례는 2000년대 들어 증가해 왔다. WTO에 통보된 전 세계 TBT 중 자동차와 관련된 조

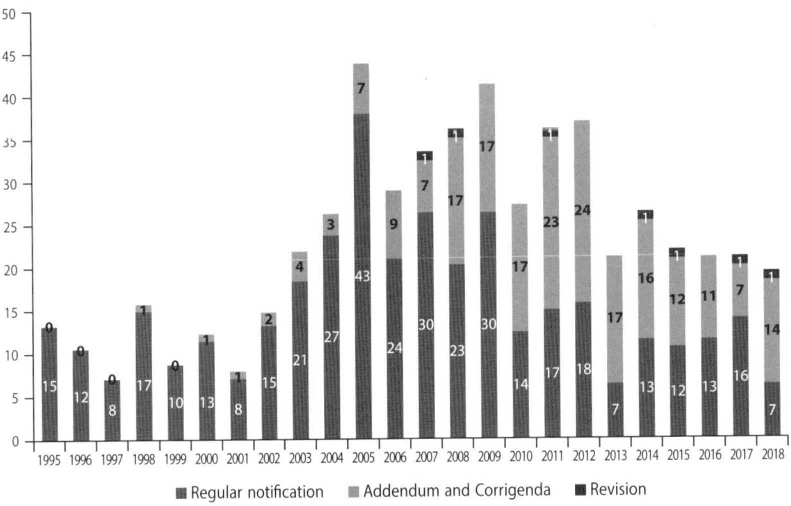

[그림 5-1] 1995~2018년 자동차 관련 TBT 통보(단위: 건)

출처: WTO TBT IMS.

주: 자동차는 87류 중 특수목적 차량을 제외한 4류 자동차와 그에 속하는 부분품으로 한정, 즉 HS Code 8702부터 8708까지 포함.

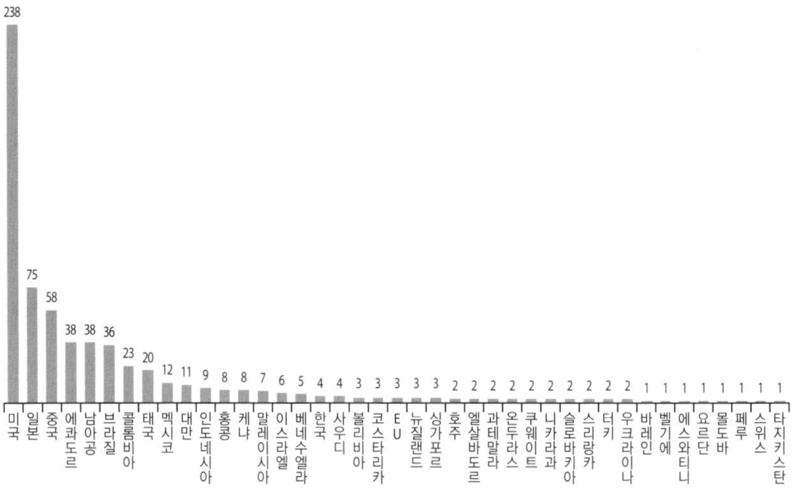

[그림 5-2] 1995~2018년 자동차 관련 TBT 통보 국가별 분류(단위: 건)

출처: WTO TBT IMS.

치는 2018년까지 631건이다. 다만 흥미로운 점은 TBT 조치의 전체적인 트렌드와는 달리 자동차산업의 경우 2010년대 들어 신규 조치의 수는 급격히 줄었다는 점이다. 2010년 이후에는 기존 조치의 부록이나 수정 통보가 신규 조치의 통보를 대부분 상회하였다(그림 5-1 참조).

또한 통보된 TBT 조치를 국가별로 살펴보면 미국이 238건으로 월등하게 많다는 것을 알 수 있다. 일본과 중국이 그 뒤를 잇고 있으며, 한국은 4건에 불과하다(그림 5-2 참조). 일반적으로 TBT는 개발도상국에서 급격히 증가하는 추세인 데 반해, 국가경제나 자동차산업에서 가장 선진국이라고 할 수 있는 미국과 일본의 TBT 통보 조치가 가장 많았다는 점은 주목할 만한 현상이다. 이는 아마도 선진시장인 미국과 일본의 기술 규정 및 표준이 까다롭다는 점과 자동차 관세가 가장 낮은 수준으로 TBT의 중요성이 상대적으로 크기 때문이라는 추측이 가능하다.[3]

자동차 관련 TBT를 목적별로 분류해 보았을 때 가장 빈도가 높은

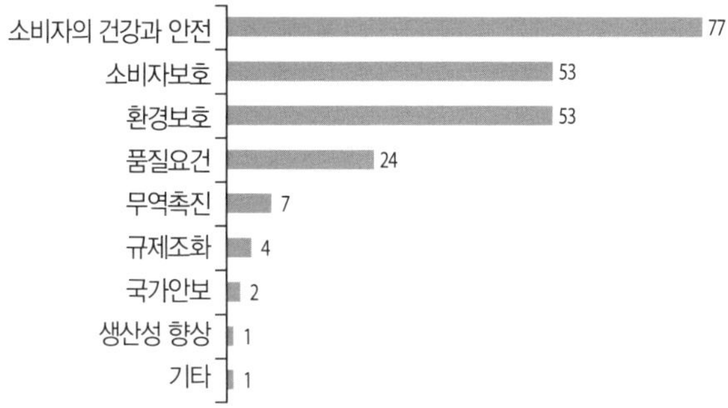

[그림 5-3] 1995~2018년 자동차 관련 TBT 통보 목적별 분류(단위: 건)

출처: WTO TBT IMS.
주: 복수 응답 가능.

TBT의 유형은 인간의 건강과 안전보호를 위한 조치이며, 다음으로는 사행성 관행 예방 및 소비자 보호를 위한 조치와 환경보호를 위한 조치들이 많았다. 자동차의 형식 승인을 위한 규격표준과 배출가스 관련 테스트가 모두 이러한 목적에 해당하는 조치들이다. 드물지만 규제조화, 국가안보, 생산성 향상과 관련된 조치도 있다(그림 5-3 참조).

각국이 자발적으로 WTO에 통보하는 TBT 중에서 통상에 중요한 영향을 미치는 조치로 지정된 특정무역현안(Specific Trade Concern: STC)은 현재까지 2건이 보고되어 있다. 하나는 콜롬비아의 대중교통수단(주로 버스) 관련 규제[4]이고, 다른 하나는 중국의 자동차 환경규제에 관한 것인데, TBT 위원회에서 지속적으로 제기되고 있는 것은 중국의 기업평균연비 규제(CAFC)와 신에너지차 규제(NEW Regulation)이다(표 5-1 참조).[5] 이 중 TBT 위원회에서 특히 우려된 부분은 신에너지차 규제로,

---

3 미국의 승용차 및 부품 관세는 2.5%, 일본은 0%.

4 WTO, "Regular Notification", Committee on Technical Barriers to Trade, G/TBT/N/COL/164.

[표 5-1] 중국의 신에너지차 규제 상세 내용

<table>
<tr><th>항목</th><th>기존 법안(2016.8)</th><th>변경된 규정(2017.9)</th></tr>
<tr><td>연간 NEV 크레딧 요건
(의무생산 비중)</td><td>2018년 8%
2019년 10%
2020년 12%</td><td>2018년 없음
2019년 10%
2020년 12%</td></tr>
<tr><td>소규모 제작사의 정의</td><td>연간 내연기관차 생산 혹은 수입규모 5만 대 이하 업체</td><td>연간 내연기관차 생산 혹은 수입규모 3만 대 이하 업체</td></tr>
<tr><td rowspan="3">NEV 크레딧에 해당하는기술요건</td><td>BEV 주행거리 80km 이상</td><td>주행거리 100km 이상
최고속도 100km/h 이상</td></tr>
<tr><td colspan="2">PHEV(플러그인하이브리드) 전기모드 주행거리 50km 이상</td></tr>
<tr><td>FCEV 주행거리 250km</td><td>FCEV 주행거리 300km 이상</td></tr>
<tr><td>BEV 대당 크레딧</td><td><table><tr><th>주행거리(km)</th><th>대당 크레딧</th></tr><tr><td>80~150</td><td>2</td></tr><tr><td>150~250</td><td>3</td></tr><tr><td>250~350</td><td>4</td></tr><tr><td>350 이상</td><td>5</td></tr></table></td><td>(0.012 x 주행거리 + 0.8) x 조정계수, 최대 6</td></tr>
<tr><td>PHEV 대당 크레딧</td><td>2</td><td>2 x 조정계수</td></tr>
<tr><td>FCEV 대당 크레딧</td><td><table><tr><th>주행거리(km)</th><th>대당 크레딧</th></tr><tr><td>250~350</td><td>4</td></tr><tr><td>350 이상</td><td>5</td></tr></table></td><td>(0.16 x 연료전지시스템 파워) x 조정계수, 최대 5</td></tr>
<tr><td rowspan="2">크레딧 carry-forward 정책</td><td colspan="2">크레딧을 적립하거나 이월할 수 없음</td></tr>
<tr><td>예외 없음</td><td>예외: 2019년 → 2020년</td></tr>
<tr><td rowspan="2">크레딧 carry-back 정책</td><td colspan="2">미래의 크레딧을 앞당겨 사용할 수 없음</td></tr>
<tr><td>예외 없음</td><td>예외: 2020년 → 2019년</td></tr>
</table>

출처: ICCT(International Council on Clean Transportation)(2018).

중국에서 자동차를 생산 및 판매하는 업체들은 2019년부터 생산량의 일정 비율 이상 순수전기차(BEV)나 플러그인하이브리드차(PHEV)를 의무생산해야 한다는 규제이다.

5 WTO, "China Tentative Administrative Rules on Enterprise Average Fuel Consumption and New Energy Vehicle Credits and Administration Regulation on the Access of New Energy Vehicle Manufacturers and Products", G/TBT/N/CHN/1187, G/TBT/N/CHN/1188.

동 규제는 중국 공업정보화부(Ministry of Industry and Information Technology: MIIT) 주도로 중국의 대기환경 문제 극복과 친환경차 보급을 장려하기 위하여 도입한 것으로, 당초 2018년부터 적용될 계획이었으나, 지난 해 개정된 규제에서 적용이 1년간 유예되었다. TBT 위원회는 2016년 8월 초안이 발표되고 같은 해 12월 WTO에 통보된 이후 동 규제에 관해 여러 차례 논의하였다. 미국, 일본, EU 측 대표는 자동차 업체들이 제품을 개발하기까지 통상 4~5년의 기간이 소요됨을 고려할 때 규제 적용까지의 준비 기간이 촉박한 점과 동 규제가 중국에 진출한 자동차 업체의 경영전략상 지대한 영향을 미칠 수 있음을 언급하고, 신중하고 공정한 정책 운용을 요청한 바 있다. 또한 미국과 일본 측 대표는 2020년 이후 NEV 크레딧 타깃이 확정되지 않은 것에 대하여, 정책의 투명성과 명료성을 제고하고 기업 경영 환경의 불확실성을 줄이기 위하여 2021년 이후 크레딧 목표에 대해서도 조기에 통보해 줄 것과 목표치를 확정하기 전에 업계와 논의해 줄 것을 요청하였다.

NEV 크레딧 시스템의 적용이 1년 유예된 것은 TBT 위원회의 소기의 성과라고 볼 수 있겠으나 전반적으로 규정은 더욱 강화된 측면이 크다. 규제의 적용이 1년 유예된 것일 뿐 2019년의 크레딧 할당은 기존 법안 그대로이며, 소규모 제작사의 요건도 5만 대 이하에서 3만 대 이하로 더욱 강화되었다. 또한 신에너지차 크레딧의 기술적 요건도 강화되었으며, 크레딧의 적립 및 이월이나 캐리백도 규정 도입 첫 2년을 제외하고는 허용되지 않았다. 이에 따라 중국의 신에너지차 규정은 2019년 4월부로 발효된 이후에는 글로벌 자동차 메이커들에 큰 부담으로 작용할 것으로 예상된다. 업체별 생산량에 따른 크레딧 목표를 채우지 못했을 경우 업체들은 다른 업체들로부터 크레딧을 구매해야 한다. 최근 폭스바겐은 중국 상하이에 전기차 및 배터리 생산을 위한 전용 공장을 설립한다고 발표하였다. 동 공장은 신에너지차 규제 준수를 위한 것으로

2020년부터 가동될 예정이다. 이와 같이 대규모 투자를 동반하는 자동차 업체들의 전기차 공장 설립은 향후 다른 완성차 메이커들에서도 이어질 것으로 예상된다.

3. 자동차산업 기술장벽의 유형

1) 전통적인 기술장벽

(1) 지역별 자동차 관련 표준 및 안전기준

선박이나 항공기와 달리 자동차에는 글로벌 표준이 존재하지 않는다. 게다가 안전이나 환경기준, 그리고 제원이나 옵션, 사양 등에서도 지역적 특성이 큰 제품이다. 따라서 여러 지역으로 수출하기 위해서는 해당 지역에 맞는 규격과 사양을 적용하고, 때에 따라서는 해당 국가의 세제를 고려한 다른 배기량의 파워트레인을 투입하는 등 그 시장의 특색에 맞는 제품을 다시 개발해야 한다.

다행히 자동차 교역이 늘어나면서 국가 간 표준이나 기술장벽도 이전에 비해 수렴하는 경향을 보인다. 미국과 캐나다, 멕시코는 NAFTA 체결 이후 시장뿐만 아니라 밸류체인이 통합되면서 자동차의 안전이나 환경규정에 있어서 유사한 구조를 가지게 되었다(표 5-2 참조). 유럽의 경우에도 유럽연합의 출범과 함께 자동차뿐만 아니라 각종 표준과 인증제도에 있어서 단일 규제를 적용하고 있다(표 5-3 참조). 이 외의 많은 국가도 저마다의 표준과 규제를 가지고 있었으나, 일본이 1998년에 UNECE 협정에 가입한 이후 점차 많은 국가가 UNECE 협정에 가입하면서 미국을 중심으로 하는 북미 기술표준체제와 EU를 중심으로 하는 UNECE 체제로 양분되는 경향이 나타나고 있다.[6] 자동차의 적합성

[표 5-2] 미국의 자동차 관련법의 기본 구조

항목	안전규제	환경규제
법	자동차교통안전법 (National Traffic and Motor Vehicle Act)	대기청정법 (Clean Air Act of 1990)
감독기관	도로교통안전국(National Highway Traffic Safety Administration, NHTSA)	환경청 (Environmental Protection Agency, EPA)
규제	Federal Motor Vehicle Safety Standards (FMVSS)	Code of Federal Regulation(CFR) title 40 Part 80, 85, 86

출처: EPA, Marklines, NHTSA.

[표 5-3] EU의 자동차 관련법의 기본 구조

항목	법률	행정법안/시행조치
안전	Regulation s(EC) 78/2009 보행자 안전 보호 Reguilations(EC) 661/2009 일반적인 안전 관련 형식승인 요건	Commission Regulations(EC) 631/2009 보행자 안전 보호 조치 Commission Regulations(EC) 일반적인 안전 관련 형식승인 요건
배출가스	Regulations(EC) 715/2007 자동차 배출가스와 자동차 정비/유지 정보 접근성에 대한 형식승인	Commission Regulation(EC) 692 /2008 배출가스와 자동차 정비/유지 관련 정보 접근성에 대한 형식승인
CO_2/연비	Regulation(EC) 443/2009 자동차로부터 배출되는 CO_2 저감	Commission Implementing regulations(EU) 725/2011
형식승인	Directive 2007/46/EC	

출처: EU Commission, European Environment Agency.

평가(conformity assessment)에 있어서도 양 지역은 다른 접근 방식을 가지고 있다. 북미에서는 자기인증제도를 시행하고 있어 제작자가 자율적으로 안전기준에 부합하는 자동차를 생산하고, 사후적으로 제작 결함에

6 UNECE 회원국은 EU 28개 회원국과 EFTA 4개국, 발칸반도의 EU 미가입국들과 러시아를 비롯한 CIS 국가들, 그리고 그 외 주요국으로 일본, 한국, 호주 등이 있다.

따른 책임을 지는 반면, 유럽 등 UNECE 체제에 속하는 국가들에서는 출시 전 인증기관에 의해 형식 승인을 받아야 한다(Johnson, 2008).

각국 정부가 관리하는 자동차의 표준은 크게 안전과 환경 두 분야로 나뉜다. 미국의 경우에도 안전 관련 규제는 도로교통안전국(NHTSA)에서 관리하고, 환경 관련 규제는 환경청(EPA)에서 관리·감독하고 있다.

과거에 비해 규제가 수렴하고 있기는 하지만, 아직 북미 기술표준체제와 유럽의 기술표준체제는 상당한 차이가 있다. 따라서 유럽에서 생산된 자동차를 미국에 수출하기 위해서는 여러 가지 제품의 규격 조정과 안전 규정에 맞는 부품으로의 교환, 별도의 테스트 등을 거쳐야 한다.[7] 이를 극복하기 위한 시도로 상호인증제도(reciprocal recognition)가 있다. 이는 정부 간의 합의를 기반으로 한 국가에서 인증을 받은 제품은 수출국 혹은 수입국에서 추가적인 절차 없이 인증된 것으로 간주하는 제도이다(Popper, Greenfield, Crane, and Malik, 2004).

(2) 규제조화를 위한 노력

자동차기준조화(Harmonization of Vehicle Standards)란 상호인증제도보다 한층 발전된 개념으로, 이를 통하여 지역 간에 상이한 표준과 규제를 하나로 통일할 수 있다면 동일 모델로 별도의 디자인 및 제원의 변경 없이 모든 국가에서 판매할 수 있기 때문에 자동차 메이커로서는 큰 폭의 비용 절감이 가능하다. 업계에서도 이러한 이점을 충분히 인지하고 있

---

7 에어백의 경우 유럽과 달리 미국은 안전벨트를 하지 않은 탑승자를 보호하도록 설계되어야 하므로 미국의 에어백은 규격이 더 크다. 프런트 범퍼의 경우에도 미국의 규제는 2mph 속도에서 충돌 시 손상되지 않는 정도의 강도를 규정하는 반면, 유럽에서는 손상을 허용하므로 미국 수출용 모델의 범퍼는 재질을 다르게 해야 한다. 측면 충돌시험의 경우에도 유럽과 미국의 절차가 상이하여 다시 테스트해야 하며, 엔진의 경우 미국과 유럽의 배출가스 기준이 달라 다시 튜닝되어야 한다.

기 때문에 자동차업계와 각국 정부는 이러한 국가 간의 상이한 표준을 조화시키기 위하여 오랫동안 노력해 왔다.

UN 산하의 UNECE(United Nations Economic Commission for Europe, 유럽경제위원회)에 1952년 WP29라는 작업반이 설치되면서 시작된 유럽 내의 자동차 규정을 통일하려는 노력은 1958년 협정[8]에서 결실을 맺어, 유럽 내에서는 자동차의 제조와 국경을 넘나드는 판매에 있어서 기술 및 표준의 장벽이 사라지게 되었다. 1995년에는 1958년 협정이 개정되어 자동차기준조화포럼(World Forum for Harmonization of Vehicle Regulation)을 설립하기에 이르렀으며, 1998년 일본이 비유럽 국가 중 처음으로 동 협정에 가입하였다. 현재는 일본 외에도 한국, 태국, 말레이시아 등 대부분의 아시아 국가들과 러시아, 터키, 호주, 뉴질랜드, 이집트 등이 가입되어 있다.

1958년 협정의 부속서인 UNECE 규정은 자동차의 안전기준과 배출가스와 관련한 국제기준이라고 할 수 있다. 동 규정은 WP29에서 논의되고 수정되며, 자동차의 각 부분품의 규격과 성능에 관한 138개의 규제가 여기에 담겨 있다. 최근 유럽에서 이슈가 되고 있는 WLTP(World Harmonized Light Vehicle Test Procedure, 세계 자동차 배출가스 측정 절차)도 이러한 각국의 자동차 배출가스 측정 절차를 통일하고자 하는 취지에서 마련된 것이다. WLTP는 2017년 9월부터 유럽에서 신규 형식승인 모델에 적용되기 시작했으며, 2018년 9월부터는 전체 신차에 적용되고 있다.

---

8 정식 명칭은 "Agreement concerning the adoption of uniform technical prescription for wheeled vehicles, equipment and parts which can be fitted and/or be used on wheeled vehicle and the conditions for reciprocal recognition of approvals granted on the basis of these prescriptions."

UNECE는 현재 자동차 관련 규제의 조화와 국제기준의 확립에 대하여 논의하는 유일한 기구라고 할 수 있지만, 미국이 여기에 가입해 있지 않기 때문에 엄밀한 의미에서 북미를 제외한 지역에서 통용되는 기준이며, 진정한 국제기준으로 보기에는 한계가 있다. 세계 3대 자동차시장 중 두 지역에서 상이한 기준이 적용된다는 점에서 자동차산업의 규제 조화는 요원해 보이지만, 이러한 도전적 과제가 현실이 될 수 있는 계기가 있었다. 미국과 유럽이 하나의 경제공동체가 되는 것을 목표로 2013년부터 추진해 왔던 TTIP(Trans-Atlantic Trade and Investment Partnership)가 그것이다. TTIP는 글로벌 양대 시장 간의 교역 자유화라는 점에서도 의미가 크지만 가장 큰 의의는 양대 지역 간의 각종 기술표준을 조화시키는 계기가 될 것이라는 점에서 기대를 모았다(Egan and Pelkmans, 2015). 그러나 트럼프 정부 출범 이후 추진이 중단된 상태이다.

(3) 연비/CO_2 등 환경규제

자동차가 배출하는 가스 중 대기를 오염시키는 유해가스, 즉 질소산화물(NOx)이나 총탄화수소(THC), 일산화탄소(CO), 미세먼지(PM) 등의 배출을 제한하는 배기규제(Emission Regulation)는 자동차의 인증단계에서 거쳐야 하는 테스트로 미국에서는 70년대, 유럽에서는 90년대부터 시행되었으며, 현재는 전 세계 모든 국가에서 적용하고 있다. 국가마다 규제 수준이 다른데, 가장 규제 수준이 높은 국가는 미국이며, 미국과 일본을 제외한 대부분 국가는 유럽의 유로 스탠더드 체계를 따르고 있으나, 규제 적용의 스케줄은 국가마다 다르다. 가령 중국은 유로 5에 해당하는 國5를 적용하고 있으며, 인도는 유로4에 해당하는 BS4(Bharat Stage 4)를 적용 중이다. 아프리카와 중앙아시아의 저개발국 중에는 유로 3이나 유로 2를 시행 중인 국가가 많다. 이와 같이 국가마다 배출가스 규제의 수준이 상이한 점은 자동차 메이커에는 부담이 될 수도 있으나 국가별로 경제개발 수준이 달라 선진국 수준의 배출가스 규제를 개도국에 의무화하는 것은 비현실적이다.

한편, 이산화탄소 등 온실가스의 경우에는 이러한 유해가스를 제한하는 배출가스 규제에 포함되지 않기 때문에 연비나 CO_2 배출은 엔진의 효율성이나 낮은 보유비용 등 경제성을 강조하는 제품 홍보의 수단이 될 수는 있었으나 규제의 수단이 되지는 않았었다. 그런데 2000년대 이후 기후 변화에 대한 경각심을 갖게 되면서 온실가스 저감의 필요성에 대한 국제적인 공감대가 생겨나기 시작하였다. 이에 따라 자동차산업에서도 CO_2 배출량을 줄이도록 하는 의무 규제가 유럽에서부터 도입되기 시작하였다.[9] 배출가스 규제와 달리 연비 및 CO_2 규제는 모델별로 상한선을 규제하는 것이 아니라 업체별로 평균 연비 혹은 CO_2 목표를 부과하고, 이를 달성하지 못한 업체에는 벌금을 부과하는 형식으로 운영되고 있다.

미국의 CAFE와 같은 업체별 평균연비규제를 도입한 국가들은 이제 선진국뿐만 아니라 신흥국으로도 확산되고 있다. 미국, EU, 일본, 한국에 이어 중국, 인도 등도 업체별로 적용되는 평균연비규제가 시행되고 있다. CO_2 배출 규제 수준은 지역마다 혹은 국가마다 상이한데, EU의 경우 매우 도전적인 수준이고, 그다음으로 일본, 한국, 중국 순으로 규제 수준이 높다. 미국의 CAFE 규제의 경우 오바마 행정부에서 매년 강화되도록 했으나 트럼프 행정부에 들어 2020년 이후 규제를 동결하기로 하였다(그림 5-4 참조).

이러한 연비 및 CO_2 규제들은, 자동차 업체들에 있어 사업을 영위하는 데 있어서 커다란 과제이자 제약 조건이 되고 있다. 완성차 업체들

---

9 EU에서는 2012년부터 업체별로 CO_2 평균배출량을 규제하기 시작하였다.

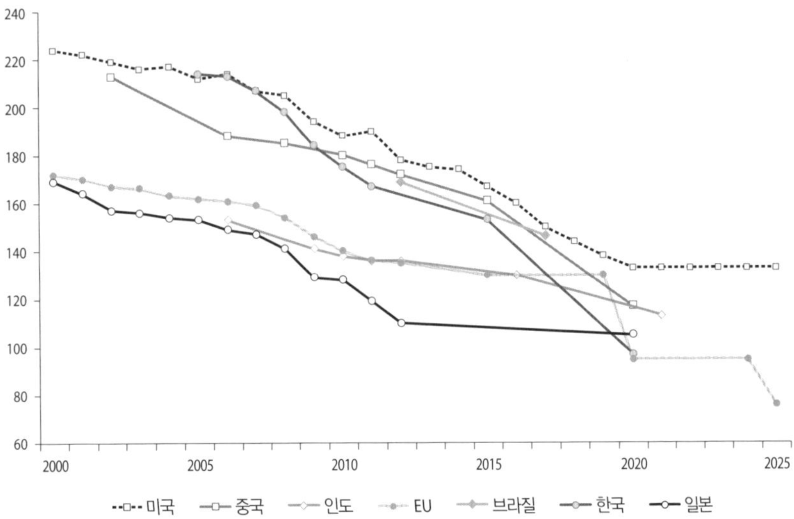

[그림 5-4] 주요국의 연비/CO2 규제 강화 추이(2000~2025)(단위: g/km)

출처: ICCT(2018).

은 각 업체가 해당 시장에서 연간 판매하는 자동차의 평균 연비나 CO_2를 개선하기 위하여 내연기관의 연비를 획기적으로 향상시키거나 화석연료를 이용하는 엔진 중심의 동력추진시스템을 전기배터리와 모터로 대체하는 새로운 파워트레인을 도입해야 하는 상황이다. 또한 앞서 논의된 중국의 NEV 규제와 같이 미국에서는 연방규제인 기업평균연비규제(CAFE) 외에 캘리포니아를 비롯한 일부 주에서 업체별로 일정 비율의 초저공해차(Ultra Low Emission Vehicle: ULEV)를 판매하도록 하는 법규를 병행하고 있어, 완성차 메이커들은 전기차(BEV)나 플러그인하이브리드(PHEV)를 공격적으로 개발하고 출시해야 한다.

이와 같이 CO_2 규제나 배출가스 규제와 같은 환경규제가 자동차 업체의 경쟁력을 가늠할 뿐만 아니라 해당 업체의 생존을 좌우할 정도가 된 오늘날에는 기술적인 무역장벽으로 작용하는 경향이 있다. 특히 규제 수준이 가장 높은 유럽에서는 수출장벽뿐만 아니라 현지에서 생산

[표 5-4] 전 세계 주요국 자동차 연비 관련 규제 개요

국가	평균연비/CO_2 규제	친환경차 의무판매/생산 규제
미국	기업평균연비규제 (CAFE: Corporate Average Fuel Economy)	ZEV 규제(캘리포니아 포함 10개 주)[10]
EU	업체 평균 CO_2 규제	2020년 규제까지는 없으나 2025년부터 규제 도입 검토 중
중국	CAFC(Corporate Average Fuel Consumption)	NEV 크레딧 시스템
인도	CAFC(업체별 평균 CO_2 배출량 관리)	N/A

하는 업체들에조차 시장진입장벽이 될 가능성이 있다. 규제를 달성하지 못한 메이커들에는 막대한 벌금이 매년 부과되기 때문이다.[11] 실제로 GM이 유럽시장에서 철수하기로 결정한 데는 유럽 사업이 적자를 지속했다는 점도 있지만, 유럽의 강도 높은 CO_2 규세를 준수하는 데 지나치게 큰 비용이 든다는 판단이 작용한 것이라고 보는 견해도 신빙성이 있다.[12] 유럽 CO_2 규제가 2020년을 기점으로 크게 강화될 예정이며, 최근 유럽 의회와 이사회가 논의하고 있는 Post 2020 규제[13]도 매우 높은 수준이라는 점을 고려할 때, 이를 따라가지 못하는 업체들은 유럽시장에서 퇴출될 가능성이 크다(표 5-4 참조).

10 캘리포니아, 뉴욕, 뉴저지, 매사추세츠, 코네티컷, 메인, 오레곤, 로드아일랜드, 버몬트.

11 평균 CO_2 규제 목표에서 1g 초과할 때마다 대당 95유로의 벌금 부과. 예를 들어 유럽에서 100만 대 판매하는 업체가 5g을 초과했을 시에는 4.75억 유로를 벌금으로 내야 한다.

12 GM은 2017년 3월 자사의 유럽사업부인 오펠/복솔 브랜드를 프랑스 업체인 PSA에 매각하였다.

13 EU는 현재 2025년과 2030년 규제를 확정하는 단계에 있다. EU 의회는 2030년까지 2020년 수준 CO_2 평균의 40%로 감축해야 한다고 주장하는 반면, EU 집행위는 30% 감축을 주장하고 있다. 한편, 각국 환경장관들은 이를 절충한 35% 안을 지지하고 있다.

2) 새로운 무역기술장벽의 출현

앞에서 설명한 바와 같이 자동차산업은 격변기를 맞고 있다. 최근 글로벌 자동차업계에서는 하루가 멀다 하고 전기차 등 친환경차나 자율주행차, 모빌리티 서비스 사업 진출 및 제휴 소식 등이 쏟아지고 있다. 다임러가 2017년 CES에서 발표한 자사의 미래자동차 전략 C.A.S.E. [Connectivity(연결), Autonomous(자율주행), Shared(공유), Electric(전기구동)]는 이러한 산업 대전환기의 네 가지 흐름을 요약한 것이라 볼 수 있다. 이 중 가장 먼저 기술표준장벽 이슈로 떠오르고 있는 것은 전기차와 관련된 표준이다.

(1) 전기차 충전 방식의 표준 경쟁

신산업이 출현한 후에는 표준 경쟁이 일어나기 마련이다. 우선 가장 주목을 받고 있는 것은 전기차의 급속충전기 시장에서 일어나고 있는 표준경쟁이다. 모든 자동차 제조사는 완속충전을 할 때는 교류를 이용한다. 급속충전에는 크게 네 가지 방식이 있는데, 직류를 이용하는 차데모(CHAdeMO) 방식과 콤보 방식[14], 테슬라의 슈퍼차저, GB/T로 나뉜다(표 5-5 참조). 차데모 방식은 토요타, 닛산 등 일본 업체가 주로 이용하는 방식으로 일본의 전기차 충전 표준이라 보면 된다. 콤보 방식은 GM, 포드 등 미국 업체와 BMW, 폭스바겐 등 유럽 업체가 대부분 채용하고 있다. 슈퍼차저는 테슬라만의 전용 충전 방식이다. GB/T는 중국의 자체 충전 방식이며, 2015년 제정되어 다른 충전 방식에 비하여 후

---

14 콤보 방식은 유럽형 콤보와 SAE형 콤보로 나뉘는데, 충전 방식은 같지만 어댑터의 모양이 다르다.

[표 5-5] 전기차 충전 인프라의 종류

규격	지역/국가	주요 업체	통신 방법	최대 출력
차데모(CHAdeMO)	일본	토요타, 닛산, 미쓰비시	CAN[15]	150kW
GB/T	중국	BYD	CAN	50kW
슈퍼차저	북미	테슬라	CAN	120kW
SAE 콤보	북미	GM, 포드	PLC[16]	50kW
콤보	유럽	BMW, VW, 다임러	PLC	50kW

출처: 저자 작성.

발주자이지만 점유율 측면에서는 단연 우위에 있다.[17]

전기차를 보급하는 데 있어서 가장 걸림돌이 되는 것은 인프라 구축인데, 표준이 확립되지 않는 경우 인프라 구축에 더 많은 시간이 소요되는 데다가 중복투자가 불가피하여 사회적 손실이 크다. 제조사의 입장에서는 자사가 채용한 충전 방식이 표준으로 채택되어야 고객의 사용 편의가 제고될 수 있으며, 반대의 경우 충전 방식을 바꿔야 하기 때문에 국제표준으로 채택되도록 하는 것이 경쟁에서 유리한 입지를 점할 수 있는 중대한 요소이다.

전 세계 전기차 충전기 시장은 초기 일본의 차데모 방식이 독보적인 입지에 있었으나, 유럽에서 전기차가 보급되기 시작하면서 차데모와 콤보 방식의 주도권 경쟁으로 발전하였다. 그러다가 BMW, 다임러, 포르쉐, 폭스바겐 등 유럽의 완성차 업체들이 2016년 유럽 전역에 전기차 충전 인프라를 구축하기 위하여 아이오니티(Ionity)라는 합작 법인을 설립

15 CAN(Controller Area Network).

16 PCL(Power Line Communication).

17 2018년 현재 전 세계 전기차의 87%가 GB/T 방식을 채택하고 있다. 이는 중국의 전기차 보급 속도가 가장 빠른 데 기인하는 것으로 보인다.

하였다. 아이오니티는 2020년까지 유럽 전역에 400여 개의 충전소를 설치하는 것을 목표로 하며 세계 최대 규모의 전기차 충전 네트워크로 도약하여 사실상의 전기차 충전 표준으로 입지를 구축하고자 한다.

그런데 그사이 최근 3년간 중국이 전기차 판매 1위 국가로 부상하면서 중국의 자체 충전 방식인 GB/T의 점유율도 급상승하고 있다. 이에 따라 일본의 차데모 방식도 초기의 지배적 우위가 점차 약화되는 추세인데, 2018년 들어 중국이 일본과 협력하여 국제표준을 목표로 공동 개발을 추진하고 있음을 발표하였다. 일본 측은 고속충전×안전관리기술을 제공하고 중국 측은 부품을 공급하는 방안을 상정하고 있다. 현재 전 세계 급속 충전기 중 중국과 일본의 규격 채택 비중이 90%를 넘어설 것으로 추산되고 있어 양국 간 규격이 통일된다면 실질적인 세계 표준이 될 가능성이 큰 것으로 판단되어 글로벌 충전 방식 주도권 전쟁은 다시 한번 앞을 내다보기 어려운 상황이 되었다(*Nikkei Business*, 2018년 8월 22일 자).

이와 같이 전기차 충전 방식 표준의 주도권 경쟁이 치열하게 전개되는 가운데 국내에서는 콤보, 차데모, AC3상으로 혼용되던 급속충전 방식을 콤보 방식으로 통일하여 국내표준화를 추진하고 있다.[18] 이에 따라 2018년부터 설치되는 모든 급속충전기는 콤보 방식이 적용되며, 내수용 전기차도 기존의 차데모 방식에서 콤보 방식으로 변경된다.

전기차 충전 방식은 표준 전압과 마찬가지로 하나의 방식으로 통일되지는 않을 가능성도 크다. 현재 유럽 대부분의 국가에서 220V의 표준 전압을 채택하고 있는 반면 미국, 일본, 대만은 110V를 채택하고 있는 것과 같이, 전기차 충전 방식도 일본-중국 연합과 유럽-미국의 콤보 방

18 산업통상자원부, 국토교통부, 국가기술표준원.

식, 크게 두 종류로 양분될 가능성이 커 보인다. 이 경우 지역 간에 충전 방식이 상이함에 따라 전기차 제조사에는 무역기술장벽이 될 수 있다. 수출 지역에 따라서 충전구에 상이한 포트를 장착하거나, 호환 가능한 커넥터를 제공해야 하는 부담이 있기 때문이다.

한편, 최근에 새로운 이슈로 떠오르고 있는 것은 무선충전 표준화이다. 무선충전에는 현재 수많은 표준안이 난립하고 있으며, 서로 호환이 되지 않아 인프라 구축에 걸림돌이 되고 있다. 이 중 토요타와 닛산이 도입한 미국의 Circular 기술과 미국 퀄컴이 주도하고 독일 업체들이 도입한 DD 기술이 무선충전의 양대 기술이라고 한다. 이 두 기술은 국제표준화를 위하여 미국자동차공학회(SAE)나 국제전기표준(IEC), 국제표준화기구(ISO) 등과 함께 표준안 개발을 선도하고 있다.

(2) 자동차의 전력 시스템 표준 이슈

자동차의 전력 시스템은 1950년대 중반부터 지금까지 12V 시스템을 채용해 왔다. 그런데 음향기기나 에어 컨디셔닝 등 전기를 사용하는 기기의 사용이 늘어나고 능동적 안전 장비와 스마트 시스템 등이 보편화되면서 12V로는 전력량을 감당하기가 어려운 상황이 되고 있다. 자동차라는 제품은 이제 더는 기계가 아니라 스마트 디바이스로 보아야 하는 시대가 오고 있는 만큼 높은 전압을 사용할 필요성이 커지고 있다.

이에 따라 유럽을 중심으로 48V 시스템의 채용이 늘어나고 있다. 벤츠와 BMW, 폭스바겐 등 독일 업체뿐만 아니라 르노자동차도 적극적으로 48V 시스템을 도입하고 있다. 48V 전력 시스템이 보편화되기 위해서는 시스템의 표준화가 우선 이뤄져야 할 것이다. 한편, 업체들은 12V 시스템에 맞추어 설계한 기존 부품을 모두 새로 제작해야 한다는 부담이 있다. 현재 표준인 12V 시스템이 완전히 48V 시스템으로 전환되기까지는 상당한 시일이 걸릴 것으로 예상되며, 제도적으로는 두 시스템이 병용되겠지만 실질적인 TBT로 작용할 가능성도 배제할 수 없다.

(3) 자율주행기술과 표준 이슈

전동차와 함께 미래 자동차의 또 한 축인 스마트카 또한 다양한 기술표준 이슈를 수반한다. 스마트카는 기본적으로 자동차와 IT 기술을 융합한 것으로, 인터넷 접속을 전제로 한다. 즉, 네트워크 연결을 통하여 다른 차량이나 교통통신×기반시설과 무선으로 연결하여 실시간, 양방향으로 통신하는 것이기 때문에 네트워크 연결을 위하여 차량에 탑재하는 통신기기(DCM)의 글로벌 표준화도 이슈가 되고 있다. 현재 국가×지역별로 사양이 다른 상황인데, 이를 글로벌 공통으로 사용해야만 차량과 클라우드의 통신에서 고품질의 안정된 통신을 확보할 수 있다.

스마트카의 궁극적인 목표는 자율주행차라고 볼 수 있다. 자율주행차는 운전자가 차량을 조작하지 않아도 스스로 주행하는 자동차로, 스마트카 구현을 위한 핵심 기술이다. 미국자동차기술학회(SAE)에 의하면 자율주행기술의 발달 수준은 5단계로 나눌 수 있다(그림 5-5 참조). 현재 시중에 나온 기술 수준은 레벨 2 정도의 운전자보조시스템(ADAS)으로 판단되며, 레벨 3의 상용화가 임박한 것으로 보고 있다. 완전자율주행차(레벨 4 이상)가 상용화되려면 아직 3~4년이 소요될 것으로 전망된다.

자율주행차가 현실화되기 위해서는 대량의 전자 데이터를 레이더와 브레이크, 조향 장치 등 차량의 여러 시스템으로 전송하여 빠른 결정을 내릴 수 있게 해야 하기 때문에 차량 내부의 전기 시스템 개선과 통신 인프라의 구축이 필요하며, 서로 다른 업체가 동일한 센서 키트와 소프트웨어를 사용하도록 하는 등 새로운 기술표준에 대한 업체들의 합의도 필수적이다. 또한 차량 컴퓨터 및 센서의 안전과 신뢰성을 테스트하는 과정도 표준화되어야 한다. 이를 위하여 자동차 업체들은 자율주행기술 개발 업체들이나 대형 부품 업체들과 연합체를 결성하는 등 표

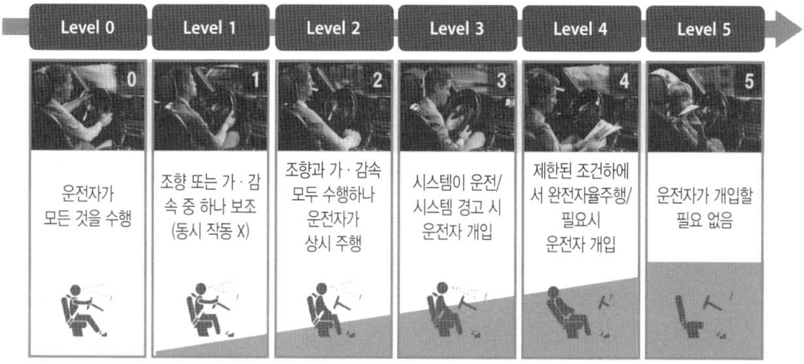

[그림 5-5] 자율주행기술의 분류체계

출처: SAE J3016 Levels of Driving Automation.

준화 작업을 위한 기반을 다지는 동시에 자사의 기술 및 플랫폼이 업계 표준이 되도록 노력하고 있다. 폭스바겐이 가장 적극적으로 대응하고 있는데, 업계 표준의 자율주행기술 개발을 위하여 15개 이상의 기업 및 자동차 제조사와 논의를 진행 중이라고 한다. BMW는 중국 인터넷 업체인 바이두와 커넥티드카 부문의 제휴에 이어 자율주행 부문에서 제휴 관계를 맺고 중국 시장에 진입하고자 하고 있다.

완전자율주행차가 상용화되기 위해서는 기술의 발전만 요구되는 것이 아니라 통신 인프라 구축과 함께 법적 제도의 정비가 뒷받침되어야 한다. 미국의 경우 NHTSA에서 발표한 자율주행 가이드 2.0에서 레벨 3 이상의 자율주행차에 대하여 12개 자율주행시스템 안전 요소[19]에 대하여 모두 기술하고, 제조사가 자발적 안전 자기 검증서(Voluntary Safety Self-Assessment: VSSA)를 발행할 것을 권고하고 있다.[20] 또한 자동

19 System safety, OEDR, ODD, Data recording, Post-crash ADS behavior, Federal/State and Local Laws, Fall back, Cybersecurity, Validation method, Human machine interface, Crashworthiness, Customer education and training.

차관리법 이외에도 완전자율주행차의 주행 중 사고 시 비용 및 리스크 분담과 법적 책임 소재를 가리기 위하여 도로교통법이나 자동차손해배상보장법 등의 개정도 필요한 상황이다. 따라서 최근 각국에서 자율주행차와 관련한 입법활동이 활발하게 일어나고 있다.[21] 한편, 자율주행과 관련한 법률과 제도 또한 국가 간 조화(Harmonization)가 필수적이며, 그렇지 않을 경우 무역기술장벽이 될 수 있을 것이다.

전기차 충전 표준과 마찬가지로 자율주행 분야에서도 일본과 중국이 협력을 도모하고 있다. '일본자동차공업협회'는 '중국기차공업회'와 '제1회 자동운전에 관한 중·일 민관합동 세미나'에서 상호 자율주행 국제표준 개발협력에 관한 양해각서를 체결하였다. 양국은 자율주행에 사용하는 통신 규칙, 안전성 평가 등에 대하여 국제표준을 만드는 것을 목표로 협력하기로 하고, 정기적인 기술 교류를 통하여 자율주행 기술 상용화를 촉진하기로 합의하였다(NHK, 2018년 10월 12일 보도). 일본은 2020년까지 레벨 3 수준의 자율주행 구현을 목표로 하고 있고, 중국은 세계 최대의 자동차시장이며, 자율주행에 필요한 대량의 데이터를 보유하고 있기 때문에 동 분야에서 양국의 협력은 큰 의미를 가진다.

완전자율주행차는 아니더라도, 운전자를 보조할 수 있는 일부 자율

20 NHTSA, Automated Driving Systems.

21 가장 앞서가고 있는 국가는 미국과 독일로 미국은 2012년 네바다주가 전 세계 최초로, 그리고 같은 해 캘리포니아주에서 자율주행차에 적용할 관련법을 입안하였으며, 2016년에는 미연방도로교통국(NHTSA)이 자율주행가이드를 발표하고 2017년에는 동 기관에서 자율주행법을 제정하였다(McChristian and Corbett, 2016). 독일은 2014년 빈협약을 적용하기로 하고 2017년 도로교통법을 개정하여 자율주행차의 일반도로 운행을 인정하였으며, 일본도 같은 해 '원격형 자동운전시스템'이라는 개념을 통하여 자율주행차의 실증 시험에 관한 기준을 제시하였다. 우리나라에서는 2016년 2월 자동차관리법 개정안이 시행되면서 자율주행차의 실제 도로주행이 가능한 법적 토대가 마련되었다.

주행기술을 자동차에 표준 장착하는 제도가 도입된다면, 이 또한 무역기술장벽이 될 수 있다. 현재 Euro NCAP은 도로교통 안전 향상을 위하여 신규 판매되는 차량에 자율주행 기술을 표준 장착하는 방안을 추진 중이며, Euro NCAP이 발표한 "Roadmap 2025"에는 차량제조사들이 특정 수준의 자율주행 기술을 언제까지 적용해야 하는지 목표가 제시되어 있다. 이에 따르면 각 브랜드들은 2020년까지 운전자 모니터링 기술, AES(Automatic Emergency Steering), AEB(Automatic Emergency Brake) 기술을 표준 장착해야 하며, V2I 통신기술은 2024년까지 의무적으로 탑재해야 한다(『Autocar』, 2017년 9월 13일).

자율주행차는 반도체 등 전장부품뿐만 아니라 AI, 정보통신기술, 통신인프라와의 연결 등을 수반하기 때문에 기계장치에 가까운 기존의 자동차와는 본질적으로 다른 제품이라고 볼 수 있다. 따라서 이에 관련된 법적인 이슈나 무역 관련 쟁점도 이전에는 생각지 못한 방향으로 확장될 수 있다. 오히려 전자 및 통신기기 분야의 무역장벽 기술에는 어떤 것들이 있는지 살펴보아야 할 수 있다. 가령 새로운 무역기술장벽으로 부상하고 있는 사이버보안법(Cybersecurity Law)이 자율주행시대에는 자동차산업에도 깊게 연관될 수 있다. 사이버보안법의 영역은 상당히 광범위한데 정보통신서비스, 전기통신망, 클라우드 컴퓨팅 산업, 금융서비스, 교통 등이 이에 해당된다. 자율주행차의 경우 차량 주행 과정에서 축적되는 데이터가 자율주행차의 성능을 향상시킬 수 있는 중요한 정보이기 때문에 각국의 사이버보안법은 잠재적인 무역기술장벽의 수단이 될 수 있을 것이다. 이미 중국의 사이버보안법은 WTO TBT 위원회에서 특정무역현안(SPC)으로 여러 차례 논의된 바 있으며, 미국을 중심으로 일본, EU 등 여러 이해당사자가 중국 사이버보안법의 광범위한 적용과 모호성에 대하여 우려를 표명하였다.[22] 최근 미중 간 무역마찰이 거세지는 가운데 중국이 비밀리에 초소형 칩을 이식해 미국 IT 기업을 해킹했다는 의혹이 제기되면서 각국 정부가 외국의 자율주행차량 메이커에 대하여 진입장벽을 높일 수 있다는 우려도 제기되고 있다.

4. 결론: 자동차 무역기술장벽의 미래

자동차산업은 전후방 연관 효과가 크고, 고용에 미치는 영향이 크다는 점에서 국가경제에서 매우 큰 비중을 차지한다는 것은 주지의 사실이다. 1980년대까지 국가 간 교역관계에서 이러한 중대성과 그 영향력에 비해 자동차 관련 무역분쟁은 WTO가 출범한 이후로는 드물게 제기되었으나, 최근 들어서는 가장 쟁점화되고 있는 분야이기도 하다. 특히 트럼프 대통령 취임 이후 자동차 및 부품은 미국이 제기하는 보호무역조치의 주요 대상이 되고 있다.[23] 또한 WTO가 출범한 이후 자동차 관련 통상 쟁점의 트렌드는 현지부품조달비율(Local Content Requirement) 규정이나 외자지분제한규정과 같은 이행요건(Performance Requirement), 즉 무역 관련 투자조치(TRIMs)가 대부분이었던 반면 최근에는 관세, 수량제한, 반덤핑 관세, 원산지 규정 등 다방면에서 제기되고 있다는 점이 특징이다. 무역 관련 기술장벽은 과거에는 크게 주목을 받는 무역 이슈가 아니었지만, 향후 기술혁신이 주도하는 산업 패러다임의 변화로 인하여 전기차나 자율주행차와 같은 기존에 없던 제품이 출현하거나 ICT 산업 등 이종 산업이 자동차산업으로 편입되면서 주요 무역 이슈로 부상할

---

22 WTO TBT IMS, G/TBT/M/71.

23 미국은 2018년 5월 무역확장법 232조에 의거하여, 자동차 수입이 국가안보에 위협이 될 수 있다는 이유로 한국, 일본, EU를 포함한 주요국에 자동차 관세 25%를 부과하는 방안을 검토하는 조사에 착수했다고 밝혔다.

가능성이 커지고 있다.

자동차산업의 변화는 생각보다 빠르게 일어나고 있다. 미래의 일이라 여겨졌던 전기차나 수소연료전지차는 이미 미래의 자동차가 아니다. 공상과학영화에서나 볼 수 있는 것이라 생각했던 자율주행차도 곧 우리의 일상이 될 전망이다. 그리고 아직 현실화되지는 않았지만 하늘을 날아다니는 자동차도 더 이상 상상 속의 이야기가 아니다. 이미 아우디, 토요타, 애스턴마틴 등 다수의 완성차 메이커와 스타트업들이 개발에 착수하여 몇 년 뒤에는 상용화될 수 있다고 한다. 기술의 발전과 변화는 성장의 모멘텀이 되기도 하지만 각국 정부로 하여금 충분한 경쟁력을 확보하기 전까지 자국 산업을 보호하도록 하는 유인으로 작용하기도 한다. 이런 점에서 앞으로 무역기술장벽은 중요한 무역 이슈가 될 것으로 보인다. 또한 이와 같이 새로운 기술과 세품 영역이 출현할 때는 각국에서 산발적으로 규제가 형성되어 정착되는 경우가 많기 때문에 그 자체가 추후에 국가 간 무역기술장벽으로 작용할 소지가 있다. 따라서 각국 정부가 국가 간 규제 조화를 염두에 두고 공조하는 것이 어느 때보다 중요하다고 생각된다.

한편, 최근 들어 중국과 일본이 급속충전 방식이나 자율주행차 표준에 있어 긴밀하게 협력하면서 자국의 충전 방식이나 통신 규칙, 평가 방식 등을 국제표준화하려는 움직임이 대두되고 있다는 점에도 주의를 기울여야 할 것으로 보인다. 중국은 세계 최대 자동차시장이고, 일본은 자동차산업 경쟁력에 있어 독일과 함께 가장 앞서가는 국가라는 점에서 양국이 기술장벽을 통하여 철옹성을 쌓게 된다면 국내 업체를 포함한 자동차 업체들로서는 막대한 시장 기회를 상실하게 될 것이기 때문이다. 국가 차원에서뿐만 아니라 기업 차원에서도 자동차 업체뿐만 아니라 이종 산업과의 기술제휴 등 다양한 협력체제를 통하여 역량을 집결하고 네트워크를 구축하여 경쟁력이나 기술표준에 있어서 우위를 차지하려는 시도가 가속화되고 있다. 따라서 국내 자동차업계도 이러한 조류에서 소외되지 않도록 하기 위해서는 개방형 기술혁신(오픈 이노베이션)과 함께 산업 내외의 다양한 플레이어와의 활발한 교류와 협력이 필요하다.

참고문헌

Egan, M. and J. Pelkmans(2015). "TTIP's Hard Core Technical Barriers to Trade and Standards", *CEPS Special Report*, No. 117, CEPS, Brussels, August.

ICCT(2018). "China's New Energy Vehicle Mandate Policy(Final Rule)", *Policy Update*, Brussels, January.

Jiménez, Ignacio M. et al.(2015). *IA-HEV-Task 20—"Quick Charging Technology"*, Final Report, Circe(Spain).

Johnson, C.(2008). "Technical Barriers to Trade: Reducing the Impact of Conformity Assessment Measures", *Office of Industries*, No. ID-19, USITC, Washington D. C., September.

Kommerskollegium(2008). "Deals on Wheels: The Harmonization of Vehicle Regulations", *Department for Internal Market and Technical Rules*, Stockholm, September.

McChristian, L. and R. Corbett(2016). "Regulatory Issues Related to Autonomous Vehicles", *Journal of Insurance Regulation*, Vol. 35, No. 7.

Norton Rose Fullbright(2016). "Autonomous Vehicles: The legal landscape in the US and Germany", *A Norton Rose Fulbright Whitepaper*, July.

Popper, S., V. Greenfield, K. Crane, and R. Malik(2004). "Measuring Economic Effects of Technical Barriers to Trade on U.S. Exporters", Rand Science and Technology for the Nations Institute of Standards & Technology (Planning Report 04-3) Rand S, Arlington, August.

WTO. "China Tentative Administrative Rules on Enterprise Average Fuel Consumption and New Energy Vehicle Credits and Administration Regulation on the Access of New Energy Vehicle Manufacturers and Products", G/TBT/N/CHN/1187, G/TBT/N/CHN/1188.

WTO. "Regular Notification", Committee on Technical Barriers to Trade, G/TBT/N/COL/164.

NHTSA. "Automated Driving System". https://www.nhtsa.gov/automated-driving-systems/voluntary-safety-self-assessment (검색일: 2018년 8월 25일)

Nikkei Business(2018). "Japan and China agree to set common charging standards for EVs". https://asia.nikkei.com/Business/Business-trends/Japan-and-China-agree-to-set-common-charging-standards-for-EVs (2018년 8월 22일자)

『Autocar』(2017년 9월 13일).

EPA, Marklines, NHTSA.

EU Commission, European Environment Agency.

NHK(2018년 10월 12일 보도).

WTO TBT IMS, G/TBT/M/71.

제6장

의료기기산업의 표준화 체제와 경쟁

공수진

1. 서론: 의료기기산업의 특징과 전망

의료기기산업은 일회용 주사기와 같은 소모품에서 정교한 진단 영상 장비나 의료용 로봇에 이르는 광범위한 제품군을 포함하는 복잡하고도 독특한 산업 분야이다. 특히 제품 설계에서 제조에 이르는 단계별로 전기전자, 기계 재료, 광학 등 학제간 기술이 융합, 응용되는 특성이 있으며, 혁신적인 기술발전에 힘입어 인공지능이 활용되어 더욱 복잡해지고 다양화되어 가고 있다. 더욱이 의료기기산업은 제품의 종류가 수천 가지가 넘고 품목당 생산 수량도 10만 대를 초과하는 품목이 거의 없는 대표적인 다품종 소량생산 산업으로 어느 산업 분야보다 체계적인 표준화가 요구되는 분야라고 볼 수 있다(한국보건산업진흥원, 2017).

의료기기산업은 인간의 생명과 건강과 관련한 제품을 생산하는 산업이므로 의료기기의 인·허가 등에 대한 정부의 규제가 요구된다. 대부분 국가들은 의료기기 생산 및 제조, 임상시험 등 안전규제, 유통 및 판매 등 안전성·유효성 확보, 지적재산권 보장 등에 대한 규제체제를 마

[표 6-1] 세계의료기기 시장 규모 전망(2018~2021)(단위: 억 달러, %)

구분	2018	2019	2020	2021		CAGR ('18~'21)
				규모	비중	
북미/남미	1,847	1,946	2,039	2,138	48.0	5.0
아시아/태평양	760	806	862	921	20.7	6.6
중앙 및 동유럽	152	160	168	176	3.9	5.0
중동/아프리카	100	108	115	123	2.8	7.1
서유럽	906	981	1,045	1,099	24.7	6.7
합계	3,765	4,000	4,230	4,458	100.0	5.8

출처: 김수범·신유원(2017: 16).

련하고 있다. 그러나 국가별로 규제와 기준이 다르면 진입하고자 하는 각 시장에 맞추어 제조하거나 인증을 받아야 하므로 거래비용이 증가하고 경쟁력은 저하되며 결국 국제무역의 비관세장벽으로 기능하게 될 수 있다. 따라서 의료기기산업은 국가 간 규제조화와 표준 개발도 요구되는 분야이다.

무엇보다 의료기기산업은 첨단의료기기와 고령화 추세에 따라 지속적인 성장이 전망되는 분야이기도 하다. 세계의료기기 시장의 규모는 2017년 약 3,560달러로 추정되며, 2021년까지 연평균 5.8%의 성장률로 4,458억 달러에 이를 것으로 전망된다(표 6-1 참조).

또한 의료기기산업은 정보통신기술의 발전으로 의료서비스의 공급가능 범위가 확대되면서 더욱 성장해 나갈 것으로 예측된다. 구체적으로 '제4차 산업혁명'으로 인한 다양한 기술적 변화는 의료기기산업의 경계도 확장시켜 나가고 있다. 의료기기의 범위는 정보통신기술과의 융합을 통한 응용제품과 3D 프린팅 기술을 활용한 개인맞춤형 의료기기에 이어 의료용 로봇 등 첨단 기술을 이용한 제품군까지 확대되었을 뿐만 아니라 전통적 진단과 치료 중심의 의료가 건강관리로 확대되면서 실제 의료와 무관한 삼성이나 애플 같은 기업들도 신체 및 의료 정보를 관리할 수 있는 기기를 생산하고 있다. 이렇듯 제4차 산업혁명으로 인하여 더욱 발달될 기술은 의료기기산업을 한층 더 성장시켜 나갈 것으로 전망되고 있으며, 이에 따라 새로운 표준 개발과 비관세장벽 문제가 발생할 여지도 높아질 것으로 보인다.

2. 의료기기와 표준

1) 의료기기의 정의와 분류

의료기기에 대하여 국제적으로 합의된 정의는 없으며 국가별로 또는 기관별로 조금씩 다르게 정의되고 있다. 우리나라에서 의료기기란 '사람이나 동물에 단독 또는 조합하여 사용되는 기구, 기계, 장치, 재료 또는 이와 유사한 제품'으로서 다음의 어느 하나에 해당하는 제품을 지칭한다.[1]

- 질병을 진단·치료·경감·처치 또는 예방할 목적으로 사용되는 제품
- 상해(傷害) 또는 장애를 진단·치료·경감 또는 보정할 목적으로 사용되는 제품
- 구조 또는 기능을 검사·대체 또는 변형할 목적으로 사용되는 제품
- 임신을 조절할 목적으로 사용되는 제품

의료기기 국제표준협의체인 국제조화회의(Global Harmonization Task

1 의료기기법 제2조.

Force: GHTF)[2]는 의료기기를 '기계, 기기, 기구, 기계장치, 이식, 진단시약 또는 눈금측정기, 소프트웨어, 재료 또는 기타 유사 또는 관련 물품이 단독 또는 조합으로 사용되며, 다음의 목적을 위하여 인간에게 사용하도록 제조자가 의도한 것'으로 정의하였다.

- 질병의 진단, 예방, 감시, 치료 또는 완화
- 부상에 대한 진단, 감시, 치료, 완화 또는 보상
- 해부 또는 생리적 과정의 조사 대체 또는 변경
- 생명 지원 또는 유지
- 임신조절(피임)
- 의료기기의 소독
- 인체로부터 추출된 표본의 시험과 시험에 의해 의료 목적을 위한 정보를 제공

또한 약리적·면역적 또는 신진대사적 수단으로 인체 내에 또는 인체상에 의도한 주요 작용을 달성하지는 않지만 그런 수단으로 그 기능을 도와줄 수 있는 것으로 정의하고 있다.[3] 또한 의료기기 국제조화회의(이하 'GHTF')는 약칭 IVD라고 불리는 체외진단용 의료기기(In Vitro Diagnostic: IVD)도 의료기기의 범위에 포함시키고 있다. 우리나라도 체

2 의료기기 국제조화회의(Global Harmonization Task Force: GHTF)는 의료기기의 국제적인 거래를 활성화하고 의료기기의 안전성, 효율성, 성능, 품질, 기술혁신을 촉진하기 위하여 의료기기와 관련된 규제를 조화시키기 위한 목적으로 유럽, 미국, 캐나다, 일본이 1992년 조직한 협의체이며, 2012년 국제의료기기 규제당국자포럼(International Medical Device Regulators Forum: IMDRF)으로 전환되었다.

3 GHTF definition. http://www.imdrf.org/docs/ghtf/final/sg1/technicaldocs/ghtf-sg1-n071-2012-definition-of-terms-120516.pdf#search (검색일: 2018년 11월 6일)

[표 6-2] 의료기기 분류 기준 예시

지역	분류	
미국	Class I	인체에 건강과 안전에 심각한 위험을 주지 않음
	Class II	의료기기의 안전성 및 유효성을 보증하기에는 충분치 않지만 기준을 만드는 데 충분한 정보가 있는 의료기기
	Class III	인체의 건강과 안전에 심각한 영향을 끼칠 수 있는 의료기기
EU	Class I	문제가 발생하더라도 인체에 위험이 매우 낮음
	Class IIa	문제가 발생하더라도 인체에 위험이 상대적으로 낮음
	Class IIb	문제가 발생하면 인체에 위험이 상대적으로 높음
	Class III	환자의 생명과 직결되는 위험도가 매우 높음
한국	1등급	잠재적 위해성이 거의 없는 의료기기
	2등급	잠재적 위해성이 낮은 기기
	3등급	중증도의 잠재적 위해성을 가진 의료기기
	4등급	고도의 위해성을 가진 의료기기

출처: 의료기기 통합정보 BANK에서 발췌.

외진단용 의료기기(IVD)를 '인체에서 유래한 시료를 검체로 하여 검체 중의 물질을 검하여 질병 진단, 예후 관찰, 혈액 또는 조직 적합성 판단 등의 정보제공을 목적으로 체외에서 사용되는 시약'로 정의하고 의료기기의 범주에 포함하고 있다.[4]

각국의 규제기관들은 복합적인 설계, 사용 특징, 잠재적인 위험에 기반하여 서로 다른 분류 기준을 두고 있다. 각국은 서로 다른 방식으로 분류하고 있으나, 전형적으로 환자에 대한 위험도에 따라 저위험에서 고위험의 순서로 Class I, II(IIa, IIb) 및 III 또는 1, 2, 3, 4 등으로 구분한다. 고위험 기기일수록 규제기관들은 안전성과 효능/효과를 보장하기 위하여 더욱더 엄격하게 규제하고 있다. 또한 인체와의 접촉 성격과 기간에 따라 분류하기도 한다.

4 의료기기 허가·신고·심사 등에 관한 규정 제2조.

미국에서는 의료기기의 안전성과 효능 확인에 필요한 규제 수준에 따라 Class I, II, 및 III의 세 가지 등급으로 구분하고 있으며, 각 등급에 따라 일반규제, 특별규제, 시판 전 허가 등을 별도로 적용하고 있다. EU에서는 Class I, IIa, IIb 및 III의 4개 등급으로 나누고 있으며, Class I 중에서 멸균이나 측정 의료기기를 제외한 나머지는 자기적합선언 방식으로 관리하고 있고, Class IIa, Class IIb, Class III의 경우 제조업자가 인증 유형에 따라 A~H 모듈 중에서 선택하도록 하고 있다. 우리나라는 사용 목적과 인체에 미치는 잠재적 위험성, 안전성, 유효성 등에 따라 1~4등급으로 구분하고 있다(표 6-2).

2) 의료기기 규제체제

의료기기의 정의와 분류가 국가별로 다른 것처럼 규제체제도 국가별로 다를 수밖에 없다. 대부분 선진국은 의료기기에 대한 규제체제를 갖추고 있으며, 나아가 이를 선도하고 있다. 다만 여전히 규제체제를 제대로 갖추지 못한 개도국들도 많아 이를 위하여 WHO는 『의료기기를 위한 모델규제체제(Model Regulatory Framework)』가 담긴 일종의 안내서를 발간하고 있다(WHO, 2017). WHO의 규제 모델은 의료기기를 위험도에 따라 분류하여 규제하도록 권고하고, 의료기기가 시판되기 이전, 시판 과정, 그리고 시판된 이후로 단계를 나누어 포함될 규제체제의 요소들을 제시하고 있다(표 6-3 참조).

일반적으로 의료기기가 시판되기 이전에 적용되는 규제로는 안전성과 의도된 효능을 위한 의료기기의 범위와 규제기관의 권한, 시판될 수 있는 의료기기 요건 등이 제시되고 있다. 특히 의료기기의 안정성 및 효능요건을 충족시키는 모든 의료기기의 제조업체들은 품질관리체제 및 관련 기록을 유지하도록 요구되는데, 이에 대하여는 국제표준을 따

[표 6-3] WHO 의료기기에 대한 법적 체제의 요소

기본적 수준의 규제체제 요소		
시판 전	시판 중	시판 후
• 정의 등 관련 법 공지 • 규제목적의 의료기기 분류 • 안전 및 효능 핵심원칙 • 국내 기관 간 상호인정 • 제조업자의 품질관리요건 • 라벨 및 표시 요건 • 기만적, 오해의 허위 광고 금지 • 예외적인 시판 상황 규정	• 설립 등록 • 의료기기 분류(listing) • 수입통제	• 주의보고체제 • 안전조치에 대한 제조업자의 의무적 통지 • 위해 의료기기 회수 절차 • 사용자 안전 경고 절차 • 시장감시

확대된 수준의 규제체제 요소		
시판 전	시판 중	시판 후
• 임상시험 감독 • 적합성평가 기관 지정 · 감독 • 표준 인정 • 의료기기 명명체게 채택 • 광고 및 홍보 통제	• 국내 품질경영체제 감시 • 핵심원칙 준수 보고 검토	• 시판 후 감시 감독 보고체제 규제 기관 • 부작용에 대한 제조업자들의 의무적 보고 • 등록된 업체에 대한 검사 • 시험실 제공

출처: WHO(2017) 발췌 및 변경.

르도록 권장된다.[5] 또한 의료기기가 시판되는 단계에서 의료기기 제조업자, 대표자, 수입자 및 유통업자의 등록을 위한 체제가 제안되고 있으며, 수입된 의료기기의 경우 선적되고 검증되기 이전에 수입문서를 승인하는 등의 수입규제체제가 요구된다. 의료기기가 시판된 이후에도 의료기기의 결함이나 부작용에 대하여 보고하는 체제 등이 보장되도록 제시되어 있다.

WHO 의료기기 모델규제체제는 확대된 수준의 규제요소들도 제

5 대표적인 국제표준이 ISO 13485와 14971이며, 위험도가 낮은 의료기기는 이러한 표준 적용에서 제외되기도 한다. 이 장 141쪽, "3) 의료기기 관련 표준" 부분 참고.

안하고 있다. 예컨대 의료기기 제조업자 또는 수입자는 특정 국가에서 의료기기의 안정성과 효능에 대한 임상적 증거를 수집하고 제공할 수 있도록 임상시험을 하는 경우가 있는데, 이때 규제 당국으로부터 사전 승인이 필요하다. 임상시험은 계획단계부터 규제기관의 감독하에서 수행되며 이때 널리 사용되는 국제표준이 ISO 14155/2011이다. 이외에도 시판 전 단계에서 규제 당국은 제3자 기관을 지정하거나 인정함으로써 기술적 요소를 위임하기도 한다. 이러한 제3자 기관을 '적합성평가기관'이라 부르기도 하며, 국내 기관뿐만 아니라 해외 기관의 평가결과도 인정할 것인지 여부는 규제 당국이 결정할 수 있다. 표준에 대한 적합성 여부는 제조업자가 규제 당국이 규정한 요건을 충족했음을 증명할 수 있는 수단으로서 기본표준, 그룹표준, 제품표준의 세 가지로 분류할 수 있다(WHO, 2017). 먼저 기본표준은 광범위한 제품과 공정에 적용 가능한 개념, 원칙 요건을 포함하는 표준으로 품질관리기준, 위험평가체제, 임상시험 등이 여기에 해당한다. 그룹표준은 동일 또는 유사한 그룹의 제품 또는 공정에 적용 가능한 측면들이 포함된 표준으로 멸균, 전기안전, 생체적합성과 관련된 표준을 의미한다. 마지막으로 제품표준은 X-레이나 체외진단기기와 같은 특정한 상품이나 공정의 안정성 또는 성능 측면을 포함하는 표준이다. 특히 좀 더 발전된 수준에서 규제 당국은 이미 인정된 표준을 충족하면 국내 규정을 준수하는 것이라는 전제로 국제표준의 국내 버전을 마련하기도 한다. 주로 국제표준화기구(International Organization Standardization: ISO) 및 국제전기기술위원회(International Electro-technical Commission: IEC)의 국제표준, 지역표준, 국제표준의 국내 버전이 선호된다.

3) 의료기기 관련 표준

(1) 의료기기와 표준

의료기기 분야의 국제적인 표준은 국제표준화기구(International Organization Standardization: ISO)와 1906년 설립된 국제전기기술위원회(International Electro-technical Commission: IEC)가 채택한 표준이 대표적이다. 국제표준화기구(이하 'ISO')는 세계의 표준화 및 관련 활동의 발전을 촉진시키기 위한 목적으로 1947년 설립된 비정부 간 국제기구이다.[6] 일반적인 국제기구와 달리 각국의 표준기관들을 회원으로 하고 있으며, 동 기관들이 추천한 전문가들이 표준 개발에 참여한다. 현재 우리나라 국가기술표준원을 포함하여 전 세계 162개국의 국가표준기관들을 회원으로 두고 있다. ISO는 의료기술은 물론 식품안전에 이르는 모든 산업에 대한 국제표준을 개발하고 채택해 오고 있으며, 786개 기술위원회·소위원회들이 활동하고 있다.[7] ISO는 표준화 또는 관련 활동에 관심을 두고 있는 다른 국제기구들과 협력할 수 있으며, 실제 WTO TBT 위원회의 옵서버 지위를 갖고 있다.[8]

국제전기기술위원회(이하 'IEC')도 마찬가지로 WTO TBT 위원회의 옵서버 지위를 가진 기관이다. IEC는 원래 전기전자 규격을 확립하

6 엄밀한 의미에서 ISO는 국제연합(UN)이나 세계무역기구(WTO)와 같은 정부 간 국제기구가 아닌 비정부 민간기구이다. 실제 스위스 민법 제60조에 따라 설립된 사단법인으로 되어 있다. 따라서 ISO에서 개발되고 채택된 표준이나 검사제도가 그 자체로 국제법은 아니지만, WTO TBT 협정에 따라 국제표준으로 수용되고 있어 사실상 의무 규정화되고 있다고 평가되고 있기도 하다. 무역협회. http://www.kita.net/uTrade/trade_biz/n_trade_biz_T_viw.jsp?#0 (검색일: 2018년 11월 1일)

7 현재까지 발표된 ISO 국제표준 및 관련 문건은 약 22,396건에 달한다. https://www.iso.org/about-us.html (검색일: 2018년 11월 1일)

8 ISO 규약 제20.1조.

여 표준을 설정하고 준수하기 위하여 1906년 설립된 기관으로서 204개의 기술위원회·소위원회를 두고 있다. IEC는 ISO와 마찬가지로 국가표준기관이 가입 자격을 갖고 있으며, 현재 62개국 기관이 정회원 자격을 갖고 있다. IEC는 국제표준을 개발하고 보급하는 것은 물론 적합성 평가시스템에 대한 기준도 제공하고 있다.[9] 다만 1976년 국제표준화를 분담하기 위하여 ISO와 협정을 체결하여 IEC가 전기전자기술 분야를 맡고, ISO가 전기 및 전자 기술 분야를 제외한 전 산업 분야(광물 공업, 농업, 의약품 등)의 기술 분야를 맡기로 결정했다고 한다.[10] 다만 정보통신기술의 급속한 발전으로 두 기관의 공동작업의 필요성이 대두되면서 1989년부터 두 기관의 공통업무지침(ISO/IEC Directive)이 발행되고 있다.

의료기기는 ISO와 IEC의 표준화 작업의 대상이다. 앞서 정의된 의료기기의 범위에 맞추어진 단일한 표준을 제공하는 것이 아니며, 두 기관 산하의 다양한 기술위원회에서 의료기기와 관련된 표준이 개발·운영되고 있다. 예컨대 ISO는 [표 6-4]에서 보는 바와 같이 의료기기 관련 분야 13개 기술위원회(Technical Committee: TC)를 두고 있으며, 1,100여 건이 넘는 표준을 발표하였다. IEC는 1개의 TC 62에서 의료용 전기기구에 대한 표준을 다루고 있으나 의료기기의 범위가 넓어 4개 분과위원회(Sub-Committee: SC)를 두고 있으며, 전체 약 300건에 가까운 표준을 발표한 바 있다.[11]

---

9 2017년 현재 10,163건의 국제표준을 개발해 왔다. 또한 적합성인증 시스템으로서 IEC 표준·절차에 의해 인증을 실시하는 IECEE(국제전기기기기인증), IECQ(국제전자부품품질인증), IECEx(국제방폭전기기기인증), IECRE(국제신재생에너지인증)의 4개 국제적합성평가 시스템 제공 및 운영하고 있다.

10 무역협회, 무역실무매뉴얼. http://www.kita.net/uTrade/trade_biz/n_trade_biz_T_viw.jsp?cd=1102&seq=106&no=2&layout=T&cnt=5 (검색일: 2018년 11월 1일)

[표 6-4] ISO 및 IEC 의료기기 관련 기술위원회 및 표준(기준: 2018.11.1)(단위: 건)

기술위원회		표준	
IEC 의료용 전기제품		발행	개발 중
IEC/TC 62	Electrical equipment in medical practice (의료용 전기기기구)	1	0
SC 62A	Common aspects of electrical equipment used in medical practice(일반사항)	62	15
SC 62B	Diagnostic imaging equipment (진단영상장치)	78	11
SC 62C	Equipment for radiotherapy, nuclear medicine and radiation dosimetry (방사선요법, 핵의학 및 방사선량측정기기)	38	7
SC 62D	Electromedical equipment(의료용 전자기기)	104	32
합계		283	65
ISO 의료 제품		발행	개발 중
ISO/TC 76	Transfusion, infusion and injection, and blood processing equipment for medical and pharmaceutical use(의료용 수혈기, 주입기 및 주사기)	75	13
ISO/TC 84	Devices for administration of medicinal products and catheters(의료용 주사기 및 혈관내 가테터 등)	32	11
ISO/TC 106	Dentistry(치과용 의료기)	180	54
ISO/TC 121	Anaesthetic and respiratory equipment(마취 및 호흡장치)	100	40
ISO/TC 150	Implants for surgery(외과용 이식재)	156	56
ISO/TC 170	Surgical instruments(외과용 기구)	5	0
ISO/TC 172	Optics and photonics(광학렌즈 및 광학기기)	300	58
ISO/TC 173	Assistive products(장애인용 보조기구)	87	16
ISO/TC 194	Biological and clinical evaluation of medical devices (의료기기의 생물학적 평가 방법)	31	18
ISO/TC 198	Sterilization of health care products(소독 및 멸균)	56	24
ISO/TC 210	Quality management and corresponding general aspects for medical devices(의료기기의 품질경영 및 일반사항)	27	9
ISO/TC 212	Clinical laboratory testing and in vitro diagnostic test systems(진단검사실검사 및 체외진단시스템)	28	23
ISO/TC 249	Traditional Chinese medicine(한의학)	31	44
합계		1108	366

출처: IEC 및 ISO 홈페이지에서 저자 발췌 및 정리.[12]

다만 상기 언급되지 아니한 기술위원회에서도 의료기기와 관련한 논의가 이뤄질 수 있다. 예컨대 3D 프린팅은 최근 수술 시뮬레이션 및 수술 임플란드 제작, 맞춤형 보형물 제작 등 의료 분야에서 활용되고 있으며, 특히 체외보조기구와 치과보조물 등에서는 상용 단계로 들어섰다고 평가되고 있다(의료기기정보기술지원센터, 2018: 4).

3D 프린팅에 대한 표준화 작업은 ISO/TC 261 적층가공(Additive manufacturing) 기술위원회에서 개발 중에 있다. ISO/TC 261은 2013년부터 3D 관련 용어, 시험, 파일포맷, 프로세스 분류, 데이터 처리 등 총 7건의 국제표준을 발행한 바 있으나 의료기기에 특화된 표준은 아직 개발되지 않은 상황이다(의료기기정보기술지원센터, 2018: 6).

향후 의료기기에 특화된 표준이 개발될 때까지는 일반적인 3D 프린팅 표준을 활용하여 안전성을 검증하게 될 것이므로, 직접적으로 의료기기와 관련이 없는 기술위원회가 개발한 표준도 활용될 수 있다는 측면에서 좀 더 종합적인 시각으로 바라볼 필요가 있다.

의료기기의 개발에서 제조에 이르기까지 여러 가지 국제표준이 적용될 수 있다. 실제 최종 인허가 과정에서 의료기기의 위험도에 따라 임상시험 전후로 표준의 준수 여부를 증빙하도록 요구할 수 있으므로 사실상 개발단계부터 표준이 적용된다고 볼 수 있다. 예컨대 [그림 6-1]에서 볼 수 있는 것처럼 생물학적 평가가 이뤄지는 체외/체내 시험과 관련하여 '실험실관리기준(Good Laboratory Practice: GLP)'에 대

11 의료제품 분야 TC에 대한 현황 및 개요는 ISO 및 IEC의 홈페이지에서 검색 가능하며, 한국의료기기안전정보원(2017), 『최신 의료기기 국제표준화 동향』 제3호, 11-15쪽 또는 『의료기기 분야 산업표준[KS] 정비를 위한 로드맵 연구개발 위탁용역 보고서』, 39-52쪽에 요약, 정리되어 있다.

12 IEC 홈페이지(https://www.iec.ch/dyn/www/f?p=103:6:0##ref=menu) 및 ISO 홈페이지(https://www.iso.org/technical-committees.html)에 게시된 내용을 바탕으로 작성하였으나, 국내에서도 한국의료기기안전정보원에서 발행하는 『최신 의료기기 국제표준화 동향 소식지』에 매달 정리, 소개되고 있다.

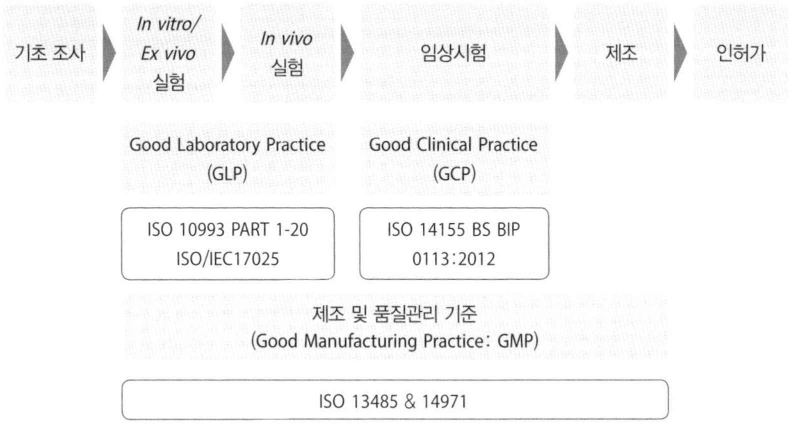

[그림 6-1] 의료기기 수명주기와 표준

출처: Ramakrishna et. al.(2015)을 기반으로 저자 작성.

한 ISO 10993, 인체를 대상으로 하는 시험의 안정성 및 유효성을 검증하는 절차를 규정하는 '임상시험실시기준(Good Clinical Practice: GCP)'에 대한 ISO 14155, 제조업자가 안전하고 의도된 용도에 적합한 품질로 생산할 수 있도록 보장하는 제조 및 품질관리기준(Good Manufacturing Practice: GMP)에 대한 ISO 13485와 14971이 적용될 수 있다. ISO는 필요시 특정한 표준에 대하여 기술보고서(Technical Report: TR)를 발행하기도 하는데, 기술보고서는 규범적 문서와는 다른 종류의 기술정보를 포함하는 참고적 문서로서 표준을 이행하는 데 일종의 지침이 된다.

[그림 6-1] 및 [그림 6-2]에서 언급된 표준들은 의료기기산업에서 중요시되는 국제표준들로서 이들의 간략한 내용은 다음과 같다.

① ISO 10933 의료기기의 생물학적 평가

생물학적 평가에 대한 기준으로서 인체에 접촉하거나 삽입되는 의료기기의 잠재적인 부작용 및 독성을 결정하고 안전성을 입증하기 위한 표

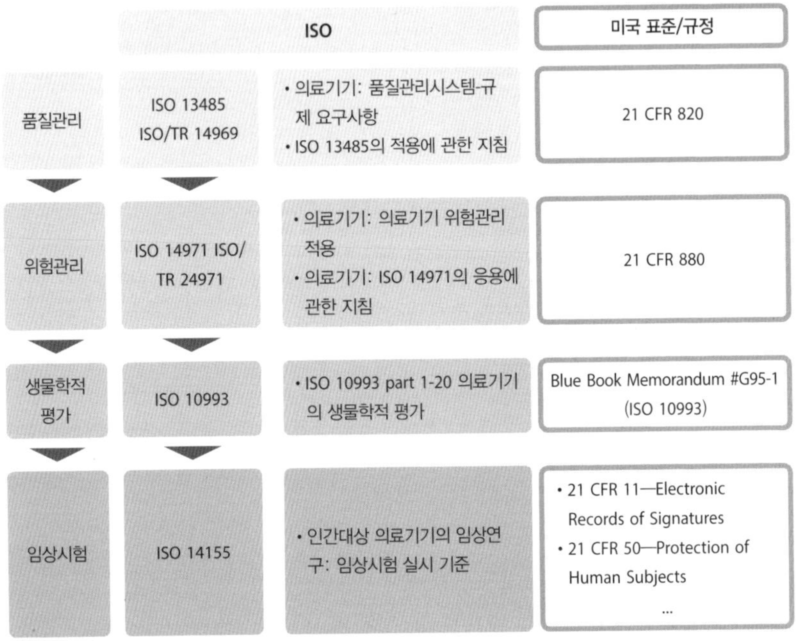

[그림 6-2] 의료기기 ISO 표준과 미국 표준/기준 예시

출처: Ramakrishna et. al.(2015)을 기반으로 저자 작성.

준이다. 원래 일반적인 의료기기가 인체 조직에 미치는 영향을 파악하기 위한 표준으로 고안되었으며, 수차례 개정되면서 단순한 시험이 아닌 안전성 평가의 개념이 도입되고, 위험관리 프로세스 범위 내에서의 생물학적 안전성 평가에 대한 지침도 제공하고 있다. ISO 10993-1~20으로 구성되어 있으며, ISO 10993-1의 평가 및 시험 방법에 명시된 기본틀과 원칙에 따라 의료기기의 접촉 부위와 접촉 시간을 고려하여 필요한 시험항목이 선택된다.

② ISO 14155 인간대상 의료기기의 임상연구: 임상시험 실시 기준

의료기기는 특성상 요구될 수 있는 임상시험을 진행하는 데 필요한 제

반 요건과 세부적인 요구사항들을 지정하고 임상시험의 유효성 검증을 위한 절차를 제시하고 있는 표준이다. 현행 표준은 2011년 버전으로서 의료기기의 임상시험과 관련된 조직, 관리, 감시 및 데이터 수집 및 문서화 요건들도 명시하고 있다.

③ ISO 14971 의료기기: 의료기기 위험관리 적용

의료기기가 의도하는 사용 목적과 안정성에 대한 특징을 명확히하고, 이미 알려진 또는 예상 가능한 위해요소를 특정화해서 위해요소별로 위험을 추정하기 위한 표준이다. 위험관리계획-위험분석-위험평가-위험통제로 위험관리체제는 물론 위험통제의 효과를 감시하는 절차를 구체화하는 표준으로서 의료기기의 수명주기 전반에 적용 가능하다.

④ ISO 13485 의료기기: 품질관리시스템-규제요구사항

의료기기 제조사 및 공급사가 사용할 수 있도록 고안된 품질경영시스템의 개발, 구현 및 유지관리에 대하여 다루고 있다. ISO 13485는 조직이 품질경영시스템을 운용하기 위하여 갖춰야 할 표준을 규정한 ISO 9001에서 의료기기산업 분야에 특화하여 개발된 표준이다. 즉, ISO 13485는 의료기기 제조업자에게 적용 가능한 의료기기의 설계, 개발, 생산, 설치 및 부가 서비스 관련 품질시스템에 대한 규제사항을 정의하고 있으며, 그 규제적 성격으로 인하여 많은 문서화/기록을 요구하는 것으로 알려져 있다. 특히 지난 2016년 2월 24일 ISO 13485:2016 최종 버전이 발행되었으며, 따라서 기존의 ISO 13485:2003 및 유럽 버전 EN ISO 13485:2012는 3년의 전환 기간을 포함하여 2019년 2월 28일까지 유효하다.

이외에도 의료기기가 전자기기인 경우 IEC 60601이 적용될 수 있으며, 의료기기의 디지털화로 의료정보가 처리되는 경우 IT 네트워크

위험관리의 개념 및 방법을 제시하는 IEC 80001 표준이 적용될 수 있다. 의료기기가 제조되고 사용되는 환경이 변화하고 있어 적용될 수 있는 의료기기 관련 표준의 범위는 확대되고 있는 상황이다.

의료기기와 관련하여 가장 널리 보급된 국제표준은 ISO 13485이다. 심사 기준이나 범위, 적용 시기 등에 따라 국가별로 차이가 있으나 ISO 13485는 우리나라를 포함한 여러 국가의 의료기기 품질관리 기준의 근거로 활용되고 있다. 이와 같이 ISO 국제표준은 국내적으로 반영되어 국내표준으로 활용되고 있다(그림 6-3 참조). 다만 이러한 국내표준은 국가에 따라 일정한 표기방식이 있다는 점에 유의할 필요가 있다. 먼저 EU 역내에서 ISO와 IEC 역할을 하는 표준기관은 각각 유럽표준화위원회(CEN)와 유럽전기기술표준화위원회(CENELEC)인데, 유럽표준화위원회(CEN)가 ISO 13485에 기초하여 표준을 발행하는 경우 "EN"을 표시하고 해당 연도를 덧붙여 "EN ISO 13485:2012"로 표기된다. 이러한 표준은 유럽연합 내 국가별로 다양하게 적용되는데, 예컨대 영국표준협회(BSI)의 버전은 "BS"를 덧붙여 "BS EN ISO 13485:2012"는 표준이 발행되어 있다.[13]

이는 미국도 마찬가지인데, 대표적인 국가표준 대표기관으로는 미국국가표준협회(ANSI)가 있으며, 의료기기와 관련하여 선진의료기기

13 EU는 지역 단일시장 완성을 위한 기술적인 장벽철폐의 차원에서 1962년과 1973년에 각각 설립된 유럽표준화위원회(Comite Europeen de Normalisation: CEN)와 유럽 전기기술표준화위원회(Comite Europeen de Normalisation Electrotechnique: CENELEC)를 통하여 단일 유럽표준을 설립해 나가고 있다. 영국표준협회(British Standards Institution: BSI)는 정부의 인정을 받아 국가규격을 작성, 보급하는 기관으로 1901년 전문가단체인 기술표준위원회(Engineering Standards Committee)를 발족했으며, 1931년 현재 명칭으로 변경되었다. 영국표준협회에 대한 정보는 https://www.bsigroup.com/ko-KR/ 참고.

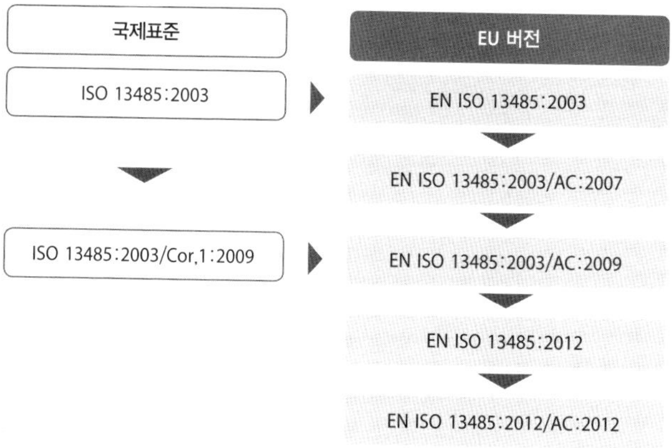

AC=Addendum Corrigendum(추가, 정정)

[그림 6-3] 국제표준의 국내표준화 예시: EU

출처: https://www.meddeviceonline.com/에서 발췌.

협회(AAMI)와 미국품질협회(ASQ)가 있다. 미국국가표준협회(ANSI)는 자체적으로는 표준을 제정하지 않고, 각 민간표준기구가 제정한 규격을 국가표준으로 승인하는 일종의 총괄기관이다. 따라서 미국국가표준협회(ANSI)가 표준을 채택하면 관련 기관들과 함께 해당 연도를 덧붙여 표기되는데, 예컨대 ISO 13485의 경우 "ANSI/AAMI/ISO 13485:2003(R2009)"로 표기된다.[14] 이때 "(R2009)"는 당해 표준이 재확

14 미국국가표준협회(American National Standard Institute: ANSI)는 1918년 3개의 정부기관 및 5개 민간 부문 조직들에 의해서 설립된 비영리민간엽합체로서 사실상 미국 표준제정단체 간의 국가조정기관 역할을 하며, ISO나 IEC 등 국제표준기관에서 미국을 대표하고 있는 기관이다. 의료기기와 관련한 전문표준기관으로는 선진의료기기협회(Association for Advancement of Medical Instrumentation: AAMI)와 미국품질협회(American Society for Quality: ASQ)가 있다.

인된 연도를 의미한다. 그러나 미국식품의약국(FDA)이 이러한 표준을 인정해야 하는 것은 아니다. 실제 식품의약국은 의료기기에 대하여 인정된 표준 목록을 두고 있는데, 여기에는 ISO 13485에 기반한 표준은 포함되어 있지 않고, 자체적인 품질시스템규정(Quality System Regulation: QSR)이 요구된다.[15] 다만 지난 2018년 8월 미국 FDA도 ISO 13485:2016을 품질관리규정의 기초로 사용할 의사가 있다고 밝힌 바 있어 변화가 전망되고 있다.[16]

(2) 국제표준협의체

국제기구와는 별도로 의료기기 표준화를 위한 협의체들에 의한 표준들도 있다. 대표적인 의료기기 협의체로는 '국제의료기기 규제당국자포럼(International Medical Device Regulators Forum: IMDRF)'과 '아시아의료기기조화회의(Asian Harmonization Working Party: AHWP)'가 있다. 먼저 '국제의료기기 규제당국자포럼'은 의료기기 국제조화회의(Global Harmonization Task Force: GHTF)를 전신으로 하는 협의체이다. 원래 의료기기 국제조화회의(이하 'GHTF')는 호주, 캐나다, 일본, EU, 미국의 5개국 규제기관들이 1992년 의료기기 관리 제도의 국제 조화를 추구하기 위하여 설립한 협의체이다. GHTF는 의료기기의 안전성, 효능 및 품질을 보장하기 위한 규제 관행을 통합하는 한편, 기술혁신을 촉진하고 국

---

15 실제 의료기기 제조업에 대한 제조 및 품질관기기준은 1978년 미국 식품의약국이 21 CFR Part 820 규제사항을 충족하는 생산시스템을 구출하도록 요구한 것이 시초로, 이는 CGMP(Current GMP)로 통칭되었다. 이후 이를 기초로 ISO 9001 표준과 유럽표준이 상호보완되어 현대적 의미의 의료기기 품질경영시스템의 표준인 ISO 13485로 발전했다고 한다. 정영아·김영진(2018), 214쪽 참고.

16 https://www.iso.org/news/ref2318.html (검색일: 2018년 11월 1일)

제무역을 원활하게 하는 것을 목표로 하고 있었다. 이를 위하여 GHTF는 5개의 연구반을 통하여 2005년 의료기기 안전성과 성능의 필수원칙, 2006년 의료기기 적합성평가 원칙 등을 포함하여 40여 종의 관련 심사기준을 마련한 바 있다. 이러한 성과를 기반으로 GHTF는 2011년 국제의료기기 규제당국자포럼(IMDRF)으로 개편되었다. 당시 GHTF는 확대되어 브라질, 중국이 참여하고 있었으며, 이후 싱가포르, 러시아를 비롯하여 우리나라 식의약품안전처도 지난 2017년 12월 정식 가입한 바 있다.

GHTF에서 발간한 일련의 지침 문서들은 규제당국자포럼(IMDRF)으로 개편된 이후에도 적용되고 있으며, 그중에서도 2008년 발행된 일명 「국제표준기술문서(STED)」[17]는 여러 국가가 사용하고 있다. 우리나라도 2014년부터 4등급의 경우 STED 양식에 맞추어 작성하는 것이 의무화되었다(식의약품안전처, 2018). 가장 최근 IMDRF Table of Content(ToC)가 전자 형태의 제출물에 대한 모듈식 구조 및 형식을 제공하고 있다.

IMDRF 참여국들이 사실상 의료기기 시장 규모의 85%를 차지하고 있을 뿐만 아니라, 특히 회원국 간 의료기기 제조및품질관리기준(이하 'GMP')의 전부 또는 일부를 인정하는 '의료기기 단일심사프로그램(Medical Device Single Audit Program: MDSAP)'도 운영하고 있어 영향력을 적지 않다고 볼 수 있다. 특히 동 프로그램은 한 번의 GMP 심사로 참여국 내 GMP 적합성인정서를 대체할 수 있으며, 현재 미국, 호주, 브

17 「국제표준기술문서」의 원명은 「의료기기 안전성과 성능의 필수원칙에 대한 적합성 증명에 관한 요약기술문서(Summary Technical Documentation for demonstrating conformity to the principles of safety and performance of medical devices: STED)」이다.

라질, 캐나다 및 일본이 참여하고 있다. 참여국 규제당국위원회는 GMP 심사기관을 지정하는데, 제조업체가 지정된 심사기관에 신청하여 적합 판정을 받은 경우 심사결과 보고서와 인증서가 발급된다. 심사기준은 규제당국위원회에서 자체 개발한 심사모델(Audit Model)을 따르며, 위험관리를 기반으로 하는 7개 프로세스로 구성되어 있다. 동 프로그램의 활용은 국가별로 다르며, 상기 언급된 국제표준 ISO 13485:2016을 기반으로 국가별 요구사항이 추가되기도 한다.[18]

아시아의료기기조화회의(이하 'AHWP')는 우리나라를 포함하여 중국, 싱가포르, 홍콩, 대만, 태국, 필리핀, 인도네시아, 베트남 등 아시아를 비롯한 전 세계 30개 회원국이 참여하는 협의체로서 의료기기의 조화 요건, 절차, 표준을 확립하기 위한 목적으로 규제조화 방식을 연구하고 권고하며, 다른 관련 국제기구와 협력하기 위하여 1996년 설립되었다.[19] 특히 기술위원회(Technical Committee)와 의료기기 허가(일반 의료기기, 체외진단기기, 소프트웨어), 품질관리, 사후관리, 임상시험, 시험규격 등 10개의 실무그룹은 회원국 규제 당국뿐만 아니라 산업계의 대표 및 부대표로 참여하는 전문가 간 협의체로서 의료기기 제도의 표준화 및 가이드라인을 개발해 오고 있다. 우리나라도 적극적으로 참여하

18 미국의 경우 정기심사만 대체하는 반면, 호주는 시장허가요건을 준수하는지에 대한 평가 증거로 일부 사용하는 것으로 알려져 있다. 한국의료기기안전정보원(2017), 『최신 의료기기 국제표준화 동향』 제10호, 3-6쪽 및 FDA 홈페이지 참고. https://www.fda.gov/medicaldevices/internationalprograms/mdsappilot (검색일: 2018년 11월 1일)

19 2017년 12월 말 기준 회원국은 다음과 같다. 브루나이, 캄보디아, 칠레, 대만, 홍콩 특별 행정구, 중국, 인도, 인도네시아, 요르단, 카자흐스탄, 바레인 왕국, 사우디아라비아, 대한민국, 라오스, 말레이시아, 몽골, 미얀마, 파키스탄, 중국, 필리핀, 케냐 공화국, 싱가포르, 남아프리카, 쿠웨이트, 오만, 탄자니아, 태국, 아랍에미리트, 베트남, 예멘, 짐바브웨. http://www.ahwp.info/index.php?q=node/7 (검색일: 2018년 11월 1일)

고 있으며, 최근 AHWP 의장단 회의에서 식약처의 허가심사 가이드라인(의료기기의 경미한 변경보고, 3D 프린팅 맞춤형 의료기기, 동반진단기기 등)을 AHWP 국제공통가이드라인 제정(안)에 포함하기로 의결한 바 있다.

3. WTO/FTA 체제에서의 의료기기 관련 표준

1) WTO TBT 체제에서 표준

WTO TBT 협정은 회원국들이 '관련 국제표준, 지침 또는 권고'에 기반하여 국내 규정과 표준을 제정하도록 장려한다.[20] 국가마다 적용하는 기준이 다르면 동일한 상품이더라도 진입하고자 하는 시장별로 제조하거나 인증을 받아야 하므로 거래비용이 증가하고 경쟁력은 저하되며, 결국 국제무역의 장해물이 될 수밖에 없다. 반면 국가 간 공통적인 국제표준이 적용된다면 생산효율성을 높여 거래비용을 감소시키고 국제무역을 원활하게 할 수 있다. 따라서 TBT 협정은 의무적으로 적용되는 기술규정이 '관련' 국제표준에 따라 만들어진 경우 국제무역에 불필요한 장해물이 아니라고 전제하고 있다.[21] 다만 이러한 기술규정은 남용되어서는 안 되고 국가안보, 기만적 행위의 방지, 인간의 건강 또는 안전, 동식물의 생명 또는 건강, 환경보호 등과 같은 '정당한 목적'으로 이뤄져야 한다.[22] 의료기기는 인체와 밀접하게 사용된다는 측면에서 대

20 WTO TBT 협정 제2.4조, 5.4조 및 부속서 3, F항.

21 WTO TBT 협정 제2.5조.

22 WTO TBT 협정 제2.2조.

[표 6-5] 무역기술장벽(TBT) 협정 대상 조치

기술규정	표준	적합성평가절차
적용 가능한 행정규정을 포함하여 상품의 특성 또는 관련 공정 및 생상 방법이 규정되어 있으며, **그 준수가 강제적인 문서를 의미** 또한 상품, 공정 및 생산 방법에 적용되는 용어, 기호, 포장, 표기 또는 상표부탁요건을 포함하거나 전적으로 이들만을 취급 가능	규칙, 지침 또는 상품의 특성 및 관련 공정 및 생산 방법을 공통적이고 반복적인 사용을 위하여 규정하는 문서로서, **인정된 기관에 의하여 승인되고 그 준수가 강제적이 아닌 문서**로 정의 또한 상품, 공정 또는 생산 방법에 적용되는 용어, 기호, 포장, 표시 또는 상표부착요건을 포함하거나 전적으로 이들만을 취급 가능	**기술규정 또는 표준의 관련 요건이 충족되었는지를 결정하기 위하여 직접 또는 간접적으로 사용되는 모든 절차**로 정의되며, 특히 표본추출, 시험검사, 평가, 검증 및 적합성 보증, 등록, 인정과 승인, 그리고 이들의 결합을 모두 포함

출처: TBT 협정 부속서 1: 협정의 목적상 용어와 정의.

부분 인간의 건강 또는 안전이 강조되고, 소비자에게 올바른 정보를 전달하기 위한 측면에서 기만적 행위가 방지되어야 하므로 의료기기에 대한 규제 목적은 상기 나열된 정당한 목적과 일치한다고 볼 수 있다.

다만 WTO TBT 체제는 전체 상품군을 대상으로 적용되는 공통규범으로써 의료기기에 특정한 각 국가의 규제체제와는 다른 방식으로 규정한다. 즉, WHO 모델규제체제처럼 의료기기를 위험도에 따라 분류하고, 이에 따라 유통단계별로 적용되는 규제요소들로 이뤄진 국내 체제와 달리 일반적이고 공통적인 규범들이 마련되어 있다. 예컨대 WTO TBT 협정은 그 대상을 기술규정, 표준 및 적합성절차를 중심으로 규정하고 있다. [표 6-5]에서 보는 바와 같이 '상품의 특성, 관련 공정 및 생산 방법을 규정한 문서'로서 그 준수가 의무적이면 기술규정(Technical Regulation)으로서 비차별의무와 같은 TBT 협정상의 의무가 부과된다. 이때 중요한 판단 요소는 상품의 특성, 공정 또는 생산 방법과 관련이 있는지 또는 강제력이 있는지 여부이며, 의료기기 규제의 경우 대부분 의료기기의 특징, 특성 및 공정에 관한 규제일 가능성이 높고, 고위험도

[표 6-6] TBT 협정에서의 국제표준

기술규정 (TBT 협정 제2.4조)
• 기술규정이 요구되고 **관련 국제표준이 존재하거나 그 완성이 임박한 경우 국제표준 또는 관련 부분을 기술규정의 기초로서 사용** • 단, 그러한 국제표준(또는 부분)이 기후적 또는 지리적 요소나 근본적인 기술문제로 인하여 국제표준(또는 부분)이 추구되는 정당한 목적*을 달성하는데 비효과적이거나 부적절한 수단일 경우에는 제외
적합성평가절차 (TBT 협정 제5.4조)
• 상품이 기술규정이나 표준과 일치한다는 확인이 요구되고 **국제표준기관이 발행한 관련 지침이나 권고사항이 존재하거나 그 완성이 임박한 경우** 회원국은 중앙정부기관이 적합성판정 절차의 기초로서 **그러한 지침이나 권고사항 또는 그 관련 부분을 사용하는 것을 보장** • 단, 이러한 지침이나 권고사항 또는 그 관련 부분이 다음과 같은 이유로 상대 회원국에 부적합하다는 것이 요청에 따라 정당히 설명된 경우는 제외: 그중에서도 국가안보요건, 기만행위방지, 인간의 건강 또는 안전, 동식물의 생명 또는 건강, 또는 환경의 보호, 근본적인 기후 또는 다른 지리적 요긴, 근본적인 기술적 또는 하부구조상의 문제 등
표준 (TBT 협정 부속서 3, F항 "실체적 조항")
• **국제표준이 존재하거나 그 완성이 임박한 경우 국제표준 또는 관련 부분을 개발하고자 하는 표준의 기초로 사용**

의 제품일수록 강제력이 있는 기술규정이 될 가능성이 높다고 볼 수 있다.

WTO TBT 협정은 적합성평가(Conformity Assessment) 절차에서도 국제표준을 사용하도록 장려한다(표 6-6 참조). 적합성평가질차란 기술규정이나 표준의 요건이 충족되었는지 직간접적으로 평가하는 제반 절차로서, 국제표준기관이 발행한 관련 지침이나 권고사항이 존재하거나 그 완성이 임박한 경우, 이를 적합성평가절차의 기초로 사용해야 한다. 그러나 국제표준을 그대로 준수하는 것이 아니라 기초로 사용하도록 규정되어 있어 유연하게 적용될 수 있다. 나아가 국가안보 요건, 기만행위 방지, 인간의 건강·안전 등의 이유로 부적합하다는 점이 정당하게 설명되면 해당 표준에서 벗어날 수 있도록 규정되어 있어, 적합성평가절차에서의 국제표준의 사용 강제력은 높지 않다고 볼 수 있다.

한편, WTO TBT 협정에서 표준(standard)은 '상품의 특성, 관련 공정 및 생산 방법을 공통적이고 반복적인 사용을 위하여 규정한 문서'로서 자발적인 특성을 갖고 있다. 즉, 기술규정과 달리 강제력은 없으나 인정된 기관이 승인해야 표준이 될 수 있다. 실제 표준은 정부기관과 비정부기구를 포함한 여러 단체가 개발해 오고 있다. 기술규정과 달리 의무적으로 준수를 강제하지 않으나 기술규정과 적합성평가절차의 기초로써 사용되도록 권장되며, 이 경우 표준의 요건들이 의무화될 수 있다.

WTO TBT 협정에서 국제표준은 규제조화를 위한 구심점이 된다. 즉, 관련 국제표준이 존재하거나 완성이 임박한 경우 이를 기초로 기술규정, 표준, 적합성절차가 마련되어야 한다. 특히 완성이 임박한 국제표준도 이를 사용하도록 규정함으로써 적용 범위가 확대되어 있다. 그러나 WTO TBT 협정은 국제표준을 별도로 정의하지 않고 TBT 협정의 용어들을 정의하고 있는 부속서 1에서 ISO/IEC 지침 2:1991에서 제시된 용어가 동일한 의미로 사용되도록 전제하고 있다. ISO/IEC 지침은 '국제표준화/표준기구가 채택하고 공개된 표준'으로 국제표준을 정의하고 있는데, 이는 TBT 협정의 맥락에서 일정한 '국제표준화기관에 의해 승인된 표준'으로 해석된 바 있다. 이때 국제표준화기관은 '모든 회원국의 관련 기관에 가입이 개방되어 있어야 하며, 표준화 활동에 관여하거나 관여할 것으로 알려져 있거나, 그럴 것으로 기대되는 국제기관'을 의미한다.[23] 이러한 국제표준화기관이 적절한 절차 없이 광범위한 이해를 반영하지 않고 국제표준을 채택하는 경우 오히려 국제무역에 부정적인 영향을 미칠 수 있다는 점에서, TBT 위원회는 국제표준과 국제표준화기관에 대한 명확한 개념을 제시하기 위하여 2000년 '국제표준·지침·권고 개발 원칙에 대한 결정'을 채택한 바 있다.[24] 동 결정은 국제표준

23 WTO(2000), US-Tuna II(Mexico), paras. 357-362.

24 Decision of the Committee on Principles for the Development of International Standards, Guides and Recommendations with relation to Articles 2, 5 and Annex

개발을 위한 원칙으로서 투명성, 개방성, 공평성과 총의, 효과성·연관성, 일관성, 개발 고려를 제시하고 있다. 이러한 원칙들은 관련 국제표준을 확인하는 근거로서 활용되기도 했는데, 이는 앞서 언급된 IMDRF 또는 AHWP와 같은 국제표준협의체들의 국제표준 여부를 고려할 때 적용될 가능성이 높다.

또한 국제표준은 그대로 적용되는 것이 아니라 관련성을 고려하여 기초로 활용되도록 규정되어 있다는 점에 유의해야 한다. 즉, 국가별로 추구하는 정책과 환경이 다르기 때문에 구체적으로 어떤 국제표준이 어떻게 사용될지는 국가의 상황에 맞추어 적용될 수 있는 유연한 재량이 허용된다. 어느 정도 재량이 허용되는지는 명확한 규정이 없으나 적어도 국제표준과 충돌하는 경우 국제표준에 기초한 것으로 볼 수 없다는 해석이 내려진 바 있을 따름이다.[25]

2) 의료기기산업의 비관세장벽과 특정무역현안(STC)

WTO 회원국은 TBT 협정과 관련한 제·개정으로 인하여 무역에 상당한 영향을 미칠 것으로 예상되는 경우 다른 회원국과 이해당사자들에게 사전적으로 이를 알리고 의견을 수렴하기 위한 목적으로 이를 통고하도록 규정하고 있다. WTO 출범 이래 수만 건의 통보문(Notifications)이 제출된 바 있다. 그중에서도 의료기기와 관련하여 WTO에 통고된 제·개정 건수는 2018년 11월 8일 현재 470건으로 이 중에서 의료기기에 대하여 제소된 사건은 아직 없었다. 다만 무역에 영향을 미칠 수 있는 사

---

3 of the Agreement, G/TBT/9, 13 November 2000, para. 20 and Annex 4.

25 WTO(2000), EC-Sardines, para. 248.

[표 6-7] 의료기기 관련 특정무역현안(STC)

No.	STC 제목	대상국	제기국	첫 제기일	제기된 횟수
1*	중국 – 의료기기 감독관리 조례	중국	캐나다, 한국, 미국, EU, 호주	2014. 6. 18.	12
2*	중국 – 의약품 · 의료기기 등록비	중국	호주, 캐나다, 한국, 미국	2015. 6. 17.	9
3*	러시아 – 의료기기	러시아	미국, EU, 우크라이나	2016. 11. 10.	5
4*	인도 – 의약품 · 화장품 규칙	인도	캐나다, 미국, EU	2007. 7. 5.	19
5*	중국 – CFDA 전자파접합성(EMC) 집행 통지	중국	미국, EU	2013. 6. 17.	3
6*	브라질 – 고위험 의료기기 GMP 인증	브라질	인도	2014. 6. 17.	0
7	중국 – 의료기기 테스트 및 인증 요건	중국	브라질, 미국, EU	2006. 6. 7.	5
8	브라질 – 중고 · 수리 · 대여 의료기기 ANVISA 결의 제안	브라질	스위스, EU	2012. 11. 27.	4
9*	브라질 – 건강(관리) 제품	브라질	캐나다, 멕시코, 싱가포르, 미국, 스위스, EU	2009. 6. 25.	10
10	중국 – 혁신적 의료기기 및 의료기기 재등록을 위한 간소화 적용 규정	중국	스위스, 미국, EU	2013. 6. 17.	0
11	터키 – 의료기기 서류 요건 관련 Communiqué SUT 2010	터키	미국	2010. 11. 3.	4
12	인도 – 2010 E-Waste 규칙	인도	미국	2011. 6. 15.	0
13	중국 – 의료기기 리콜 관리 조항	중국	EU	2010. 11. 3.	0
14	터키 – 수입 의료기기 검사	터키	미국	2009. 3. 18.	0
15	브라질 – 의료기기 등록 요건	브라질	캐나다, 스위스, 미국, EU	2007. 7. 5.	4
16*	인도 – 의료기기 규정	인도	미국, EU	2006. 3. 15.	2
17	일본 – 의약품 · 준의약품 · 화장품 · 의료기기 · 혈액 제품에 대한 규정	일본	미국	2003. 7. 2.	0

* 국제표준 문제가 제기된 STC.

출처: WTO TBT IMS에서 의료기기 부문을 검색하여 저자 정리(2018년 11월 1일 기준).

안에 대해서는 사전적으로 [표 6-7]과 같이 TBT 위원회에서 특정무역현안(STC)으로 다루기도 한다. 의료기기와 관련하여 제기된 STC는 약

17건에 이른다. 특정무역현안은 일본에 대한 1건을 제외하고 모두 개발도상국을 대상으로 제기되었으며, 특히 중국에 대하여 6건이 제기된 바 있다. 반면 의료기기와 관련하여 STC를 제기하는 국가는 주로 미국, EU, 캐나다와 같은 선진국들이다.

의료기기 관련 STC는 주로 수입 의료기기의 인허가 관련 등록요건과 해외 적합성평가 결과의 인정 문제가 가장 빈번하게 제기되었다. 국제표준 문제가 제기되었던 사안은 8건으로 대부분 비교적 최근에 제기되었다. 공개된 회의록에서는 국가별 언급 사항을 간략하게 소개하고 있어 어떤 국제표준이 논의되었는지에 대해서는 구체적인 설명이 없다. 특히 중국의 경우 국제관행과 일치하지 않는 인증체제와 자국 기업에 비해 수출업체에 엄격한 등록 요건을 부과하고 있어 문제가 제기되었으며, 공식적으로는 국제표준을 인정하면서도 사실상 적용하지 않는다고 지적받기도 하였다. 특히 중국은 의료기기의 전기·기계적 안전에 관한 공통규격인 IEC 60601-1의 2판 인증을 채택하고 있는데, 대부분 나라는 최근 버전인 IEC 60601-1 3판 인증을 채택하고 있었다. 따라서 해외 기업들은 국제인증을 받았음에도 불구하고 중국의 허기를 받기 위해서는 중국 국내에서 중복적으로 인증을 받아야 하는 문제가 제기된 바 있다(한국무역협회, 2014).

3) FTA 체제에서 TBT와 의료기기

일반적으로 FTA와 같은 지역무역협정에서도 TBT 규정을 두고 있으며, 원칙적으로 WTO TBT 협정을 기반으로 추가적인 관련 규정들을 두고 있다. 여기서 추가적인 관련 규정들이 국가별로 다양하게 포함되어 있으나, 대부분의 경우 WTO TBT 협정의 재확인, 기술규정, 국제표준, 적합성평가절차, 투명성, 협력, 부속서 등으로 정형화되어 있고,

우리나라도 예외가 아니다. 그중에서도 주로 국제표준, 기술규정, 적합성평가절차 및 투명성과 관련하여 좀 더 강화되거나 구체적인 규정이 추가되기도 한다. 예컨대 국제표준과 관련하여 FTA 당사국 간 국제표준·지침·권고가 존재하는지 여부를 판단하는 경우 TBT 위원회의 '국제표준·지침·권고 개발 원칙에 대한 결정'에 제시된 원칙을 근거로 하도록 의무화하고 있다.[26] 나아가 상대국의 적합성평가기관의 인정·승인 또는 면허 부여 시 국내 평가기관보다 불리한 대우를 하지 않도록 규정함으로써 WTO TBT 협정보다 다소 강화된 규정을 두기도 한다.[27] 일부 FTA는 의료기기에 특정한 규정을 두기도 한다. 우리나라가 EU와 체결한 FTA에서는 의료기기와 관련하여 안정성, 유효성, 품질을 증진하기 위한 목적으로 GHTF와 같은 국제협의체의 국제관행 개발에서 협력의 중요성을 인정하고 의약품 및 의료기기에 대한 작업반을 설치하기로 합의한 바 있다.[28]

가장 최근 체결된 FTA에서는 '포괄적·점진적 환태평양동반자 협정(CPTPP)'[29]과 북미자유무역협정(NAFTA)을 개편한 미국·멕시코·캐나다 협정(USMCA)[30]은 무역기술장벽 관련 규정이 보다 강화되었으며, 의료기기에 대한 별도의 부속서로 마련해 두고 있다. 두 협정의 무역기

26 한미 FTA 제9.3조.

27 한미 FTA 제9.5.3조.

28 한미 EU FTA 제1조 바항, 제5조 1항 및 3항.

29 포괄적·점진적 환태평양동반자 협정(Comprehensive and Progressive Trans-Pacific Partnership: CPTPP)은 2017년 1월 미국의 환태평양경제동반자협정(TPP) 탈퇴 이후 일본, 캐나다, 호주, 멕시코, 싱가포르, 말레이시아, 칠레, 베트남, 페루, 뉴질랜드, 브루나이 등 11개국이 금년 3월 8일 정식 서명한 다자간 무역협정으로 회원국의 50% 이상 또는 6개국 이상 비준 완료 60일 이후 동 협정이 발효되도록 규정되어 있다.

30 미국·멕시코·캐나다 협정(US-Mexico-Canada Agreement: USMCA)은 NAFTA

술장벽 규정은 유사하면서도 다른 측면들이 있는데, 다른 FTA와 마찬가지로 TBT 위원회의 '국제표준·지침·권고 개발 원칙에 대한 결정'에 제시된 원칙을 적용하도록 의무화하고 있는 반면, USMCA는 새롭게 기술규정의 검토, 표준의 사용 정보교환 및 라벨링에 대한 새로운 규정을 두고 있다.[31] 두 협정은 모두 의료기기에 대한 별도의 부속서에서 각각 2012년 5월 16일 GHTF가 승인한 체외진단기기가 포함된 의료기기의 정의를 수락하고, 시판 전 승인을 위하여 제출되어야 할 정보에 대한 요건을 명시했으며[32], 나아가 USMCA는 MDSAP 요건에 따른 제조업자 품질관리체제 심사를 인정하도록 규정하고 있다.[33]

아울러 지역 또는 경제공동체 단위에서도 의료기기 규정과 표준이 마련되고 있다. EU는 원칙적으로 필수요건만 규정하고, 기타 세부기술사항은 유럽의 표준기관인 유럽표준화위원회(CEN)와 유럽전기기술표준화위원회(CENELEC) 같은 민간표준기관에 위임되어 있다. 그러나 이들 기관의 표준은 EU 필수요건에 따라 제정되기 때문에 이들의 표준에 적합한 제품은 필수요건을 충족시킨 것으로 간주되며, CE 마크를 부착하고 유럽 경제 지역 내에서는 자유롭게 유통될 수 있어 사실상 강제력을 발휘하고 있다고 볼 수 있다.[34] 이러한 필수요건이 포함된 의료기기 규제체제는 최근 전면적으로 개편되어 2017년 EU 의료기기규정 제

협정을 개편하여 체결된 협정으로서 2018년 9월 30일 타결되었으며, 2018년 11월 G20 정상회담에서 최종 서명되었고, 2019년 11월 현재 각국의 비준 절차를 밟고 있다. 최종 서명이 이뤄지면 각국의 비준을 거쳐 2019년 발효될 것으로 전망하고 있다.

31 USMCA 제11.4조.

32 CPTPP Annex 8-E의 4항 및 USMCA 제12.E.4조 1항; CPTPP Annex 8-E의 4항 및 USMCA 제12.E.6조 1항.

33 USMCA 제12.E.4조 3항.

34 무역협회, 무역실무매뉴얼. http://www.kita.net/uTrade/trade_biz/n_trade_biz_T_viw.jsp?cd=1101&seq=103&no=2&layout=T&cnt=4 (검색일: 2018년 11월 1일)

2017/745호[35]와 체외진단의료기기규정 제2017/746호[36]가 제정되었다. 기존의 3개 지침(directive)을 2개 규정(regulation)으로 개편하였는데, 지침과 달리 규정은 회원국 국내의 이행입법 없이 직접 적용될 수 있다는 점에서 EU 차원의 통합된 법제가 마련되었다고 볼 수 있다.[37] 특히 개정된 규정은 서문에서 의료기기 규제 기준 및 절차를 설정하는 단계에서 IMDRF 지침을 참조할 것임을 명시하고 있어 IMDRF에서 개발하는 단일식별장치, 안전 및 성능 사양, 기술문서, 유형분류규칙, 적합성평가절차, 임상시험 등에 대한 지침이 추후 반영될 것으로 전망된다.

ASEAN이나 남미공동시장(MERCOSUR)과 같은 개도국 중심의 경제공동체들도 의료기기에 대한 규제조화와 공동규정을 마련하기 위하여 노력해 오고 있다. ASEAN은 경제장관회의 산하 아시아표준·품질자문위원회(Asian Consultive Committee for Standards and Quality: ACCSQ)를 두고 있으며, 위원회 직속으로 ASEAN 국가간의료기기제품작업그룹(Medical Devices Product Working Group: MDPWG)을 통하여 2005년 '공통

---

35 Regulation (EU) 2017/745 of the European Parliament and of the Council of 5 April 2017 on medical devices, amending Directive 2001/83/EC, Regulation (EC) No 178/2002 and Regulation (EC) No 1223/2009 and repealing Council Directives 90/385/EEC and 93/42/EEC. 3년의 경과 기간이 부여되어 2020년 5월 25일 시행 예정.

36 Regulation (EU) 2017/746 of the European Parliament and of the Council of 5 April 2017 on in vitro diagnostic medical devices and repealing Directive 98/79/EC and Commission Decision 2010/227/EU. 5년의 경과 기간이 부여되어 2022년 5월 25일 시행 예정.

37 EU 기능조약 제288조에 따르면 EU의 관할 사항을 수행하기 위하여 EU 기관은 규정, 지침, 결정, 권고 및 의견을 채택할 수 있으며, 그중에서 규정(regulation)은 모든 내용이 구속력을 갖고 있고, 회원국 내에서 직접적인 효력을 갖는다. 반면 지침(directive)은 달성하려는 목적에 따라 적용대상의 회원국을 구속하지만, 그 형식과 수단의 선택은 회원국의 기관에 유보되어 있다. 따라서 개정 이전의 의료기기 법제는 지침에 기반했더라도 그 형식과 수단이 EU 회원국별로 차이가 있을 수 있었다.

제출서류견본(Common Submission Dossier Template: CSDT)'이 채택된 바 있다. 최근 2015년 서명된 ASEAN 의료기기지침(ASEAN Medical Device Directive: AMDD) 협정은 ASEAN 회원국의 규제 당국들의 통일된 형식인 '공통제출서류견본'을 채택하고 시판된 제품에 대한 감시 경보 시스템 설치하며, 위험도에 따른 일관된 의료기기 분류 기준을 제정하도록 규정하고 있다.[38] 다만 이 협정은 모든 회원국이 회원국 간 기술력, 인프라 등의 격차로 인하여 아직 일부 국가만 비준한 상황이며, 2020년 발효될 것으로 전망되고 있다. MERCOSUR 자체적으로도 지역 차원의 TBT 규정의 통합 및 조화를 위한 노력이 지속되어 오고 있다. 아순시온 조약에 따라 설치된 기술규범작업그룹 3에서 역내 TBT 규정의 통합과 조화를 위한 작업을 지속해 오고 있으며, 특히 의료기기와 관련하여 MERCOSUR의 행정기관에 해당하는 공동시장그룹은 2000년 '의료기기등록에 대한 MERCOSUR 기술규정'[39]에 대한 결의를 채택하여 역내 공통의 등록체제를 마련하고자 하였다.

---

38 https://asean.org/?static_post=asean-medical-device-directive (검색일: 2018년 11월 1일)

39 MERCOSUR/GMC/RES. N° 40/00(Reglamento Técnico Mercosur de Registro de Productos Médicos). 이러한 공동시장그룹의 결의는 법적으로 회원국에 구속력이 있으며, 동 결의에 따라 MERCOSUR 각국은 자국법을 개정한 바 있다.

4. 결론: 미래형 신(新)성장산업으로서의 의료기기와 표준

1) 기술발전과 의료기기 규제 변화

정보통신기술의 급속한 발전은 의료 분야에도 영향을 미치고 있다. 특히 초연결성과 초지능화의 특성을 가진 제4차 산업혁명으로 모바일 인터넷, 클라우드 기술, 빅데이터, 사물인터넷(IoT) 및 인공지능 등의 기술들을 통하여 모든 것이 상호 연결되고 지능화되어, 전 세계 산업구조 및 시장경제 모델을 변화시킬 것이라고 예상되기도 하였다. 무엇보다 의료 분야에서도 전통적으로 진단과 치료가 핵심이었으나, 치료보다는 예방 중심으로, 개인맞춤형 치료 중심의 의료가 급부상하고 있다. 또한 빅데이터를 활용한 진단과 3D 프린팅의 활용으로 맞춤형 처방과 개인용 의료기기가 보편화되어 치료와 관리의 효율성이 극대화될 것으로 예상된다(산업연구원, 2016). 이러한 측면에서 의료기기산업은 미래형 신산업으로 성장 중에 있는 유망한 산업으로 비치고 있다.

그러나 다른 한편으로 의료기기 분야는 국민의 생명과 건강을 보호하기 위하여 정부의 규제가 필요하고, 연구개발에 대한 지속적인 투자가 요구되는 분야이기도 하다. 특히 의료기기산업은 자본/기술 의존형 산업으로 제품의 개발부터 생산까지 3~5년 정도가 소요되어 비용 회수 기간이 길다. 또한 개별 제품의 시장 규모가 작고 수명주기가 짧은 반면, 생명과 직결되는 특성으로 시장 진입과 제품 확산이 쉽지 않은 산업 분야이다. 이는 단순히 우리나라에만 국한된 상황이 아니라 전 세계 의료기기산업에서도 마찬가지이며, 이를 해소하고자 의료기기 관련법 규정들이 꾸준히 제·개정되고 있다. 더욱이 의료기기에도 정보통신기술이 적용되면서 개인정보보호와 사이버보안을 위한 지침도 논의되고 있어 의료기기 분야의 새로운 규제와 표준이 전망되고 있다(한국산업기술진흥원, 2018).

세계의료기기 시장의 40% 이상을 점유하는 미국은 시장 변화에 신속하게 대응하고 있다. 미국은 2016년 12월 13일 '21세기 치료법(The 21st Century Cures Act)'을 제정함으로써 혁신적인 의료기술에 대한 지원과 의약품·의료기기에 새로운 규제내용을 마련한 바 있다. 특히 동 법은 새로운 의약품과 의료기기에 대한 심사 기간을 단축하고, 질병 치료에 돌파구가 될 수 있는 의료기기나 FDA의 승인을 받은 제품 중에서 이를 대체할 만한 기기가 없는 의료기기에 대하여 심사 시 우선권을 제공하도록 규정한다. 또한 의료기기로 평가되는 소프트웨어(Software as Medical Device: SaMD)도 일부 소프트웨어는 규제 대상에서 제외함으로써 규제환경을 완화하였다. 그뿐만 아니라 개인맞춤형 정밀의료(Precision Medicine) 발전계획을 마련하고, 소프트웨어 사전인증을 위한 시범 프로그램을 운영하는 등 새로운 분야를 규제체제에 통합시키기 위한 제반 작업을 개시하였으며, 다양한 지침이 논의되고 마련되고 있다.

우리나라도 이에 발맞추어 지난 2018년 7월 19일 정부 부처 합동으로 '혁신성장의 확산을 위하여 의료기기 분야 규제혁신 및 산업육성 방안'을 발표한 바 있다. 동 방안은 (1) 의료기기의 개발부터 시장진출까지 전 주기에 걸친 맞춤형 서비스 제공, (2) 의료기기 인·허가 절차의 간소화, (3) 혁신·첨단의료기기 시장 진입을 지원, (4) 안전성이 확보된 체외진단기기에 대한 '포괄적 네거티브 규제' 전환을 주요 내용으로 하고 있다. 나아가 정부는 의료기기 산업육성을 위한 제도적·재정적 기반을 마련해 나갈 계획으로, 특히 의료기기와 관련하여 정부는 글로벌 기업 수준의 경쟁력을 확보할 수 있도록 지원체계를 갖추어 나갈 계획도 제시하고 있다.

국가별로 차이는 있으나 미국, 중국 등 주요국들은 정책적으로 기술발전에 따른 의료기기 개발을 위한 규제개혁과 지원체제를 마련하고 있다. 이러한 정책이 경제적인 성과로 이어지기 위해서는 표준화가 함께 이뤄져야 한다. 특히 해외시장으로의 수출을 목표로 개발되는 기술은 국제표준을 선점하지 못하면 경제적 성과는 물론 당해 기술의 존립 여부도 불투명해지기 때문이다. 아직 스마트 헬스케어나 정밀의료와 같은 첨단 분야는 개발이 진행 중이지만, 대부분 개발단계에서부터 표준화를 염두에 두고 있다는 점에서 이미 표준을 선점하기 위한 경쟁은 시작되었다고 볼 수 있다.

2) 표준화 협력

국제표준이 마련되어 있다고 해도 기술발전을 반영하여 수시로 제/개정될 수 있고 특정 분야로 특화되어 발전해 나갈 수 있다는 점에서 국제표준화 작업은 일회성이 아닌 지속적으로 관리하고 발전시켜 나가야 하는 작업이라고 볼 수 있다. 예컨대 의료기기 분야 품질관리시스템 표준인 ISO 13485는 2016년 개정되었고, IEC 60601-1도 3판이 발행된 바 있다. 또한 시장에서 이미 상용화 단계에 들어선 것으로 평가되는 3D 프린팅도 국제표준이 발행되었으나 의료기기에 특화된 국제표준은 아직 개발되지 못한 상황이다. 따라서 국제표준화는 기존 분야에서도 지속 발전해 나갈 수 있고, 특화되어 확대될 수 있으며, 새로운 표준이 마련될 수 있다는 점에서 주의 깊게 살펴볼 필요가 있다.

또한 국제표준화를 진행할 포럼도 신중하게 고려해야 한다. 국제표준화기관인 ISO나 IEC보다 최근 의료기기 분야에서는 IMDRF가 부상하고 있다. 특히 유럽연합, 미국과 같은 선진국들은 IMDRF를 통하여 의료기기 규범체제를 마련해 나가고 있는 것으로 보인다. 예컨대 유럽연합의 2017년 의료기기규정 제2017/745호의 서문 (5)항에서 명시적으로 의료기기 규제 기준 및 절차를 설정하는 단계에서 GHTF 및

IMDRF 지침을 가능한 한 고려해야 한다고 규정하고 있어, 국내 의료기기 규제체제에 반영하고 있다.

또한 IMDRF는 FTA 체제에도 반영되고 있다. EU가 최근 체결한 베트남과의 FTA는 의료기기에 대하여 기술규정 제정 시 IMDFR가 개발한 표준 등에 기초하도록 명시하고 있으며, 일본, 캐나다 등 11개국이 참여하는 CPTPP와 미국-멕시코-캐나다 간 협정인 USMCA도 별도의 의료기기 부속서에서 IMDRF의 전신인 GHTF의 의료기기의 정의와 일치한 범위를 정의하도록 명시하고 있다. 나아가 USMCA는 IMDRF와 같은 국제협의체를 통하여 협력하고, 동 협의체를 통하여 운영 중인 의료기기 단일심사 프로그램(MDSAP)에 따른 제조업자 품질관리체제 심사를 인정하도록 규정하고 있다. 이를 고려할 때 의료기기 시장을 주도하는 선진국들의 협의체인 IMDRF에서 능동적으로 표준화 작업에 참여하고 것이 의료기기의 수출 측면에서 바람직한 것으로 판단된다. 이러한 맥락에서 지난 2017년 12월 우리나라의 IMDRF 정식회원 가입은 향후 국제표준화 협력의 측면에서 의미가 있다고 볼 수 있다.

참고문헌

국가기술표준원(2018a).『2017년 무역기술장벽보고서』.

____(2018b).『주요국 무역기술장벽(TBT) 대응체계분석 및 시사점』.

김수범 · 신유원(2017),『2017 의료기기산업 분석 보고서』, 한국보건산업진흥원.

산업연구원(2016).『의료서비스산업 도약을 위한 정책과제』.

식품의약품안전처(2015).『의료기기 분야 산업표준[KS] 정비를 위한 로드맵 연구개발 위탁용역 보고서』. (재)한국화학융합시험연구원.

의료기기정보기술지원센터(2018).『최신 의료기기 국제표준화 동향』 제14호.

정영아· 김영진(2018),「ISO 국제표준의 비교 연구를 통한 국내 의료기기 GMP 제도의 효과적인 운영 방안」,『J Korean Soc Qual Manag』 제46권 2호, 211-224쪽.

한국법제연구원(2017).「미국의 의료기기법제에 관한 분석」,『최신외국법제정보』 2017 제8호.

한국산업기술진흥원(2018).「미국 의료기기 사이버보안 최신동향 및 시사점에 관한 보고서」,『심층분석보고서 GT2018-US(워싱턴)-03』.

Ramakrishna, Seeram et. al.(2015). *Medical Devices: Regulations, Standards and Practices*, Woodhead Publishing(1 edition).

EU(2017). Regulation (EU) 2017/745 of the European Parliament and of the Council of 5 April 2017 on medical devices, amending Directive 2001/83/EC, Regulation (EC) No 178/2002 and Regulation (EC) No 1223/2009 and repealing Council Directives 90/385/EEC and 93/42/EEC.

____. Regulation (EU) 2017/746 of the European Parliament and of the Council of 5 April 2017 on in vitro diagnostic medical devices and repealing Directive 98/79/EC and Commission Decision 2010/227/EU.

MERCOSUR(2000). Reglamento Técnico Mercosur de Registro de Productos Médicos, GMC/RES. N° 40/00.
WTO(2000). Appellate Body Report. EC-Sardines, para. 248.
____(2000). US-Tuna II (Mexico), paras. 357-362.
____(2000). Decision of the Committee on Principles for the Development of International Standards, Guides and Recommendations with relation to Articles 2, 5 and Annex 3 of the Agreement, G/TBT/9, 13 November 2000, para. 20 and Annex 4.
____(2014). An Overview of the TBT Agreement.
____(2015). Regulation of medical devices: A Step-by-Step Guide.
____(2017). Global Model Regulatory Framework for Medical Devices Including in Vitro Diagnostic Medical Devices.

남미공동시장(MERCOSUR).
무역협회. http://www.kita.net/uTrade/trade_biz/n_trade_biz_T_viw.jsp?#0
미국 식약청. https://www.fda.gov/medicaldevices/internationalprograms/mdsappilot/
세계무역기구. http://www.wto.org
세계무역기구, TBT정보. http://tbtims.wto.org
식품의약품안전평가원. http://www.nifds.go.kr/index.do
영국표준협회. https://www.bsigroup.com/ko-KR/
의료기기산업종합정보시스템. https://www.khidi.or.kr/site?siteId=SITE00004
한국의료기기안전정보원. http://www.nids.or.kr
한국표준협회. http://www.ksa.or.kr/ksa_kr/index.do
AHWP. http://www.ahwp.info/index.php?q=node/7
ASEAN. https://asean.org
GHTF definition. http://www.imdrf.org/docs/ghtf/final/sg1/technicaldocs/ghtf-sg1-n071-2012-definition-of-terms-120516.pdf#search
IEC. https://www.iec.ch/dyn/www/f?p=103:6:0##ref=menu
ISO. https://www.iso.org
MED DEVICE ONLINE. https://www.meddeviceonline.com

제7장

정보통신기술(ICT) 분야의 기술표준과 통상 쟁점*

곽동철·박정준

1. 서론

정보통신기술(Information & Communication Technology: ICT) 산업[1]은 네트워크형 산업[2]이라는 특성을 지니고 있기 때문에 누가 표준시장을 선

* 이 글은 『국제통상연구』 제23권 제1호(2018), 101-125쪽에 실린 필자들의 논문 「FTA 체제하 정보통신 기술표준화의 주요 쟁점과 정책적 시사점: 기술선택의 유연성 조항을 중심으로」를 수정, 보완한 것이다.

1 산업에 대한 일관된 정의는 존재하지 않고 연구마다 상이한 범위와 정의를 사용한다. 이 장에서는 ICT 산업을 OECD의 구분에 따라 'ICT 분야'와 '콘텐츠 및 미디어 분야'에 포함되는 경제적 활동으로 폭넓게 이해하기로 한다. ICT가 중요한 역할을 하는 정보사회(information society), ICT 제품, ICT 인프라, ICT 수요·공급, 콘텐츠(content) 등에 대한 보다 자세한 설명은 OECD(2011) 참고.

2 정보통신산업의 대표적인 경제학적 특성으로는 소비자의 효용이 네트워크의 규모에 의존하는 네트워크 외부효과(network externality), 기술이나 표준이 일단 채택되면 다른 기술이나 표준으로 쉽게 전환할 수 없는 잠김현상(lock-in effect), 우수한 기술을 견제하기 위한 기업 연합 간의 협력으로 열등한 기술이 어느 순간 시장에서 우위를 점하고 표준으로 채택되는 경도현상(tipping effect) 등을 들 수 있다.

점하느냐에 따라 산업의 지형이 큰 영향을 받는다. 지배적 표준을 획득한 기업은 네트워크 외부효과 등으로 인하여 시장 전체를 독점하는 반면 표준화 경쟁에서 패배한 기업은 막대한 특허사용료를 승자 기업에 지급해야 하기 때문이다. 이처럼 '승자독식(winner-takes-all)'이 지배하는 정보통신산업에서 표준시장 선점을 위한 기업 간 경쟁은 '표준화 전쟁(standards war)'(Shapiro and Varian, 1998: 261)이라 불릴 만큼 치열하고 그만큼 표준(standards)의 중요성도 그 어느 산업보다 크다.

국가 차원에서도 국제표준을 선점하기 위한 경쟁이 치열하게 전개되고 있다. 1995년 WTO 무역기술장벽협정(이하 'TBT 협정') 제정으로 국제표준이 존재하거나 수립이 임박한 경우 WTO 회원국은 동 국제표준을 기술규정(technical regulation)의 기초로 삼아야 한다.[3] 자국 핵심기술을 국제표준화하고자 하는 각국의 유인이 더욱 강해진 것이다. 따라서 ICT 산업의 기술혁신을 선도하는 선진국들은 세계시장에서 경쟁 우위를 유지하고자 자국 민간 기업이 개발한 기술을 국제표준화하기 위한 노력을 경주하는 동시에 후발 경쟁국의 기술표준정책을 통상 쟁점화하여 이들 정부의 시장개입을 제한하려는 모습을 보이고 있다. 반면 우리나라를 비롯한 ICT 분야 후발국들은 중복투자 방지, 소비자 후생 제고, 정보통신망과 단말기 간 상호호환성(compatibility), 상호운용성(interoperability) 및 상호접속성(interconnectivity) 확보를 위하여 정부 주도형 표준화의 중요성을 강조하며 선진국과 대립하는 상황이다.[4]

---

3 WTO TBT 협정 제2.4조.

4 대표적인 사례로 중국 정부의 독자적인 무선랜 암호화표준(Wireless Authentication and Privacy Infrastructure: WAPI) 의무화를 둘러싼 중국과 미국의 통상갈등을 들 수 있다. WAPI 통상갈등 사례에 관한 보다 자세한 설명은 Lee and Oh(2008)와 Hazucha(2013) 참고.

이하에서는 ICT 분야 기술표준정책을 둘러싼 한미 간 통상갈등을 살펴보고 ICT 분야의 기술표준을 국제규범화하려는 미국의 통상 전략을 분석한다. 특히 한미 간 통상 쟁점으로 뜨거웠던 무선인터넷서비스 플랫폼(Wireless Internet Platform for Interoperability: WIPI) 및 휴대인터넷서비스(Wireless Broadband Internet: WiBro) 기술표준화 사례와 미국이 WTO/DDA 체제[5]의 대안으로 삼고 있는 양자·지역 자유무역협정(FTA)에 나타난 '기술선택의 유연성(flexibility in the choice of technologies)' 조항을 분석대상으로 한다.

2. WTO의 ICT 기술표준 규범 논의

1) WTO TBT 협정의 표준 관련 규범

WTO 체제의 전신이라 할 수 있는 관세와 무역에 관한 일반협정(General Agreement on Tariffs and Trade: GATT)은 1948년 출범 이래 케네디라운드(1964~1967)까지 총 여섯 차례의 다자간무역협상을 거치며 체약국의 관세장벽을 낮추는 데 크게 기여하였다. 이에 더 이상 관세를 활용하여 국내 산업을 보호하기 어려워지자 각국은 기술장벽조치, 통관절차조치,

---

5 우루과이라운드(Uruguay Round: UR)의 결과로 다자통상기구인 세계무역기구(WTO)가 1995년 수립되었다. WTO 회원국들은 국제무역환경이 변화함에 따라 새로운 통상규범이 필요하다는 점에 공감하고 2001년 카타르 도하에서 열린 제4차 각료회의에서 도하개발아젠다(DDA) 협상을 시작하였다. 그러나 미국 및 EU를 중심으로 한 선진국과 중국 및 인도가 속한 개도국 그룹 간 이해관계가 복잡하게 얽혀 협상이 더 이상 진행되지 못하고 있다. DDA 협상에 관한 보다 상세한 내용은 노택환(2010), 351-361쪽 참고.

환경규제조치, 위생검역조치 등의 비관세장벽을 활용하여 그 역할을 대체하려 하였다(한국국제경제법학회, 2013: 248). 그중에서도 기술장벽조치는 GATT 제20조(일반적 예외)를 위한 수단으로 취해졌지만, 해당 조항의 본래 취지와는 다르게 국내 산업을 보호하기 위한 목적으로 남용되었다.[6]

이어진 동경라운드(1973~1979)에서는 이에 대한 대응으로 대표적 비관세장벽 중 하나였던 기술장벽조치에 대한 본격적인 논의가 시작되었다. 당시에는 현 WTO TBT 협정의 바탕이라고 할 수 있는 표준규약(Standards Code)이 GATT 체약국 일부[7]에만 적용되는 복수국 협정의 형태로 채택되었다. 표준규약은 성능, 품질, 안전 또는 규격 등 상품의 특성에만 집중하여 규정의 적용 범위가 제한적이었다. 그러나 해당 규약은 이후 인적 관할 대상이 회원국 전원으로 확대되었고 제품의 특성뿐만이 아니라 그와 관련한 공정 및 생산 방법(Process and Production Methods: PPMs)까지 물적 관할 대상으로 포함하는 포괄적인 WTO TBT 협정으로 발전하였다(한국국제경제법학회, 2013: 249-250). 그 외에도 기존 표준규약의 세부 규정이 개선되고 명료화되는 등 매우 의미 있는 변화도 함께 이뤄졌다(왕상한, 2003: 39).[8]

---

6 기술장벽과 관련해서는 GATT 제20조 외에 GATT 제11조 2항(b)를 통해서도 수량 제한의 일반적 철폐의 예외를 인정받을 수 있다. 해당 조항의 원문은 다음과 같다. "2. The provisions of paragraph 1 of this Article shall not extend to the following: [...] (b) Import and export prohibitions or restrictions necessary to the application of standards or regulations for the classification, grading or marketing of commodities in international trade."

7 동경라운드에 참여했던 102개국 가운데 32개 국가만이 표준규약에 서명하였다.

8 WTO TBT 협정으로의 발전 과정에서 개선, 명료, 확대 논의된 내용을 요약하면 다음과 같다. ① 비정부기관에 대한 공정관행규약의 적용 여부, ② 자율표준안의 통보 문제, ③ 입법상 강제되는 자율표준에 관한 정보의 통보 문제, ④ 공인 국가기관들

GATT 제11조 2항(b)[9]를 구체화한 WTO TBT 협정은 WTO 협정 부속서 1A에 속한 '상품무역에 관한 다자간 협정' 중 하나로써 기본적으로 상품에 대한 무역을 대상으로 하며 기술규정(technical regulations)과 표준(standards), 그리고 적합성평가절차(conformity assessment procedures)에 대한 국제규범 제정을 목표로 한다. 본 협정은 비차별 원칙, 불필요한 무역제한금지, 국제표준과의 조화, 동등성 인정과 상호인정, 끝으로 투명성 원칙을 주요 규정으로 삼고 있다(한국국제경제법학회, 2013: 250-253).

WTO TBT 협정은 기존 GATT 체제에서 구분이 모호하여 법적 의미가 불확실했던 기술규정과 표준을 문헌상 엄격히 구분한다. 기술규정은 부속서 1의 제1항에 정의되어 있는데, 이에 따르면 기술규정이란 "적용 가능한 행정규정을 포함하여 상품의 특성 또는 그 관련 공정 및 생산 방법이 규정되어 있으면서 그 준수가 강제적인 문시"[10]를 의미한다. 반면 표준은 강제성이 결여되었기 때문에 기확립된 규정을 의무적으로 준수해야 하는 기술규정과는 명확히 구분된다.[11] 끝으로 적합성평

사이의 표준의 조화를 보장하는 방법, ⑤ 표준 관련 쌍무 협정의 투명성 확보 방안, ⑥ 지역적 표준 활동의 투명성 확보 문제, ⑦ 문서교환을 위한 언어 선택의 문제, ⑧공정 및 생산방법 관련 쟁점들에 대한 명료화, ⑨ 표준화협정위원회의 권고와 결정에 관한 협정 조항 재검토 및 본 내용의 구체화 문제, ⑩ 시험과 검사, 견본승인의 포함 여부, ⑪ 인증제도 운영의 투명성, ⑫ 표준 및 기술규정의 초안 작업에 있어서의 투명성, ⑬ 협정상 주요 의무에 대한 지방정부기관으로의 확대 등.

9 GATT 제11조 2항(b). 원문은 위 각주 6 참고. "(b) Import and export prohibitions or restrictions necessary to <u>the application of standards or regulations for the classification, grading or marketing of commodities</u> in international trade;" (밑줄: 저자 강조)

10 WTO TBT 협정 부속서 1 제1항. 원문은 다음과 같다. "Document which lays down product characteristics or their related processes and production methods, including the applicable administrative provisions, with which compliance is <u>mandatory</u>." (밑줄: 저자 강조)

11 WTO TBT 협정 부속서 1 제2항은 표준을 "규칙, 지침 또는 상품의 특성 또는 관

가절차는 "기술규정 또는 표준 관련 요건이 충족되었는지를 결정하기 위하여 직접적 또는 간접적으로 사용되는 모든 절차로서, 특히 표본추출, 시험 및 검사, 평가, 검증 및 적합보증, 등록, 인증과 승인, 그리고 이들의 결합을 포함"하며 기술규정과 표준 가릴 것 없이 관련 요건의 충족성 여부를 결정하는 모든 절차를 말한다(한국국제경제법학회, 2013: 266).

WTO TBT 협정은 일부 GATT 체약국에만 한정적으로 적용되던 표준규약의 적용 범위를 넓히는 동시에 무역기술장벽에 관한 국제규범을 보다 구체화하는 데 크게 기여했다는 점에서 긍정적으로 평가할 수 있다. 다만 제품 자체와 공정 및 생산 방법 사이에 구별이 명확하지 않아 추후 이와 관련한 통상분쟁이 발생할 소지가 있다는 점은 여전히 과제로 남는다(최승환, 2014: 285). 또한 WTO TBT 협정은 '상품'무역에 영향을 미치는 무역기술장벽만을 대상으로 하기 때문에 '서비스'의 표준조치를 규율할 국제규범은 사실상 부재한 상황이다. 따라서 서비스 표준시장에 대한 경쟁이 격화되는 상황에서 WTO가 이에 대한 명확한 국제규범을 제시하지 못한다는 점 역시 고민으로 남는 부분이다.

2) GATS의 정보통신 기술표준 관련 규범

(1) GATS 제6조 국내 규제(Domestic Regulation)

앞서 설명한 바와 같이 WTO TBT 협정은 상품무역과 관련한 무역기

련 공정 및 생산 방법을 공통적이고 반복적인 사용을 위하여 규정하는 문서로서, 인정된 기관에 의하여 승인되고 그 준수가 <u>강제적이지 아니한</u> 문서"라고 정의한다. 원문은 다음과 같다. "Document approved by a recognized body, that provides, for common and repeated use, rules, guidelines or characteristics for products or related processes and production methods, with which compliance is <u>not mandatory</u>." (밑줄: 저자 강조)

술장벽을 기술규정, 표준, 적합성평가절차로 세분화하여 구체적인 국제 규범을 마련하였다. 그러나 서비스의 경우는 무역기술장벽을 규율하는 구체적인 규범이 존재하지 않는다. 국내 규제를 규율하는 서비스무역에 관한 일반협정(General Agreement on Trade in Services: GATS) 제6조 4항에서 '기술표준(technical standards)'이라는 용어를 사용하여 기술규제가 서비스무역에 있어 불필요한 장벽으로 기능하지 않도록 하고 있을 뿐이다.[12] 더욱이 동 조항은 향후 구체적인 규범제정이 서비스무역이사회(Council for Trade in Services)에 맡겨진 일종의 경과 규정이어서 기술표준 제정 권한에 대한 보편적 규범으로 볼 수 없다.

WTO TBT 협정이 기술규정과 표준을 엄격히 구분하여 용어를 정의하고 있는 것과는 대조적으로 GATS는 기술표준에 대하여 정의하지 않는다. 기술규정과 유사하여 준수가 강제적인지, 표준과 유사하여 비강제적인지 그 성격이 모호하지만 기술규정과 표준을 모두 포함하는 것으로 보아야 할 것이다(이한영, 2007: 229). WTO 사무국은 전문직서비스 작업반(Working Party on Professional Services)의 요청으로 작성한 문서에서 기술표준을 "서비스 자체의 특성 또는 정의 및 서비스가 이뤄지는 방시 모두에 적용되는 요건(requirements which may apply both the characteristics or definition of the service itself and to the manner in which it is performed)"이라고 정의하였다(WTO, 1996: para. 4). 비록 법적 구속력이 없는 WTO 사무국의 문건에 표현된 정의이지만 향후 개별 서비스 분야의 국내 규제에 대

---

12 GATS 제6조 4항. 원문은 다음과 같다. "With a view to ensuring that measures relating to qualification requirements and procedures, technical standards and licensing requirements do not constitute unnecessary barriers to trade in services, the Council for Trade in Services shall, through appropriate bodies it may establish, develop any necessary disciplines [...]" (밑줄: 저자 강조)

한 논의가 진행되는 경우 서비스의 성격과 운용 방식을 규율하는 방식으로 기술표준 논의가 이뤄질 것을 미루어 짐작할 수 있다.

(2) GATS 통신부속서(GATS Annex on Telecommunications)

통신서비스는 그 자체로 경제적 활동의 한 분야일 뿐만 아니라 기타 경제 활동을 가능케 하는 전송 수단으로써 중요한 역할을 맡고 있다. 통신서비스의 이러한 이중적 역할을 인식하여 WTO 회원국들은 공중통신전송망(public telecommunications transport networks)과 공중통신전송서비스(public telecommunications transport services)로의 접속 및 이용에 영향을 미치는 조치에 대하여 상세히 규율하고자 GATS 통신부속서를 채택하였다.[13]

동 통신부속서의 제5조 (나)항은 '서비스 공급자'가 선택한 통신 방식 운영규약(operating protocol)의 사용을 보장할 것을 각 회원국에 의무화하고 있다. 동시에 통신전송망 및 서비스의 이용 가능성을 일반 대중에게 보장하기 위하여 필요한 경우는 예외적으로 정부가 운영규약의 사용을 제한할 수 있다.[14] 그러나 통신전송망 및 서비스의 이용 가능성을 일반 대중에게 보장하기 위하여 필요한 경우가 어떤 상황인지는 구체적으로 정의하지 않는다.

반면 동조 (마)항은 공중통신전송망 및 서비스의 접속 및 이용에 제약을 가할 수 있는 예외적 상황을 언급한다. 즉, ① 공중통신전송망 및 서비스 공급자의 공공서비스적 책임을 보호하거나 ② 공중통신전송망 및 서비스의 기술적 완결성(technical integrity)을 보호하거나 또는 ③ 양허표상 허용되지 않는 서비스를 외국 서비스 공급자가 공급하지 않도

---

13 GATS 통신부속서 제1조.

14 GATS 통신부속서 제5조 (나)항.

록 보장하기 위한 경우에는 정부는 정당하게 규제권한을 행사할 수 있다.[15] 이러한 규제권한에는 공중통신전송망 및 서비스와의 상호접속을 위하여 지정된 기술적 상호연결장치(technical interfaces)를 사용하도록 하는 요건 또는 공중통신전송서비스의 상호운용성을 확보하기 위하여 필요한 요건을 강제하는 조치가 포함된다.[16]

상기 조항들은 통신서비스 분야에서 시장실패 등의 이유로 이용자의 선택권이 제한되는 경우 WTO 회원국 정부가 기술표준 등을 제정하여 적극적으로 규제권한을 행사할 수 있는 근거를 제공한다(이한영·권병규, 2005: 27). 그러나 기술이 빠르게 발전하고 글로벌 경쟁이 치열하게 벌어지는 현재의 ICT 환경에서 정부가 주도하는 기술표준조치는 기술혁신을 저해할 수 있으며, 무역장벽으로 인식되어 통상갈등으로 비화될 가능성도 크다. 우리나라에서 이동통신 시장이 본격적으로 성장하던 시기에 벌어진 WIPI와 WiBro를 둘러싼 한국과 미국의 통상분쟁이 대표적이다.

3. 한미 간 ICT 기술표준을 둘러싼 통상갈등: WIPI와 WiBro 사례

2000년대 초반 한국형 무선인터넷서비스 플랫폼으로 개발된 WIPI[17]를

15 GATS 통신부속서 제5조 (마)항.

16 GATS 통신부속서 제5조 (바)항 2호 및 3호.

17 모바일 플랫폼은 응용프로그램이 휴대이동통신기기의 운영체제에 접속하여 운영체제의 다양한 기능을 이용할 수 있도록 해 주는 미들웨어(middleware)의 일종이다. WIPI에 대한 기술적 설명과 표준화 동향에 대한 더욱 자세한 내용은 이상윤 외(2004) 참고.

둘러싸고 한국과 미국은 격렬한 통상분쟁에 휘말렸다. ICT 분야에서 정부의 기술표준제정 권한의 정당성을 주장하는 우리 정부와 관련 기술표준이 자국 수출기업을 차별하는 무역기술장벽으로 작용한다는 미국 정부의 주장이 첨예하게 대립하였던 것이다. WTO 소송 직전에 갈등은 해소되었지만 동 사건의 핵심 쟁점이었던 정부의 기술표준제정 권한은 이후 한미 FTA 통신협상에서 주요 협상 사안으로 다루어졌다. 갈등의 정도 차이는 있으나 우리 정부의 WiBro 단일표준화 정책 역시 한미 간 통상현안으로 주목받았다. 두 사건은 일국의 기술표준정책이 통상 측면에서 갖는 중요성을 그대로 보여 준다. 이하에서는 WIPI 및 WiBro가 한미 간 통상현안으로 부각된 배경을 일별해 본다.

1) WIPI

2000년대 초반 음성 통신이 보편화된 이후 이동통신업계에서는 새로운 수익원으로써 무선인터넷을 활용한 데이터서비스(data service)에 대한 관심이 급부상하였다(Lee and Oh, 2008: 666). 이에 이동통신업체들은 모바일 응용프로그램(mobile application)이 운용되는 기반인 플랫폼(platform) 개발에 앞다투어 뛰어들었다. 이용자에게 고품질의 모바일 응용프로그램을 제공하고자 하는 한편, 타사와의 모바일 데이터서비스 경쟁에 있어 플랫폼을 중요한 경쟁수단으로 삼았기 때문이다(Lee and Oh, 2008). 그런데 당시에는 무선인터넷을 사용하는 데 있어 필수적인 플랫폼 기술에 따라 사용할 수 있는 콘텐츠와 프로그램이 제한되어 경제성 있는 콘텐츠를 제작하기가 어려웠다. 단말기 제조사와 소비자 입장에서도 중복투자와 상호호환성 부족으로 인하여 불만이 고조되어 무선인터넷 플랫폼을 표준화해야 한다는 목소리가 점차 힘을 얻어 갔다.

모바일 무선인터넷 접속기술이 처음 개발된 1990년대 후반 전 세계적으로는 무선응용통신규약(Wireless Application Protocol: WAP)이 유일한 표준 플랫폼이었다. 그러나 이후 이동통신기술의 발전으로 더욱 성능이 뛰어난 응용프로그램을 구동시킬 무선인터넷 플랫폼이 필요해졌다. 이에 선마이크로시스템즈(Sun Microsystems)가 자바(Java) 기술로 개발한 J2ME(Java 2 Micro Edition)와 퀄컴(Qualcomm)의 BREW(Binary Runtime Environment for Wireless)가 새로운 플랫폼으로 떠올랐다. J2ME와 BREW로 인하여 휴대 단말기에서 무선인터넷 접속이 가능해져 휴대 단말기 사용자들은 웹에서 응용프로그램이나 데이터를 기기에 내려받아 오프라인 상태에서 실행할 수 있게 되었다(Gupta, 2002). 두 플랫폼 모두 보다 효율적인 모바일 무선인터넷 접속서비스 제공을 목표로 했으며, 성능 면에서도 우열을 가리기 힘들었다. 세부적인 기능과 주로 사용되는 휴대기기의 종류에서 차이점을 보이며,[18] 두 기술은 세계 무선인터넷 플랫폼 시장을 양분하며 사실상 국제표준으로 인정받았다.

[그림 7-1]에서 보는 것처럼 모바일 무선인터넷 초창기, 즉 WIPI가 만들어지기 이전 우리나라의 이동통신업체들은 각기 다른 플랫폼을 사용하여 소비자에게 모바일 인터넷 서비스를 제공하고 있었다. SK텔레콤은 C/C++ 언어를 기반으로 하는 일반가상머신(General Virtual Machine: GVM)과 자바를 기반으로 하는 SK-가상머신(SK-Virtual Machine: SK-VM)의 두 가지 무선인터넷 플랫폼을 사용하고 있었으며, KT프리텔(KT Freetel: KTF)도 C언어를 기반으로 하는 MAP(Motion

18 J2ME는 자바 기술을 사용하며 특히 소규모 소비자와 저성능 휴대기기에 적합하게 개발되었다. 그러나 BREW는 펌웨어(CDMA 칩셋) 차원에서 구동되며, 특히 웹에서 내려받아 휴대단말기기에서 실행 가능한 무선 응용프로그램에 적합하였다. 통신과 멀티미디어 능력 면에서는 BREW가 J2ME보다 보다 앞서 있다고 평가받는다. BREW와 J2ME의 기술적 차이점에 대한 보다 상세한 내용은 Gupta(2002) 참고.

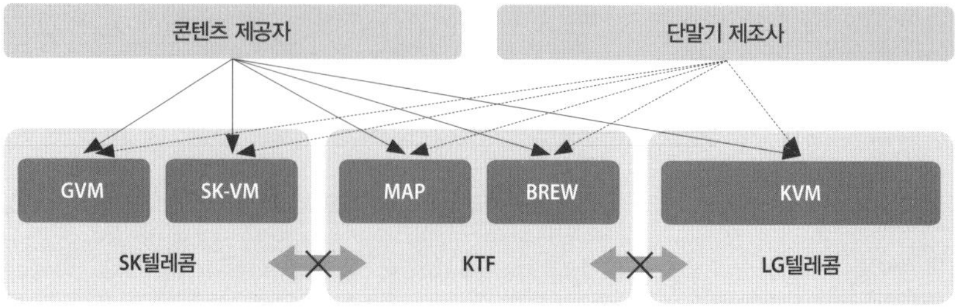

[그림 7-1] WIPI 이전 국내 이동통신업체의 무선인터넷 플랫폼 현황

출처: 저자 작성.

Action Provider)와 퀄컴의 BREW를 동시에 사용하고 있었다. LG텔레콤도 자바를 기반으로 독자적인 플랫폼(Kjava Virtual Machine: KVM)을 개발하여 사용하고 있었다.

당시 이동통신업체들은 성장잠재력이 무궁무진한 무선인터넷 시장을 선점하고자 플랫폼 개발에 매진하였다. 반면 과도한 경쟁이 오히려 정보통신산업 전반의 시장실패로 이어진다는 우려가 잇따랐다. 이동통신업체마다 플랫폼이 다르고 상호호환성도 부족하여 콘텐츠 개발자와 단말기 제작사는 동일한 콘텐츠와 동일한 단말기를 플랫폼별로 중복해서 제작해야 하는 등 비용부담이 상당하였다. 플랫폼마다 이용 가능한 콘텐츠와 프로그램이 제한되어 혁신적인 서비스도 탄생하기 힘들었다. 무선인터넷 사용자들이 타 이동통신업체 이용자와 콘텐츠를 공유할 수 없어 불편이 가중되기도 하였다. BREW를 이용하는 대가로 미국 기업인 퀄컴에 지불하는 특허사용료도 우리로서는 큰 부담이었다.

우리 정부는 모바일 인터넷 분야의 시장실패를 해결하고자 이동통신업체마다 상이한 무선인터넷 플랫폼을 [그림 7-2]처럼 WIPI로 통합시키는 플랫폼 단일표준화를 시도하였다. 정부는 단일 플랫폼 기술표준을 채택하여 중복투자를 방지하고 콘텐츠 제공자와 단말기 제조사들의 비용부담을 완화하여 산업 전반의 효율성을 제고시키고자 하였다. 이동

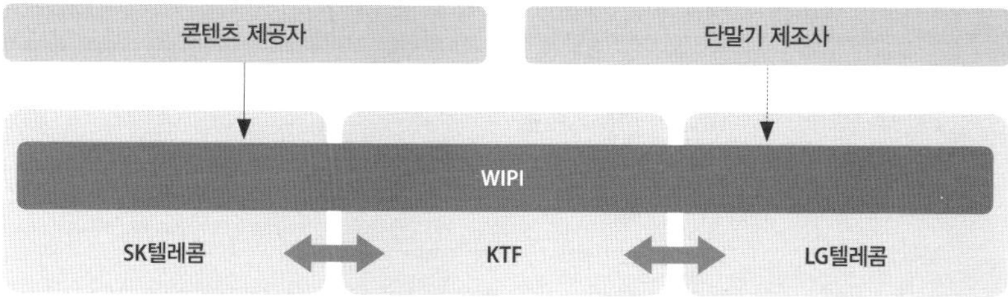

[그림 7-2] WIPI 채택 이후 국내 이동통신업체의 무선인터넷 플랫폼 예상도

출처: 저자 작성.

통신업체 간 콘텐츠 공유가 활발히 이뤄져 이동통신사용자의 만족도가 높아지는 한편, 표준 플랫폼에 기반한 신규 사업자의 모바일 인터넷 시장 진출이 촉진되고 외국 업체에 지불하는 막대한 특허사용료 부담도 완화될 것으로 예상하였다. 국내기술을 활용하여 독자적으로 개발한 새 플랫폼이 J2ME와 BREW 같은 국제표준으로 채택된다면 해외시장 진출도 가능할 것이라는 점도 염두에 두었던 것으로 보인다(Lee and Oh, 2008: 667).

이러한 목적하에 2001년 5월 국내 이동통신 3개사, 단말기 제조업체 2개사, 전파연구소, 한국정보통신기술협회(TTA), 한국전자통신연구원이 참여한 한국무선인터넷표준화포럼(KWISF)에서 공식적으로 모바일 플랫폼 표준화 논의가 시작되었다. 약 1년간의 연구 끝에 [표 7-1]과 같이 2002년 2월 WIPI 1.0 개발을 완료하고, 같은 해 5월 WIPI를 TTA 단체표준인 TTAS-KO-06.0036(모바일 표준 플랫폼 규격)으로 채택하였다. 이후 기술개발이 꾸준히 진행되면서 WIPI 1.1(2003년 2월), WIPI 1.1.1(2003년 3월), WIPI 1.2(2003년 4월)가 연달아 발표되었다. 2004년에는 J2ME(CLDC1.1/MIDP2.0)를 필수로 지원하도록 하는 WIPI 2.0이 개발되었다. 덕분에 단말기에 WIPI 2.0 플랫폼만 탑재해도 WIPI-C, WIPI-Java뿐만 아니라 J2ME 응용프로그램도 구동할 수 있게 되어 플랫폼의 콘텐츠 수용 범위가 넓어졌다(이상윤 외, 2004: 144-145).

[표 7-1] WIPI 개발 및 단일표준화 과정

연월	내용
2001년 7월	KWISF, 모바일 플랫폼 특별 분과 신설
2001년 9월	이동통신 3사, 표준 플랫폼에 대한 공통 요구사항 제시
2002년 2월	WIPI 1.0 발표
2002년 5월	TTA, WIPI를 단체표준으로 채택
2003년 4월	KWISF, 선마이크로시스템즈에 특허사용료 지급하기로 합의
2004년 4월	한미 양국, WIPI를 인정하고 퀄컴의 BREW를 허용하기로 합의
2005년 4월	정보통신부, WIPI 의무화 정책 실시
2009년 4월	방송통신위원회, WIPI 의무화 폐지

출처: 저자 작성.

WIPI 기술개발이 지속적으로 이뤄지자 우리 정부는 2002년 WIPI를 무선인터넷 플랫폼 단일표준으로 의무화하겠다는 계획을 발표했으며, 2005년 4월부터 국내에 출시되는 모든 휴대 단말기에 WIPI 설치를 의무화하는 정책을 실행에 옮겼다.

국내에서 무선인터넷 플랫폼 단일표준에 관한 논의가 본격화되자 당시 사실상 무선인터넷 플랫폼 국제표준으로 기능하던 BREW를 개발한 퀄컴이 이에 반발하였다. 우리 정부가 WIPI를 단일표준으로 채택하고 WIPI 의무화 정책을 발표하자 미국 정부는 퀄컴의 입장을 수용하여 WIPI 단일표준이 외국 기업에 차별적인 무역기술장벽으로 작용하기 때문에 WTO 협정에 위반된다며 통상압력을 가해 왔다. 이에 양국 정부는 2002년 6월부터 2004년 4월까지 13차례의 양자 협상을 개최하였다(이한영, 2007: 234).

[표 7-2]에서 보는 바와 같이 초기 미국 정부는 WIPI 의무화가 합법적인 목적 수행에 필요한 수준 이상으로 무역을 제한하는 조치이므로 WTO TBT 협정 위반이라는 입장이었다. 또한 TBT 협정이 허용하는 정당한 정책 목표에도 합치하지 않는다고 주장하였다. 미국 정부는 기술표준의 채택은 전적으로 민간 기업의 자유로운 선택에 맡겨야 한다는

[표 7-2] WIPI 표준화에 대한 한미 양국의 시각 비교

미국	쟁점	한국
무역기술장벽협정(TBT 협정)	관할 WTO 협정	서비스무역협정(GATS)
TBT 협정이 허용하는 정당한 정책목표가 아님	정책목표의 정당성	GATS 및 통신부속서가 허용하는 정당한 정책목표임
외국 기술을 배제한 한국산 무선인터넷 플랫폼 개발	표준화 추진 동기	플랫폼 간 상호호환성 결여로 인한 시장실패 해결
민간 기업의 자율적 선택에 따른 표준화가 바람직	과도한 무역 제한 조치 여부	시장실패를 해결하기 위해서는 정부 주도의 단일표준화가 필수적
기존 기술인 J2ME, BREW로 단일화 가능		WIPI 이외 사업자의 요구사항을 모두 충족하는 표준이 없음
단일표준 이외에 기존 플랫폼 간 상호호환성 모색 가능		기존 플랫폼 간 상호호환성 확보는 불가능하고, J2ME나 BREW만 수용 시 국내 기업 역차별
소스코드(source code) 공개 조건으로 인하여 미국 업체의 표준화 과정 참여가 봉쇄	표준화 과정의 투명성 및 비차별성	국내외 업체 모두에 공개적이고 비차별적인 절차에 따라 표준화 추진
성능보다 디자인 및 외형적 특성에 의존하여 WIPI 개발	WIPI 표준 선정 기준	사업자의 요구사항을 반영한 성능에 기초하여 WIPI 개발

출처: 이한영(2007)을 토대로 저자 재구성.

시장방임원칙을 강하게 내세웠다. WIPI가 이동통신 '서비스'와 관련된 기술표준정책이기 때문에 미국 정부는 GATS를 내세워 우리 정부를 압박할 수도 있었다. 그러나 GATS 내에는 ICT 분야에서 우리 정부가 취한 기술표준화 조치를 협정 위반으로 단정할 만한 구체적 규범이 존재하지 않기 때문에 표준과 관련되어 구체적인 의무사항이 명시된 WTO TBT 협정을 원용한 것으로 보인다(이한영·권병규, 2005: 14).

TBT 협정 위반이라는 미국 정부의 문제 제기에 대하여 우리 정부는 WIPI는 이동통신 '서비스'에 관련된 조치인 만큼 GATS의 관할이지 '상품'을 대상으로 한 무역기술장벽을 다루는 TBT 협정 관할이 아니라고 반박하였다. 또한 WIPI 의무화 조치는 상호호환성 달성 및 시장실패 해결이라는 정당한 공공정책 목적을 추구하는 정부의 고유한 규제권한으로서 GATS 및 통신부속서가 인정하는 정당한 조치라고 주장

하였다.

기술표준화정책을 바라보는 양측의 근본적인 시각 차이로 인하여 양자협상은 평행선을 달릴 뿐 좀처럼 해결의 기미가 보이지 않았다. 미국무역대표부(United States Trade Representative: USTR)는 2003~2005년까지 『국별 무역장벽 보고서(National Trade Estimate Report)』에서 우리 정부의 WIPI 의무화 정책이 과도하게 무역을 제한하고 외국 경쟁업체를 차별하는 통신 분야의 대표적인 무역장벽이라고 지적하고 우리 정부에 WIPI 폐기를 압박하였다.[19]

정부의 주도로 표준 플랫폼을 개발하여 모바일 인터넷 서비스의 상호호환성을 확보하고자 하는 우리나라와 기술표준의 채택은 민간의 자율에 맡겨야 한다는 미국 간의 통상갈등은 결국 양자 협상 끝에 마무리되었다. 2004년 4월 한미 통신전문가회의에서 우리 정부는 WIPI 이외에 BREW를 포함한 복수의 모바일 플랫폼도 허용하겠다고 합의하면서 한발 물러섰다. 국내 과학기술정책의 일부라고만 여겨졌던 기술표준이 때마침 도래한 모바일 인터넷 열기와 서비스무역자유화의 흐름 속에서 국제적인 통상분쟁으로 비화했던 대표적인 사례이다.

2) WiBro

2002년 10월 우리 정부는 당시 무선가입자 회선 용도로 할당되어 있었던 2.3GHz 주파수를 정지 또는 저속 이동 중에도 고속 인터넷 접속이 가능한 무선인터넷 서비스인 WiBro 용도로 재할당하였다.[20] 또한

---

19 USTR(2003), USTR(2004), USTR(2005)의 한국 편 참고.

20 WiBro란 정지 또는 저속 이동 중에도 인터넷 접속이 가능한 초고속 휴대인터넷서비스를 말한다. WiBro의 탄생 배경과 표준화 추진 경과에 대한 더욱 자세한 내용은

2.3GHz WiBro 기술표준을 단일표준으로 제정하기로 하고 TTA에서 민간 자율로 선택한 기술규격을 채택하기로 결정하였다(이한영·권병규, 2005: 12). 그러자 미국 정부는 WIPI와 마찬가지로 WiBro 단일표준이 불필요한 무역장벽에 해당하고 과도하게 무역제한적인 조치이며 기술표준 선정 과정에서 외국 업체가 차별적인 대우를 받고 있다고 지속적으로 문제를 제기하였다.[21] WiBro의 국제표준화를 추구하던 우리 정부는 통상마찰을 피하고자 기존의 입장을 수정하고 최종적으로 최소 성능요건과 국제전기전자기술자협회(IEEE) 국제표준이 결합된 절충안에 합의하였다.

WIPI 및 WiBro를 둘러싼 한미 간 통상갈등은 양자 협상을 통하여 일단락되었다. 그러나 민간의 자율 선택에 의한 기술표준화를 강조해 온 미국은 이러한 일련의 과정에서 현행 TBT 협정 및 GATS 규범만으로는 ICT 분야에서 무역상대국 정부의 기술표준제정 권한을 적절히 규율하기 힘들고 세계시장에서 자국 정보통신업체들의 이익을 확보할 수 없음을 깨닫게 된다. 이를 계기로 미국은 다자통상협상 대신 지역·양자 FTA 통신협상에서 민간 통신사업자의 자유로운 선택에 따라 기술표준이 채택되어야 함을 강조하는 '기술선택의 유연성'을 꾸준히 주장해 오고 있다. 특히 WIPI 및 WiBro 통상마찰 이후 개시된 한미 FTA 협상에서 미국은 우리 정부의 규제권한을 제한하고, 민간 기업의 기술선택 자율성을 확보하기 위하여 상당히 공세적인 태도로 협상을 진행하였다. 그 결과 한미 FTA 통신협정에서는 여타 FTA에서 찾아보기 힘든 기술표준조치에 대한 독특한 조항이 만들어졌다.

김대중(2008), 83-90쪽 참고.

21 USTR(2003), USTR(2004), USTR(2005)의 한국 편 참고.

다음에서는 한미 FTA와 환태평양경제동반자협정(Trans-Pacific Partnership Agreement: TPP)[22], 미국-멕시코-캐나다협정(US-Mexico-Canada Agreement: USMCA)을 포함하여 미국이 체결한 FTA에 나타난 기술선택의 유연성 조항을 비교, 분석한다.

4. 미국이 기체결한 FTA의 기술선택 유연성 조항 분석

2001년 카타르 도하에서 출범한 WTO·DDA가 기약 없이 표류하면서 다른 통상규범과 마찬가지로 통신서비스 분야의 표준 관련 국제규범 논의도 함께 정체되어 있으며, 향후 전망도 그다지 낙관적이지 않다.[23] 이에 ICT 분야에서 최고의 경쟁력을 갖춘 미국은 WTO 대신 FTA를 통상규범 협상의 대안으로 삼아 기술표준에 관한 국제규범을 제정하기 위한 노력을 지속하고 있다. 따라서 향후 FTA 체제하 정보통신 표준화의 주요 쟁점과 시사점 도출을 위하여 미국이 기체결한 FTA 내 기술선택의 유연성과 관련한 조항의 구조와 내용을 면밀히 연구할 필요가 있다.

---

22 미국과 일본 등 태평양 연안 12개국이 참여한 거대 FTA인 TPP는 미국 오바마 행정부의 주도로 2015년 10월 타결되었다. 그러나 트럼프 대통령은 당선 이후 TPP를 탈퇴하였다. 미국의 탈퇴 이후 11개 회원국은 포괄적·점진적 환태평양경제동반자협정(Comprehensive and Progressive Agreement for Trans-Pacific Partnership: CPTPP)이라는 이름으로 협상을 이어갔다. 엄밀한 의미에서 CPTPP는 TPP와 동일하지 않지만 이 장에서 분석하는 기술선택의 유연성 조항은 TPP나 CPTPP에서 동일한 내용으로 규정되어 있으므로 이하에서는 편의상 TPP로 부르기로 한다.

23 실제로 지난 2015년 케냐 나이로비에서의 제10차 WTO 각료회의(Ministerial Conference: MC)에서는 기존의 DDA 협상을 지속해 나갈지 아니면 새로운 접근을 시도할지 뚜렷한 방향을 정하지 못한 채 양안을 모두 담은 각료선언(ministerial declaration)을 발표해 논란이 되었다. 2017년 아르헨티나 부에노스아이레스에서 개최된 제11차 각료선언도 채택되지 못하였다.

정보통신 표준화 역시 기본적으로 시장경쟁 원칙에 따라 이뤄져야 한다는 미국의 입장은 현재까지 체결된 미국의 FTA에 일관되게 반영되어 왔다. 미국은 1985년 이스라엘과의 FTA 이래 2018년 11월 기준 총 15개의 FTA[24]를 25개 국가[25]와 타결, 서명 또는 발효한 상태로 초기 3개의 협정[26]을 제외한 모든 FTA에 기술선택의 유연성과 관련된 조항을 삽입하였다.[27] 참고로 이는 미국이 2017년 트럼프 행정부 출범과 동시에 행정명령(executive order)을 통하여 탈퇴한 TPP와 2018년 타결되어 향후 기존 북미자유무역협정(North American Free Trade Agreement: NAFTA)을 대체할 USMCA까지 포함한 것이다.[28]

미국의 FTA에 포함된 기술선택의 유연성 조항은 기본적으로 협정 당사국(party) 정부가 민간 통신공급자(suppliers of telecommunications services or suppliers)의 기술선택에 개입하지 말라는 것을 요지로 하고 있다

---

24 미-이스라엘 FTA(1985), 미-요르단 FTA(2000), 미-칠레 FTA(2003), 미-싱가포르 FTA(2003), 미-모로코 FTA(2004), 미-호주 FTA(2004), 미-도미니카-중미 FTA(2004), 미-바레인 FTA(2004), 미-오만 FTA(2006), 미-페루 FTA(2006), 미-콜롬비아 FTA(2006), 미-파나마 TPA(2007), 한-미 FTA(2010), TPP(2016), USMCA(2018)(서명 연도순).

25 과테말라, 뉴질랜드, 니카라과, 도미니카공화국, 말레이시아, 멕시코, 모로코, 바레인, 베트남, 브루나이, 싱가포르, 엘살바도르, 오만, 온두라스, 요르단, 이스라엘, 일본, 칠레, 캐나다, 코스타리카, 콜롬비아, 파나마, 페루, 한국, 호주(가나다순).

26 미-이스라엘 FTA(1985), NAFTA(1992), 미-요르단 FTA(2000).

27 미국의 FTA마다 '기술선택의 유연성'에 대한 영문 표기는 대동소이한데 대부분 FTA에서 'Flexibility in the Choice of Technologies' 또는 'Flexibility in the Choice of Technology'라고 표기한다. 한미 FTA에서는 해당 조항을 'Measures Concerning Technologies and Standards(기술 및 표준에 관한 조치)'라고 보다 포괄적으로 적는데 그 이유는 본문에서 더 자세히 설명한다.

28 다자협정 및 양자·복수국 간 무역협정에서 유발되는 미국의 무역적자 등에 불만을 가진 트럼프 대통령은 취임 3주 만인 2017년 1월 행정명령을 통하여 TPP에서 탈퇴하였다. 이후 일본의 주도로 TPP는 나머지 11개국 간 협상을 마치고 CPTPP라는 새 명칭으로 2018년 12월 30일 발효되었다.

(이한영, 2006: 343). 동시에 정부의 개입이 '정당한 공공정책 목적(legitimate public policy objectives)' 또는 '정당한 공공정책 이익(legitimate public policy interests)'을 전제로 할 경우에는 그 개입에 대한 예외를 인정받을 수 있다는 문구가 해당 조항에 같이 포함되기도 한다. 정보통신 분야 기업이 기술을 선택하는 과정에서 시장의 자율과 정부의 개입 간 적절한 균형을 찾고자 하는 셈이다.[29]

기술선택의 유연성과 관련하여 '정당한 공공정책 목적'이나 '정당한 공공정책 이익'이라는 문구의 유무에 따라, 그리고 나아가 문구가 협정에 포함된 경우에도 그 내용에 대한 범위의 구체화 정도에 따라 정부가 개입할 수 있는 정책 공간의 크기가 변화하기 때문에 협정별로 이를 비교, 분석할 필요가 있다. 우선 기술선택의 유연성 조항에 대하여 정당한 공공정책 목적이나 이익 달성을 위하여 예외를 인정하는 미국의 FTA를 구조와 내용에 따라 유형화하면 [표 7-3]과 같다.[30]

기술선택의 유연성 조항의 구체적 내용은 협정의 체결 시기나 협정 상대국의 경제 수준에 따라 변화하는 것으로 보이지는 않는다. 다시 말해 협상 시기 또는 협정상대국의 정보통신기술 수준의 고도화 여부 등과는 관계없이, 오히려 한국과의 FTA 통신협상에서 WIPI와 WiBro 사례가 고려되었던 것처럼 전략적으로 협정상대국 및 협상의 상황에 따라 내용이 차별화된 것으로 이해할 수 있다.

---

29 이러한 규범제정의 추이는 비단 미국이 체결한 FTA에서만 나타나는 것은 아니며, WTO·DDA 통신서비스 분야 미국 양허안[Communication from the United States-Initial Offer(TN/S/O/USA, 9 April 2003)]이나 APEC 논의[APEC Principles for Technology Choice Pathfinder(1 September 2006)]에서도 구체화되고 있다. 이와 관련된 내용은 이한영(2006) 참고.

30 미국이 기체결한 FTA에 나타난 기술선택의 유연성 조항 원문은 이 장의 [부록](204쪽) 참고.

[표 7-3] 기술선택의 유연성에 대한 예외성 여부로 구분한 미국의 FTA

		제1유형	제2유형	제3유형	제4유형	제5유형
내용	문구 유무	무	무	유	유	유
	예시 유무	무	유	무	유	무
	한정 여부	한정 안함	한정 안함	한정 안함	한정 안함	한정함
협정상대국 (서명 연도)		칠레 (2003)	싱가포르 (2003)	호주(2004), 중미-도미니카(2004), 바레인(2005), 오만(2006), 페루(2006), 콜롬비아(2006), 파나마(2007), TPP(2016), USMCA(2018)	모로코 (2004)	한국 (2007)
정부 규제한 정도		약함	보통		강함	아주 강함

출처: 이한영(2006)을 토대로 저자 재구성.

미국이 주도한 FTA로 인하여 기술표준 선택에 있어 민간 통신서비스 공급자의 자율성이 확보된 것은 통신서비스 자유화의 측면에서는 긍정적으로 평가할 만하다. 그러나 정보통신기술의 특성을 고려할 때 정부의 규제권한 역시 일정 부분 인정될 필요가 있는 것도 사실이다. 정당한 공공정책의 목적 또는 이익의 개념과 범위를 구체적으로 설정해야 정부가 규제권한을 내세워 시장의 자유를 침해하는 문제를 사전에 방지하고 반대로 정당한 근거가 뒷받침될 때 정부가 효율적으로 시장에 개입할 수 있게 된다(이한영, 2007: 254).

1) 제1유형: 미–칠레 FTA

제13.14조

각 당사국은 공중 통신서비스의 공급자가 상업적 무선 이동 서비스를 포함하여 자신의 서비스를 공급하기 위하여 이용하는 기술을 선택할 수 있도록 하는 유연성을 가질 수 없도록 하지 않기 위해 노력한다.

정보통신기술 분야에 있어 기술선택의 유연성 조항의 가장 기본적인 형태는 미국과 칠레 간 FTA에 포함된 제1유형이라 할 수 있다. 미국의 초기 FTA 중 미-이스라엘 FTA, NAFTA, 미-요르단 FTA에는 '기술선택의 유연성'이라는 조항이 없었다는 점을 고려하면 이를 명문화한 것만으로도 어느 정도 의미를 찾을 수 있다. 그러나 정부가 개입할 수 있는 조건으로 '정당한 공공정책 목적'이라는 문구나 '정당한 공공정책 이익'과 같은 문구가 포함되어 있지 않을 뿐만 아니라 그 목적에 대한 예시마저 없어 정부의 자의적 판단에 따른 시장개입 여지가 가장 크다. 이는 이후 미국의 다른 FTA에서 발견되는 유형들과는 가시적인 차이를 보인다. 따라서 민간 통신서비스 공급자의 자율성 확보를 우선시하는 미국의 지향과 상충하는 부분이 있지만, FTA 체제에서 해당 조항을 논의하던 초기였다는 점을 생각하면 미국이 당시에는 이를 주요하게 고려하지 못했을 가능성이 크다.

2) 제2유형: 미-싱가포르 FTA

제9.13조
각 당사국이 서로 다른 망의 최종 이용자들이 상호 통신할 수 있도록 보장하는 조치를 취할 권한이 있음을 인정하는 요건하에서 당사국은 공중 통신서비스의 공급자가 상업적 무선 이동 서비스를 포함하여 자신의 서비스를 공급하기 위하여 이용하는 기술을 선택할 수 있도록 하는 유연성을 가질 수 없도록 하지 않기 위하여 노력한다.

미-칠레 FTA와 비슷한 시기 서명되고 발효된 미-싱가포르 FTA는 제1유형보다 발전된 모습을 보인다. '정당한 공공정책 목적'이라는 문구를 직접 포함하고 있지는 않지만, 그 목적이 무엇인지 구체적인 예시를 명시한 제2유형이다. 미-싱가포르 FTA에서는 정부가 민간 공급자의 활동에 개입할 수 있는 경우의 예시로 "서로 다른 망의 최종이용자(end-users) 간 소통을 보장하기 위한"이라는 구체적 상황을 기술하여, 정부의 개입 여지를 보다 구체적으로 남겨두었다.

3) 제3유형: 미-호주 FTA부터 USMCA까지

미-호주 FTA

제12.15조

정당한 공공정책 이익을 충족하는 데 필요하다는 요건하에서 어느 당사국도 공중 통신서비스 또는 부가 서비스의 공급자가 패킷 기반 서비스와 상업적 무선 이동 서비스를 포함하여 자신의 서비스를 공급하기 위하여 이용하는 기술을 선택하지 못하도록 금지할 수 없다.

제3유형은 제2유형과는 반대로 '정당한 공공정책 이익' 문구는 포함되어 있지만 그 예시는 없어 이익의 정의와 범위가 구체적이지는 않다. 미-호주, 미-중미-도미니카, 미-바레인, 미-오만, 미-페루, 미-콜롬비아, 미-파나마 FTA와 TPP, 그리고 가장 최근의 USMCA에도 포함되어 있어 미국의 FTA에 포함된 '기술선택의 유연성' 조항 유형 중 가장 대표적인 형태라고 할 수 있다.

미-파나마 FTA

제13.14조

정당한 공공정책 이익을 충족하는 데 필요하다는 요건하에서 어느 당사국도 공중 통신서비스의 공급자가 상업적 무선 이동 서비스를 포함하여 자신의 서비스를 공급하기 위하여 이용하는 기술을 선택할 수 있도록 하는 유연성을 가질 수 없도록 금지할 수 없다.

제3유형 중에서도 미-파나마 FTA는 특이한 형태를 취하고 있다. 조문 자체는 같은 유형의 미-오만 FTA와 큰 차이가 없지만, 별도의 각주를 활용하여 통신서비스 제공자의 면허(license)나 허가(authorization)에 대해서는 정부 차원의 개입을 인정해 줄 수 있는 예시로 활용하였다.[31]

TPP

제13.23조

1. 정당한 공공정책 이익을 충족하는 데 필요하다는 요건하에서 어느 당사국도 공중 통신서비스의 공급자가 자신의 서비스를 공급하기 위하여 이용하는 기술을 선택하지 못하도록 금지할 수 없으며 이러한 선택을 제한하는 어떠한 조치도 무역에 불필요한 장애를 구성하는 방식으로 준비 · 채택 또는 적용되지 아니한다. 명확히 하기 위해, 이러한 조치를 채택한 당사국은 제13.22조(투명성)에 합치해야 한다.
2. 당사국이 고급 통신망 개발을 재정적으로 지원할 때에는 당사국은 특정 공공정책 이익을 충족시키는 기술을 사용할 것을 조건으로 재정지원을 할 수 있다.

TPP의 경우도 마찬가지이다. 애초 협상에 참여했던 12개 국가 각각의 개발 수준이 크게 상이하기 때문에 '정당한 공공정책 목적'이나 '이익'에 대하여 구체적이고 통일된 예시를 제시하고 있지는 못하지만, "무역에 불필요한 장애(unnecessary obstacles to trade)는 엄격히 지양한다"는 점을 명문화하였고, 이를 통하여 통신서비스 분야의 자유화를 간접적으로 보조하였다. 동시에 해당 조치가 태생적으로 갖는 불명확성으로부터 발생할 분쟁소지를 사전에 차단하고자 동 협정 제13.22조(투명성) 원칙을 따를 것을 명문화하였다. 이는 다음의 USMCA에도 동일하게 적용되었다.

---

31 해당 각주의 원문은 다음과 같다. "For greater certainty, nothing in this Chapter shall be construed to prevent a telecommunications regulatory body from requiring the proper license or other authorization to supply each public telecommunications service."

USMCA

제18.15조

1. 정당한 공공정책 이익을 충족하는 데 필요하다는 요건하에서 어느 당사국도 공중 통신서비스의 공급자가 자신의 서비스를 공급하기 위하여 이용하는 기술을 선택하지 못하도록 금지할 수 없으며 이러한 선택을 제한하는 어떠한 조치도 무역에 불필요한 장애를 구성하는 방식으로 준비 · 채택 또는 적용되지 아니한다.
2. 명확히 하기 위해, 이러한 조치를 채택한 당사국은 제18.24조(투명성)에 합치해야 한다.

이어 TPP의 관련 조항은 제2항에서 '특별한 공공정책 이익(specific public policy interests)'이 발생할 경우, 고급 통신망(advanced networks)의 개발과 관련하여 일정 조건하 정부 차원에서의 재정적 개입이 가능할 수 있게 규범을 마련해 두었다.[32]

4) 제4유형: 미-모로코 FTA

제13.14조

당사국이 스펙트럼 및 주파수 관리 정책과 기술규격과 국가 주파수 표에 합치하는 요건을 포함하여 공공정책 이익을 충족하는 데 필요한 기타 조치들을 자유롭게 수립하고 적용할 수 있어야 한다는 점을 예외로, 어느 당사국도 공중 통신서비스의 공급자가 상업적 무선 이동 서비스를 포함하여 자신의 서비스를 공급하기 위하여 이용하는 기술을 선택할 수 없도록 금지할 수 없다.

제4유형의 미-모로코 FTA는 '공공정책 이익' 문구를 기재하고 있는 것은 물론 그 예시까지 포함한 형태이다. '정당한 공공정책 이익'하에 정

32 협정문의 각주에 따르면 고급 통신망은 광대역 통신망(broadband networks)을 포함한다.

부가 개입할 수 있도록 하여 민간이 갖는 선택의 자유와 균형을 맞추는 동시에, 그 개입이 과도한 범위까지 확산되지 않도록 '기술규격(technical specifications)'이나 '국가 주파수 표(national frequency tables)'에 일치시키기 위한 경우 등에 국한된 것이라고 명시하고 있다. 기술선택의 유연성 조항 중에서 '정당한 공공정책 이익' 문구와 그 예시가 함께 포함된 유일한 유형이다.

5) 제5유형: 한미 FTA

한미 FTA 통신협정의 기술표준조치 조항은 좀 더 면밀한 분석을 필요로 한다. 기존의 네 가지 유형에 해당하지 않는 독특한 구조와 내용으로 구성되어 있기 때문이다. 해당 조항은 한미 FTA 제14.21조(기술 및 표준에 관한 조치)에 미국의 기존 FTA와는 완전히 다른 제목과 내용으로 구성되어 있는데, 이는 미국이 WIPI 및 WiBro를 둘러싸고 한국과 통상 마찰을 경험한 배경이 반영된 것으로 추정된다.

제14.21조
당사국은 공중 통신서비스 또는 부가 서비스의 공급자가 자신의 서비스를 공급하기 위하여 이용할 수 있는 기술 또는 표준을 제한하는 조치를 적용할 수 있다. 다만, 그러한 조치는 정당한 공공정책 목적을 달성하기 위하여 고안되어야 하며 무역에 대한 불필요한 장애를 일으키는 방식으로 입안 · 채택 또는 적용되어서는 아니 된다. 제3항에 언급된 기술적 요건에 관한 것을 제외하고, 각 당사국은 정당한 공공정책 목적을 정의할 권리를 보유하며, 통신 또는 부가 서비스나 장비의 국내 공급자에게 보호를 부여하는 것은 정당한 공공정책 목적이 아니라는 것을 인정한다.

총 5개의 세부조항으로 이뤄져 있는 동 조문은 우선 제2항에서 '정당한 공공정책 목적'을 달성하기 위하여 기술표준을 제한하는 조치를 적용할 수 있는 정부의 권한을 인정한다. 동시에 이러한 조치가 무역에 불필요한 장애를 초래해서는 안 된다고 명시하여 기존 방식과 TPP 방식을 모두 포함하고 있다. 정당한 공공정책의 목적에 대해서는 양국이 스스로 정의 내릴 수 있다고 규정하여 정부의 고유한 규제권한을 허용하면서도 정당한 공공정책의 목적으로 인정되지 않는 경우(통신 또는 부가서비스나 장비의 국내 공급자에게 보호를 부여하는 것)를 명시하고 있다.

제14.21조

당사국은 공중 또는 부가 서비스의 공급자가 특별한 전파 주파수 대역에서 자신의 서비스를 공급하기 위하여 이용할 수 있는 기술 또는 표준을 제한하는 기술적 요건을 적용할 수 있다. 다만, 그 요건은 주파수의 효과적 또는 효율적 이용(유해한 방해의 방지에 대한 것을 포함한다)을 보장하거나 국내 또는 국제 망이나 서비스에 대한 소비자의 지속적인 접근을 보호하거나, 법집행을 원활히 하거나, 인간의 건강 또는 안전을 도모하도록 고안되어야 한다.

주목할 부분은 미국의 기타 FTA에서는 찾아볼 수 없는 특정 전파 주파수에 관한 특칙이 포함되어 있다는 점이다. 해당 특칙에 따르면 특정 전파 주파수 대역에서 기술표준을 제한하는 정부의 조치는 네 가지 상황에서만 허용된다. (유해한 방해 방지를 포함하여) 주파수의 효과적 또는 효율적 이용 보장, 국내 또는 국제 망서비스에 대하여 소비자의 지속적인 접근 보호, 법집행 원활화 또는 인간의 건강이나 안전 보호 조치만이 인정된다.[33] 동 특칙이 한미 FTA에만 존재하며 정부의 규제권한이 인정되는 상황이 위와 같은 네 가지로 한정되어 있다는 점에서 미국의 기타 FTA 협정상대국에 비해 우리 정부의 표준제정권한이 상당히 제약되었다는 비판도 가능하다(곽동철·박정준, 2018: 116).

33 한미 FTA 제14.21조 3항.

제14.21조

당사국이 통신 또는 부가 서비스를 공급하기 위하여 특정한 기술이나 표준을 이용할 것을 강제하거나, 자신이 이용하는 기술을 선택하는 공급자의 능력을 달리 제한하는 조치를 채택하는 경우, 당사국은

가. 다음과 같은 규범제정에 기초하여 그러하게 한다.

1) 규범 제정 시 그 당사국이 시장의 힘으로는 자국의 정당한 공공정책 목적을 달성하지 못하였거나 달성할 것으로 합리적으로 기대될 수 없다고 결정하여야 한다. 그리고

2) 규범 제정 시 통신 또는 부가 서비스나 장비의 공급자에게 대체기술 또는 표준이 당사국의 정당한 공공정책 목적을 달성할 수 있음을 증명하는 기회를 부여하여야 한다. 그리고

나. 그 조치를 채택한 후에, 당사국의 정당한 공공정책 목적을 효과적이고 합리적으로 달성할 수 있는 대체 기술 또는 표준의 이용을 추가로 허용하는 규범제정 절차를 개시하도록 당사국에 요청할 수 있는 기회를 통신 또는 부가 서비스나 장비의 공급자에게 제공한다. 당사국은 그 조치를 개정하거나 적용하지 아니하는 것이 소비자에게 어떠한 영향을 미칠 수 있는지를 포함하여 그 요청을 수락하거나 거절하는 이유를 적시하여 그러한 요청에 대하여 서면으로 답변하고, 그 답변과 실행 가능한 한도에서 그 요청을 공개한다.

통신 분야에서 시장실패가 발생하는 경우 한미 FTA는 제5항을 통하여 정부의 개입 여지를 남겨두었다. 다만 매우 엄격하고 까다로운 사전적·사후적 투명성 조건을 명문화하여 오히려 정부의 규제권한을 제약하고 통신서비스 공급자의 기술선택 자율성을 중시하는 것으로 보인다(박영덕, 2015: 44). 해당 조항에 따르면 시장실패를 해결하기 위하여 정부 차원에서의 규범제정 시 시장의 힘만으로는 자국의 정당한 공공정책 목적 달성이 어렵다는 것을 증명해야 한다. 동시에 대체기술이 정당한 공공정책 목적을 달성할 수 있음을 증명하는 기회를 통신서비스 공급자에게 부여해야 하고(사전적 투명성 의무), 조치 채택 이후에는 통신서비스 공급자의 요청에 따라 대체기술의 이용을 추가로 허용하는 규범제정 절차를 개시해야 한다(사후적 투명성 의무).

종합하면, 미국은 기본적으로 정보통신기술에 있어 시장의 자율성

[표 7-4] 통신 분야 기술표준조치에 관한 한미 FTA와 TPP의 조항 비교

한미 FTA 제14.21조	구분	TPP 제13.23조
협정 발효일 이전에 채택된 조치에는 적용되지 않지만 제1항(규제권한과 기술선택의 유연성 간 균형) 및 제5항 나호(사후적 투명성)는 발효 전 조치에도 적용됨(각주 15)	시간적 적용 범위	-
정당한 공공정책 목적을 달성하기 위하여 고안되어야 하며 무역에 대한 불필요한 장애를 일으켜서는 안 됨(제2항 2문)	기술표준조치를 적용하기 위한 조건	정당한 공공정책 이익을 충족해야 하며 무역에 불필요한 장애를 구성해서는 안 됨(제1항)
당사국이 정당한 공공정책 목적을 정의할 권리를 보유하지만 보호주의적 조치는 이에 해당하지 않음(제2항 3문)	정당한 공공정책 목적을 정의할 권리	-
전파 주파수 이용의 경우 정당한 목적은 ① 주파수의 효과적 · 효율적 이용 보장, ② 망서비스에 대한 소비자의 지속적 접근 보호, ③ 법집행 원활화, ④ 인간의 건강 · 안전 보호로 한정됨(제3항 2문)	특정 분야에 적용되는 특칙	고급 통신망 개발의 경우 특정 기술 사용을 조건으로 한 재정지원 가능 (제2항)
기술표준조치가 성능에 기초하도록 노력함(제4항)	성능에 기반한 조치	-
대체기술이 정당한 공공정책 목적을 달성할 수 있음을 증명하는 기회를 서비스 공급자에게 부여해야 함(제5항 가호)	사전적 투명성	조치를 제13.22조(투명성)와 합치하는 방식으로 실행해야 함(제1항 2문)
서비스 공급자의 요청에 따라 대체 기술의 이용을 추가로 허용하는 규범제정 절차를 개시해야 함(제5항 나호)	사후적 투명성	-

출처: 한미 FTA 및 TPP 협정문을 토대로 저자 작성.

확보와 이를 통한 통신서비스 자유화에 주력하고 있다. 그러나 국가의 정당한 규제권한과 민간 통신서비스 공급자의 기술선택 유연성 가운데 미국은 대다수 FTA를 통하여 상반되는 두 가치 사이의 균형을 추구하고 있음을 확인할 수 있다. 다만 WIPI나 WiBro 등 특별한 사례를 경험했던 한국과의 FTA 같은 경우는 예외적인 형태이다. 새로운 모델을 통하여 특정 전파 주파수 대역에 대한 특칙과 사전적·사후적 투명성 의무 조항 등 한국 정부의 기술표준제정 권한을 제약하고 상대적으로 미국의 민간 통신서비스 공급자에게 유리한 기술선택의 유연성을 강조하는 조

항을 추가하였기 때문이다.

5. 결론

표준시장을 선점하려는 기업과 국가들의 경쟁은 ICT 분야에서 더욱 치열하게 전개되고 있다. 특히 언제 어디서나 온라인에 접속할 수 있는 모바일 인터넷이 가능해지면서 다양한 통신망과 휴대기기를 연결해 주는 상호접속기술의 중요성이 점차 커지고 있다. 통신망 상호접속기술 채택 과정에서 시장경쟁 원칙을 우선시하는 미국 등 선진국과 공공의 이익을 위하여 정부의 규제권한을 확보하려는 한국 등 후발 경쟁국의 대립이 통상분쟁으로 격화되기도 한다. 한미 간 WIPI 및 WiBro 분쟁이 대표적이다. WTO GATS 체제하에도 ICT 분야의 기술표준에 관한 국제규범이 미흡하여 향후 유사한 통상갈등이 얼마든지 재현될 우려가 존재한다.

통신 분야의 기술표준조치를 둘러싸고 우리나라와 통상갈등을 겪은 미국은 최근 들어 FTA를 대안적인 논의의 장으로 활용하고 있다. WTO 대신 자신들이 주도하는 FTA를 통하여 ICT 분야 기술표준을 규율하는 국제규범을 제정하려는 것으로 보인다. 이러한 모습이 가장 두드러지게 나타난 조항이 한미 FTA와 TPP, USMCA를 포함하여 미국의 대다수 FTA 통신협정에 포함된 '기술선택의 유연성' 조항이다. FTA 통신협정에 다양한 모습으로 나타난 기술선택의 유연성 조항이 향후 어떤 방향으로 발전할지 그리고 과연 TBT 협정과 GATS 규범을 대체하여 ICT 분야의 새로운 국제통상규범으로 자리매김할지 관심을 두고 지켜보아야 한다.

참고문헌

곽동철·박정준(2018).「FTA 체제하 정보통신 기술표준화의 주요 쟁점과 정책적 시사점: 기술선택의 유연성 조항을 중심으로」,『국제통상연구』제23권 제1호, 101-125쪽.

김대중(2008).「WiBro 국제표준화 채택과정」,『정보와 통신』제25권 제2호, 83-90쪽.

노택환(2010).『국제통상정책론: 무역정책의 이론·역사·국제관계』, 박영사.

박영덕(2015).「한-미 FTA 통신서비스 기술·표준조치 조항의 이해」,『국제경제법연구』제13권 제2호, 35-60쪽.

안덕근·김민정(2017).『국제통상체제와 무역기술장벽』, 박영사.

왕상한(2003).『WTO 뉴라운드와 기술무역장벽』, 새문사.

이상윤·이환구·김우식·이재호·김선자·김홍남(2004).「무선 인터넷 표준 플랫폼 WIPI 2.0의 표준화 동향」,『전자통신동향분석』제19권 제5호, 143-149쪽.

이한영(2006).「미국 FTA의 통신기술표준 규범: 특징 및 시사점」,『통상정보연구』제8권 제1호, 337-356쪽.

_____(2007).『디지털@통상협상: UR에서 한미 FTA까지』, 삼성경제연구소.

이한영·권병규(2005).「통신기술표준에 관한 한미협상의 시사점」,『통상법률』통권 제63호, 9-37쪽.

장승화(2005).「무선인터넷 플랫폼 표준의 통상법적 조명」,『LAW&TECHNOLOGY』제1권 제3호, 7-23쪽.

최승환(2014).『국제경제법(제4판)』, 법영사.

한국국제경제법학회(2013).『新국제경제법(보정판)』, 박영사.

_____(2018).『新국제경제법(전면개정판)』, 박영사.

한국정보통신기술협회(2008).『2008 정보통신 표준화 핸드북』.

Hazucha, B.(2013). "Technical Barriers to Trade in Information and Communication

Technologies", in Research Handbook on the WTO and Technical Barriers to Trade, edited by Tracey Epps and Michael J. Trebilcock, Cheltenham, UK, Edward Elgar Publishing, pp. 525-565.

Lee, H. and S. Oh(2008). "The Political Economy of Standards Setting by Newcomers: China's WAPI and South Korea's WIPI", *Telecommunications Policy*, Vol. 32, No. 9, pp. 662-671.

OECD(2011). *OECD Guide to Measuring the Information Society 2011*, OECD Publishing.

Shapiro, C. and H. R. Varian(1998). *Information Rules: A Strategic Guide to the Network Economy*, Boston, MA, Harvard Business.

APEC(2005). Principles for Technology Choice Pathfinders.

USTR(2003). The 2003 National Trade Estimate Report on Foreign Trade Barriers.

____(2004). The 2004 National Trade Estimate Report on Foreign Trade Barriers.

____(2005). The 2005 National Trade Estimate Report on Foreign Trade Barriers.

WTO(1996). The Relevance of the Disciplines of the Agreements on TBT and Import Licensing Procedures to Article VI. 4 of the GATS: Note by the Secretariat, S/WPPS/W/9, 11 September 1996.

____(2003). Communication from the United States-Initial Offer, TN/S/O/USA, 9 April 2003.

Gupta, P.(2002). "Choosing between J2ME and BREW for wireless development", *TechRepublic*. https://www.techrepublic.com/article/ choosing-between-j2me-and-brew-for-wireless-development/ (검색일: 2019년 8월 12일)

한미 FTA 협정문.

TPP 협정문.

United States-Australia FTA 협정문.

United States-Bahrain FTA 협정문.

United States-CAFTA-DR FTA 협정문.

United States-Chile FTA 협정문.

United States-Colombia FTA 협정문.

United States-Mexico-Canada Agreement 협정문.

United States-Morocco FTA 협정문.
United States-Oman FTA 협정문.
United States-Panama FTA 협정문.
United States-Peru FTA 협정문.
United States-Singapore FTA 협정문.
WTO TBT 협정문.

[부록]

미국이 체결한 FTA의 "기술선택의 유연성" 조항

국가 (유형)	조항	내용
칠레 (1)	제13.14조	각 당사국은 공중 통신서비스의 공급자가 상업적 무선 이동 서비스를 포함하여 자신의 서비스를 공급하기 위하여 이용하는 기술을 선택할 수 있도록 하는 유연성을 가질 수 없도록 하지 않기 위하여 노력한다.
싱가포르 (2)	제9.13조	각 당사국이 서로 다른 망의 최종 이용자들이 상호 통신할 수 있도록 보장하는 조치를 취할 권한이 있음을 인정하는 요건하에서 당사국은 공중 통신서비스의 공급자가 상업적 무선 이동 서비스를 포함하여 자신의 서비스를 공급하기 위하여 이용하는 기술을 선택할 수 있도록 하는 유연성을 가질 수 없도록 하지 않기 위하여 노력한다.
호주 (3)	제12.15조	정당한 공공정책 이익을 충족하는 데 필요하다는 요건하에서 어느 당사국도 공중 통신서비스 또는 부가 서비스의 공급자가 패킷 기반 서비스와 상업적 무선 이동 서비스를 포함하여 자신의 서비스를 공급하기 위하여 이용하는 기술을 선택하지 못하도록 금지할 수 없다.
중미-도미니카 (3)	제13.14조	정당한 공공정책 이익을 충족하는 데 필요하다는 요건하에서 어느 당사국도 공중 통신서비스의 공급자가 상업적 무선 이동 서비스를 포함하여 자신의 서비스를 공급하기 위하여 이용하는 기술을 선택할 수 있도록 하는 유연성을 가질 수 없도록 금지할 수 없다.
모로코 (4)	제13.14조	당사국이 스펙트럼 및 주파수 관리 정책과 기술 규격과 국가 주파수 표에 합치하는 요건을 포함하여 공공정책 이익을 충족하는 데 필요한 기타 조치들을 자유롭게 수립하고 적용할 수 있어야 한다는 점을 예외로, 어느 당사국도 공중 통신서비스의 공급자가 상업적 무선 이동 서비스를 포함하여 자신의 서비스를 공급하기 위하여 이용하는 기술을 선택할 수 없도록 금지할 수 없다.
바레인 (3)	제12.14조	정당한 공공정책 이익을 충족하는 데 필요하다는 요건하에서 어느 당사국도 공중 통신서비스의 공급자가 상업적 무선 이동 서비스를 포함하여 자신의 서비스를 공급하기 위하여 이용하는 기술을 선택할 수 있도록 하는 유연성을 가질 수 없도록 금지할 수 없다.
오만 (3)	제13.14조	정당한 공공정책 이익을 충족하는 데 필요하다는 요건하에서 어느 당사국도 공중 통신서비스의 공급자가 상업적 무선 이동 서비스를 포함하여 자신의 서비스를 공급하기 위하여 이용하는 기술을 선택할 수 있도록 하는 유연성을 가질 수 없도록 금지할 수 없다.
페루 (3)	제14.14조	정당한 공공정책 이익을 충족하는 데 필요하다는 요건하에서 어느 당사국도 공중 통신서비스의 공급자가 상업적 무선 이동 서비스를 포함하여 자신의 서비스를 공급하기 위하여 이용하는 기술을 선택할 수 있도록 하는 유연성을 가질 수 없도록 금지할 수 없다.

국가 (유형)	조항	내용
콜롬비아 (3)	제14.14조	정당한 공공정책 이익을 충족하는 데 필요하다는 요건하에서 어느 당사국도 공중 통신서비스의 공급자가 상업적 무선 이동 서비스를 포함하여 자신의 서비스를 공급하기 위하여 이용하는 기술을 선택할 수 있도록 하는 유연성을 가질 수 없도록 금지할 수 없다.
파나마 (3)	제13.14조	정당한 공공정책 이익을 충족하는 데 필요하다는 요건하에서 어느 당사국도 공중 통신서비스의 공급자가 상업적 무선 이동 서비스를 포함하여 자신의 서비스를 공급하기 위하여 이용하는 기술을 선택할 수 있도록 하는 유연성을 가질 수 없도록 금지할 수 없다.
TPP (3)	제13.23조	1. 정당한 공공정책 이익을 충족하는 데 필요하다는 요건하에서 어느 당사국도 공중 통신서비스의 공급자가 자신의 서비스를 공급하기 위하여 이용하는 기술을 선택하지 못하도록 금지할 수 없으며 이러한 선택을 제한하는 어떠한 조치도 무역에 불필요한 장애를 구성하는 방식으로 준비 · 채택 또는 적용되지 아니한다. 명확히 하기 위하여, 이러한 조치를 채택한 당사국은 제13.22조(투명성)에 합치해야 한다. 2. 당사국이 고급 통신망 개발을 재정적으로 지원할 때에는 당사국은 특정 공공정책 이익을 충족시키는 기술을 사용할 것을 조건으로 재정지원을 할 수 있다.
US MCA (3)	제18.15조	1. 정당한 공공정책 이익을 충족하는 데 필요하다는 요건하에서 어느 당사국도 공중 통신서비스의 공급자가 자신의 서비스를 공급하기 위하여 이용하는 기술을 선택하지 못하도록 금지할 수 없으며 이러한 선택을 제한하는 어떠한 조치도 무역에 불필요한 장애를 구성하는 방식으로 준비 · 채택 또는 적용되지 아니한다. 2. 명확히 하기 위하여, 이러한 조치를 채택한 당사국은 제18.24조(투명성)에 합치해야 한다.
한국 (5)	제14.21조	양 당사국은 기술 및 표준에 관한 조치가 정당한 공공정책 목적에 기여할 수 있다는 것과 공중 통신 및 부가 서비스의 공급자에게 자신의 서비스를 공급하기 위하여 이용하는 기술을 선택할 수 있도록 하는 유연성을 부여하는 규제 방식이 정보 및 통신 기술의 혁신과 발전에 기여할 수 있다는 것을 인정한다. 당사국은 공중 통신서비스 또는 부가 서비스의 공급자가 자신의 서비스를 공급하기 위하여 이용할 수 있는 기술 또는 표준을 제한하는 조치를 적용할 수 있다. 다만, 그러한 조치는 정당한 공공정책 목적을 달성하기 위하여 고안되어야 하며 무역에 대한 불필요한 장애를 일으키는 방식으로 입안 · 채택 또는 적용되어서는 아니 된다. 제3항에 언급된 기술적 요건에 관한 것을 제외하고, 각 당사국은 정당한 공공정책 목적을 정의할 권리를 보유하며, 통신 또는 부가 서비스나 장비의 국내 공급자에게 보호를 부여하는 것은 정당한 공공정책목적이 아니라는 것을 인정한다.

국가 (유형)	조항	내용
한국 (5)	第14.21조	당사국은 공중 또는 부가 서비스의 공급자가 특별한 전파 주파수 대역에서 자신의 서비스를 공급하기 위하여 이용할 수 있는 기술 또는 표준을 제한하는 기술적 요건을 적용할 수 있다. 다만, 그 요건은 주파수의 효과적 또는 효율적 이용(유해한 방해의 방지에 대한 것을 포함한다)을 보장하거나 국내 또는 국제 망이나 서비스에 대한 소비자의 지속적인 접근을 보호하거나, 법집행을 원활히 하거나, 인간의 건강 또는 안전을 도모하도록 고안되어야 한다. 가능한 한도에서, 각 당사국은 통신 또는 부가 서비스의 공급에 관한 기술적 요건이 디자인 또는 묘사적 특성보다는 성능에 기초하도록 노력한다. 당사국이 통신 또는 부가 서비스를 공급하기 위하여 특정한 기술이나 표준을 이용할 것을 강제하거나, 자신이 이용하는 기술을 선택하는 공급자의 능력을 달리 제한하는 조치를 채택하는 경우, 당사국은 가. 다음과 같은 규범제정에 기초하여 그러하게 한다. 1) 규범 제정 시 그 당사국이 시장의 힘으로는 자국의 정당한 공공정책 목적을 달성하지 못하였거나 달성할 것으로 합리적으로 기대될 수 없다고 결정하여야 한다. 그리고 2) 규범 제정 시 통신 또는 부가 서비스나 장비의 공급자에게 대체기술 또는 표준이 당사국의 정당한 공공정책 목적을 달성할 수 있음을 증명하는 기회를 부여하여야 한다. 그리고 나. 그 조치를 채택한 후에, 당사국의 정당한 공공정책 목적을 효과적이고 합리적으로 달성할 수 있는 대체기술 또는 표준의 이용을 추가로 허용하는 규범제정 절차를 개시하도록 당사국에 요청할 수 있는 기회를 통신 또는 부가 서비스나 장비의 공급자에게 제공한다. 당사국은 그 조치를 개정하거나 적용하지 아니하는 것이 소비자에게 어떠한 영향을 미칠 수 있는지를 포함하여 그 요청을 수락하거나 거절하는 이유를 적시하여 그러한 요청에 대하여 서면으로 답변하고, 그 답변과 실행 가능한 한도에서 그 요청을 공개한다.

출처: 각 FTA 협정문을 토대로 저자 번역.

제8장

식품표시 표준제도 현황과 통상 쟁점*

강성진

1. 서론

오늘날 표시제도 또는 라벨링(labelling) 제도는 각종 제품 소비 시 소비자의 안전보호 및 제품의 생산과 소비로 인한 환경 피해 등을 줄이기 위하여 시행되고 있다. 이러한 라벨링 제도는 제품에 대한 특정 정보를 소비자에게 제공하여 소비자의 자율적 소비 결정을 유도함으로써 제품의 생산을 규제하는 "간접적 규제수단"에 해당한다(안덕근·김민정, 2017: 173-174). 라벨링 제도 도입은 생산자에게 생산비용을 증가시키는 효과는 있지만 소비자들에 대한 긍정적 정보효과와 수출제품 경쟁력 향상에 긍정적인 영향을 주기도 한다(안덕근·김민정, 2017: 176-177). 따라서 라벨링 제도도 TBT 협정상 "기술규정"에 해당될 경우 "정당한 목적수행에 필요한 이상으로 무역을 규제하지 아니"[1]하는 것이 필요하고, "표준"에

* 이 글의 내용은 필자 개인 의견으로서, 김&장 법률사무소의 공식 견해가 아님을 밝

해당될 경우 "국제무역에 불필요한 장애를 초래하거나, 그러한 효과를 가질 목적으로 준비, 채택 또는 적용되지 아니하도록 보장"[2]해야 한다.

일상에서 라벨링 제도를 쉽게 접할 수 있는 분야가 식품 분야이다. 식품라벨(식품표시)[3]은 "식품, 식품첨가물, 기구 또는 용기·포장(이하 '식품 등'이라 한다)의 표시기준에 관한 사항 및 영양성분 표시대상 식품의 영양표시에 관하여 필요한 사항을 규정함으로써 식품 등의 위생적인 취급을 도모하고 소비자에게 정확한 정보를 제공하며 공정한 거래의 확보를 목적"으로 한다.[4] 또한 식품표시는 소비자에게 식품과 관련된 내용물, 영양, 위생 등 제반 정보를 정확하게 제공하여, 소비자의 식품 선택을 돕는 역할을 하며, 식품표시는 생산자에게 식품의 품질, 거래조건 등을 나타내어 소비자의 선택을 유도하는 중요한 수단이 된다(한국소비자원, 2011: 13).

이 장에서는 식품표시제도와 관련된 WTO에서의 논의 동향과 WTO 분쟁사례를 간단히 살펴보고, 식품표시제도와 관련된 각국 규범들을 비교해 보도록 한다.

힌다.

1 TBT 협정 2.2조 제2문.

2 TBT 협정 부속서 3, 5조.

3 이 글에서는 때에 따라 '식품표시'와 '식품라벨'을 혼용할 수 있으나, 의미는 동일하다.

4 식품 등의 표시기준 [식품의약품안전처고시 제2018-58호, 2018. 8. 2, 일부개정] 1.1.

2. 식품표시제도 관련 WTO에서의 논의 동향

1) WTO에서의 식품표시제도 관련 논의

WTO 체제에서는 식품표시제도와 관련해서 우선 TBT 협정이 적용된다. 특히 WTO에서는 TBT와 SPS 협정의 공통 원칙인 "조화(harmonization)", "동등성(equivalence)" 및 "투명성(transparency)" 원칙에 따라 식품표시제도 및 식품안전제도를 운영할 것을 요구하고(Wilson, 2017: 3).

또한 WTO TBT 위원회에서는 일부 회원국들의 식품의 영양표시(Nutritional Labeling) 관련 조치들에 대해서 타 회원국들이 무역 관련 구체적 우려 사항(Specific trade concerns)을 제기한 사례가 있었다. 당시 영양표시 조치를 취한 회원국들은 자국의 조치들이 TBT 협정 2.2조 규정상 "합법적 목적"에 따른 것이라고 주장하였다. 그러나 TBT 위원회에서 문제를 제기한 회원국들은 문제된 조치들이 (1) 정당화 사유 부족(TBT 협정 2.5조); (2) 필요 이상의 국제무역 제한적 조치(TBT 협정 2.2조); (3) 과학적 근거 부족(TBT 협정 2.2조); (4) 국제표준과의 호환성 문제(TBT 협정 2.2조); (5) 의견 표시 시간 부족(TBT 협정 2.9조) 등으로 인하여 무역 관련 구체적 우려 사항이 있다고 문제 제기하였다(Thow et al., 2018: 565-568).

2) 식품표시 관련 WTO 분쟁

식품표시 관련 WTO 분쟁 중 가장 대표적인 분쟁은 미국의 육류에 대한 원산지 정보 라벨링 조치 관련 분쟁이다.[5] 분쟁의 대강의 내용은 다음과 같다.

(1) 분쟁의 배경 및 분쟁 대상 조치 내용

이 분쟁은 미국이 육류 및 각종 농산물의 원산지에 관한 정보를 소비자에게 알리기 위한 목적으로 제품의 생산, 유통, 판매에 이르는 과정에서 제품의 이력 사항을 관리하고 이를 바탕으로 원산지를 표시하는 원산지 라벨 제도에 관한 분쟁이다. 당시 미국과 국경을 맞대고 있는 캐나다와 멕시코산 농산물은 미국 시장 진입을 위한 이력 정보를 갖추는 데 상당한 비용이 소요되었고, 캐나다와 멕시코 제품을 수입하던 미국 수입업자들에게도 이력 관리는 부담스러운 조치였다. 따라서 미국 수입업자와 유통업자들은 이력 관리가 비교적 용이한 미국산 제품을 선호하게 됨에 따라 캐나다와 멕시코산 농산물의 미국 수출이 타격을 입게 되어 본 분쟁에 이르게 되었다.

(2) 조치 내용

캐나다가 문제 삼은 미국의 조치들은 다음과 같다.

(a) 1946년 농업 마케팅법, 2002년 농업 안보 및 농촌투자법("2002 농업법") 및 2008년 음식, 보존 및 에너지법("2008 농업법").

(b) 2008년 8월 1일 공포된 쇠고기, 돼지고기, 양고기 닭고기, 염소고기, 부패하기 쉬운 농산물, 땅콩, 피칸, 인삼, 마카다미아 너트 등의 의무적 원산지 표시에 관한 Interim Final Rule 7 CFR Part 65("Interim Final Rule(AMS)") 및 2008년 8월 28일에 공포된 쇠고기(송아지 포함), 양고기, 닭고기, 염소 및 돼지고기 등의 살코기 토막, 간 쇠고기, 간 양고기, 간 염소고기, 간 돼

5 WTO(November 18, 2011 and June 29, 2012), United States—Country of Origin Labelling (COOL) Requirements, WT/DS384, 386/R, WT/DS384, 386/AB/R.

지고기 등의 의무적 원산지 표시에 관한 9 CFR Parts 317 and 381("Interim Final Rule(FSIS)").

(c) 2009년 9월 15일에 발표된 쇠고기, 돼지고기, 닭고기, 염소고기, 부패하기 쉬운 농산물, 땅콩, 피칸, 인삼, 마카다미아너트 등의 의무적 원산지 표시에 관한 의무적 원산지 표시에 관한 7 CFR Part 65(the "2009 Final Rule(AMS)").

(d) 2009년 2월 20일, Thomas Vilsack 미국 농업부 장관이 "산업계 대표"에 보낸 서한(the "Vilsack letter").

(e) (a)에서 (d)까지와 관련한 여하한 수정, 행정 지침, 행정 지도 또는 정책 통지.[6]

또한 멕시코가 문제 삼은 조치들은 다음과 같다.

(a) 1946년 농업 마케팅법, 2002년 농업 안보 및 농촌투자법("2002 농업법") 및 2008년 음식, 보존 및 에너지법("2008 농업법").

(b) Interim Final Rule: 2008년 8월 1일 공포된 쇠고기, 돼지고기, 양고기, 닭고기, 염소고기, 부패하기 쉬운 농산물, 땅콩, 피칸, 인삼, 마카다미아너트 등의 의무적 원산지 표시에 관한 규정(73 Federal Register 45106, 2008년 8월 1일).

(c) Final Rule: 쇠고기, 돼지고기, 닭고기, 염소고기, 부패하기 쉬운 농산물, 땅콩, 피칸, 인삼, 마카다미아너트 등의 의무적 원산지 표시에 관한 의무적 원산지 표시에 관한 규정(7 CFR Parts 60 and 65).

(d) Interim Final Rule: 쇠고기(송아지 포함), 양고기, 닭고기, 염소 및 돼지고기 살코기 토막, 간 쇠고기, 간 양고기, 간 염소고기,

6 WTO(November 18, 2011), para. 2.2.

간 돼지고기 등의 의무적 원산지 표시에 관한 규정(9 CFR Parts 317 and 381, published in 73 Federal Register 50710, 2008년 8월 28일).

(e) 2009년 2월 20일, Thomas Vilsack 미국 농업부 장관이 산업계 대표에 보낸 서한. 미국 농업부 보도자료 0045.09 "Vilsack Announces Implementation of Country of Origin Labelling Law"(20 February 2009).

(f) (a)에서 (d)까지와 관련한 여하한 수정, 개정 사항, 행정 지침, 행정 지도 또는 정책 통지.[7]

캐나다는 문제된 미국의 조치가 TBT 협정 2.1조 및 2.2조에 합치되지 않는다고 주장하였고, 멕시코는 문제된 미국의 조치가 TBT 협정 2.1조, 2.2조, 2.4조 및 12조에 합치되지 않는다고 주장하였다.

(3) 분쟁의 전개

본 분쟁은 2008년 12월 1일 캐나다의 양자협의신청으로 개시되었다. 그리고 패널보고서가 2011년 11월 18일에 회람되었고, 상소기관 보고서는 2012년 6월 29일에 회람되어, 2012년 7월에 채택되었다.[8]

(4) 주요 쟁점

본 분쟁에서 TBT 협정과 관련되어 제기되었던 쟁점들과 패널/상소기관의 판정 사항은 다음과 같다.

• TBT 협정 2.1조(내국민대우-기술규정) 상소기관은 미국의 COOL

7 WTO(November 18, 2011), para. 2.3.

8 https://www.wto.org/english/tratop_e/dispu_e/cases_e/ds384_e.htm (검색일: 2018년 10월 10일)

관련 조치가 국내산 가축보다 수입산 가축에 대하여 불리한 대우를 하기 때문에 TBT 협정 2.1조 위반이라는 패널의 판정을 인용했음. 상소기관은 COOL 관련 조치를 준수하기 위하여 가장 비용이 덜 드는 방법은 국내산 가축을 사용하는 것으로서, 이는 미국 국내 육류제품 생산자들이 미국산 가축만 사용하게 할 인센티브를 제공함으로써 수입제품의 경쟁 기회에 매우 해로운 결과를 가져오는 것이라고 결론지었음. 또한 상소기관은 소비자에게 전달되는 원산지 정보와 비교했을 때 COOL 제도는 upstream 생산자 및 처리업자들에게 현저히 비례적이지 않은 기록 및 검증 요건을 부과한다고 보았음. 상소기관은 COOL 조치로 인한 이러한 구별은 TBT 협정 2.1조 의미상 합법적이지 않다고 판정했음.

패널과 상소기관은 TBT 협정 2.2조 및 2.4조와 관련해서는 각각 주장 당사자들이 입증책임을 다하지 못했다고 판정하였다.

(5) WTO 판정 결과 및 이행

WTO 패널 및 상소기관은 미국의 육류 원산지 표시 제도가 WTO TBT 협정 2.1조상 내국민대우를 위반하는 차별적 조치라고 판정하였다. 미국은 2013년에 COOL 제도를 일부 개정한 후 이행을 통보하였다.[9] 그러나 캐나다와 멕시코는 미국의 이행조치가 충분치 못하다고 주

9 The amended COOL measure consisted of (a) the "COOL statute" (7 U.S.C. § 1638), which remained unchanged from the original dispute; and (b) the "2013 Final Rule" (78 Fed. Reg. 31367) amending certain provisions of the 2009 Final Rule (74 Fed. Reg. 2658) following the original dispute.

장하면서 DSU 21.5조에 따른 이행패널에 분쟁을 회부해서, 상소기관까지 올라갔다.[10]

본건의 이행패널은 개정된 COOL 조치가 원래 COOL 조치보다 수입 가축의 경쟁 기회에 대한 불리한 조건을 오히려 증가시켰고, 이러한 효과는 합법적인 규제의 결과로 일어난 것이 아니라고 판정하였다. 따라서 개정된 COOL 조치는 여전히 미국산 가축보다 수입산 가축을 불리하게 대우하기 때문에 TBT 협정 위반이라고 판정하였다. 이에 대하여 미국과 캐나다는 각각 상소기관에 상소를 요청했으나 상소기관은 패널의 판정에 실수가 없었으며, 따라서 패널의 판정을 그대로 인용하였다.

이러한 이행패널과 상소기관 보고서에도 불구하고, 미국은 어떠한 시정조치도 취하지 않아서, 결국 캐나다는 보복승인 신청을 하였고, 2015년 12월, DSU 22.6조에 의해 설치된 보복조치 중재 패널은 미국이 판정을 이행할 때까지 캐나다에 대해서는 매년 CAD 10억 5,500만, 멕시코에 대해서는 매년 USD 2억 2,776만의 상품무역 분야 양허 정지 및 관련 의무 정지를 허가하였다.

3. 식품표시제도 관련 각국 규범 동향

1) Codex Alimentarius 라벨링

Codex Alimentarius Commission은 1962년에 FAO(Food and Agriculture

---

10 WTO. United States-Certain Country of Origin Labelling (COOL) Requirements-Recourse to Article 21.5 of the DSU by Canada and Mexico, WT/DS384, 386/RW.

Organization of the United Nations)와 WHO(World Health Organization)이 FAO/WHO Joint Food Standards Program에 의하여 합동으로 창설된 기구로서,[11] 식품 관련 국제적 표준을 제정하기 위하여 설치되었다. Codex Alimentarius Commission이 제정해서 채택하는 식품 관련 표준 및 관련 문서를 "Codex Alimentarius(Food code)"라 한다. Codex Alimentarius Commission이 제정하는 기준들은 WTO TBT 및 SPS 협정상 "국제기준(international standard)"로 인정되고 있기도 하다.

이 중 식품 라벨링 표준 및 지침은 Codex Alimentarius Commission 산하의 The Codex Committee on Food Labelling(CCFL)에서 제정한다.[12] CCFL은 (1) 모든 식품에 적용되는 식품표시 관련 조항을 제정하고; (2) Codex의 기준, 행동규범, 지침안 등을 담당하는 위원회에 의해 준비된 식품표시 관련 특정 조항들을 검토하고 인가하며; (3) Codex 사무국에서 배정한 특정한 식품표시 관련 문제들을 검토(study)하고; (4) 특히 소비자를 오도하는 제품 설명과 식품에 부착된 주장 등을 포함한 식품 광고 관련 문제 연구한다.[13]

현재 CCFL에서 제정하고, 현재 적용되는 라벨링 관련 국제적 기준은 다음과 같다.

---

11 http://www.fao.org/fao-who-codexalimentarius/about-codex/history/en/ (검색일: 2018년 8월 27일)

12 http://www.fao.org/fao-who-codexalimentarius/thematic-areas/nutrition-labelling/en/ (검색일: 2018년 8월 27일)

13 http://www.fao.org/fao-who-codexalimentarius/committees/committee/en/?committee=CCFL (검색일: 2018년 8월 29일)

(1) General Standard for the Labelling of Prepackaged Foods[14]

본 기준은 소비자에게 제공되거나 취사를 목적으로 제공되는 모든 포장식품의 표시에 적용되는 기준으로서 Codex Alimentarius Commission 14차 회의(1981)에 채택되었고, 2001년 24차 회의까지 총 4회 개정되어서 시행 중이다.[15] 우선 본 기준에서 규정하는 포장식품 표시의 일반 원칙은 다음과 같다.[16]

- 포장식품의 표시 또는 표시 행위는 거짓 정보, 오도성 정보 또는 소비자를 속이거나 식품 성격에 관해 잘못된 인상을 줄 수 있는 여하한 방법으로 설명 또는 제시되지 않는다.
- 포장식품은 직간접적으로 다른 식품과 혼란을 줄 수 있는 표시를 포함하거나 구매자 또는 소비자가 다른 식품과 연관된 것으로 생각할 수 있는 방법으로 문자, 그림 또는 기타 방법을 사용한 표시를 포함해서는 안 된다.

또한 포장식품에 의무적으로 표시되어야 하는 사항들은 다음과 같다.[17]

- 식품 명칭
- 내용물 리스트
- 가공 보조제 및 식품첨가물
- 용량
- 사업체 명칭 및 주소

14 CODEX STAN 1-1985.

15 *Id.*, Footnote 1.

16 *Id.*, Art. 3.

17 *Id.*, Art. 4.

• 식품 원산지
• 로트 번호
• 유통기한 및 보관 조건 명시
• 사용 방법

또한 추가적인 의무적 표시사항은 다음과 같다.[18]

• 특별히 많이 들어갔거나 적게 들어갔다고 강조되는 식품 내용물 또는 식품 효과에 관한 내용의 경우 생산 당시 내용물 함량을 표시할 것.
• 향신료 등 소량만 사용되는 내용물의 경우 강조 대상이 될 수 없음.

[방사선 처리 식품]

- 방사선 처리 사실은 반드시 명기하되, 방사선 처리 식품표시( )는 선택 사항임.
- 방사선 처리 식품이 다른 식품의 내용물로 포함될 경우, 이를 명기해 줄 것.
- 방사선 처리된 원료를 사용한 식품을 원재료로 해서 준비되는 단일 내용물 상품(single ingredient product)의 경우, 방사선 처리된 원료임을 명기해 줄 것.

• 의무적 표시사항 예외: 향신료 및 허브, 소형 견과류를 제외하고, 최대 표면적이 10cm^2 이하인 식품은 의무적 표시사항의 예외 인정함.

18 *Id.*, Art. 5.

또한 선택적 표시사항은 다음과 같다.

- 의무요구조건과 상충되거나 식품첨가물에 대하여 어떠한 방식으로든 소비자를 오도, 기만하지 않는 한 기록, 인쇄 또는 도형화된 모든 정보나 그림을 사용할 수 있음.

의무적 표시사항은 포장과 분리되어서는 안 되고, 본 기준 및 여하한 Codex 기준에 따르는 문언들은 소비자 구매 및 사용 시 보통의 조건에서 명확히 보이고, 확실히 가독성이 있어야 한다. 또한 식품 포장용기가 포장재에 싸여 있을 경우, 필요한 정보는 용기에 표시한 정보는 포장재를 통해서 확실히 읽을 수 있거나 최소한 포장재가 정보를 가리면 안 된다. 또한 식품 명칭 및 용량 표시는 용기의 같은 면에 표시해야 한다.[19]

또한 원래 식품표시에 표기된 언어는 소비자가 수용할 수 있어야 한다. 원래의 표지에 사용된 언어가 이해하기 어려운 경우에는 재표시하는 대신에 요구되는 언어로 의무정보를 표시한 보조표시를 사용할 수 있다.[20]

(2) General Standard for the Labelling of Food Additives When Sold as Such[21]

본 기준은 우선 소매로 판매되거나 사업의 목적으로 식품제조업자들과 조리업자들에게 소매 외의 형태로 판매되는 식품첨가물 표시에 적

19 *Id.*, Art. 8.1.

20 *Id.*, Art. 8.2.

21 CODEX STAN 107-1981.

용된다. 또한 동 규격은 가공보조제에도 적용된다.[22] “식품첨가물(food additives)”은 통상적으로 식품과 같이 그 자체로 소비되지 않고, 식품의 일반적인 성분으로 사용하지 않는 물질이다. 또한 가공보조제(processing aid)란 그 자체로는 식품의 원재료로 소비되지 않으면서 원료, 식품 혹은 식품 성분의 가공 과정에서 처리 및 가공상에 특정 기술적 목적을 달성하기 위하여 의도적으로 사용된 물질이나 재료를 의미한다.[23]

본 기준에서 규정하는 식품첨가물의 일반 원칙은 다음과 같다.[24]

- 식품첨가물은 그 표지나 표시상에 허위, 오도, 기만하거나, 그 성질에 관하여 잘못된 인상을 줄 수 있는 방법으로 묘사하거나 표현되어서는 안 됨.
- 식품첨가물은 그 표지나 표시상에 언어, 그림 등을 사용하여 그 식품과 혼동될 수 있는 다른 식품첨가물을 직·간접적으로 언급 또는 암시하거나, 소비자로 하여금 그 식품첨가물이 다른 제품과 관련이 있다고 혼동시키는 표현 등은 사용하여서는 안 됨. “○○향”이라는 용어는 ○○ 원료에서 유래된 것이 아니라 “○○”의 향을 모방한 향을 표현하는 데 사용될 수 있음.

또한 본 기준상 소매로 판매되는 식품첨가물의 의무적 표시사항은 다음과 같다.[25]

- 식품첨가물 세부사항: 식품첨가물 명칭, 최소 보존기한 정보(판매

---

22 *Id.*, Art. 1.

23 *Id.*, Art. 2.

24 *Id.*, Art. 3.

25 *Id.*, Art. 4.

기한이 18개월을 넘지 않는 식품 한정), "식품용(For Food Use)"이라는 단어 또는 이와 유사한 표현

- 보관 및 사용 방법
- 실중량
- 사업자 명칭 및 주소
- 원산지국

소매로 판매되지 않는 경우의 의무적 표시사항은 다음과 같다.[26]

- 식품첨가물 세부사항: 식품첨가물 명칭, 최소 보존기한 정보(판매기한이 18개월을 넘지 않는 식품 한정), "식품용(For Food Use)"이라는 단어 또는 이와 유사한 표현
- 보관 및 사용 방법
- 실중량
- 사업자 명칭 및 주소
- 원산지국
- 로트 번호

동 규격이나 기타 Codex 규격에 따라 표시해야 하는 문구는 명확하게 눈에 잘 띄며 소비자의 구입 및 사용 과정 중 쉽게 읽을 수 있어야 한다. 이러한 정보는 디자인, 기타 인쇄된 것, 그림 등으로 인하여 알아보기 어려워서는 안 되며, 배경과 구분되어야 한다. 식품첨가물 명칭을 나타내는 글자는 표지에 가장 두드러지게 인쇄된 것과 비슷한 크기여야 한다. 용기가 포장지로 싸인 경우에는 그 포장지에 필요한 정보가 있거

26 *Id.*, Art. 5.

나 용기의 표지가 외부 포장지를 통하여 쉽게 읽혀야 하며 외부 포장지가 용기의 표시를 가려서는 안 된다. 일반적으로 식품첨가물의 명칭 및 실중량은 판매 시 소비자에게 제공되는 표지에 나타내야 한다.[27]

또한 식품첨가물 표시에 사용되는 언어는 식품첨가물이 판매되는 국가에서 수용할 수 있어야 한다. 원래의 표지에 사용된 언어가 이해하기 어려운 경우에는 재표시하는 대신에 요구되는 언어로 의무정보를 표시한 보조표시를 사용할 수 있다.[28]

(3) General Standard for the Labelling of and Claims for Prepackaged Foods for Special Dietary Uses[29]

본 기준은 특수용도 포장식품, 즉 현존하는 특정한 육체적·생리학적 상태 및/또는 특정 질병 문제 때문에 존재하는 특별한 음식 섭취 요건을 만족시키기 위하여 특별히 가공/제조된 식품의 표시 및 소비자, 음식 제공 서비스 또는 프레젠테이션, 그리고 일정 부분 해당 음식에 대한 강조(claims)에 대한 기준을 제공한다.[30]

특수용도 포장식품표시는 거짓 정보, 오도성 정보 또는 소비자를 속이거나 식품 성격에 관해 잘못된 인상을 줄 수 있는 여하한 방법으로 설명 기재되지 않아야 하며, 이 기준이 적용되는 표시나 광고에는 전문가의 권고가 필요 없다는 내용을 포함해서는 안 된다.[31]

---

27 *Id.*, Art. 6.1.

28 *Id.*, Art. 6.2.

29 CODEX STAN 146-1985.

30 *Id.*, Arts. 1 and 2.

31 *Id.*, Art. 3.

특수용도 포장식품의 의무 표시사항은 다음과 같다.

- 식품 명칭
- 성분 목록
- 영양소 표시
- 최종 내용물 및 탈수 후 무게
- 원산지, 로트 표시, 날짜 표시 및 보관 안내: General Standard for the Labelling of Prepackaged Foods의 기준 원용
- 개봉 후 보관 방법 안내

또한 특수목적 포장식품표시에 적용되는 부가적 의무 요건은 다음과 같다.

- 정량적 성분표시
- 강조(claims)
  - 아래의 General Guidelines on Claims을 원칙적으로 원용.
  - 천연성분으로 인하여 특정 식이요법에 적합한 식품의 경우 "특수목적" 또는 "특수목적을 위한 식품" 또는 유사한 명칭을 써서는 안 됨.
  - 질병, 건강 문제 또는 특정 생리적 조건의 치료, 방지, 감소에 적합하다고 강조하는 것은 다음 경우에만 가능함.
  · 특수용도 식품에 대한 Codex 기준 또는 지침을 따르고, 그 원칙에 부합할 경우.
  · 적용 가능한 Codex 기준 또는 지침이 없는 경우 해당 국가의 법률에서 허용하는 경우.
- 방사선조사식품: General Standard for the Labelling of Prepackaged Foods의 기준 원용

동 기준에서 규정하지 않은 사항에 대해서는 General Standard for the Labelling of Prepackaged Foods의 기준을 따르도록 하고 있다.

(4) General Guidelines on Claims[32]

본 지침은 1979년에 채택되어 2009년에 마지막으로 개정된 지침이다. 본 지침은 식품표시 중 객관적인 성분표시 등이 아니라 식품의 특성에 대한 강조(claims) 표시가 갖춰야 할 요건에 대한 일반적 지침을 규정하고 있다. 이 지침에서 "Claims"은 "a claim is any representation which states, suggests or implies that a food has particular characteristics relating to its origin, nutritional properties, nature, production, processing, composition or any other quality"로 정의되었다. 또한 식품 판매자는 식품 강조표시를 입증할 수 있어야 한다.[33]

또한 다음의 강조표시는 금지된다.[34]

- 해당 식품이 모든 필수영양소를 충분히 제공한다고 서술한 강조표시. 단, Codex 규격에서 해당 강조표시를 하도록 허용된 제품이나 관계당국이 모든 필수영양소의 충분한 공급원이라고 승인한 제품의 경우는 제외.
- 균형 잡힌 식사 혹은 일반식품은 모든 영양소를 충분히 공급할 수 없음을 암시하는 강조표시.
- 입증할 수 없는 강조표시.
- 식품이 질병 이상 혹은 특정 생리적 상태를 예방 완화하는 데 적합하다는 강조표시. 단, 다음의 경우는 제외.

---

32 CAC/GL 1-1979.

33 *Id.*, paras. 1-2.

34 *Id.*, para. 3.

- 특수용도 식품분과위원회 소관 식품에 대한 Codex 규격 및 지침에 부합하고 동 지침의 원칙을 따르는 경우.
- 적용 가능한 Codex 기준 또는 지침이 없는 경우 해당 국가의 법률에서 허용하는 경우.

• 유사한 식품의 안전에 대한 의심 또는 공포를 유발하거나 부당하게 이용 가능한 강조표시.

또한 다음의 강조표시는 "오도 가능한 강조표시"로 규제된다.[35]

• 불충분한 비교와 최상급 표현을 포함한 무의미한 강조표시.
• "완전한(wholesome)", "건강한(healthful)", "건전한(sound)" 등의 모범위생규범에 관한 강조표시.

그리고 특정한 경우에만 허용되는 강조표시들도 있다.[36]

(5) Guidelines on Nutrition Labelling[37]

본 지침의 목적은 영양표시가 다음 상황에서 실효성을 갖게 하기 위함이다.

• 소비자에게 식품에 관한 정보를 제공하여 현명한 식품선택을 할 수 있도록 함.
• 표지상에 식품의 영양소 함량에 관한 정보를 전달하는 수단을 제공함.
• 공중보건에 도움이 되는 식품조성(formulation)이 될 수 있으면 건

35 *Id.*, para. 4.

36 *Id.*, para. 5.

37 CAC/GL 2-1985.

전한 영양원칙 사용을 장려함.

- 표지상에 보조적인 영양정보를 포함하는 기회를 제공함.
- 영양표시에 어떠한 방법으로든 허위, 오도, 기만 또는 무의미한 방식으로 제품 또는 제품에 대한 정보가 서술되지 않도록 하기 위함.

* 영양 강조표시가 영양표시 없이 행해지지 않도록 하기 위함.

본 지침은 모든 식품의 영양 관련 표시에 적용되며, 특별식(신체적 조건 또는 특정 질병, 소화불량 증세 등으로 인하여 특정한 음식을 섭취해야 하는 사람들을 위하여 개발된)의 경우 별도 규정을 따른다.[38]

영양소 표기는 「영양 및 건강 강조표시 사용을 위한 지침(the Guidelines for Use of Nutrition and Health Claims(CAC/GL 23-1997))」에서 정의한 것처럼 영양이나 건강 강조표시를 하는 모든 포장식품에는 반드시 해야 한다.[39]

영양소 표기에는 다음 사항들을 포함해야 한다.[40]

- 열량.
- 단백질, 체내 이용 가능한 탄수화물(즉, 식이섬유소를 제외한 식이탄수화물), 지방, 포화지방, 나트륨 및 총 당류 함량.
- 영양 또는 건강 강조표시를 하고자 하는 영양소의 함량.
- 국가법령 또는 국가 식이지침에서 요구되어지는 바람직한 영양 상태의 유지에 필요하다고 판단되는 영양소의 함량.
- 국가법령에 따라 바람직한 영양 상태 유지에 필요하다고 판단되

---

38 *Id*., para. 1.

39 *Id*., para. 3.1.

40 *Id*., para. 3.2.

는 다른 영양소의 함량을 의무적으로 표시하게 할 수 있음.

- 영양 또는 건강 강조표시를 하고자 하는 경우 국가법령 또는 국가 식이지침에서 요구하는 바람직한 영양 상태 유지에 필요하다고 판단되는 다른 영양소의 함량은 반드시 표시.
- 탄수화물의 함량 및/또는 종류에 관해 강조표시를 하는 경우 총 당류의 함량을 표시하여야 함. 또한 전분 및/또는 기타 탄수화물 구성성분의 함량도 표시할 수 있음. 식이섬유 함량에 대하여 강조표시를 하는 경우 식이섬유소의 함량을 표시.
- 지방산의 함량 및/또는 종류 혹은 콜레스테롤의 함량에 관해 강조표시를 하는 경우 위의 내용에 더해 포화지방산과 단일불포화지방산, 고도불포화지방산 및 콜레스테롤의 함량을 표기하여야 하며, 국가법령이 정하는 경우 트랜스지방산의 함량을 표시할 수 있음.
- 비타민과 무기질의 경우 권장섭취량이 설정되어 있고/있거나 해당 국가에서 영양적으로 중요한 비타민과 무기질만 표시하여야 함.

본 지침은 영양소별로 함량 계산 방법을 자세히 싣고 있으며,[41] 영양소 함량표시 단위 및 방법도 규정하고 있다.[42]

또한 영양표시는 「포장식품의 표시를 위한 Codex 일반규격(CODEX STAN 1-1985)」상 표시의 가독성에 관한 원칙을 따라야 하며,[43] 회원국 당국은 영양표시의 가독성 향상을 위하여 영양정보표시의 추가

41 *Id.*, para. 3.3.

42 *Id.*, para. 3.4.

43 *Id.*, para. 4.1.

적인 방법을 결정할 수 있다.[44]

또한 보충적 영양정보(supplementary nutrition information)의 경우 식품 표지에 보충적 영양정보를 이용하는 것은 선택적이어야 하며, 표지의 보충적 영양정보에는 소비자의 이해와 정보 이용을 증진시키기 위한 소비자 교육 프로그램이 수반되어야 한다.[45]

(6) Guidelines for Use of Nutrition and Health Claims[46]

동 지침은 식품 표지에서 영양 및 건강 강조표시의 사용에 관한 것으로 관할 당국이 필요로 하는 경우 광고에서 영양 및 건강 강조표시 사용에 관한 것도 해당된다.[47] 또한 특수용도식품(Special Dietary Uses)과 특수의료용도식품(Foods for Special Medical Purpose)에 관한 Codex 규격이나 지침의 특별 규정은 예외로 한다.[48] 또한 동 지침은 강조표시에 관한 일반지침을 보충하기 위한 것으로, 지침의 금지조항을 대체하는 규정은 아니다.[49] 영양 및 건강 강조표시는 관련 Codex 규격이나 국가법령에서 특별히 규정된 경우를 제외하고는 영·유아용 식품에 표시될 수 없다.[50]

영양 강조표시(nutrition claim)는 식품에 열량, 단백질, 지방, 탄수화물, 비타민과 무기질 등에 관하여 특별한 영양학적 특징을 가지고 있음을 서술, 제시 또는 암시하는 표현을 의미하고, 다음의 항목은 영양 강조표시가 아니라고 한다.

44 *Id.*, para. 4.2.
45 *Id.*, para. 5.
46 CAC/GL 23-1997.
47 *Id.*, para. 1.1.
48 *Id.*, para. 1.2.
49 *Id.*, para. 1.3.
50 *Id.*, para. 1.4.

(a) 원재료 목록에서 물질을 언급한 것.

(b) 영양표시에서 의무적으로 표시해야 하는 영양소를 언급한 것.

(c) 국내법에서 요구되는 특정 영양소나 원재료의 양 또는 특성에 관한 표기.[51]

영양 또는 건강 강조표시가 있는 식품은 「영양표시에 관한 지침(Codex Guidlines on Nutrition Labelling)」의 제3조에 따라 표지에 영양소 표시를 해야 하고, 영양 강조표시는 「영양표시에 관한 지침(Codex Guidlines on Nutrition Labelling)」에서 영양소 참고치가 설정되어 있는 열량, 단백질, 탄수화물, 지방 및 그 구성성분, 식이섬유, 나트륨, 비타민 및 무기질에 관련한 사항에만 허용되어야 한다.[52]

동 지침의 영양소 함량 강조표시 조건표에 기술된 영양소 함량 강조표시나 이와 유사한 강조표시를 한 경우에는 그 강조표시에 해당하는 조건을 만족해야 한다.[53]

또한 비교 강조표시를 할 경우 표시된 사용 방법에 따라 소비하는 경우 요구되는 것 이상을 고려하여 판매 시 식품을 기준으로 (1) 비교되는 식품을 명확히 밝히고; (2) 열량이나 영양소 함량의 차이가 기술되어야 한다.[54]

동 지침은 또한 (1) 무첨가 강조표시;[55] (2) 건강 강조표시;[56] (3) 식

51 *Id.*, para. 2.1.
52 *Id.*, paras. 3-4.
53 *Id.*, para. 5.1.
54 *Id.*, para. 6.
55 *Id.*, para. 7.
56 *Id.*, para. 8.

이지침 및 "건강한 식이(healthy diet)"에 관한 강조표시의 요건[57]을 자세하게 규정하고 있으며, 부록은 건강 강조표시가 갖춰야 할 과학적 입증(scientific substantiation)이 갖춰야 할 조건에 대한 권고사항(recommendation)을 규정하고 있다.[58]

(7) General Guidelines for Use of The Term "Halal"[59]

본 지침은 이슬람 율법에 맞는 음식이라는 "할랄(Halal)"의 정의 및 "할랄" 표시를 부착하기 위한 조건에 관한 지침이다. 본 지침은 상기한 강조표시에 관한 일반 지침을 보충하는 지침으로서 동 지침에서 금지한 사항을 대체하는 것은 아니다.[60]

"할랄" 식품은 이슬람법에서 허용된 식품으로서 다음의 조건을 따라야 한다.[61]

- 이슬람법에 위배되는 어떠한 것도 포함하지 말 것.
- 이슬람법에 위배되는 것이 존재하는 기구 또는 설비를 이용해서 가공, 운송, 저장하지 말 것.
- 제조, 가공, 유송, 저장 중에 위에 맞지 않는 식푼과 지접 접촉하지 않을 것.

"할랄"이라는 용어는 법적으로 허용된 식품에 사용될 수 있는데, 동물성 식품 중에서는 돼지, 개, 뱀, 원숭이, 육식동물, 맹금류, 이슬람에

57 *Id*., para. 9.

58 *Id*., Annex.

59 CAC/GL 24-1997.

60 *Id*., para. 1.

61 *Id*., para. 2.

서 도살을 금지하는 동물, 혐오동물, 유독하고 위험한 수중동물, 혈액이 포함되지 않아야 한다. 또한 중독성 있고 위험한 식물은 "할랄" 식품에 포함되어서는 안 되고, 알코올 음료와 중독성 있는 음료들도 "할랄" 식품에 포함되어서는 안 된다.[62]

또한 법적으로 허용된 동물이라 해도 이슬람에서 규정하는 방법에 따라 도축되어야 한다.[63] 또한 식품의 제조, 가공, 포장, 운송 및 저장은 위의 규정 및 Codex의 식품위생에 관한 일반원칙 및 관련 Codex 규격을 준수해야 한다.[64]

식품에 "할랄" 강조표시를 한 경우 표지에 "할랄(Halal)" 또는 이와 동등한 용어가 나타나야 하고, "할랄" 강조표시는 유사 식품의 안전성에 의심을 가져오거나 할랄 식품이 다른 식품보다 영양학적으로 우수하거나 건강에 더 낫다는 방법으로 사용되어서는 안 된다.[65]

2) 한국

한국의 경우 식품위생법 제11조[66]에 근거해서 시행되는 식품의약품안

---

62 *Id*., para. 3.1.

63 *Id*., para. 3.2.

64 *Id*., para. 3.3.

65 *Id*., para. 4.

66 식품위생법 제11조:
제11조(식품의 영양표시 등) ① 식품의약품안전처장은 총리령으로 정하는 식품의 영양표시에 관하여 필요한 기준을 정하여 고시할 수 있다.
② 식품을 제조·가공·소분 또는 수입하는 영업자가 식품을 판매하거나 판매할 목적으로 수입·진열·운반하거나 영업에 사용하는 경우에는 제1항에 따라 정하여진 영양표시 기준을 지켜야 한다.
③ 식품의약품안전처장은 국민들이 제1항에 따른 영양표시를 식생활에서 활용할 수 있도록 교육과 홍보를 하여야 한다.

전처 고시인 "식품 등의 표시기준"[67]에서 식품표시 관련 내용을 규율하고 있다. 이 기준은 판매를 목적으로 하는 식품 또는 식품첨가물과 기준 또는 규격이 정해진 기구와 용기포장의 표시에 관하여 필요한 기준을 규정하고 있다. 동 기준의 주요 내용은 다음과 같다.

(1) 식품표시의 목적 및 표시의 정의

- 식품표시의 목적: 식품에 관한 올바른 정보를 제공하여 국민보건의 증진에 이바지함(식품위생법 제1조).
- "표시"의 정의: 식품, 식품첨가물, 기구 또는 용기·포장에 적는 문자, 숫자 또는 도형(식품위생법 제2조 7항).

(2) 기준의 구성

총칙, 공통표시기준, 개별 표시사항 및 표시기준, 「별지1」 표시사항별 세부표시기준, 「별지2」 방사선조사식품의 세부표시기준.

(3) 표시대상

식품 또는 식품첨가물, 식품위생법 제9조 제1항 및 제2항의 규정에 따라 기준 및 규격이 정해진 기구 또는 용기·포장 및 옹기류.

(4) 표시사항

제품명(기구 또는 용기·포장은 제외) 식품의 유형(따로 정하는 제품에 한함); 업소명 및 소재지; 제조연월일(따로 정하는 제품에 한함); 유통기한 또는 품질유지기한(식품첨가물과 기구 또는 용기·포장은 제외); 내용량(내용량에 해당

---

67 식품 등의 표시기준(식품의약품안전처고시 제2015-58호, 2018. 8. 2. 시행).

하는 열량): 내용량은 기구 또는 용기·포장 제품을 제외하며, 내용량에 해당하는 열량은 영양성분 대상 식품에 한하여 표시; 원재료명(기구 또는 용기·포장은 재질로 표시함) 및 함량(원재료를 제품명 또는 제품명 일부로 사용하는 경우에 한함); 성분명 및 함량(성분표시를 하고자 하는 식품 및 성분명을 제품명 또는 제품명 일부로 사용하는 경우에 한함); 영양성분(따로 정하는 제품에 한함); 기타 식품 등의 세부표시기준에서 정하는 사항.

(5) 표시 방법

- 소비자에게 판매하는 제품의 최소 판매단위별 용기·포장에는 개별표시사항 및 표시기준에 따른 표시사항을 표시하여야 함.
- 표시는 한글로 하여야 하나 소비자의 이해를 돕기 위하여 한자나 외국어는 혼용하거나 병기하여 표시할 수 있으며, 이 경우 한자나 외국어는 한글표시 활자와 같거나 작은 크기의 활자로 표시하여야 하나, 수입되는 식품 등과 상표법에 따라 등록된 상표 및 주류의 제품명은 한자나 외국어를 한글표시 활자보다 크게 표시할 수 있음.
- 표시사항을 표시할 때는 소비자가 쉽게 알아볼 수 있도록 눈에 띄게 주 표시면 및 정보표시면으로 구분하여 바탕색의 색상과 대비되는 색상으로 표시하여야 함. 단, 다른 법령에서 표시사항 및 활자 크기를 규정하고 있는 경우에는 그 법령에서 정하는 바를 따름.
- 표시사항 중 식품의 유형, 제조연월일, 유통기한 및 품질유지기한은 주 표시면에 표시할 수 있음.
- 주문자상표부착 방식 위탁생산(Original Equipment Manufacturing: OEM) 식품 및 식품첨가물(유통전문판매업소가 표시된 제품은 제외)은 주 표시면 제품명 주위에 '대외무역법'에 따른 원산지 표시의 국가명 옆에 괄호로 위탁생산제품임을 표시하여야 함.
- 세트 포장(각각 품목제조보고 또는 수입신고된 완제품 형태로 두 종류 이상의

제품을 함께 판매할 목적으로 포장한 제품을 말함) 형태로 구성한 경우 세트 포장 제품을 구성하는 개별 제품에는 표시사항을 표시하지 아니할 수 있지만 세트 포장 제품의 외포장지에는 이를 구성하고 있는 각 제품에 대한 표시사항을 각각 표시하여야 함.

• 식품소분업소에서 식품을 소분하여 재포장한 경우 또는 즉석판매제조, 가공업소에서 식품제조, 가공업 영업자가 제조, 가공한 식품을 최종 소비자에게 덜어서 판매하는 경우에는 해당 식품의 원래 표시사항을 변경하여서는 안 됨. 단, 내용량, 업소명 및 소재지, 영양성분표시는 소분에 맞게 표시하여야 함.
• 합성수지제 또는 고무제의 용기 또는 포장지에는 포장재질을 표시할 것.
• 주 표시면에 조리식품 사진이나 그림을 사용하는 경우 사용한 사진이나 그림 근처에 "조리예", "이미지 사진", "연출된 예" 등의 표현을 10포인트 이상의 활자로 표시할 것.

(6) 소비자 안전을 위한 주의사항 표시

• 알레르기 유발물질: 함유된 양과 관계없이 원재료명을 표시하며, 원재료명 표시란 근처에 바탕색과 구분되도록 별도의 알레르기 표시란을 마련하여 알레르기 표시대상 원재료명을 표시하여야 함. 다만, 단일 원재료로 제조·가공한 식품의 제품명이 알레르기 표시대상 원재료명과 동일한 경우에는 알레르기 표시를 생략할 수 있음.
• 혼입 가능성이 있는 알레르기 유발물질 표시: 알레르기 유발물질을 사용하는 제품과 사용하지 않은 제품을 같은 제조 과정(작업자, 기구, 제조 라인, 원재료 보관 등 모든 제조 과정)을 통하여 생산하여 불가피하게 혼입 가능성 있는 경우 주의사항 문구를 표시하여야 함. 단, 제품의 원재료로서 위의 기준에 따라 표시한 알레르기 유발물질은 표시하지 않아도 됨.

- 글루텐프리(Gluten Free) 표시: 밀, 호밀, 보리, 귀리 및 이들의 교배종을 원재료로 사용하지 않으면서 총 글루텐 함량이 20mg/kg 이하인 식품 또는 밀, 호밀, 보리, 귀리 및 이들의 교배종에서 글루텐을 제거한 원재료를 사용하여 총 글루텐 함량이 20mg/kg 이하인 식품.
- 장기보존식품 중 냉동식품: "이미 냉동된 바 있으니 해동 후 재냉동하지 마시길 바랍니다" 등의 표시.
- 과일·채소류 음료 등 개봉 후 부패·변질될 우려가 높은 식품: "개봉 후 냉장보관하거나 빨리 드시기 바랍니다" 등의 표시.
- 음주전후, 숙취해소 등의 표시: "과다한 음주는 건강을 해칩니다" 등의 표시.
- 아스파탐을 첨가 사용한 제품: "페닐알라닌 함유"라는 내용의 표시.
- 당알코올류를 다른 식품과 구별, 특징짓게 하기 위하여 원재료로 사용한 제품: 해당 당알코올의 종류 및 함량, "과량섭취 시 설사를 일으킬 수 있습니다" 등의 표시.
- 식품의 품질관리를 위하여 별도 포장하여 넣은 선도유지제: "습기방지제(방습제)", "습기제거제(제습제)" 등 소비자가 그 용도를 쉽게 알 수 있도록 표시하고 "먹어서는 아니 된다"는 등의 주의 문구도 함께 표시. 다만 선도유지제에 직접 표시가 어려운 경우 정보표시면에 표시.
- 식품의 용기·포장에 부정·불량식품 신고: 국번 없이 1399 표시.
- 카페인 함량을 ml당 0.15mg 이상 함유한 액체식품: "어린이, 임산부, 카페인 민감자는 섭취에 주의하여 주시기 바랍니다" 등의 문구 및 주표시면에 "고카페인 함유"와 "총 카페인 함량 ○○○mg" 등의 표시. 이때 카페인 허용오차는 표시량의 90~110%(단, 커피 및 다류는 120% 미만)로 할 것.
- 식품의 보존성을 증진시키기 위하여 용기 또는 포장 등에 질소가스 등을 충전한 경우 그 사실을 표시.

• “원터치캔” 통조림 제품: “캔 절단 부분이 날카로우므로 개봉, 보관 및 폐기 시 주의하십시오” 등의 표시.
• 아마씨(아마씨유 제외)를 원재료로 사용한 제품: “아마씨를 섭취할 때는 일일섭취량이 16g을 초과하지 않아야 하며, 1회 섭취량은 4g을 초과하지 않도록 주의하십시오” 등의 표시.
• 그 밖에 식품첨가물[68]의 주의사항: “어린이 등의 손에 닿지 않는 곳에 보관하십시오”, “직접 섭취하거나 음용하지 마십시오”, “눈·피부에 닿거나 마실 경우 인체에 치명적인 손상을 입힐 수 있습니다” 등의 취급상 주의 문구의 표시.
• 그 밖에 기구 또는 용기·포장의 주의사항
  - 식품포장용 랩을 식품포장용으로 사용할 때: 100℃를 초과하지 않은 상태에서만 사용하도록 표시하며, 지방성분이 많은 식품 및 주류에는 직접 접촉되지 않게 사용하도록 표시.
  - 유리제 가열조리용 기구: “표시된 사용 용도 외에는 사용하지 마십시오” 등의 표시; 가열조리용이 아닌 유리제 기구: “가열조리용으로 사용하지 마십시오” 등의 표시.

(7) 소비자가 오인, 혼동하는 표시 금지

표시대상이 되는 식품 등을 제조·가공·수입·소분·판매하는 영업자는 식품의 용기·포장 등에 소비자가 오인·혼동하는 다음의 표시를 하여서는 안 됨.

• 식품첨가물공전으로 해당 식품에 사용하지 못하도록 한 합성보

68 수산화암모늄, 초산, 빙초산, 염산, 황산, 수산화나트륨, 수산화칼륨, 차아염소산나트륨, 차아염소산칼슘, 액체 질소, 액체 이산화탄소, 드라이아이스, 아산화질소 등.

존료, 색소 등의 식품첨가물에 대하여 사용을 하지 않았다는 표시.

- 영양소의 함량을 낮추거나 제거하는 제조·가공의 과정을 하지 아니한 원래의 식품에 해당 영양소 함량이 전혀 들어 있지 않은 경우 그 영양소에 대한 강조표시.
- 합성착향료만을 사용하여 원재료의 향 또는 맛을 내는 경우 그 향 또는 맛을 뜻하는 그림, 사진 등의 표시.

(8) 표시사항 적용 특례

다음의 개별 표시사항에 해당되는 제품들 중 경우에 따라 표시사항 적용 특례가 적용될 수 있음.

(9) 개별 표시사항

- 식품 등의 표시기준은 다음 29가지 식품에 대한 개별적 표시기준을 마련하고 있음: (1) 과자류; (2) 빵 또는 떡류; (3) 코코아가공품류 또는 초콜릿류; (4) 잼류; (5) 설탕; (6) 포도당; (7) 과당; (8) 엿류; (9) 당시럽류; (10) 올리고당류; (11) 식육 또는 알가공품; (12) 어육가공품; (13) 두부류 또는 묵류; (14) 식용유지류; (15) 면류; (16) 다류; (17) 커피; (18) 음료류; (19) 특수용도식품; (20) 장류; (21) 조미식품; (22) 드레싱; (23) 김치류; (24) 젓갈류; (25) 절임식품; (26) 조림식품; (27) 주류; (28) 건포류; (29) 기타 식품류.

(10) 식품첨가물 및 혼합제제류 표시사항

- 식품첨가물 및 혼합제제류: (1) 제품명(「식품첨가물의 기준 및 규격」에 고시된 명칭을 사용하거나, 제품명에 그 첨가물의 명칭을 포함하여 표시하여야 함)(예시: 안식향산나트륨, ○○○ 안식향산나트륨 또는 ○○○(안식향산나트륨)); (2) 업소명 및 소재지; (3) 제조연월일; (4) 내용량; (5) 원재료명 또는 성

분명; (6) 용기·포장 재질; (7) 품목보고번호; (8) 보관 방법 및 사용 기준(다만, 동 사항을 표시하기가 곤란할 경우 QR 코드 또는 속지를 사용할 수 있음); (9) 주의사항; (10) 알레르기 유발물질 또는 기타(해당 경우에 한함); (11) 유전자 변형 식품첨가물(해당 경우에 한함); (12) 기타 표시사항: (i) 타르색소를 혼합 또는 희석한 제제에 있어서는 "혼합" 또는 "희석"이라는 표시와 실제의 색깔 명칭을 표시; (ii) 천연색소류 제제 및 비타민 제제는 각각 색가 및 역가를 표시.

- 기구 등의 살균소독제: 식품첨가물 및 혼합제제류 표시사항과 동일. 단, 보관 방법 및 사용 기준, 사용 방법, 기타 표시사항("기구 등의 살균·소독제"로 표시) 정도만 상이.

(11) 기구 또는 용기, 포장 표시

- 표시사항: (1) 업소명 및 소재지; (2) 재질명(합성수지제 또는 고무제에 한함); (3) '식품용' 단어 또는 '식품용 기구 도안' 표시; (4) 주의사항(해당되는 경우에 한함); (5) 기타 표시사항.
- 적용특례: 기구 및 용기·포장의 재질표시는 식품과 직접 접촉하는 부분의 재질만 표시할 수 있음.

3) EU

EU의 경우 EU Regulation 1169/2011[69]이 2014년 12월 13일부로 발

69 Regulation (EU) No 1169/2011 of the European Parliament and of the Council of 25 October 2011 on the provision of food information to consumers, amending Regulations (EC) No 1924/2006 and (EC) No 1925/2006 of the European Parliament and of the Council, and repealing Commission Directive 87/250/EEC, Council Directive 90/496/EEC, Commission Directive 1999/10/EC, Directive 2000/13/EC of the European Parliament and of the Council, Commission

효되어 모든 식품표시에 적용되고 있다. 이 규정은 과거에 적용된 EU 지침(Directive)인 EC Directive 2000/13/EC 및 EC Directive 90/496/EEC를 대체하며, 식품표시 관련 법규를 현대화하고, 식품 실험 및 정보에 관한 새로운 발전을 반영해서 입안되었다. 이 규정은 특히 식품표시가 소비자들을 오도하지 않게 하기 위한 목표를 갖고 소비자들이 정보를 수집하는 여러 방법을 고려해서 만들어졌다. 이 규정은 EU 회원국 전체에 직접 적용된다.

동 규정은 또한 식품정보, 특히 식품표시에 관한 일반원칙, 요건 및 책임 등을 규정하고 소비자 권리 보장 방법 및 식품정보 제공 절차 등을 규정하고 있다. 동 규정은 또한 모든 식품 공급망에 있는 식품사업자들과 케이터링 서비스에 적용된다. (단, 케이터링 서비스의 경우 EU 역내에서 출발하는 서비스에 적용) 또한 특정 식품에 대해서 적용되는 규정이 있을 경우 해당 규정이 우선 적용된다.[70]

동 규정에서 "식품 관련 정보(food information)"는 식품과 관련되고 라벨, 기타 부수 자료 또는 현대 기술 도구 또는 구두로 전달되는 방법 등을 통해서 최종 소비자에게 전달되는 정보를 의미한다.[71]

동 규정의 식품정보에 대한 기본 원칙은 (1) 식품 관련 정보제공 시 소비자가 informed choice를 하고, 안전하게 식품을 섭취할 근거를 제공하고; (2) 식품정보 관련법은 EU 역내에서 합법적으로 생산되고 판매되는 음식물의 이동의 자유를 보장해야 하며; (3) 새로운 식품정보 관련법이 채택될 경우 적절한 이행기간 후에 발효되어야 하고; (4) 식품정

Directives 2002/67/EC and 2008/5/EC and Commission Regulation (EC) No 608/2004, OJ L 304, 22.11.2011, pp. 18-63.

70 *Id.*, Article 1.

71 *Id.*, Article 2(2)(a).

보 관련법 제정, 평가, 개정 시 이해관계자들이 참여하는 투명하고 개방된 협의가 이뤄져야 한다는 것이다.[72]

또한 법률에 따라 의무적 식품정보를 표시해야 할 경우, 해당 표시에는 (1) 식품의 이름, 구성, 기타 특성; (2) 소비자의 건강과 안전한 섭취를 위한 정보(유통기한, 보관 방법, 유해성분, 건강에 대한 효과 등); (3) 특별한 음식 섭취 요건이 있는 이들을 포함해서 소비자들이 충분한 정보를 갖고 결정할 수 있도록 하는 영양 특성 정보 등을 포함해야 한다.[73] 표시 대상인 의무적 식품정보는 소비자 다수가 중요하다고 생각하거나, 소비자에게 유익하다고 인정되는 정보여야 한다.[74] 또한 공중보건에 영향이 있을 것으로 보이는 식품정보에 관한 EU 차원의 조치는 European Food Safety Authority와의 협의 후 채택되어야 한다.[75]

표시대상 의무적 식품정보는 다음과 같다. (1) 식품명; (2) 성분 리스트; (3) 생산 과정에서 알레르기 또는 거부반응을 일으키는 성분표시; (4) 성분 함량 또는 종류; (5) 식품의 분량(net quantity); (6) 유통기한; (7) 사용 또는 보관 조건; (8) 생산자 또는 수입자명; (9) 생산국가 또는 생산지; (10) 특별한 설명이 없으면 적절히 이용하기 어려운 경우 이용 방법 설명; (11) 1.2도 이상의 알코올 함유 음료의 경우 알코올 함량; (12) 영양성분 표시.[76]

의무적 식품정보는 접근이 쉬워야 하고, 포장식품의 경우 포장 겉면 또는 라벨에 보기 쉽고 읽기 쉽게 표시되어야 한다.[77] 또한 의무적

72 *Id.*, Article 3.

73 *Id.*, Article 4(1).

74 *Id.*, Article 4(2).

75 *Id.*, Article 5.

76 *Id.*, Article 9.

77 *Id.*, Articles 12 and 13.

식품정보의 일관된 표시를 위해서 EU 집행위원회는 이행 규정을 제정할 수 있다.[78] 비포장 식품의 경우 회원국들이 반드시 생산 과정에서 알레르기 또는 거부반응을 일으키는 성분표시 및 부속서 III에 명기된 추가 정보를 표시해야 하는데, 표시 방법은 회원국이 규정할 수 있다.[79]

또한 본 규정의 한국과 유사하게 개별 표시가 필요한 식품들의 경우 부속서 III에 명기되어 있으며,[80] 의무적 영양성분 표시가 필요 없는 식품들의 경우 부속서 V에 명시되어 있다. 또한 원격 판매(distance selling)되는 식품의 경우 소비자가 구매 전에 관련 표시를 읽을 수 있어야 하며, 표시 방법은 원격 판매에 수반되는 문서 또는 기타 식품사업자가 사용하는 방법을 따라야 한다.[81] 또한 의무적 식품표시는 소비자가 이해할 수 있는 EU 공식 언어로 표기되어야 하고, 2개 언어 이상으로 표시할 수도 있다.[82] 기타 의무적 식품표시 정보의 내용 및 표기 방법에 관한 자세한 사항은 동 규정 10조~35조에 열거되어 있다.

또한 의무적 표시사항은 아니지만 사업자가 자율적으로 식품표시를 할 경우, 의무적 표시사항과 관련된 내용을 준수하며, 자율적 표시사항은 의무적 표시사항을 가리거나 하는 식으로 표시되면 안 된다.[83]

표시대상 식품정보는 소비자에게 정확하고, 명확하며, 이해하기 쉬워야 하고, 식품의 명칭, 구성, 분량 등의 정보가 소비자를 오도(misleading)해서는 안 된다.[84] 또한 식품정보의 관련 법률 준수 등에 대

78 *Id.*, Article 12.
79 *Id.*, Article 44.
80 *Id.*, Article 10.
81 *Id.*, Article 14.
82 *Id.*, Article 15.
83 *Id.*, Articles 36 and 37.
84 *Id.*, Article 7.

하여 책임을 지는 식품사업자는 자기 이름 또는 기타 사업적 명칭으로 해당 식품을 판매하거나, EU 역내에 설립된 업체가 아닐 경우에는 해당 식품을 수입하는 수입자가 식품정보와 관련된 법률 준수 등의 책임을 진다.[85]

또한 회원국들은 본 규정 등에 의해서 EU 역내 전체에 적용되는 규정은 수정할 수 없으나, EU 역내 전체에 적용되는 규정 외의 이슈에 대해서 회원국 국내법에 따른 식품표시 규정을 제정하고자 할 경우 본 규정을 준수하고, 상품의 자유로운 이동을 방해하지 않는 범위에서 자율적으로 회원국 국내 조치를 채택할 수 있다.[86]

4) 미국

미국의 경우 식품라벨링과 관련된 기본 법규는 21 CFR Sec. 101이다. 이 규정은 포장된 식품에 부착되는 라벨에 대한 전체적인 요건을 규정하고 있다. 이 행정규정을 근거로 FDA(Food and Drug Administration)는 2013년에 *Guidance for Industry: Food Labeling Guide*를 발표하였다.[87] 이 매뉴얼은 법적 구속력은 없으나 FDA가 업계에서 받은 질의사항에 대한 답변을 바탕으로 제작되었고, 가이드의 내용은 모두 21 CFR Sec. 101의 관련 조항을 같이 포함하고 있다. 이 가이드에서 규정하는 식품 라벨링의 일반 요건은 다음과 같다.

---

85 *Id.*, Article 8.

86 *Id.*, Article 38.

87 FDA Guidance for Industry: Food Labeling Guide. https://www.fda.gov/Food/GuidanceRegulation/GuidanceDocumentsRegulatoryInformation/ucm2006828.htm (검색일: 2018년 10월 10일)

(1) 식품라벨의 부착 위치

주 표시면(Principal Display Panel: PDP. 소비자 구매 시 가장 눈에 띄는 전면) 또는 PDP 우측의 정보패널(Information Panel). 식품라벨은 PDP에만 붙이거나 PDP에는 일부만 노출시키고 정보패널에 나머지 사항을 부착할 수 있음.

(2) 라벨 내용은 눈에 잘 띄고, 가독성이 좋아야 함.

(3) 라벨 포함 내용 요건

① 생산자, 포장자 또는 유통자 명칭. 명칭이 실제 생산자의 명칭이 아닐 경우 "manufactured by" 또는 "distributed by" 등의 문구를 표시해 줄 것.

② 생산/포장/유통업자 주소 및 ZIP Code(외국의 경우 우편번호).

(4) 식품 명칭 표시

눈에 잘 띄게 전면에 드러나도록 할 것. 전면 포장에 그림을 포함할 경우 그림이 식품 명칭 표시를 가리지 않도록 할 것. 외국산 음식의 경우 원산지도 표시하여야 함.

(5) 식품 중량 표시

전면 아래 30% 영역에 눈에 잘 띄게 미터법 및 미국식 단위를 병기해서 표시할 것.

(6) 식품 내용물 라벨

정보패널에 부착되는 "Nutritional fact" 라벨 아래쪽에 식품 내용물을 가장 많이 들어간 성분부터 적어 주되, 내용물 이름이 일반에게 익숙지

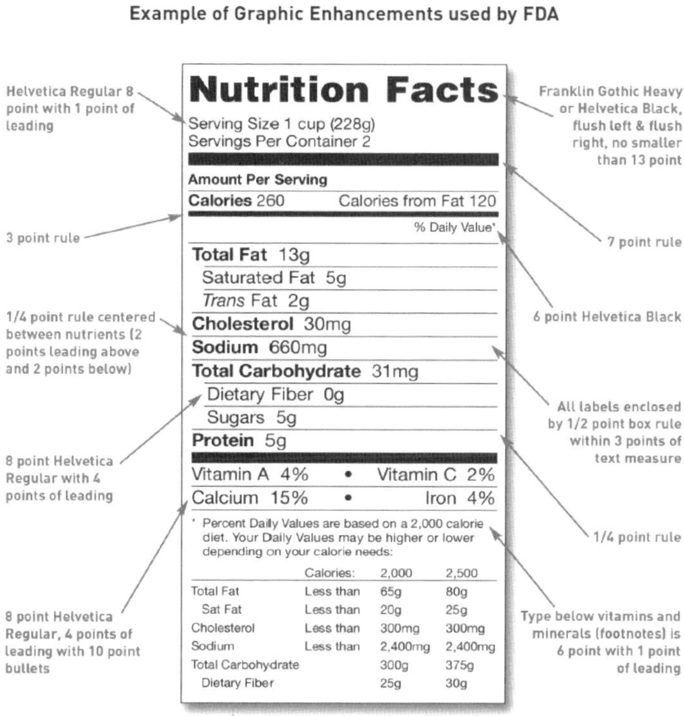

[그림 8-1] 미국 FDA의 식품 영양소 표시 스타일 요건

않을 경우 내용물이 함유된 재료명을 괄호 안에 적어 줄 것. 또한 알레르기를 일으킬 수 있는 내용물의 경우 "Contains" 뒤에 내용물 이름을 적어 줄 것.

(7) 영양 분석표

① 1990년부터 'Nutrition Labeling and Education Act'에 의해 시작되었으며, 미국 내 판매되는 모든 가공식품류는 반드시 영양분석표를 부착하여야 함.

② "Nutritional fact" 아래에 [그림 8-1]과 같은 스타일의 라벨을 넣어

줄 것.

공간이 부족할 경우 [그림 8-2]와 같은 방법으로도 영양소 표시 삽입 가능함.

① 이 가이드는 위의 내용을 기본으로 해서 여러 가지 식품이 같이 들어간 경우, 영어 및 외국어로 영양소 표시를 인쇄할 경우의 형식 등의 내용도 포함하고 있음.
② FDA는 식품의 내용물이 제공되는 크기, 열량, 나트륨 등 법률에 정해진 11개의 영양소 함량과 1회 섭취해야 할 영양소의 함량을 함께

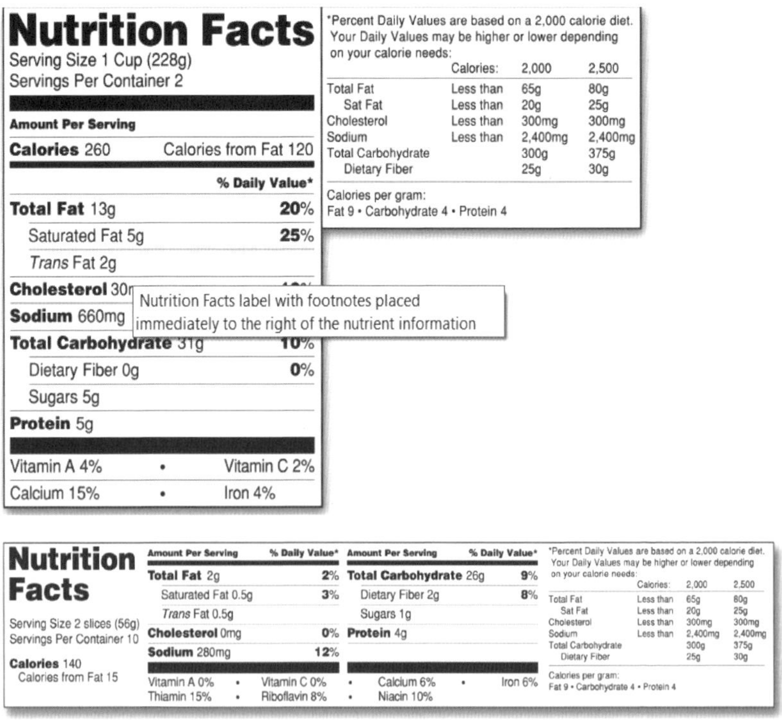

[그림 8-2] 공간 부족 시 영양소 표시 배열 방법

표기하여야 함. 1회용 이상으로 포장된 경우 총 영양분 및 칼로리를 기재하여야 함.

③ 영양분석표는 원료성분이 표시된 곳과 제조, 유통업자의 정보가 위치한 주 표시면이나 정보면에 함께 표시할 수 있음.

④ 영양분석표 작성 양식은 [그림 8-1] 및 [그림 8-2]와 같이 제작하여야 하며, 미국 정부가 인정하는 제3의 검사기관에서 작성되었다는 증빙서류를 요구하기도 함.

⑤ 전체 지방함량을 표기할 때 포화지방(Saturated Fat)과 전이지방(Trans Fat)을 나눠서 표시하고 콜레스테롤 함량은 별도로 표기함. 전체 지방함량이 0.5g 이하인 경우는 전이지방함량을 표시하지 않음.

(8) 유효기간 표기

연방기관에서 법으로 규제하는 식품인 가금류, 어린이 이유식, 분유를 제외하고는 자유 표기.

(9) 식품 라벨링 요건의 예외

① 과일 등의 생식품; ② 즉석제조식품; 또는 ③ 식당이나 델리, 제과점 등의 시설에서 완성된 식품을 구매 후 즉시 소비를 목적으로 하는 식품 등은 라벨링의 예외가 됨.

4. 결론

식품표시제도는 각국의 구체적 사정에 따라서 내용이나 형식에 차이가 있을 수 있지만, 소비자가 이해하기 쉽고, 정확하며, 식품 선택에 있어 정확한 정보에 기반한 의사결정을 하도록 돕는다는 취지는 유사한 것으로 이해된다. WTO에서도 TBT 협정에서 식품표시 관련 이슈들을 일부 다루었지만, 식품표시와 관련해서는 회원국들이 TBT 협정을 일종의 "최소 기준(minimum standard)"으로 이해하고 실제로 그것이 TBT 협정상 문제의 소지가 있을 경우에 무역 관련 구체적 우려사항(specific trade concerns)을 제기한 기록이 눈에 띈다.

한편, 국내법상 식품표시 관련 규정은 "의무적(mandatory)" 성격상 TBT 협정상 "기술규정(technical regulation)"에 포함될 가능성이 높다고 할 수 있다. 또한 식품표시와 관련해서 Codex Alimentarius Commission은 7개의 국제기준 및 지침들을 제정했고, 이 기준에 따라서 각국의 식품표시 관련 법령들이 제/개정되었기 때문에 Codex 기준이 식품표시의 사실상 국제표준의 역할을 해 왔다고 할 수 있다. 또한 각국은 Codex 기준에 합치되는 범위 내에서 식품표시는 자국 사정에 맞게 결정할 수 있는데, 비록 형식의 차이는 있어도 내용은 Codex 기준을 준수하는 방향으로 이뤄졌다고 하겠다. 한편, 식품 기업과 식품 수출국 입장에서는 각국마다 식품표시 관련 법률과 규정들이 다르고, 식품표시에 포함될 내용 및 식품표시 형식이 상이하기 때문에 이 규정들이 비관세장벽으로 작용할 리스크를 고려해서 Codex에서의 논의 및 각국 정부들이 식품표시의 국제표준화 논의를 좀 더 활성화시킬 필요가 있을 것으로 보인다.

참고문헌

안덕근·김민정(2017). 『국제통상체제와 무역기술장벽』, 박영사.

한국소비자원(2010). 『식품표시 및 식품유해물질 개요』.

Thow, Anne Marie et al.(2018). Nutrition labelling is a trade policy issue: lessons from an analysis of specific trade concerns at the World Trade Organization, *Health Promotion International*, Vol. 33, pp. 565-568.

Wilson, Norbert L. W.(2017). Labels, Food Safety, and International Trade, *ADBI Working Paper*, No. 657, p. 3.

Regulation (EU) No 1169/2011 of the European Parliament and of the Council of 25 October 2011 on the provision of food information to consumers, amending Regulations (EC) No 1924/2006 and (EC) No 1925/2006 of the European Parliament and of the Council, and repealing Commission Directive 87/250/EEC, Council Directive 90/496/EEC, Commission Directive 1999/10/EC, Directive 2000/13/EC of the European Parliament and of the Council, Commission Directives 2002/67/EC and 2008/5/EC and Commission Regulation (EC) No 608/2004, OJ L 304, 22.11.2011, pp. 18-63.

Title 21—Food and Drugs. CHAPTER I—FOOD AND DRUG ADMINISTRATION, DEPARTMENT OF HEALTH AND HUMAN SERVICES (CONTINUED). SUBCHAPTER B—FOOD FOR HUMAN CONSUMPTION, Part 101—Food Labeling (April 21, 2008)

WTO, United States-Country of Origin Labelling (COOL) Requirements, WT/DS384, 386/R (November 18, 2011).

WTO, United States-Country of Origin Labelling (COOL) Requirements, WT/

DS384, 386/AB/R (June 29, 2012)
WTO, United States-Country Origin Labelling (COOL) Requirements, WT/DS384, 386/RW (October 20, 2014)
WTO, United States-Country Origin Labelling (COOL) Requirements, WT/DS384, 386/AB/RW (May 18, 2015)

Codex Alimentarius Commission. http://www.fao.org/fao-who-codexalimentarius/en/ (검색일: 2018년 10월 10일)
European Commission. Food information to consumers—legislation. https://ec.europa.eu/food/safety/labelling_nutrition/labelling_legislation_en (검색일: 2018년 10월 10일)
European Commission. Food—Labeling and Nutrition. https://ec.europa.eu/food/safety/labelling_nutrition_en (검색일: 2018년 10월 10일)
FDA Food Labeling & Nutrition. https://www.fda.gov/Food/LabelingNutrition/default.htm (검색일: 2018년 10월 10일)
FDA Guidance for Industry: Food Labeling Guide. https://www.fda.gov/Food/GuidanceRegulation/GuidanceDocumentsRegulatoryInformation/ucm2006828.htm (검색일: 2018년 10월 8일)
World Trade Organization, Technical Barriers to Trade. https://www.wto.org/english/tratop_e/tbt_e/tbt_e.htm (검색일: 2018년 10월 10일)

식품 등의 표시기준(식품의약품안전처고시 제2015-58호, 2018. 8. 2. 시행).
식품안전나라(식품안전 정보포털). https://www.foodsafetykorea.go.kr/main.do (검색일: 2018년 10월 10일)
식품위생법(법률 제15277호, 2017. 12. 19. 일부개정).
일본 식품안전정보원. 「식품위생법 제19조 제1항의 규정에 근거한 표시 기준에 관한 내각부령(府令)」(2014년 6월 20일 번역)
CAC/GL 1-1979; CAC/GL 2-1985; CAC/GL 23-1997; CAC/GL 24-1997.
FAO. http://www.fao.org

| 제3부 |

국별 표준정책과 TBT 대응과제

제9장

중국 표준정책 발전과 무역기술장벽의 쟁점

곽주영

1. 서론

중국은 우리나라의 경제개발 5개년 계획처럼 5년마다 국가운영 기조에 대한 정책을 발표하고 철저히 이에 근거하여 집행한다. 이는 거대 규모의 국가를 효율적으로 운영하기 위하여 정부 부처 간 이해를 조율하고 협력하는 작업이다. 가장 최근에 발표된 「중화인민공화국국민경제와사회발전제13차5개년규획요강(中华人民共和国国民经济和社会发展第十三个五年规划纲要)」(이하 '13.5규획')은 2016년부터 시작하여 2020년까지 정국 운영의 기본 계획으로서 시진핑 정부의 지향하는 바를 잘 보여 주고 있으며, 중국이 추진하는 국내외 표준화 로드맵과 방향도 잘 설명하고 있다.

이전 정책들과 비교해 볼 때 13.5규획은 현실에 대한 파악에서 가장 상이한 점을 보인다. 즉, 13.5규획은 현재 중국이 예전에 비해 낮은 경제성장을 하는 상황을 "뉴노멀[新常态, New Normal]"이라고 규정하고 이에 대한 대응책을 모색하였다. 현실 인식에 대한 중국 정부의 변화에 따라 내부 제도와 방침 역시 변화하고, 이는 필연적으로 대중 무역투자

관계에서 기술장벽의 성격이나 범위 또는 장벽 극복의 용이성 등 역시 변화할 수밖에 없다. 따라서 이 장에서는 13.5규획에 의거, 현재 국정 기조와 그에 따른 표준화 정책의 핵심이 무엇인지 살펴보고, 이들이 앞으로 무역기술장벽에 어떤 이슈가 될 것인지에 대하여 살펴보기로 한다.

2. 시진핑 정부의 표준화 정책

1) 13차 5개년 사회경제규획

13.5규획은 [그림 9-1]에서 제시하듯이 총 12개 분야로 구성되었으며, 분야마다 중국 국무원 해당 부처에서 향후 5년간 목표, 즉 국정과제를 제시하고 그 세부 사업을 설정하였다. 12개 국정과제는 과학기술혁신, 국가경제발전, 농업현대화, 미래 주력 산업, 인프라의 현대화, 도시 및 지역 발전, 지속가능한 발전, 대외 개방 및 글로벌화, 삶의 질 제고, 교육, 공공서비스 및 복지시스템, 사회주의 문화발전 강화, 국가 거버넌스 강화이다.

첫 번째 목표인 과학기술혁신에서 가장 중요한 내용은 중국이 "세계의 공장" 모델에서 탈피, 핵심 분야를 선정하여 그 분야의 원천기술 보유를 향해 전력투구한다는 것이다. 연구개발의 전방위에 걸쳐 예산을 지원하던 이전 정책과 달리 13.5규획은 '첨단, 혁신, 기초과학' 분야에만 집중할 것임을 명시하고 있다. 핵심 분야로는 신에너지, 신소재, 항공우주, 바이오의약, 그리고 '스마트'라는 글자가 붙는 산업을 지정, 이들을 지원하기로 하였다. 지원대상 사업으로는 (1) 심해, 우주, 인공지능 분야의 산업군, (2) 농업의 현대화, 도시화, 환경보호, (3) 건강과 노인복지 공공서비스 산업군, (4) 뇌 및 인지 과학 산업군 등 모두 네 산업군으로

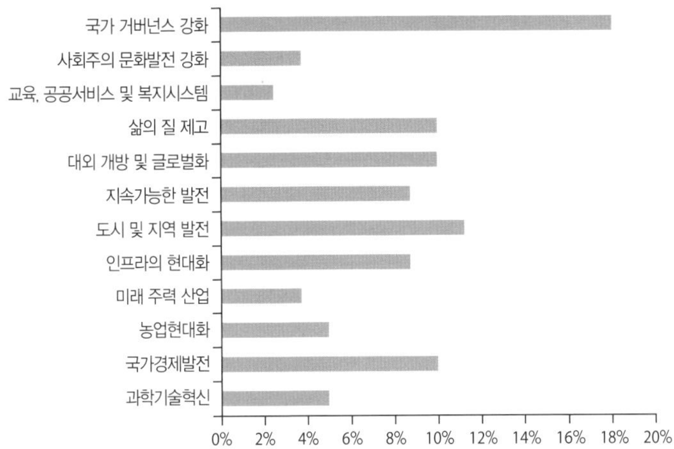

[그림 9-1] 13차 5개년 사회경제규획(13.5규획)

출처: 중국 국무원(2016).

분류하였다. 이들 분야의 연구개발은 정부-기업-연구소-대학이 통합된 연구 네트워크를 조직하여 운영할 계획이다. 또 과학기술정책은 창업에 대해서도 플랫폼이나 창업투자 등에 대하여 적극적인 사업을 펼칠 것을 다짐하였다.

국정과제의 두 번째 목표로 등장하는 국가경제 발전을 위하여 중국은 "세계의 공장" 모델을 포기하기로 밝힌다. 중국은 이제 양적 성장보다는 질적 발전을 통하여 무역구조를 고부가가치 위주의 제품과 서비스로 재편하려고 한다. 이를 실행하기 위해서는 해결해야 할 과제가 산적해 있는데, 그중 핵심적인 과제 네 개는 재산권 개혁, 공정거래 확립, 강한 정부 지향, 그리고 금융개혁이다. 자세히 말하자면 재산권 개혁은 다양한 소유제를 발전시키고 국유기업은 경쟁력 있는 기업만 생존시키는 계획이다. 구체적으로 설명하지는 않고 있으나 농촌재산권과 지적재산권에 대한 제도 역시 개선될 것을 언급하였다. 또 공정거래를 확립함으로써 분배 정의를 실현시키겠다는 강력한 의지도 표시하였다. 그러기 위해서는 감독과 규제를 강화시켜야 하기 때문에 강한 정부를 지향한다. 그리고 금융 부문에 대한 개혁까지 실행하려는 뜻을 피력하고 있다.

13.5규획의 세 번째 국정과제는 농업의 현대화이다. 13.5규획의 핵심은 소득분배의 개선이며 여기에는 도농 간 소득불균형의 완화도 포함한다. 특히 저성장을 효과적으로 극복하려면 농촌 지역의 소득 개선은 필수적이다. 이 사업은 제조업과 서비스업이 발달한 연해 지역 도시에는 해당 사항이 없기 때문에 지역균형발전에도 일조할 수 있다. 농업의 현대화와 관련한 세부적인 정책 목표로는 농업기술력 업그레이드, 농업기술의 국제화, 그리고 중국 농산물의 브랜딩화 등이 대표적이다.

네 번째 국정과제인 미래 주력 산업 발굴은 첫 번째 과제인 과학기술과 겹치는 내용이 많지만, 여기서는 향후 중국이 어느 분야를 주력 산업으로 삼아야 할지 고민한 결과를 보다 자세하게 보여 준다. 13.5규획은 현재 중국에서 창출되는 부가가치 대부분을 차지하는 제조업을 계속 유지하되 그 비교우위를 저비용이 아닌 연구개발이나 브랜드 등의 '다른' 것으로 대체하겠다고 밝힌다. 이와 동시에 '전략적 신흥 사업'에 대한 적극적 투자 계획을 설명하는데, 전략적 사업은 중국의 미래에 특히 중요한 사업으로 정의되며 분야로는 우주(신형 전투기 및 항공기, 차세대 작업 플랫폼과 통합 우주 관측 시스템), 해양, 정보 네트워크(양자통신, 유비쿼터스형 사물인터넷), 생명과학(생물 합성과 재생 의료 기술), 핵 기술 분야(차세대 원자력 장비와 소형 핵 동력 시스템, 민용 핵 분석과 화상 개발)이다. 또 신흥 사업은 미래를 이끌 수 있는 기술로 특히 현재 전 세계가 주목하고 있는 사업으로 정의, 구체적으로는 차세대 정보 기술(첨단 반도체, 로봇, 적층 가공, 스마트 시스템, 차세대 항공 장비), 신에너지 자동차(공간기술 종합 서비스 시스템, 스마트 교통), 바이오 기술(맞춤 의학), 친환경 저탄소(고효율 에너지 저장과 분산형 에너지 시스템), 고부가가치 장비 및 소재(지능 물질, 고효율 에너지절약 및 환경보호), 디지털 혁신 관련 산업(가상현실과 대화형 영상)을 지원하기로 밝혔다.

다섯 번째 국정과제는 인프라의 현대화이다. 사업대상은 인터넷, 빅데이터, 그리고 그 외 물리적 인프라이다. 인터넷 인프라의 경우는 기존 인터넷 인프라의 개선과 첨단 인터넷 인프라 마련이 주요 사업인데, 전자로는 광섬유 보급 및 유무선, 도농 지역 간 고속 정보 네트워크의 구축이며, 후자로는 사물인터넷과 빅데이터, 클라우드 컴퓨팅의 도입이다. 특히 예전에는 감독과 검열에 주로 사용되었던 빅데이터를 거시경제 조정이나 시장관리 및 공공서비스에서 전면적으로 사용하겠다고 명시한 것이 눈에 띈다. 마지막으로 물리적 인프라 개선은 신규 사업이 아니라 기존 추진 사업에 대한 의지를 재확인하고 있다.

여섯 번째 국정과제는 도시 및 지역 발전이다. 이 정책의 핵심은 기존과는 다른 방식으로 도시를 건설하는 것이다. 즉, 도시 규모나 양적 팽창이 아니라 도시의 삶의 질 개선에 초점을 맞춘다. 이 접근 방식은 지역 간 발전 사업에도 일관적으로 적용되어, 기존 거대 도시의 지역 간 네트워크를 독려하면서 농촌 배후지를 자연스럽게 편입시킬 계획이다. 또한 이 과제는 창장(長江) 개발[1]과 징진지(京津冀) 통합[2] 경제 벨트화 등 2020년까지 굵직한 개발사업이 추진되는 영역이기도 하다.

일곱 번째 국정과제는 지속가능한 발전이다. 13.5규획은 이전 정책인 12.5규획에서 제시한 환경정책의 맥을 잇고 있다. 동시에 13.5규획은 환경보호와 관련한 수많은 규제 및 강제 표준의 입법을 예고하였다. 사실 중국에서 환경보호는 산업화 및 경제발전 논리에 밀렸기 때문에 환

1 중국 윈난에서 상하이까지 양쯔강(청장)을 따라 동서로 이어지는 경제권을 물류, 운송, 통관의 통합을 통하여 발전시킴으로써 지역 간 격차를 해소하려는 계획이다.

2 징진지란 베이징과 톈진, 허베이를 통합해서 부르는 단어로서 징진지 통합은 이들 지역을 하나로 묶어 개발한다는 계획이다.

경부는 국무원에서 강력한 권력을 행사할 수 있는 부처가 아니었다. 그러나 13.5규획에서는 환경부가 규제기관이 되어 부처 내 위상의 승격이 이뤄지는 등 13.5규획에서 밝힌 계획을 보다 철저히 이행할 여건이 마련되었다.

지속가능한 발전의 주요 사업은 자원의 절약과 집약적 이용, 정부의 역량 강화, 훼손된 자연의 복원, 글로벌 공조로 나누어진다. 우선, 자원의 절약과 집약적 이용은 절약과 저탄소 전력 공급을 강조하며 그 대상은 전기뿐만 아니라 물, 토지, 광물 자원까지 포함한다. 또 절약뿐 아니라 폐기물의 재활용도 대상이다. 중국의 환경오염은 에너지 정책과 불가분의 관계라서 에너지와 수자원 소모, 건축 부지 등에 대하여 총량과 강도에 따른 이중통제를 실시하고 많은 규제를 실시할 것으로 보인다. 더불어 최근에 시범적으로 실시되었던 탄소배출권 거래를 본격적으로 가동할 것을 다짐하고 있다. 두 번째 사업 영역인 정부의 역량 강화는 대기 관리, 수자원 관리, 토양오염에 대하여 중국 환경부가 관리를 심화시키고, 각종 규제와 강제 표준의 도입을 통하여 가장 높은 수준의 환경보호제도를 실시한다는 것이다.

이와 관련 위험 폐기물, 환경오염 중심 지역 및 중심 업종에 대하여 철저히 모니터링을 하고, 쓰레기 폐기물의 처리와 핵 시설 안전 관리에 대한 능력을 강화하는 것도 정부 역량 강화 사업에 해당한다. 그리고 이러한 사업의 세부 목표 실행의 주체를 지방정부로 이양하여 지방정부 차원에서 환경 거버넌스 기초 제도를 개혁하는 것 역시 이 사업의 영역이다. 그러나 보다 더 중요한 것은 세 번째 사업인데 핵심은 이미 오염되거나 훼손된 환경을 복원, 보호하는 것이다. 이에 따라 2020년까지 중국 정부는 대규모 토지 녹화를 통한 삼림과 하천의 생태계를, 특히 잘 알려진 황사 발원 지대와 기타 훼손된 생태계 지역을 중심으로 복원할 예정이다. 마지막으로, 글로벌 차원에서 공조가 필요한 온실가스 배출이나 기후 변화에 대해서는 적극적으로 국제협력을 추진하여 생태계 보호 관리에 참림/초원/습지의 총량관리제도나 친환경 조세 시스템, 자연자원에 대한 대차대조표 작성, 실물의 양적 대조 계정 구축, 생태환경 훼손 평가와 배상제도 정립 등 정량적 평가시스템을 도입한다. 이를 위해서는 탈산업화를 추진해야 하지만, 현실적으로 제조업을 포기할 수는 없기 때문에 13.5규획은 산업 고도화와 친환경 산업을 동시에 발전시키려는 현실적 절충안을 제시, 우선 친환경 산업 서비스 주체를 양성하고 가능한 최대로 기존 제품을 환경보호 제품으로 대체하며 관련 기술 장비의 발전을 지원하려고 한다.

여덟 번째 국정과제는 대외 개방 및 글로벌화이다. 이 과제는 대외 개방을 심화하고, 투자 관련 제도를 좀 더 개방적으로 개선하고, 일대일로 사업을 적극적으로 추진하고, G20 정상회의를 성공적으로 개최하고, 국제기구에서 중국의 참여를 늘리는 등 글로벌 경제 거버넌스에 참여하고, 대만과의 협력 발전 관계를 유지하겠다는 내용으로 구성되어 있다.

아홉 번째 국정과제는 삶의 질 제고이다. 지금 중국 경제는 소득 불균형의 심화 및 저성장으로 인한 실업 증가로 인하여 정부가 고용창출을 해야 하는 압력을 받는 현실에 처해 있다. 이에 따라 농촌 및 빈곤 지역을 개선하고 이들의 삶의 질을 제고하기 위하여 사회간접자본에 상당한 정부 투자가 이뤄질 전망이다. 즉, 분배제도를 개혁하고 사회보장제도의 개선, 확충을 통하여 저성장으로 인한 국민의 불이익을 최소화하려는 것이 이 과제의 골자이다. 이를 위하여 각종 빈곤 퇴치 정책, 공공서비스 공급의 증대, 소득 재분배 기제의 완비, 노령화 대비 및 사회적 약자의 보호에 대한 다양한 정책이 실행될 예정이다.

열 번째 국정과제로는 교육, 공공서비스 및 복지시스템의 개선이다. 이 과제의 기본 방침은 기본적 교육을 강화하고, 의료서비스 접근이

가능하도록 시스템을 개선하고 공공보건과 식품안전을 강화하겠다는 것이다. 이러한 접근은 앞서 언급된 "삶의 질" 제고와 도-농 간 균형 발전의 거대한 청사진의 한 부분으로 파악된다. 구체적 사업으로는 교육서비스 개선과 "건강한 중국" 건설인데, 교육부와 위생부가 각각 관할하고 있는 이 사업들은 중의학의 국제화를 제외하면 우리나라의 이해관계가 겹치는 것이 별로 없고, 대부분 중국 내부 행정에 대한 이슈로 파악된다.

열한 번째 국정과제는 사회주의 문화발전 강화로서 중국 내정에 대한 내용으로 구성된다. 기본적으로 13.5규획에서는 중화사회주의를 강화하면서 문화를 정치예술이 아닌 '산업'으로 간주한 11.5의 요강을 충실히 따르고 있다. 전 시대인 12.5규획 기간 중국은 영화, 음악, 드라마, 게임 등 분야에서 거대 글로벌 기업을 탄생시켰는데, 이러한 발전모델은 13.5에서도 계속될 것이며, 새로운 온라인 문화사업이 생겨날 것으로 예상된다. 결론적으로 13.5규획이 실행되는 기간 중국은 중화민족주의를 정부 차원에서 강화하는 데 역점을 둘 것이고, 동시에 중국 문화를 국제적으로 전파하는 데 큰 비중을 할애할 것이라는 메시지가 분명하다.

마지막으로 열두 번째 국정과제는 국가 거버넌스 강화로서 국가관리체제에 대한 사업들로 이뤄져 있다. 주로 국가안보를 강화하고 공공안전, 사회신용시스템, 경제와 국방의 강화 등을 목표로 하는 정책으로 구성되어 있다.

2) 13.5규획이 제시하는 표준화 정책

정책 변화로 인하여 13.5규획은 중국의 표준화의 방향성을 재정립하였다. 첫 번째, 과학기술과 관련 정책은 학습을 바탕으로 모방적인 혁신을 추구했던 과거를 지양하고 원천기술 개발과 기초 및 소재 분야에 전력

할 것을 다짐하고 있다. 이에 따라 중국의 표준화 역시 이 분야에 집중될 것으로 예상된다. 특히 클라우드 사업과 오래되어 쓰이지 않는 구 표준을 없애는 사업에 집중할 예정인데 클라우드 사업은 클라우드 혁신, 소싱, 지원 및 펀딩 시 감독관리제도를 정비하여 크라우드 펀딩 및 인터넷 대출을 규제하는 작업이 포함된다. 구 표준 제거 사업은 산만하고 통일성 없는 업계 표준[3]을 중심으로 불필요한 제도적 규정을 대대적으로 정비하는 사업이다. 결국 과학기술 분야에서 달라진 표준정책의 핵심은 시장에서 혁신을 저해하는 제도 제거, 필요한 제도에 대한 입법 가속화 및 산업/기술 정책과 표준의 집행, 감독, 관리를 강화하는 작업이다.

두 번째, 국가경제 분야에 대해서도 표준정책의 방향이 달라졌다. 즉, 국가경제 분야에서 강제성 신표준이 증가될 예정이며, 표준의 제정을 위하여 유관 행정 부서의 업무 범위가 넓어지고 이들의 정부 내 입지가 강화될 것으로 보인다. 신표준화 작업은 다양한 사업 범주별로 추진될 예정이다. 예를 들면 (1) 수출의 새로운 우위를 발굴하는 사업은 경쟁력 있는 아이템과 기술을 발굴하여 이를 국가표준으로 만들게 하고, (2) 요소 시장을 정비하는 사업은 다양한 기술 거래 플랫폼을 구축하는 데 필요한 표준을 만들고, (3) 공정거래를 보호하는 사업은 제품 품질, 안전 생산, 에너지 사용, 환경오염에 대한 강제적 표준을 철저히 실시해 시장 주체가 공정거래를 저해하지 않도록 관리/감독에 대한 표준을 마련한다는 것이다.

세 번째, 농업 부문에서는 농업의 현대화와 농산물 품질 안전보장이 우선 과제이다. 이를 위하여 세 가지 표준화 사업이 제시되었다. 하

---

3 뒷부분에서 자세히 나오지만, 업계 표준은 정부표준이 부재할 경우 업계에서 만드는 표준으로서 대부분 지켜야 할 의무가 없는 비강제성 표준이다.

나는 크게 선진국에서 만든 표준 중 중국이 필요한 표준을 국내표준으로 연계시키는 업무이다. 다른 하나는 식품위생에 대한 단속도 강화될 것으로 보아 이를 위하여 농업부는 농업 표준을 대대적으로 정비하고 농업의 표준화에 입각한 생산을 전면 실시할 계획이다. 마지막으로, 농업의 현대화를 위한 표준화 사업이 실시되는데, 지역별로 표준화된 고효율 농업 모델을 선보여 전국적으로 보급한다는 것이 골자이다.

네 번째, 13.5규획은 미래 주력 산업 부문을 새로 포함시켰다. 앞서 언급했듯이 중국은 이제 고성장이 아니라 지속가능한 성장을 지향하고 있다. 즉, 중국은 전통적으로 비교우위에 있었던 생산비용의 절감이 중요한 제조업을 탈피하여 새로운 기술 강국으로 나아가고자 한다. 따라서 미래 주력 산업은 중국이 이 분야의 원천기술을 보유하는 데 그치지 않고 이를 국제표준으로 만드는 것이 핵심 사업이다. 그 세부 사업들은 [표 9-1]에서 구체적으로 제시한다.

한편, 중국은 서비스업을 발전시키려는 강력한 의지도 보이는데, 제조업 발전의 경험과 비슷하게 서비스업도 국내표준을 통일시킨 뒤 자국의 서비스를 해외에 진출시키면서 중국의 서비스 표준을 자연스럽게 국제표준으로 추진한다는 시나리오이다. 이 시나리오에 적용 가능한 서비스업종은 기존에 글로벌하게 비교우위가 있다고 평가되는 제조업과 업계 내 현재 표준이 부재한 하이테크 서비스업으로 파악된다.

다섯 번째, 인프라의 현대적 구축과 관련한 표준화 정책이 있는데, 이는 주로 인터넷플러스(통합인터넷 서비스 구축), 빅데이터, 정보 보안과 관련한 표준화 사업이다. 국가의 정보인프라로서 이들 사업은 공공안전 강화를 목적으로 한다. 이에 따라 기존 표준이 강화되거나 신규 표준의 제정이 증가할 전망이다. 특히 사이버보안 관련 표준은 규제 수준으로 높이고 해당 분야의 국제협력을 강화할 계획을 밝혔다.

여섯 번째, 도시 및 지역 발전이다. 13.5규획에서 표준의 정비 및

[표 9-1] 미래 주력 사업의 세부 사업 과제

미래 주력 사업의 세부 분야	구체적 업무
산업의 기초 역량 제고	• 기초 소재, 부품, 공법, 제품 기술에 대한 표준, 계량, 인증/허가, 검사/측정 시스템 구축을 강화
새로운 제조업 발전	• 스마트화를 통하여 핵심 기술 장비의 개발 및 스마트 제조 표준, 산업 전자 설비, 핵심지원 S/W 등 기초 역량을 강화
품질 브랜드 구축	• 기업의 제품 및 서비스 표준에 대한 공개, 감독 제도를 마련 • 기업에서 온라인 품질 테스트와 전체 수명주기 품질 추적관리 능력을 높일 수 있도록 지원. 품질 관리 감독 시스템을 정비 • 국가 테스트 평가센터, 검사/측정/인증 관련 공공서비스 플랫폼 구축을 강화
신흥 산업의 발전을 위한 여건 정비	• 차세대 정보기술, 신에너지 자동차, 바이오 기술, 친환경 저탄소, 고부가가치 장비 및 소재, 디지털 혁신 산업 분야에서 산업 정책과 경쟁 유도를 통하여 신기술, 신제품, 신기업생태계, 신발전모델에 유리한 진입조건, 관리감독 규정, 표준시스템을 마련
제조업 관련 서비스업의 전문화 추진	• 제조업체에서 서비스 분야의 전문화 분리와 아웃소싱을 실시하도록 유도 • 국제적 기준에 부합한 제조업 관련 서비스 표준체계를 구축하여 세계화 수준으로 제고
생활형 서비스업의 수준 향상	• 우수 서비스 라벨 및 관리 제도를 보급하여 유명한 서비스 브랜드를 육성

통합이라는 정책목표가 문헌 전반에 걸쳐 계속 반복되는데, 이와 관련해서 사실상 표준화 업무가 가장 많은 분야로 예상된다. 도시 및 지역발전 사업의 가장 큰 목표는 지역 간 균형 발전과 삶의 질 개선이다. 현재 중국에서는 지방표준이나 업종표준 등 비강제성으로 의미 없는 표준들이 많은데, 이 목표의 달성을 위하여 국토부는 지역 간 표준 통일, 정비하는 업무를 가장 우선 사업으로 설정하였다. 이를 위한 세부 사업으로는 새로운 도시 건설, 도시와 농촌의 공공자원 균형 배치, 공공서비스의 공동 구축과 사용이 언급되었다. 새로운 도시 건설은 자원과 환경의 수용 능력에 따라 도시 규모를 조절하고 친환경적으로 설계와 시공표준을 실시한다는 것이며, 도농 간 공공자원 균형 배치는 이들 지역 간 기본 공공서비스 제도의 합병과 그 표준의 통일을 점진적으로 실현하겠다

는 계획이다. 또 공동 구축될 공공서비스의 주요 대상은 의료서비스로서 지역 간 의료 검사 결과의 상호인정을 추진하겠다는 내용이다.

일곱 번째, 지속가능한 발전과 관련한 분야이다. 지속가능한 발전은 포괄적 개념이지만 13.5규획에서는 현재 중국이 겪는 가장 큰 문제(환경오염)에 초점이 맞추어져 있다. 중국 정부는 환경과 에너지 자원 사업에 대하여 굳은 의지가 있으며, 이들 사업은 또한 과학기술, 경제성장, 민생 수준의 제고, 지역발전과 모두 깊은 관련이 있다. 따라서 지속가능한 발전 분야의 표준화 활동은 13.5규획이 시행되는 동안 매우 활발할 것으로 예상된다. 13.5가 밝힌 지속가능발전 분야에서 표준화 관련 사업은 여럿이 있는데 대표적으로 언급된 것은 에너지 고효율 이용 시스템 정비, 기준에 부합한 오염물질의 배출 및 그 총량 감소, 환경 인프라 건설 강화, 환경 거버넌스와 관련한 제도의 개혁, 기후 변화에 능동적 대응, 환경보호 제품과 서비스의 공급 확대이다. 이들 사업에 대한 세부 업무는 [표 9-2]에서 자세히 언급하였다.

여덟 번째, 대외 개방 및 글로벌화와 관련한 표준화가 있다. 중국은 13.5규획을 계기로 중국 표준을 국제표준과 연동시키기 위하여 현행 중국 표준을 정비하고 국제표준으로 통일시키는 작업에 박차를 가하고 있다. 이 분야와 관련된 정책적 핵심은 중국 표준의 국제표준화를 13.5규획 기간에 한층 더 적극적으로 힘쓰겠다는 다짐이다. 이에 따라 국제표준과 관련된 국제기구에서 중국의 정치력은 한층 더 확장될 전망이며 심해, 극지, 항공우주 등 최첨단 분야의 국제 규정 설립에 중국이 적극적으로 움직일 것으로 예상된다. 중국 기술의 국제표준화를 위한 국제협력 역시 이 분야의 주요 사업인데, 바로 앞서 언급했듯이 심해, 극지, 항공우주 분야에서 국제표준제정에 적극적으로 참여함으로써 궁극적으로 세계 경제의 거버넌스 시스템을 중국 위주로 바꾸는 사업, 일대일로를 정책/인프라/자금/금융의 네트워크화를 통하여 성공적으로 진행

[표 9-2] 지속가능발전의 세부 사업 과제

지속가능발전의 세부 분야	구체적 업무
자원의 고효율 이용 시스템 정비	• 에너지와 수자원 소모, 건축 부지 등에 대하여 시장조절, 표준통제, 감독관리를 강화 • 에너지, 물, 토지, 자재, 광물의 절약에 대한 표준시스템을 완비 • 건축물 에너지절약 표준을 강화하며, 중점업종, 설비의 에너지절약 표준을 적용
오염물질의 기준 부합 배출과 총량 저감	• 오염물질 배출기준 체계를 완비하고 농업 오염원의 기준 부합 배출 계획을 실시 • 연해 및 부영양화 호수 하류 지역의 모든 시 및 그 이상 도시에서 질소 배출 총량 관리를 실시
환경 인프라 건설 강화	• 생활 오수, 쓰레기 처리시설의 적용과 기준 부합을 실현
환경 거버넌스 기초 제도 개혁	• 다양한 오염물질에 대한 통일된 관리감독을 추진 • 모든 고정 오염원에 적용하는 기업 배출 허가제를 실시 • 오염물질 배출 허가 '증서'를 통한 관리를 실행
기후 변화에 능동적 적응	• 도-농 간 계획, 인프라 건설, 생산력 배치 등 경제사회 활동에서 기후 변화 요소를 충분히 고려하여 관련 기술규제와 표준을 적시에 수립, 조정하고 기후 변화 행동계획을 실시
환경보호 제품과 서비스 공급 확대	• 친환경 라벨, 인증, 정부의 친환경 조달제도를 종합적으로 계획하고 추진

시키고 이를 통하여 기술표준체계를 연계시키는 협력 기제의 구축 사업, 생산과 장비 제조의 협력을 글로벌 차원에서 실시하여 중국의 장비, 기술, 표준, 서비스한 패키지로 해외에 진출하려는 사업 등을 구상하고 있다.

아홉 번째, 삶의 질 제고와 관련한 표준화 전략이다. 도시화 및 지역 균형 발전 전략과 발맞추어 도농 간 삶의 질을 균일하게 만드는 것이 목표이므로 이를 위하여 각 지방에 산재한 행정 표준들을 통합, 정비할 예정이다. 인구성장률의 감소 등 새로운 환경 변화에 적응하고자 각종 사회보장 및 복지서비스가 새롭게 언급되는데, 이들 서비스의 표준화/매뉴얼화에 대한 논의가 조속히 뒤따를 것으로 보인다. 이 분야는 결국 공공서비스 시스템 정비가 주 사업 영역이다.

열 번째, 교육, 공공서비스 및 복지시스템 개선과 관련한 표준화 정책이다. 아홉 번째 사업과 일견 비슷해 보이나 이 분야는 보건의료에 집중하였다. 13.5규획은 보건의료에 대한 표준화 및 규제화를 예고했는데 특히 식품의약품 안전보장과 관련 안전규정이 대대적으로 정비될 것이다. 구체적인 세부 표준화 사업은 의료서비스 시스템 정비, 중의학 계승과 발전 촉진 및 식품의약품 안전보장으로 세 분야이다. 의료서비스 시스템 정비는 의료진 구성을 강화하고 그 서비스 질을 제고하기 위하여 표준화된 전문의(레지던트) 교육제도를 완비하겠다는 것이며, 중의학 계승과 발전 촉진은 중의학의 표준화 추진에 있어서 속도를 내어 중의학의 수준을 향상하여 궁극적으로는 중의약 서비스의 해외 진출을 추진하겠다는 것이다. 마지막으로, 식품 및 의약품 안전보장사업을 위하여 식품안전에 관한 현행 법규와 제도를 정비하여 식품안전 표준을 제고시킨다는 것이다. 또 약품 취급업체의 등급별 관리를 실시하여 식품관리감독 제도 역시 재정비한다. 인터넷에서 판매되는 식품 및 의약품에 대한 관리감독을 정비, 식약품 수입에 대한 관리감독을 강화한다는 것이 사업의 골자이다.

열한 번째, 사회주의 문화발전과 관련된 표준화 정책은 문화산업이 높은 수준의 창의성과 다양성이 필요한 산업임을 고려, 표준화 관련 정책은 공공문화 서비스에만 제한적으로 제시하고 있다. 이 분야의 표준화를 위하여 기본 공공문화 서비스의 표준화를 추진, 현대적인 서비스 시스템을 구축한다.

마지막으로는 사회주의 체제 강화이다. 국가관리체제와 관련한 표준화를 위해서 안전생산 관련 법률, 법규와 표준을 제정/개정하는 것이 주 내용이다. 특히 안전평가심사제도를 개혁하여 다자 참여를 가능하게 하고, 위험요소를 관리하고 잠재적 위험요소 조사와 해결, 예/경보 및 긴급 대응이 가능한 기제를 마련하는 것이 골자이다.

3. 쟁점

1) 표준시스템의 구조조정

거대 국가를 운영하기 위하여 그리고 사회주의식의 하향식 정국 운영과도 비슷한 표준화 자체의 속성으로 인하여 중국은 세계에서 가장 많은 정부표준, 즉 정부가 만든 표준을 보유하고 있다. 정부가 만든 11만 7천개가 넘는 표준은 2015년을 기준으로 하여 국가표준(GB) 32,842종, 산업표준(AQ, JB 등) 54,148종, 지방표준(DB) 29,916종이 존재한다(최동근, 2016). 이중 국가표준은 전국적으로 실시하는 표준이고, 산업표준은 비강제표준으로 해당 산업에서 선택적으로 실시한다. 지방표준은 지방정부에서 필요시 제정하여 독립적으로 실행하는 표준이다. 여기서 국가표준만 강제 표준으로 WTO/TBT(기술무역장벽) 협정상 기술 기준으로 분류된다. 한편, 국가가 아니어도 표준을 만들 수 있는데, 기업표준이 이에 해당한다. 2015년 말을 기준으로 중국 기업은 총 130만여 종 이상의 기업표준(Q)을 만들었으며 표준의 관리 역시 기업이 한다.

현재 중국 표준시스템은 몇 가지 심각한 문제가 있다. 무엇보다 강제 표준의 비율이 전체 표준의 2%도 되지 않는다. 나머지는 모두 선택형이다. 선택형이기 때문에 표준끼리 상호 모순되는 점도 있으며 지방간 표준이 상이하다. 따라서 규정이 모호하거나 표준 적용에 일관성이 없을 수밖에 없다. [그림 9-2]는 최근에 언론에 보도된 내용으로서 중국에 수출하는 우리나라 기업이 겪는 애로 사항 중 비관세장벽에 관한 설문 결과이다.

그뿐만 아니라 강제 표준인 국가표준은 농업, 식품, 에너지열전달 및 사회서비스의 구성이 높고 의료공학, 정보기술 사무기기, 섬유 및 피혁 공학, 계량측정 및 물리현상 등 제조와 관련된 비중은 매우 낮다(최

[그림 9-2] 우리나라 기업이 느끼는 중국의 비관세장벽

출처: 『조선일보』(2016년 6월 23일 자).

동근, 2016). 즉, 중국에 수출하려는 외국 기업이 참고할 만한 표준이 매우 부족하다. 또 전체 국가표준 중에서 국제·해외 표준을 수용한 표준의 비중은 32.9%밖에 되지 않는데 이는 대한민국 KS의 63.4%와 비교할 때 매우 낮은 수치이다. 그나마 국제·해외 표준으로서 도입된 표준 대부분이 중국식으로 수정, 변경되어 수용되기 때문에 수정 없이 수용된 표준은 전체 국가표준의 19.2%밖에 되지 않는다(최동근, 2016).

가장 문제가 되는 것은 과다한 기업표준이다. 기업표준은 국가가 관리하지 않고 기업이 관리하기 때문에 표준을 공개하지 않는 기업도 많다. 표준은 본질적으로 공공재인데 기업이 자신의 서비스와 제품을 스스로 표준화하는 것이다. 현재 중국 정부는 기업의 표준 참여를 독려하기 위하여 각종 금전적·비금전적 인센티브를 제공하고 있는데, 예를 들면 기술표준화에 참여하는 기업에 지방정부 차원에서 보조금을 부여하고 있다.

예를 들면 제조업체가 많은 광동성의 경우는 표준화에 매우 관심이

많은데, 기업의 표준화 참여에 대한 장려정책은 같은 성이라도 도시 간 차이가 있다. 광동성(广东省) 선전(深圳) 시는 2004년에 「선전시 기술표준 연구제작 지원관리방법(深圳市技术标准研制资助管理办法)」을 발표했는데, 선전시는 매년 1,000만 위안을 기업이 표준을 연구 제작하는 데 지원하고 있다. 기술표준 연구제작의 지원 범위는 지방표준이나 선전 경제특구 기술 법규에 최대 10만 위안까지 지원된다. 같은 광동성 소재의 광저우(廣州) 시는 2007년의 경우에 20개 기업과 비영리 사업기관의 43개 프로젝트를 지원하였고, 총금액은 292만 위안에 달하였다. 지원금액에 대한 규정은 지방표준이나 기술법규 연구제작 프로젝트에 최대 5만 위안을 지원한다. 비단 광동성처럼 잘사는 지역이 아니라 저소득 지역도 기업의 표준화 참여에 다양한 금전적·비금전적 보조를 해 주고 있다.

또 보조금은 시 외에 그 아래 수준의 행정단위에서도 지급된다. 광동성 소재 포산(佛山) 시 순더(顺德) 구는 「순더구 표준화 전략 실시에 관한 전문지원자금관리잠정방법(顺德区实施技术标准战略专项资金管理办法)」을 발표하였는데, 골자는 국제표준, 국가표준, 산업표준제정에 경비를 지원할 뿐만 아니라 구의 연맹 표준, 국제표준화 회의 참여, 표준화 행위가 우수한 기업, 전국전문표준기술위원회와 분회 간사를 맡은 활동 등에 경비를 지원한다는 내용이다.

지방정부가 표준화에 열성을 보이는 것은 보조금 정책 외에도 지방정부 차원에서 자율적인 예산 집행을 추진하는 것을 보아도 잘 알 수 있다. 광동성의 표준전용예산 사례[4]를 보면 2011년, 광동성 정부에서 기술표준전략 전용으로 예산 외 자금 1,500만 원을 투자하여 성내 20개 시 재정의 1.5억 원 전용자금을 지원하였고, 기업의 기술표준연구제정

4 중국질량신문망, http://www.cqn.com.cn (검색일: 2018년 10월 1일)

전용의 자금투입을 6억 위안 이상을 지원한 바 있다. 광동성의 표준 전용 지원금하에 2011년 주하이(珠海) 시 정부에서는 기술표준전략 전용 지원금 600만 위안을 투입해서 56개 기업과 기관의 118개 표준화 프로젝트를 후원하였다.

광동성 소재의 민영기업 메이디가전그룹[美的电器集团]은 『포춘』지 선정 중국의 100대 대기업집단에 속한다. 광동성은 성(省), 시(市) 정부 전용자금의 추진을 통하여 이 회사의 표준 관련 혁신 활동에 대하여 9,515만 위안을 투자하였다. 기업 전용자금 보장하에 메이디가전그룹은 특허와 표준에 재정 투입을 증가한 결과 표준 실시, 특허표준화 활동에 대하여 각각 관리 방법을 제정하였다. 또한 회사는 표준화 관리 전문요원을 배치하여 표준화 활동에 참여하는 정규직 및 겸직 인력을 500명 이상을 보유하고 있다. 특허에서 표준으로 전환하는 것을 추진하기 위해 회사가 인센티브 제도를 도입하여 공헌이 있는 개인에 대하여 30만 원의 인센티브 금액을 장려한다. 그 결과 2011년 말까지 회사가 678개의 발명특허를 기술표준으로 만들었고, 그중 53개는 국가, 업계, 지방표준으로 전환시켰다.

결국 보조금 외 각종 혜택을 부여해 가며 기업을 표준화 과정에 참여시키고 기업표준을 만들게 하고 있으나 기업은 이를 공개하지도 않고 오히려 표준이라는 결과물을 자사 제품과 서비스의 우위를 주장하기 위한 마케팅 전략으로 사용하려는 경향을 보여 왔다. 이에 정부가 굳이 막대한 예산을 들여 기업표준을 장려할 필요가 있는지에 대하여 그동안 많은 비판이 있었다. 13.5규획에서 중국 정부는 지역이기주의를 예방한다는 명목으로 2017년에 표준화법을 개정하였다. 법 개정의 골자는 지방의 표준을 폐지하고, 제정된 모든 표준은 의무적으로 공개해야 한다는 것이다. 이 입법의 핵심은 지방의 표준 개발 권한을 분권화하여 저소득 지역이 외부의 간섭을 배제하면서 스스로 표준 관련 제도화를 추진할 수 있도록 한 것이다.

2) 지역 간 장벽의 대두와 표준화

중국은 지역별로 표준화에 대한 참여도가 상이하다. 상위 지역 그룹은 랴오닝성(辽宁省), 베이징과 톈진(天津) 시, 산둥성(山东省), 장쑤성(江苏省), 상하이, 저장성(浙江省), 광둥성으로서 이들의 표준제정 건수 및 특허 신청 건수는 각각 전국의 70%를 초과하고 있다(정지현 외, 2017).

중위 지역 그룹으로는 헤이룽장성(黑龙江省)과 지린성(吉林省)이 속한 동북지방과 허베이성(河北省), 산시성(山西省), 산시성(陕西省), 허난성(河南省), 후베이성(湖北省), 안후이성(安徽省), 후난성(湖南省), 장시성(江西省), 푸젠성(福建省) 등 중부 지역인데, 이들의 특허 신청 건수는 전국의 15~25%를 차지하는 등 혁신성에서 상위 그룹과 많은 차이가 난다. 이들은 전국적 수준의 경제 중심지는 아니지만, 앞으로 농공업과 중저 기술 제조업을 중심으로 성장할 동력이 풍부한 지역으로 구분된다(정지현 외, 2017).

반면 위에서 언급하지 않은 지역은 특허신청 건수의 비율이 매년 전국 특허신청 총건수의 5% 미만으로 표준화에 별 관심이 없다. 이 그룹은 혁신 성과도 낮아서 심지어 2009년에는 표준화 참여 상위 지역 그룹에 속하는 장쑤성 한 개 성에서 신청되는 특허의 13.6%밖에 되지 않았다. 연구역량이나 연구자원의 수준에 있어서도 중국 전역의 평균치보다 하위이며, 연구개발 경비지출이 지역 총생산에서 차지하는 비중 역시 중국 전체 평균인 2.2%에 미치지 못하는 수준이다(정지현 외, 2017).

이렇듯 표준화를 추진할 수 있는 기술 역량과 필요성에서 지역적 격차가 심하게 존재하기 때문에 해당 지역의 표준화 정책의 입안과 실행은 지방정부에서 담당하고 있다. 현재 중국 정부는 궁극적으로 국내

표준을 국제표준으로 만들려고 하는데, 국제표준화를 위하여 하이테크 산업을 대상으로 처음부터 표준화를 목적으로 하는 클러스터 건설을 추진하기 위하여 시범적으로 도시 몇 곳을 선정하여 실행하고자 한다.

상하이와 후난성을 예로 들어 지역표준화 클러스터 및 전략 차이를 설명하자면, 상하이는 상업성을 위주로 하여 지역에서 만들어지는 기술과 표준화를 연계하는 방식으로 국제표준화까지 추진하려고 한다. 상하이는 현재 "혁신형" 도시로 탈바꿈하고자 도시계획을 전면 재조정하고 있는데, 상하이의 첨단산업 표준화 시범구역 건설은 이러한 혁신형 도시건설과 그 맥을 같이하고 있다. 첨단산업의 표준화를 추진하기 위하여 상하이가 가장 중점을 두는 사안은 표준화에 참여하는 기업에 지식재산권을 부여하는 것이다. 지식재산권을 부여함으로써 도시 내 혁신 문화 분위기 역시 자연스럽게 조성될 것으로 기대하고 있다.

반면 저기술 노동집약적 산업은 점진적으로 인접한 타 지역으로 이전할 계획인데, 이는 13.5규획에서 지역 통합을 목표로 하는 국정과제에서 요구한 바 있다. 상하이의 첨단기술표준화는 결국 제조업 구조를 보다 첨단화하면서 플랜트 설비, 자동차, 선박, 바이오제약 등 첨단산업을 중심으로 표준화를 추진하여 지역 내 산업의 안정적 성장세를 유지한다는 것으로 파악된다. 또한 다른 지역과는 달리 철학, 사회과학 이론의 표준화를 추진하는 것은 중국 내 다른 도시들이 기술 분야에 치우쳐 표준화를 추진하는 것에 비해 매우 독특한 점이다. 즉, 중국 위주의 국제표준화의 명분과 논리를 세우는 작업을 상하이가 맡고 있는 것이다.

반면 저소득 지역인 후난성의 경우 경제성장을 이루는 것을 전제하는 표준화 전략을 추진하고 있다. 표준화의 추진 대상을 선정할 때도 지역의 비교우위가 가장 중요한 고려 사항이다. 따라서 후난성이 비교우위를 지니는 제조업 분야, 현대농업, 서비스업의 영역에서 지역 기업들이 국가표준과 국제표준제정 사업에 참여하는 것을 적극적으로 지지하고 있다. 후난성의 지역 대표기업으로는 쭝롄쭝커(中联重科)[5], 싼이중커(三一重工)[6], 난처스다이(南车时代)[7] 등이 있는데, 이들은 해당 분야인 기계, 중공업 및 자동차 분야에서 국가표준의 제정 및 수정에 적극적으로 참여하고 있다.

중국에서 보통 표준화는 전형적인 정부 주도의 사업이나 후난성이 소득 수준이 높지 않기 때문에 표준화에의 참여로 얻는 여러 인센티브가 효과를 발휘하고 있다. 즉, 표준화 사업에 적극적으로 참여하는 기업은 후난성 정부와 좋은 관계를 유지할 수 있고, 자신의 비교우위와 표준을 결합시켜 성내 산업계에서 발언권을 강화할 수 있다. 또한 지역 내에서 자사 제품의 시장경쟁력을 강화하고 더 나아가 후난성의 대표 제품으로서 중국 내 타 지역에서 경쟁력도 증가할 수 있는 기회를 얻는 것이 후난성 인센티브의 본질이다. 현재 후난성의 표준화 활동은 지역이 비교우위를 보이는 채굴업에서 매우 활발한데, 특히 야금채굴 영역과 연관된 국가표준은 전체 표준의 37.5%를 차지한다.

앞서 상하이와 후난성의 예에서도 알 수 있듯이 중국의 지방정부는 자신의 이익 극대화를 추구하는 방식으로 표준화를 추진하고 있다. 그렇기 때문에 지방정부끼리 조정이 힘들고 각자 지역에서는 각자의 표준을 추진하고 있다. 따라서 지역표준이 복잡하고 통일성이 없어서 무역장벽의 중요한 걸림돌이 되어 왔다. 중국 정부가 중앙정부는 규제기

---

5 영문명은 Zoomlion으로서 후난성의 창사에 본사를 두고 있으며, 자동차의 액셀러레이터를 제조하는 회사이다. 1992년에 창립했고 선전 주식시장에 상장되었다.

6 영문명은 Sanyi로서 후난성의 창사에 본사를 두고 있으며, 레미콘과 굴착기 등 건설중장비를 제조하는 기업이다. 1989년에 창립했고 상하이 주식시장에 상장되었다.

7 영문명은 Zhuzhou CRRC Times Electric으로서 후난성의 주저우에 본사를 두고 있으며, 교통시스템, 신호시스템, 네트워크 컨트롤러 등 철도장비제품을 제조하는 업체이다. 1992년에 창립했고 홍콩 주식시장에 상장되었다.

관으로 남고 지방정부가 실질적인 표준화의 주체가 될 예정이기 때문에 이러한 모호성과 모순성은 앞으로 더욱 공고한 무역장벽이 될 수 있다.

3) 조직 통합과 표준화

13.5규획의 가장 뜨거운 감자는 표준의 규제화와 지역 간 표준의 통합이다. 본래 지속가능한 성장을 위하여 도시와 농촌의 통합을 의도하였고, 단지 지역적 통합이 아니라 표준통합까지 추진되고 있다. 도농 표준의 통일과 지역 간 표준의 통합 과정에서 결국 최종 선택된 표준이 승자라는 점은 당연한 것이지만, 이를 둘러싸고 지역 간 갈등이 증가할 것이 예상된다.

예를 들면 건설 부문의 표준화의 경우 중국의 자연환경은 지역마다 너무나 상이하고 경제 수준도 천차만별인데, 주택건설 기술은 당연히 각 지역의 자연 및 인문 지리 환경의 영향을 받을 수밖에 없다. 그리고 실제 도시마다 그동안 실행해 왔던 관습적 표준들이 존재하기 마련이다. 따라서 어느 지역을 표준으로 정해야 하는지는 이슈가 될 것이 분명하다.

현실적으로 도농 서비스 제도의 합병은 기본적으로 도시의 서비스를 농촌에까지 파급시키고자 추진되는 정책이기 때문에 농촌 지역의 표준들이 바뀌게 될 가능성이 크다. 이때 혼란을 얼마나 효과적으로 최소화할 것인지 그리고 표준의 변경으로 농촌 지역에서는 유/무형의 기회비용이 발생하게 될 것인데, 이를 어떻게 처리할지가 관건이 될 수밖에 없다. 이는 또한 앞서 언급했던 지역이기주의와도 관련이 깊다. 비단 도농 표준통합이 아니더라도 지역 간 표준의 통합은 필연적으로 지역 간 갈등과 경쟁을 초래할 수밖에 없다.

표준의 통합 그 자체도 이슈지만 통합 후 정비의 기준이 되지 못하는 표준을 담당하는 조직은 축소, 흡수나 합병 혹은 재편을 피할 수 없다. 지역 간 행정 구역은 계속 동일하게 유지하기 때문에 이는 생존하는 표준이 우수한 기술 요소가 있다 하더라도 지역 간 정치적 갈등의 요소가 될 가능성이 매우 크다. 이 문제는 사실상 지난 12.5규획에서도 추진되었으나 흐지부지된 바 있다. 중국의 표준화 조직체계는 중앙-지방정부 및 지방정부-지방정부의 기술위원회 간 업무의 교차·중복이 심하다는 문제점이 있다. 13.5규획은 이 문제를 다시 한번 언급하고 본격적으로 중앙-지방 간 그리고 지방정부 간 기술위원회, 분과기술위원회 및 그 산하 워킹그룹의 업무를 정비할 것을 다짐하였다. 빠른 기술발전의 상황을 고려하여 담당 부서가 없는 기술 분야의 담당 조직의 기획 및 설립 작업 역시 전개 중이다.

특히 중국의 국제표준화의 경우 담당 조직의 주요 문제는 동일한 기술 분야를 여러 부서가 담당하고 있는 교차중복 쏠림현상이다. 이를 해결하기 위하여 12.5기간에 기술위원회에서는 위원회 간의 통합을 시험적으로 실시하는 차원에서 위원회 내 팀의 재편성, 기술위원회 간 공동으로 국가표준 추진 작업의 격려 등을 추진하고 있으나 다른 부서끼리는 이해관계가 달라 이견 조율이 쉽지 않다는 본질적인 문제가 있었다.

이러한 부작용을 줄이기 위하여 중국 정부는 2018년에 표준화와 관련한 정부조직을 전면적으로 개편하였다. 즉, 기존의 조직들인 국가공상행정관리총국(国家工商行政管理总局), 국가질량감독검사검역총국(国家质量监督检查检疫总局), 국가식품약품감독관리총국(国家食品药品监督管理总局)을 통합 및 재편하여 시장감독 총괄 기구인 국가시장감독관리총국(国家市场监督管理总局)을 신설하였다. 이들은 통합함으로써 종합적인 시장 관리감독, 정보 공시 및 공유 시스템 구축, 품질강국 전략을 추진할 수 있는 권한이 한층 더 강력해졌다.

구체적인 관련 업무에 대하여 언급하자면, 국가시장감독관리총국이 현재 추진하는 업무는 기존의 반독점법과 관련해서는 가격 모니터링 검사나 반독점법 집행을 계속 추진한다. 그런데 반독점 업무와 관련해서 국무원반독점위원회판공실(国务院反垄断委员会办公室)의 업무까지 국가시장감독관리총국에 이관하게 되어 반독점 단속에 관한 권한이 매우 막강해졌다.

한편, 표준화 업무와 관련해서도 많은 변화가 있다. 기존의 국가인증인가감독관리위원회(国家认证认可监督管理委员会)와 국가표준화관리위원회(国家标准化管理委员会)의 업무를 국가시장감독관리총국에 이관함으로써 국가시장감독관리총국은 통합적이고 강력한 표준화 조직으로 탄생하였다. 표준화 조직이 강력해지면서 중복표준 폐지 및 표준의 갱신 등의 사업 역시 탄력받을 것으로 예상되며, 강제표준은 축소되는 대신 그 규제성은 공정거래 단속에서 훨씬 강하게 집행될 수 있다.

4) 일대일로

일대일로는 시진핑의 국제사업으로 중국과 서방을 연결하는 작업이다. 연결대상이 되는 서방은 미국이 아니라 주로 유럽이다. 전임 오바마 행정부에서 중국의 대 아시아 정치적 영향력을 견제하기 위하여 "Pivot to Asia(아시아로의 회귀)"를 선언하고 아시아에서의 주도권을 되찾으려는 움직임이 강화되었다. 이에 중국은 유럽과의 연계를 강화시키고자 육로와 해로를 통하여 유럽과 소통하려는 사업 구상을 하게 된다. 원 구상은 [그림 9-3]에서 제시하듯이, 육로의 출발은 시안이고 도착은 네덜란드의 로테르담이며, 해로의 출발은 취안저우이고 도착은 베네치아를 거쳐 궁극적으로는 로테르담이다.

그동안 중국은 국내시장과 소비력을 이용하여 국내에서 쓰이는 자국 표준을 국제표준 중 하나로 만드는 작업에 주력해 왔다(Breznitz

[그림 9-3] 일대일로 구상도

출처: 『서울신문』(2018년 9월 7일 자).

and Murphree, 2013). 그러나 일대일로를 통한 국제표준화는 중국의 표준을 "수출"한다는 점에서 기존 전략과 본질에서 다르다. 육로와 해로로 유럽과 연결됨으로써 일대일로 사업이 달성하고자 한 것은 "5通"이다. 5통은 이 사업의 핵심 기제로서 구체적으로는 정책, 시설(인프라), 무역, 사금, 민심이 중국과 서방을 서로 소통시킨다는 것이다.

다른 국가와 광범위한 영역에서 연결되는 것은 궁극적으로 표준의 이슈가 된다. 중국의 선택지는 셋인데 첫째는 중국의 표준을 타국이 수용, 둘째는 반대로 중국이 타국의 표준을 수용, 셋째는 양자 혹 다자간 표준을 조정 및 통합하는 것을 고려할 수 있다. 결국 중국의 입장으로서는 자국 표준의 해외 수출 전략이 관건인데, 일대일로 참여국은 개도국뿐만 아니라 선진국도 포함되기 때문에 사실상 표준 후발자인 중국이 자국 표준을 수출하는 첫 번째 전략은 승산이 없다고 판단된다. 자국 표준의 국제화에 힘쓰고 있는 중국이 굳이 일대일로라는 거대 사업을 통하여 해외표준을 수입하는 두 번째 전략 역시 가능성이 현실적으로 매우 낮다. 따라서 세 번째 전략인 타국과 상호표준인정이 핵심 업무가 될 것이다. 이는 결국 상대국으로부터 중국 표준을 인정받아야 하는데, 그 기술적 정당성을 얻기 위하여 중국은 일대일로의 본격적 추진과 더불어 국제표준화에 주력할 것으로 예상된다.

이를 위하여 중국은 국제기구 내 정치력을 증가시키고 있다. 예를 들면 관련 기술을 국제표준을 담당하거나 영향을 미치는 국제기구에서 기술위원회 위원장과 비서국 업무담당을 추진하는 등 국제정치적 접근으로 조직 장악을 시도하는 것이다. 최근에는 철도 기술의 표준화를 다루는 기술위원회인 ISO/TC269 내에서 국제표준을 제정하거나 수정하는 단계에서 표결권 행사와 업계 요구 반영에 영향을 주었다.[8] 혹은 중국의 이익에 반하는 프로그램이나 내용에 대해서는 수정을 요구하기도 한다. 이렇듯 표준 관련 국제기구나 국제표준화기구 내 위원장 및 비서국에 진출한 104명의 중국 인사들은 정치력을 행사하고 있는데, 현재 중국은 ISO와 IEC에 39명의 중국 출신 기술위원회 위원장을 두고 있으며 비서국 65개 처를 주도하고 있다.

이 야심찬 일대일로 사업은 현재 여러 이유로 답보 상태이다. 무엇보다 사업에 드는 돈이 천문학적인 규모인데, 자금의 조달 여부가 불투명하다. 참여국도 대부분 개도국이기 때문에 이들로부터 조달 가능성도 크지 않다. 중국은 이를 중국으로부터 차관하고 그 대신 현지 사업에 지분을 갖는 방향으로 사업을 전개하고 있는데, 이러한 접근 역시 개별 국가와 많은 갈등을 낳고 있다.[9] 무엇보다 선진국들이 반중 연대를 추진하

8 실제로 중국은 국제철도연맹(International Union of Railways)에서 기관차 차량 한계 표준을 수정했을 때 즉시 국제철도연맹 내 중국 임원들이 중국 기관차의 차량 한계를 수정될 표준에 포함시켜 달라고 요구하여 반영시킨 바 있다(Chen and Haynes, 2015).

9 "최근의 예로는 일대일로 발생지인 카자흐스탄에서 일대일로에 투자하다가 경제가 파탄 지경에 놓여 반중 정서가 급증하고 있으며, 타지키스탄도 중국과 교역하지 않

려는 움직임이 있으며,[10] 미중 무역 갈등으로 인하여 선진국과의 관계 개선에 많은 변수가 생겼기 때문에 사업의 성공이 불투명한 상황이다.

4. 결론

13.5규획의 본질은 성장보다 발전을 지향한다는 점에서 전 시대의 규획과 본질적인 차이가 있다. 즉, 마구잡이식의 성장 지향 정책이 아니라 저성장 시대를 맞아 숨을 고르고 내실을 다지는 기회로 활용하려는 의지를 표방하고 있다. 수십 년간 고성장 정책을 추진해 온 결과 중국 내부에는 많은 심각한 문제가 생겼고, 이를 해결해야 발전을 할 수 있다는 인식의 결과로 만들어진 문헌이 13.5규획이다. 따라서 국가 전체에서 개혁이 심도 있게 이뤄질 것이나 이는 또한 지방정부의 이권과 관련이 있기 때문에 적지 않은 저항이 예상된다.

13.5규획에서 보이는 대부분 정책은 "좌클릭"으로 요약된다. 즉, 성장보다 복시, 불평등한 소득분배 개혁, 대기업보다는 중소기업, 국유기업의 이권/특혜 없애고 사영기업이 경쟁에 불리하지 않도록 공정거래 규제에 강화, 잘사는 도시 지역의 각종 서비스 혜택을 농촌과 공유, 도시의 고가주택 가격을 규제하는 한편, 저소득층을 위한 임대아파트 대규모 조성 등을 핵심 국정과제로 전면적으로 내세웠다.

고는 경제를 운용할 수 없는 지경에 이르러 중국에 금광개발권을 넘기고, 투르크메니스탄도 일대일로 때문에 남부 가스전을 개발하면서 중국에 지분과 물량을 넘겨주어야 하였다. 파키스탄 역시 현재 일대일로로 인한 과도한 국가부채로 인하여 곧 국제통화기금에 구제금융을 신청할 상황에 처했다."(『신동아』, 2018년 9월 30일 자)

10 "How the West Got China Wrong", *The Economist*. (2018년 3월 3일 자)

한편, 미래지향적 정책도 주목해야 하는데, 중국이 나아가야 할 방향을 조립 중심의 제조업 위주에서 부품/연구개발/서비스로 다각화하고, 전략산업이나 신흥산업을 발굴하여 육성하고 또 관련 서비스업 위주의 성장모델로 전환을 시도한다는 것은 우리나라의 무역투자에 많은 함의를 주는 정책일 것이다. 또한 전체적으로는 개발을 지양하나 일대일로, 징진지 및 창장지역개발 등의 정부 주도 사업으로 부족한 인프라를 건설하고 도시를 재개발함으로써 발전과 성장이라는 두 마리 토끼를 모두 잡으려는 정책도 있다.

이에 따라 표준화 정책 역시 선택과 집중의 방식으로 접근될 전망이다. 즉, 강제성 표준의 증가와 비강제성 표준의 감소가 가장 중요한 과제이며 표준화연구원(中国标准化研究院)을 비롯하여 표준 관련 기구가 정부 내 위상 강화와 통합을 통하여 권한이 강력해진다. 반면 개혁의 심화를 둘러싼 갈등 가능성도 적지 않은데, 특히 조직개편 및 지역통합을 둘러싼 행정 부서 및 지역 간 갈등 요소도 증가할 것으로 예상된다.

무엇보다 13.5규획은 중국발 국제표준화를 전 시기와는 비교가 안 될 정도로 한층 더 강하게 추진할 것을 다짐하였다. 중국발 국제표준화는 분야를 가리지 않고 추진되어 일대일로 등의 인프라 프로젝트를 비롯 신흥전략산업 등 미래산업에 선발주자가 되어 원천기술을 만들어 향후 세계적 혁신 중심이 되고자 하려는 계획이다. 특히 12.5규획은 주로 제조업 관련 기술인 반면 13.5규획은 서비스업의 중국발 국제표준화가 가시적으로 두드러질 것으로 예상된다. 이와 관련 중의학/중국 고유 농산물 등의 "중국 특색" 산업은 꾸준히 국제표준화로 시도될 전망이며, 이들 중 상당 부분은 우리나라와 중복되어 국제표준화를 둘러싼 양국 간 경쟁 역시 치열해질 것이다.

마지막으로 13.5규획은 전형적인 정부 사업인 표준화의 주체를 민간 주도로 전환하려고 한다. 즉, 정부는 규제에 집중하고 신표준제정에서 민간의 주도적 참여를 독려하고 있다. 그러나 이에 대하여 정부를 등에 업고 독점을 꾀할 수 있다는 우려 역시 존재하기 때문에 민간 주도의 표준화 여부는 쉽지 않아 보인다.

표준화에서 접근한 현재 중국 시장의 기술무역장벽은 그 내용이 바뀌고 있는 전환기이다. 13.5규획 전과 비교한다면 그 이전에는 지방끼리 요구하는 표준이 달라서 우리나라 기업이 애를 먹는 구조였지만, 현재는 지방 간 표준 차이는 줄었으나 지방의 표준끼리 통합되면서 도대체 어느 표준에 맞추어야 할지 내부적 복잡성이 더 대두될 것이다. 따라서 우리나라 기업과 정부는 표준화 정책과 동향이 어떻게 변하는지 항상 관심을 두고 확인해야 한다.

참고문헌

정지현·이상훈·오종혁·박진희·이한나·노수연(2017).「뉴노멀 시대 중국의 지역별 혁신전략과 한국의 대응방안」, 대외경제정책연구원 정책연구 브리핑.

최동근(2016).「한중 국가표준의 주요 특성 갭 분석 및 시사점」,『KSA Policy Study』, 018 2016-3호, 한국표준협회.

Breznitz, D. and M. Murphree(2011). *Run of the Red Queen: Government, Innovation, Globalization and Economic Growth in China*. New Haven, CT: Yale University Press.

Chen, Z. and K. E. Haynes(2015). *Chinese Railways in the Era of High-Speed*. Bingley, UK: Emerald Group Publishing.

서울신문.「시진핑 일대일로 5년… 1123조 쓴 중·참여한 80개국 파열음」(2018년 9월 7일 자). http://www.seoul.co.kr/news/newsView.php?id=20180907010012 (검색일: 2018년 10월 1일)

신동아.「'시진핑의 일대일로' 위기일발」(2018년 9월 30일 자). http://shindonga.donga.com/3/home/13/1471285/1 (검색일: 2018년 10월 1일)

조선일보.「립스틱 색깔별로 허가받아라… 중 과한 '수출장벽'」(2016년 6월 23일 자). http://biz.chosun.com/site/data/html_dir/2016/06/23/2016062303312.html (검색일: 2018년 10월 1일)

_____.「[Weekly Biz] 중-유럽 일대일로…창장경제벨트… 징진지 일체화」(2018년 6월 16일 자). http://weeklybiz.chosun.com/site/data/html_dir/2018/06/1]5/2018061501940.html (검색일: 2018년 10월 1일)

중국질량신문망. http://www.cqn.com.cn (검색일: 2018년 10월 1일)

The Economist. "How the West Got China Wrong"(2018년 3월 3일 자). https://www.economist.com/leaders/2018/03/01/how-the-west-got-china-wrong (검색일: 2018년 3월 3일)

제10장

미국 표준정책 특징과 TBT 과제

오선영·이지형

1. 서론

미국은 수출과 수입 모두 중국에 이어 한국의 2위 교역상대국으로서[1] 무역 정책과 대응을 논함에 있어서 빼놓을 수 없는 국가이다. 2017년 한국과의 상품과 시비스 교역이 1,548억 달러에 달하며, 같은 해 한국이 미국에 수출한 주요 품목은 자동차(200억 달러), 전자기기(150억 달러), 기계(130억 달러), 화석연료(29억 달러), 철강제품(25억 달러)이다.[2] 따라서 미국의 TBT 정책에 대한 적절한 파악과 대응은 한국 교역과 경제에 중차대한 문제이다.

1 K-stat, 「한국의 10대 무역국」, http://stat.kita.net/stat/world/major/KoreaStats06.screen (검색일: 2018년 10월 20일)

2 Office of the United States Trade Representative, "U.S.-Korea Free Trade Agreement: U.S. Korea Trade Facts", *Office of the United States Trade Representative*. https://ustr.gov/trade-agreements/free-trade-agreements/korus-fta (검색일: 2018년 10월 20일)

미국이 피소국이 된 TBT 분쟁 및 미국 기술규제에 대한 국내 대응 사례를 보면 타국 혹은 국제표준보다 엄격하거나 차별적인 기술규제를 도입한 경우가 많다. 또한 미국의 표준정책은 대체로 TBT 위원회 결정에 수록한 국제표준 개발 원칙을 지향하고 있지만, 기업과 전문가 등 사적 주체의 참여가 활발하다. 이러한 민간 주도적이고 시장중심적인 특징은 국제표준 준수, 표준 중복과 중첩 회피 등의 부분에서 TBT 위원회 원칙과의 불합치가 생기기도 한다. 이렇듯 빠르게 변화하며 분산적인 미국 TBT 관련 정책이기에 대미 수출국 입장에서는 더욱 기민한 현황 파악이 요구된다.

2. 미국의 TBT 동향

1) 미국의 TBT 조치 현황 및 정책 개관

미국의 TBT 국가 질의처는 국립표준연구소(National Institute of Science and Technology: NIST) 산하의 표준협동사무처(Standards Coordination Office)이다.[3] TBT 조치 입안 부처는 환경보호국(Environmental Protection Agency), 농업부(Department of Agriculture), 연방항공청(Federal Aviation

3 World Trade Organization, "Enquiry Points", *Technical Barriers to Trade Information Management System.* http://tbtims.wto.org/en/NationalEnquiryPoints/Search (검색일: 2018년 10월 24일). 단, 미국 표준협회 웹페이지에서는 NIST 산하의 국가표준인증정보센터(National Center for Standards and Certification Information)라고 적시하고 있다. American National Standards Institute, "WTO Overview", *American National Standards Institute.* https://www.standardsportal.org/usa_en/toolbox/wto_overview.aspx (검색일: 2018년 10월 24일)

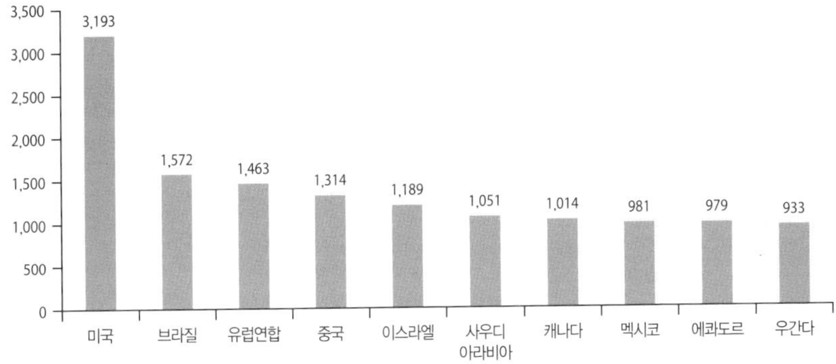

[그림 10-1] 1995~2017년 기간 TBT 조치 최다 통보국(단위: 건)[5]

Administration), 교통부(Department of Transportation), 그리고 연방이 아닌 주정부 등 다양하다.[4]

[그림 10-1]에서도 알 수 있듯이, 미국은 한국의 다른 주요 교역국과 마찬가지로 2004년 이후 TBT 통보문 개수가 꾸준히 증가해 왔으며(장용준 외, 2011: 35-36), 1995~2017년까지 TBT 누적 통보 건수가 3,193건으로서 압도적인 1위이다.[6] 이에 미국의 다양한 기술규제로 인하여 타국 수출기업의 애로 사항이 발생할 여지도 크다.

다음으로 미국 누적 통보 TBT 조치의 목적을 살펴보자(그림 10-2). TBT 조치의 주된 목적은 환경보호가 1,004건으로 가장 많았으며, 이어

4 World Trade Organization, "Search TBT Notifications", *Technical Barriers to Trade Information Management System*. http://tbtims.wto.org/en/Notifications/Search (검색일: 2018년 10월 24일).

5 World Trade Organization, 앞 3번 각주.

6 Committee on Technical Barriers to Trade, "Twenty-Third Annual Review of the Implementation and Operation of the TBT Agreement"(World Trade Organization, 2018), p. 7. 단 매년 최다 통보국인 것은 아니며, 2017년의 최다 통보국은 우간다였다.

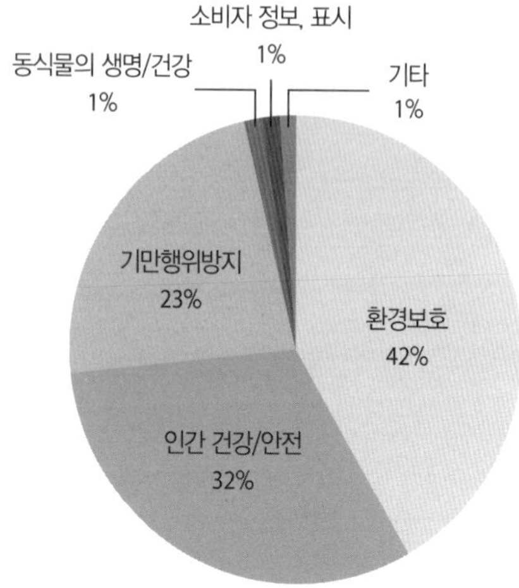

[그림 10-2] 미국 TBT 통보문의 목적 통계[8]

서 인간의 건강 또는 안전 보호(760건), 기만행위방지(554건), 동물이나 식물의 생명 또는 건강 보호(31건) 순이었다.[7]

미국은 또한 특정무역현안(Special Trade Concerns: STC)의 제기 대상국이 되는 빈도도 비교적 높은 편이다. [그림 10-3]에서 알 수 있듯이 미국은 특정무역현안 피제기 누적 건수가 49개로 유럽연합과 중국에 이어 특정무역현안 제기대상국 3위를 차지하고 있다.[9] 동시에 미국은 특정무역현안 제도의 적극적인 이용국이기도 하여 유럽연합에 이은 2위 누적 특정무역현안 제기국이다.[10] 누적 204건 중 21건, 즉 약 10%

---

7 위 각주.

8 World Trade Organization, 앞 3번 각주.

9 Committee on Technical Barriers to Trade, 장용준 외(2011), 20쪽. 한국은 33건으로 4위이다.

10 위 각주, 장용준 외(2011), 19쪽.

는 우리나라가 제기대상국이었다(그림 10-4).[11]

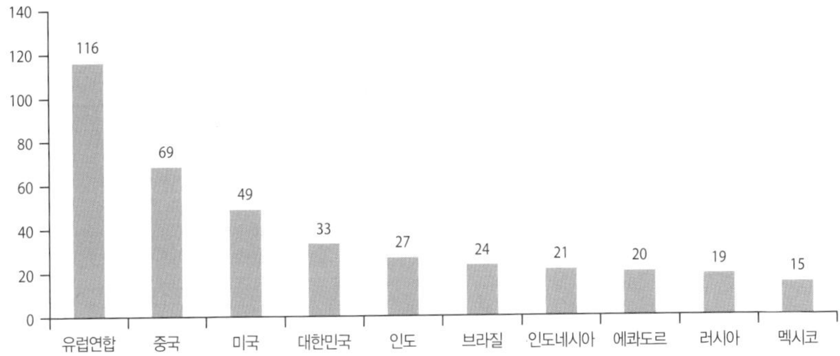

[그림 10-3] 1995~2017년 최다 특정무역현안 피제기국(단위: 건)[12]

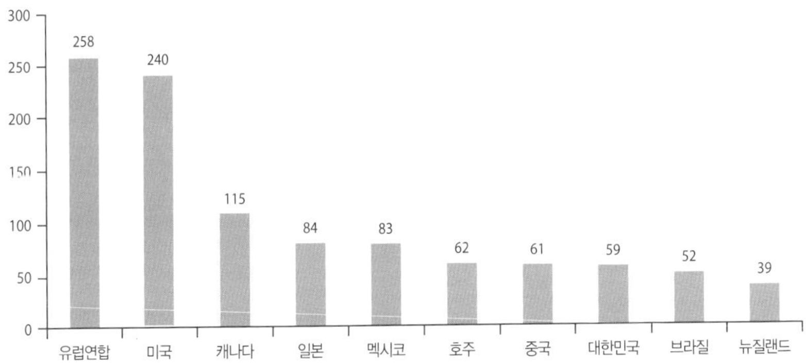

[그림 10-4] 1995~2017년 최다 특정무역현안 제기국(단위: 건)[13]

---

11 World Trade Organization, "Search Specific Trade Concerns(STCs)", *Technical Barriers to Trade Information Management System*. http://tbtims.wto.org/en/SpecificTradeConcerns/Search (검색일: 2018년 10월 29일)

12 위 각주.

13 Committee on Technical Barriers to Trade, 앞 10번 각주.

미국의 TBT 조치는 중앙정부인 연방 단위뿐 아니라 지방정부인 주 정부 단위에서도 취해질 수 있다. 미국은 헌법체계상 연방정부와 주 정부의 권한이 분리되어 있으며, 주정부도 일정한 자치권을 행사하는 연방주의 체제를 선택하고 있기 때문이다.[14]

이러한 연방주의적 특징은 TBT 조치의 WTO 통보 수치에도 그대로 반영된다. TBT 협정 제5.6조에 따른 지방정부의 누적 TBT 조치 통보는 총 통보 건수 30,510건 중 극소수인 327건에 그친다(약 1%).[15] 하지만 지방정부의 TBT 조치 통보 중 318건을 미국이 TBT 위원회에 통보했다는 점에서도(약 97%) 알 수 있듯이, 미국은 다른 나라에 비해 지방정부의 TBT 조치가 비교적 활발하게 채택 및 유지되고 있다.[16]

이와 같이 미국은 최다수의 TBT 조치 통보국이며, 특정무역현안 제기에도 적극적인 국가로서 TBT 조치 및 관련 WTO 제도의 최대 이용국에 속한다. 또한 미국은 우리나라의 주요 교역국이기도 하기에, 우리는 미국의 TBT 정책을 면밀히 검토해야 한다. 이를 위하여 미국 TBT 조치 및 분쟁사례의 현황을 파악하는 일은 매우 중요하다고 할 수 있다. 이러한 검토에 앞서 한미 FTA상의 TBT 챕터를 우선 개관하였고, 이후 미국의 TBT 조치의 특징들을 살펴보았다.

2) 한미 FTA상의 TBT

TBT를 다룬 한미 FTA 제9장은 WTO의 TBT 협정상 기존 권리와 의

14 미국 헌법 제1조 제8항, 수정헌법 제10조.

15 TBT 협정 제3.2조에 따른 지방정부의 기술규정 통보 및 제7.2조에 따른 지방정부의 적합판정절차 통보를 가리킨다.

16 World Trade Organization, 앞 3번 각주.

무를 확인하면서도[17] 그 적용 범위를 "양 당사국 간 상품무역에 직접적 또는 간접적으로 영향을 미칠 수 있는 기술규정, 표준 및 적합성평가절차"로 규정하고 있다.[18] 이는 한-칠레 FTA, 한-싱가포르 FTA, 한-호주 FTA, 그리고 한-뉴질랜드 FTA에서도 볼 수 있는 문구로서, 간접적인 무역 제한 조치까지도 규율 대상에 포함하여 '간접적'으로 상품무역을 제한하는 잠재적인 기술장벽까지도 적용대상임을 알 수 있다(김민정·박정준, 2015: 31-73). 동시에 한미 FTA 협정문은 WTO TBT 협정과 마찬가지로 정부조달과 위생 또는 식물위생 조치는 적용대상에서 제외하고 있다.[19]

한미 FTA 협정문 제9장은 WTO TBT 협정의 일부 실체규정을 확장하는 규정 역시 두고 있다. 협정문 제9.3조는 TBT 협정 제2조, 제5조 및 부속서 3의 의미상 국제표준, 지침 또는 권고가 존재하는지 여부를 판정함에 있어 TBT 위원회가 채택한 결정 및 권고사항에 규정된 원칙에 그 판정의 근거를 둔다고 규정하여 국제표준, 지침 또는 권고의 존부의 판단 기준을 구체화·명확화한다. 한국의 대미 수출 중 1위를 차지하는 주요 품목이기도 한[20] 자동차와 관련된 기술규정에는 조문을 따로 할당하여 TBT 협정 제2.2조의 규정을 재확인하고 있다. 즉, 자동차와 관련된 기술규정은 국제무역에 대한 불필요한 장애를 초래할 목적으로 또는 그러한 효과를 보도록 준비·채택 또는 적용되지 아니하도록 보장하며, 자동차와 관련된 기술규정은 비달성이 야기하게 될 위험을 고려하여 정당한 목적 달성에 필요한 것 이상으로 무역 제한적이어서는 아

17 한미 FTA 제9.1조.

18 한미 FTA 제9.2조.

19 한미 FTA 협정 제9.8조 제2항과 WTO TBT 협정 제1.4조, 제1.5조.

20 Office of the United States Trade Representative, 앞 2번 각주.

니 된다. 그러한 정당한 목적은 특히 국가안보상 요건, 기만적인 관행의 방지, 그리고 인간의 건강 또는 안전 동물 또는 식물의 생명 또는 건강 또는 환경의 보호이며, 그러한 위험을 평가함에서 고려할 관련 요소는 특히 이용 가능한 과학적 및 기술적 정보 관련 처리 기술 또는 상품의 의도된 최종 용도이다.[21] 이는 TBT 협정 제2.2조와 동일한 문구로서, 제2.2조의 규정을 자동차 관련 기술규정에 있어서 더욱 강조하는 의미로 볼 수 있다.[22]

위와 같이 한미 FTA 협정문 제9장은 실체적 규정도 일부 두고 있지만, 양자 간 협력과 투명성 요건 등 절차적·제도적 규정이 훨씬 많다. 표준·기술규정 및 적합판정 절차에 있어서 협력 강화 및 무역촉진 이니셔티브 확인·개발·증진 노력[23], 특정 분야에 대한 협력 확대 요청의 호의적 고려[24], 상대 당사국의 영역에서 수행된 적합판정 절차 결과 수용 촉진을 위한 정보교환 강화[25], 자국 영역의 적합판정기관에 부여하는 것보다 불리하지 아니한 조건으로 다른 쪽 당사국 영역의 적합판정기관 인정 또는 승인[26], 정부기관의 표준, 기술규정 및 적합판정 절차의 개발

21 한미 FTA 제9.7조 제2항.

22 다만 한미 FTA 한국어본에서는 '특히'에 해당하는 영어의 inter alia를 번역하지 않아 정당한 목적 및 위험평가 관련 요소가 열거한 내용에 한정된 것처럼 해석된다. 이는 단순한 오역인 듯하나 FTA 협정문 제24.6조가 '이 협정의 한국어본 및 영어본은 동등한 정본이다'라고 규정하고 있어 한국어본과 영어본의 충돌 시 조정할 수 있는 규정이 없다는 문제가 있다. 단, 오역이라는 사실이 명백하고 정당한 목적 및 위험평가 요소가 열거 범위를 벗어날 가능성은 크지 않으므로 실제로 문제가 되지는 않으리라고 생각된다.

23 한미 FTA 제9.4조 제1항.

24 한미 FTA 제9.4조 제2항.

25 한미 FTA 제9.5조 제1항.

26 한미 FTA 제9.5조 제3항.

에 다른 쪽 당사국의 인이 참여하도록 허용[27] 및 비정부기관의 표준과 자발적인 적합판정 절차 개발에 있어서도 다른 쪽 당사국의 인 참여 허용 권고[28], WTO에 TBT 조치를 통보하면서 동시에 상대국에도 통보 및 의견접수[29], 기술규정 및 적합성평가절차의 제안본과 최종본의 공고 요건[30] 및 추가정보 제공[31], 자동차규제 조화를 위한 세계포럼에서 협력 등 자동차의 환경 성능 및 안전에 관한 표준 조화를 위한 양자적 협력[32], 정보교환 요건[33] 등이 이에 해당한다.

또한 한미 FTA 협정문 제9장에는 WTO TBT 협정보다 강화된 설명의무를 지우는 규정도 있다. 상대 당사국 영역에서 수행된 적합판정 절차의 결과를 수용하지 아니하는 경우 다른 쪽 당사국의 요청에 따라 결정의 이유를 설명한다[34]는 의무조항은 적합성평가 인정에 관한 WTO TBT 협정 제6조보다 한 걸음 더 나아간 절차적 의무라고 할 수 있다. 이는 상대국 영역 내에서의 적합판정 결과 인정을 위하여 더욱 구체적인 절차를 규정하고 있는 한국의 FTA 협정 추세의 일환이다(김민정·박정준, 2015: 47). 마찬가지로 자국 영역에서 적합판정기관을 인정하면서 다른 쪽 당사국 영역의 기관을 인정 또는 승인하기를 거부하는 경우에도 다른 쪽 당사국의 요청이 있는 경우 그 결정의 이유를 설명하도록 규정하고 있어[35] 역시 인정 거부에 대한 설명의무를 지운다. 즉, 인정

27 한미 FTA 제9.6조 제1항.
28 한미 FTA 제9.6조 제2항.
29 한미 FTA 제9.6조 제3항.
30 한미 FTA 제9.6조 제5·6항.
31 한미 FTA 제9.6조 제7항.
32 위 각주.
33 한미 FTA 제9.9조.
34 한미 FTA 제9.5조 제2항.
35 한미 FTA 제9.5조 제3항.

거부를 할 수는 있지만, 그 거부에 대한 이유를 제시하도록 하여 국제무역에 불필요한 장애를 초래할 목적으로 또는 그러한 효과를 보도록 이용되는 일을 방지하는 규정이라고 할 수 있다. 이에 더하여 한미 FTA 협정문은 양 당사국 간 무역에 대한 기술장벽위원회 설치[36] 및 해당 위원회 산하에 작업반 설치를 규정하여[37] 양자 간 기술장벽 관련 협력 및 대화를 위한 제도적 근거를 마련하였다. 또한 이러한 작업반 설치 규정을 근거로 하여 부속서9-나에서 자동차 작업반을 우선적으로 설치·운영하도록 규정하고 있어 해당 분야에 양 당사국이 부여하는 중요성을 엿볼 수 있다. 자동차에 대한 기술규제와 관련하여 양 당사국은 또한 대한민국 초저배출차량 기준에 대한 양해를 교환하여 자동차 판매 대수에 따라 초저배출차량 기준의 준수 여부를 정하는 기준에 합의하였다.[38]

3) 미국의 TBT 관련 분쟁

WTO 출범 이래 미국의 기술규제에 대하여 TBT 협정을 근거로 제기된 분쟁은 8건이 있다(표 10-1).[39] 이 중 TBT 협정을 중심으로 판결이 내려진 사건은 미국 정향담배사건, 미국 참치-돌고래 분쟁 II 및 미국 육류 상품 원산지 표시 사건이 있다.

(1) 개질 및 재래식 휘발유 표준(1996)

베네수엘라와 브라질은 미국의 규제가 일부 수입 휘발유에 미국산 휘

---

36 한미 FTA 제9.8조 제1항.

37 한미 FTA 제9.8조 제5항.

38 한미 FTA 9장에 부속된 '2007년 6월 30일 대한민국 초저배출차량기준 등에 관한 양해'.

39 WTO 분쟁해결기구에서 같은 패널에 병합한 사건은 하나의 사건으로 취급하였다.

[표 10-1] 미국이 피소국인 WTO TBT 분쟁

사건명	연도	제기국가	결과
United States—Standards for Reformulated and Conventional Gasoline	1996	베네수엘라 브라질	위반판정
United State—Import Prohibition of Certain Shrimp and Shrimp Products	1996	필리핀	협의요청
United States—Measures Affecting Imports of Poultry Products	1997	유럽공동체	협의요청
United States—Measures Affecting Textiles and Apparel Products (I) (II)	1998	유럽공동체	합의
United States—Certain Measures Affecting the Import of Cattle, Swine and Grain from Canada	1998	캐나다	협의요청
United States—Measures Affecting the Production and Sale of Clove Cigarettes	2012	인도네시아	위반판정
United States—Measures Concerning the Importation, Marketing and Sale of Tuna and Tuna Products	2012	멕시코	위반판정
United States—Certain Country of Origin Labelling Requirements	2012	캐나다 멕시코	위반판정

발유 및 기타 수입 휘발유에 비해 불리한 대우를 하여 GATT 제1조와 제3조, TBT 협정 제2조를 위반하였다고 주장하며 협의를 요청하였다. 분쟁해결기구는 양 사건을 같은 패널로 해결하기로 하였다. 패널은 해당 조치가 GATT 제3조 제4항을 위반하며 제20조 예외를 적용받지 못한다고 판정하였다.

미국은 상소를 제기하였고, 상소 기구는 패널의 GATT 제20조 제g항 해석을 파기했으나 본 사건에 적용되지는 않는다고 판시하였다.[40] 즉, 해

40 World Trade Organization, "DS2: United States—Standards for Reformulated and Conventional Gasoline", *World Trade Organization*. https://www.wto.org/english/tratop_e/dispu_e/cases_e/ds2_e.htm (검색일: 2018년 10월 21일); World Trade Organization, "DS4: United States—Standards for Reformulated and Conventional Gasoline", *World Trade Organization*. https://www.wto.org/english/tratop_e/dispu_e/cases_e/ds4_e.htm (검색일: 2018년 10월 21일)

당 조치가 보호하는 깨끗한 대기가 제20조 제g항의 유한한 천연자원에 해당하며 국내 생산 또는 소비에 관한 제한과 관련하여 효과적으로 만들어지기는 하였으나, 제20조 전문의 요건을 충족하지 못하여 정당화될 수 없다고 하였다(김규태, 1996: 163-188).[41]

(2) 일부 새우와 새우 제품 수입금지 조치(1996)

미국이 필리핀산 새우와 새우 제품을 수입 금지한 조치와 관련하여 필리핀은 GATT 조항 및 TBT 협정 제2조 위반을 주장하며 협의를 요청하였다. 이후 사건의 결과는 게시되지 않아 협의를 통한 합의가 이뤄진 것으로 보인다.[42]

(3) 가금류 제품 수입에 영향을 미치는 조치(1997)

유럽공동체는 공동 체산 가금류 및 가금류 제품이 미국에 수입이 금지된 조치와 관련하여 미국에 협의를 요청하였다. 유럽공동체는 해당 조치가 제품 안전성을 위한 조치임을 표방하지만 그 근거가 적시되어 있지 않은 등 GATT, 위생 및 식물위생 조치의 적용에 관한 협정, 그리고 TBT 협정 제2조와 제5조 위반이라고 주장했으며, 이후 사건의 경과는 나타나 있지 않다.[43]

---

41 World Trade Organization, "DS151: United States—Measures Affecting Textiles and Apparel Products (II)", *World Trade Organization*. https://www.wto.org/english/tratop_e/dispu_e/cases_e/ds151_e.htm (검색일: 2018년 10월 21일)

42 World Trade Organization, "DS61: United States—Import Prohibition of Certain Shrimp and Shrimp Products", *World Trade Organization*. https://www.wto.org/english/tratop_e/dispu_e/cases_e/ds61_e.htm (검색일: 2018년 10월 21일)

43 World Trade Organization, "DS100: United States—Measures Affecting Imports of Poultry Products", *World Trade Organization*. https://www.wto.org/english/tratop_e/dispu_e /cases_e/ds100_e.htm (검색일: 2018년 10월 22일)

(4) 섬유와 의류 제품 조치 I, II(1998)

유럽공동체는 미국의 섬유와 의류 제품 원산지 규정 변경 때문에 기존에 미국에서 유럽공동체 원산지 상품으로 인정되었던 상품이 더 이상 유럽 공동체 원산지로 인정받지 못하고 미국 시장에 이전처럼 자유롭게 접근하지 못하게 된 점을 문제 삼아 TBT 협정 제2조 등의 위반을 이유로 협의를 요청하였다. 협의의 결과 양 당사자는 상호 합의한 해결책을 분쟁해결기구에 통지하였다.[44] 이후 유럽공동체는 미국의 합의 불이행을 이유로 재차 협의를 요청하였고, 양 당사자는 협의 이후 다시 상호 합의를 통지하였다.[45]

(5) 캐나다산 소와 돼지, 곡식의 수입에 영향을 미치는 일부 조치(1998)

캐나다는 미국 사우스다코타 등 몇몇 미국 주에서 캐나다로부터 소, 돼지와 곡식을 적재한 차량의 진입이나 통과를 금지하는 조치를 취한 것과 관련하여 농업에 관한 협정, 위생 및 식물위생조치의 적용에 관한 협정, TBT 협정 위반 등을 주장하며 농산물 미국에 협의를 요청하였다. 분쟁해결기구에서는 제품의 변질 가능성 때문에 기한이 시급함을 인정하여 협의를 급행으로 진행하였다.[46]

---

44 World Trade Organization, "DS85: United States—Measures Affecting Textiles and Apparel Products", *World Trade Organization*. https://www.wto.org/english/trato p_e/dispu_e/cases_e/ds85_e.htm (검색일: 2018년 10월 21일)

45 World Trade Organization, "DS151: United States—Measures Affecting Textiles and Apparel Products (II)", *World Trade Organization*. https://www.wto.org/english/tratop_e/dispu_e/cases_e/ds151_e.htm (검색일: 2018년 10월 21일)

46 World Trade Organization, "DS144: United States—Certain Measures Affecting the Import of Cattle, Swine and Grain from Canada", *World Trade Organization*. https://www.wto.org/english/tratop_e/dispu_e/cases_e/ds144_e.htm (검색일: 2018년 10월 22일)

(6) 미국 정향담배 사건(2012)

인도네시아는 정향담배의 판매와 생산을 금지하는 미국의 조치가 동종의 국내 상품인 박하향 담배에 비하여 수입 정향담배에 불리한 대우를 한다는 이유로 미국에 협의를 요청하였다. 이후 분쟁해결 패널에서는 미국이 수입 상품인 정향담배를 국내 상품인 박하향 담배에 비하여 불리하게 대우하여 TBT 협정 제2.1조를 위반했으며, WTO 회원국에 조치를 통보할 의무를 규정한 TBT 협정 제2.9.2조 및 기술규정의 공개와 발효 사이에 합리적인 기간을 둘 의무를 규정한 제2.12조를 위반했다고 판정하였다. 미국의 상소에 대하여 상소 기구는 박하향 담배와 정향담배가 동종 상품이라는 판정에 패널이 사용한 기준은 잘못되었다고 판시했으나, 동종 상품이라는 결론 및 TBT 협정 제2.1조를 위반했다는 패널 판시에는 동의하였다.[47]

(7) 참치 수입과 마케팅, 판매와 관련된 조치 II(2012)

미국 정부가 참치 제품의 돌고래 안전 표시를 위하여 참치 제품에 함유된 참치를 어획에 관한 정보를 요구하는 규제와 관련하여, 멕시코는 TBT 협정 제2.1조, 제2.2조, 제2.4조 등 위반을 이유로 협의를 요청하였다. 분쟁해결 패널은 미국의 기술규제가 멕시코 참치 제품에 원산지에 근거하여 미국산 참치 제품에 비해 불리한 대우를 하지 않으며, 따라서 TBT 협정 제2.1조를 위반하지 않는다고 하였다. 그러나 참치가 돌고래를 해치는 상황에서 어획되었는지 여부에 관하여 소비자에게 정확

47 World Trade Organization, "DS406: United States—Measures Affecting the Production and Sale of Clove Cigarettes", *World Trade Organization*. https://www.wto.org/english/tratop_e/dispu_e/cases_e/ds406_e.htm (검색일: 2018년 10월 21일)

한 정보를 제공하며 돌고래 보호에 기여하는 정당한 목적 달성에 필요한 정도보다 무역 제약적인 관계로 TBT 협정 제2.2조를 위반한다고 판시하였다. 미국의 돌고래 안전 표시 규정은 미국의 정당한 목적에 일부만 대응하며, 미국의 돌고래 안전 표시 규정과 유사한 보호 수준을 제공하면서 무역을 덜 제약하는 대안을 멕시코가 제시했기 때문이다.

단, 패널은 비록 관련 국제표준이 존재하기는 하지만 이 경우 국제표준이 미국의 목적을 달성하기에 효과적이거나 적절하지 않다고 하여 국제표준의 사용에 관한 제2.4조 위반은 성립하지 않는다고 판시하였다.

미국과 멕시코 양자가 상소한 끝에 상소 기구는 미국의 해당 조치가 TBT 협정 제2.1조를 위반하지 않았다는 패널의 판시를 파기하였다. 우선 대개의 멕시코산 참치 제품은 돌고래 안전 표시에서 배제되는 반면 대개의 미국산 및 타국산 참치 제품은 돌고래 안전 표시 라벨을 받을 수 있다는 점에서 멕시코산 참치 제품에 차별적이라고 설시한 상소 기구는, 이러한 차별적 대우가 오로지 정당한 규제상의 구분에 의한 것인지 살폈다. 문제가 된 동태평양 해역에서의 건착망 사용 외에도 여러 해역에서 이뤄지는 다양한 참치 어획 방식이 돌고래에 유해한데도 미국 조치는 동태평양 해역에서의 건착망 사용 참치 어획을 다른 해역에서의 다른 어획 기법과 달리 돌고래 안전 표시에서 전면적으로 배제했다는 점에서 돌고래에 대한 위험을 일관되게 평가하지 않았으며, 그 결과 해당 조치는 멕시코산 참치 제품에 차별적이라고 상소 기구는 판시하였다.

또한 상소 기구는 미국의 조치가 미국의 정당한 목적을 달성하는 데 필요 이상으로 무역 제한적이어서 TBT 협정 제2.2조 위반이라는 패널의 판정 역시 파기하였다. 미국이 실제 취한 조치와 멕시코가 제시한 대안 조치 비교는 제2.2조 위반 여부를 판시하는 데 있어 적절한 분석이 아니며, 멕시코가 제시한 대안이 미국의 목적 달성에 충분하지 않다는 이유였다. 상소 기구는 국제표준의 사용에 관한 제2.4조와 관련해서는 패널의 결론에 동의했지만, 패널 단계에서 제시되었던 정의와 인증 체계가 TBT 협정상의 국제표준에 해당하지 않는다고 보아 판시의 근거를 달리하였다.[48]

(8) 미국 육류 상품 원산지 표시 요건(2012)

육류 상품에 대한 미국의 원산지 표시 요건 사건에서 캐나다는 미국의 우육과 돈육 원산지 표시 의무가 미국산 우육과 돈육에 비하여 수입산 우육과 돈육을 불리하게 취급한다는 이유 등으로 협의를 요청하였다.[49] 멕시코는 동 조치가 국제적 원산지 표시 기준에서 크게 벗어나며 이러한 일탈이 정당한 목적 달성을 위하여 필요하다는 정당화가 없다는 등의 근거로 협의를 요청하였다.[50] 분쟁해결기구는 양 사건 처리를 위하여 하나의 분쟁해결 패널을 구성하였다.[51]

분쟁해결 패널은 해당 조치가 동종 국산상품에 비해 수입 상품을 불리하게 취급하여 TBT 협정 제2.1조를 위반하며, 소비자에게 정보를 제공하는 정당한 목적을 달성하지 못하여 TBT 협정 제2.2조를 위반한다고 판시하였다.[52] 그러나 멕시코가 주장한 TBT 협정 제2.4조(기존 국제

---

48 World Trade Organization, "DS381: United States—Measures Concerning the Importation, Marketing and Sale of Tuna and Tuna Products", *World Trade Organization*. https://www.wto.org/english/tratop_e/dispu_e/cases_e/ds381_e.htm (검색일: 2018년 10월 21일)

49 위 각주.

50 World Trade Organization, "DS384: United States—Certain Country of Origin Labelling (COOL) Requirements", *World Trade Organization*. https://www.wto.org/english/trato p_e/dispu_e/cases_e/ds384_e.htm (검색일: 2018년 10월 21일)

51 World Trade Organization, "DS386: United States—Certain Country of Origin Labelling Requirements", *World Trade Organization*. https://www.wto.org/english/tratop_e/dispu_e/cases_e/ds386_e.htm (검색일: 2018년 10월 21일)

52 World Trade Organization, 앞 49번 각주.

표준 사용), 제12.3조(개발도상국 회원국의 특별한 필요를 고려), 제12.1조(차등적이고 보다 유리한 대우) 위반은 근거가 없다고 하였다.[53]

미국과 캐나다는 각자 상소를 제기하였으며, 상소 기구는 미국이 TBT 협정 제2.1조를 위반했다는 패널의 결론에는 동의했으나 수입 상품에 대한 불리한 대우가 정당한 규제상의 구분에 근거하였는지 판단하지 않은 점에서 패널의 분석이 불완전하다고 지적하였다. 이에 수입 우육과 돈육에 대한 행정적 부담에 근거가 있었는지 분석한 상소 기구는 미국의 해당 조치는 소비자에게 원산지 정보를 제공한다는 명목으로 수입 상품의 생산자에게 많은 정보를 요구하는 반면, 이러한 정보 중 극히 일부만 소비자에게 정확하고 이해 가능한 형태로 전해지고 미국 내에서 판매되는 육류 중 상당량이 원산지 표시 의무에서 자유로운 점을 들어 수입 상품에 대한 불리한 대우는 정당한 규제상 구분에 근거하지 않았으며, 따라서 TBT 협정 제2.1조 위반이라고 판시하였다.

미국의 TBT 협정 제2.2조 위반 여부에 관하여 상소 기구는 패널의 법리 오류를 지적하였다. 즉, 패널은 특정 조치가 그 목적을 완전히 달성하거나 최소 수준 이상으로 달성해야만 제2.2조를 준수했다는 법리를 적용하면서 동시에 미국의 해당 조치가 최소한 소비자에 대한 원산지 정보 전달이라는 목적에 기여한 사실은 무시하였다. 따라서 상소 기구는 이 부분 패널의 판시를 파기하였으나, 사건 기록만으로는 미국의 조치가 정당한 목적 달성을 위하여 필요한 정도 이상으로 무역 제약적인지 판단할 수 없어 패널에 환송하였다.[54]

53 World Trade Organization, 앞 50번 각주.

54 World Trade Organization, 앞 49번 각주.

4) 미국의 TBT 조치에 대한 한국의 대응사례

미국의 TBT 조치에 대하여 우리나라의 TBT 중앙사무국이 수출기업의 고충을 접수하여 대응한 사례를 요약, 정리하면 [표 10-2]와 같다. 우리나라의 의견이 반영된 사례도 있으며, 규제를 수용한 사례도 있다.

[표 10-2] 미국 TBT 조치에 대한 국내 대응사례

조치	통보연도	요청사항	결과
화장품 자외선 차단 효과 성분 규제	2011	타국과 규제 수준 조화, 인정 성분 추가	규제 수용
LED 램프 시험 기준	2012	국제표준 부합, 규제 합리화, 유예기간	의견 반영
화장품 색소 성분 규제	2012	타국과 규제 수준 조화, 인정 성분 추가	규제 수용
가전제품 에너지 효율 라벨링 규제	2014	유예기간, 요건 완화	대응 중
타이어 식별 번호 규제	2014	유예기간, 요건 완화, 적합평가 수용	의견 반영
할로겐계 난연제 함유 제품에 대한 규제	2015	대상 제외	의견반영
낙뢰보호시스템(LPS) 표준	2015	국제표준 부합, 과학적 근거 요청	대응 중
에너지절약 프로그램 규제	2016	규제 철회, 의견 마감일 연장	규제 수용

출처: TBT 중앙사무국(2015: 63-66; 2016: 80-88; 2017: 140-143).

3. 표준정책의 특징

1) 표준정책의 기본 구조

미국의 표준정책과 관련하여, 민간에서는 미국 표준협회(American National Standards Institute: ANSI), 정부에서는 상무부에 속한 미국 국립표준연구소(National Institute of Standards and Technology: NIST)가 핵심기

관으로 이들의 협력이 미국 표준화 정책 민관협력의 핵심을 이룬다(배귀희, 2017: 219-238, 224).

1918년 3개의 정부기관과 5개 민간기관의 민관협동으로 창설된[55] 비영리 민간단체인 미국 표준협회는 대내적으로는 미국 내 자발규격(voluntary consensus standards)의 개발을 조정하고, 대외적으로는 미국 내 각종 이해관계자의 견해를 국제표준화기구(International Organization for Standardization: ISO) 등 각종 국제표준기관에 대변하고 있다.[56] 미국 표준협회는 스스로 표준을 제정하지는 않으나, 표준개발기관(Standards Development Organizations) 및 적합판정기구(Conformity Assessment Bodies)를 인증하며 이들 표준개발기관에서 개발한 표준을 미국 국가표준(American National Standards)으로 승인한다.[57] 현재 220개의 인증받은 기관이 자발성, 적합 절차, 개방성 등 미국 표준협회의 원칙을 준수하며, 이들 기관이 거의 1만 가지에 달하는 미국 국가표준을 제정 및 유지 중이다.[58]

미국의 민간표준체제에는 여러 가지 공식적·비공식적 표준제정 주체와 표준이 공존한다. 미국 기계공학협회(American Society of Mechanical

---

55 American National Standards Institute, "U.S. Standards System: ANSI (Private Sector)", *American National Standards Institute*. https://www.standardsportal.org/usa_en/standa rds_system /ansi_private.aspx (검색일: 2018년 10월 24일)

56 International Organization for Standardization, "ANSI (United States)", *International Organization for Standardization*. https://www.iso.org/member/2188.html (검색일: 2018년 10월 24일)

57 American National Standards Institute, "About the American National Standards Institute" *American National Standards Institute*. https://share.ansi.org/shared%20documents/Standards%20Activities/International%20Standardization/Regional/Standards%20Portal/Flyer_AboutANSI_2009.pdf (검색일: 2018년 10월 24일)

58 International Organization for Standardization, 앞 56번 각주.

Engineers: ASME), 미국 음향학회(Acoustical Society of America), 미국 안전기사협회(American Society of Safety Engineers) 등의 과학·전문가 협회는 각 분야에서 관련 전문가 집단의 작업을 지원하는 표준을 개발한다.[59] 산업협회는 특정 산업과 관련한 표준제정 활동에 관여하는데, 미국 우주항공산업협회(Aerospace Industries Association)나 통신산업협회(Telecommunications Industry Association)처럼 회원이 제조하는 제품을 위한 표준을 제정하기도 한다.[60] 전기전자기술자협회(Institute of Electrical and Electronics Engineers)나 미국 품질협회(American Society for Quality)처럼 여러 산업에 걸친 표준을 제정하는 단체도 있으며, 이 중 일부는 미국 재료시험학회(American Society for Testing and Materials: ASTM International) 처럼 표준을 주요 업무로 수행하기도 하며, 보험인증실험실(Underwriters Laboratories)처럼 업무의 일환으로 표준을 제정하기도 한다.[61]

주로 기술이 빠르게 발달하는 부문에서 특정 시장의 수요에 부응하고자 산업계가 참여하고 지원하는 컨소시엄은 이른 시일 내에 표준을 개발할 수 있으나, 표준화 절차 참여는 표준화에 재정적 지원을 제공하는 컨소시엄 회원으로 한정되는 경우도 많다.[62] 참여 자격이 이와 같이 제한적인 컨소시엄은 국제·지역기관 또는 체제로 인정받지 못하고[63], 표준의 준비, 채택 및 적용에 관한 모범관행규약[64]도 수락할 수 없을 것

---

59 American National Standards Institute, "Overview of the U.S. Standardization System: Voluntary Consensus Standards and Conformity Assessment Activities" (American National Standards Institute, 2007), p. 6.

60 위 각주.

61 위 각주.

62 위 각주.

63 TBT 협정 부속서 1 제4항 및 제5항.

64 TBT 협정 부속서 2 제12항 및 제14항 등.

이며, 후술할 미국 표준협회의 원칙에도 부합하지 않는다.

전통적 표준제정체계에서 벗어난 사실상 표준(de facto standards)은 정식 표준제정 절차 없이 특정 산업이나 시장에서 사실상 표준처럼 사용하는 규격이다.[65] 이는 자발규격을 제정하는 기관보다 협소한 시장을 대상으로 하며, 개방성, 적합 절차, 총의 기반의 승인 등을 갖추지 못하였다.[66]

연방정부의 표준체계에서 미국 국립표준연구소는 미국 상무부 산하의 비규제 정부기관으로서, 정부 기술표준 활동 및 적합성평가 활동을 민간 부문과 조정하는 역할을 맡고 있다.[67] 국립표준연구소는 다른 연방 부처의 표준활동을 통제하거나 감시하는 권한은 없으나, 자발규격에 대한 연방 부처의 참여 및 사용에 지침을 제공하며 자발규격 개발에도 상당한 영향을 미친다.[68]

2) 미국 표준정책의 특색

위의 표준정책의 구조에서 도출할 수 있는 미국 표준정책의 특징으로는 민간 주도성, 시장중심성, 자발적이며 동의에 기반을 둔 표준, 표준의 다양성과 상호 경쟁, 그리고 지적재산권 보호를 들 수 있으며, 이를 차례대로 살펴보기로 한다.

---

65 American National Standards Institute, 앞 59번 각주, p. 6.

66 위 각주.

67 American National Standards Institute, "U.S. Standards System: NIST (Government)", *American National Standards Institute*. https://www.standardsportal.org/usa_en/standards_system/nist_government.aspx (검색일: 2018년 10월 24일)

68 위 각주.

(1) 민간 주도적 민관협력

미국의 표준정책은 다른 국가와 구분되는 시장중심적이며 민간중심적인 체제를 그 특징으로 하며[69], 정부의 역할은 주로 민간 표준기구에 대한 지원으로 국한된다(배귀희, 2017: 225). 미국의 표준 거버넌스는 정부기관이 아닌 민간단체인 미국 표준협회가 근간을 이룬다(배귀희, 2017: 224). 이러한 미국 표준정책의 민간 주도성은 정부의 통제 대신 적극적인 지원을 받는 자율적인 체제야말로 사회에 기여하는 혁신과 창의성의 원천이 된다는 사회적 신념에 근거한다.[70]

민간이 주도하는 민관협력이라는 특성은 표준에 관한 법체제에서도 확인할 수 있다. 연방정부의 부처 및 기관은 일차적으로 민간의 자발규격을 사용하도록 법으로 규정하고 있으며, 관련 민간 자발규격이 없는 경우에만 정부 부처 자체적으로 표준을 제정하여 사용할 수 있다.[71] 즉, 민간에서 만든 표준을 원칙적으로 정부 부처에서도 사용해야 하므로 표준에서 민간의 자율성이 우선하며, 정부는 표준제정에서 보조적인 역할을 하면서도 동시에 표준의 잠재적 사용자이자 관련 분야의 전문가 집단으로서 의견을 제시하여 유기적인 민관협력체제를 이루고 있다.

(2) 시장중심성

관(官)이 아닌 민(民)에서 주도하는 미국 표준정책은 산업계, 정부, 소비자 등 표준 수요자의 욕구와 필요가 표준제정의 원동력이 되는 수요중

69 American National Standards Institute, 앞 66번 각주, p. 6.

70 American National Standards Institute, 앞 59번 각주, p. 4.

71 Public Law 104-113 National Technology Transfer and Advancement Act of 1995, 15 USC 3701 Sec. 12 (d).

심적·시장중심적인 특징을 보인다.[72] 위의 표준정책 기본 구조에서 언급하였듯 미국의 정부 부처는 법규정상 민간의 자발 규격을 사용하도록 규정하고 있으며, 정부 자체적 표준제정은 예외적·보충적으로만 가능하다는 점에서도 미국 표준정책의 시장중심성이 드러난다.

(3) 다양성과 경쟁

미국의 표준정책은 앞에서 살펴보았듯이 중앙 통제기관이 없이 여러 민간 표준개발기관, 컨소시엄, 산업협회, 사실상 표준 등이 공존하는 분산적인 특징을 보인다. 이렇듯 민간 주도적이며 시장중심적인 미국의 표준정책은 전통적으로 표준의 다양성과 상호 경쟁을 긍정적인 가치로 평가하였으나,[73] 근래에는 단일화되고 효율적이며 비용과 노력의 중복을 회피하는 표준이 더 선호되는 추세라는 사실은 미국 표준업계에서도 인식하고 있다.[74] 이에 표준개발기관 등 표준화 주체가 다양한 표준의 필요성을 역설하는 동시에 표준 수요자는 효율성 제고와 비용 최소화, 노력중복의 회피, 그리고 분산형 표준체제의 장점 극대화 등을 요구하고 있다.[75]

---

72 위 각주.

73 James Thomas, "Plain Talk for a New Generation: Wake Up Call", *Standardization News*, August 2004. https://www.astm.org/SNEWS/AUGUST_2004/plaintalk_aug04.html (검색일: 2018년 10월 24일)

74 Katharine Morgan, "ASTM International's Global Focus", *ASTM Standardization News*, August 2005. https://www.astm.org/SNEWS/AUGUST_2005/morgan_aug05.html (검색일: 2018년 10월 24일); American National Standards Institute, 위 66번 각주, 5쪽.

75 United States Standards Strategy Committee, "United States Standards Strategy" (American National Standards Institute, 2015), p. 6.

(4) 지적재산권 보호

표준제정에는 종종 특허 등 지적재산권의 내용 활용이 요구되며, 실제로 오디오와 비디오, 통신, 전자 등의 분야에서는 특허에 대한 접근이 없이는 사실상 표준을 제정할 수 없는 것이 현실이다.[76] 이러한 실태를 반영하여 미국 표준전략에서는 특허, 상표권, 기타 지적재산권을 보호하는 정책을 보편적으로, 그리고 철저하게 적용하여 지적재산권 보유자의 권리를 존중하면서도 표준 사용자가 표준에 사용된 지적재산권에 접근할 수 있도록 해야 한다고 역설한다.[77] 미국 표준협회의 특허정책은 최소한도의, 그리고 정당한 규제하에 당사자들에게 최대한 자유로운 활동을 허용하는 효과적·자율적 제도를 지향하며(강근복 외, 1995: 183-202, 189), 특허 공여 절차를 통하여 개발 중인 표준과 관련될지도 모르는 특허를 개발 초기부터 신속하게 확인하고 공개하도록 격려하고 있다(강근복 외, 1995: 198).

3) 국제표준과의 연계 및 TBT 협정과의 합치성

위에서 언급했듯이 미국 표준협회는 ISO 등 국제표준기관에서 미국을 대표하며, 미국 표준협회에서 인증한 표준개발기관 중 미국 재료시험학회, 미국 기계공학협회, 전기전자기술자협회 등은 국제표준기관의 정의에 부합하고 TBT 위원회의 '국제표준, 지침 및 권고사항 개발 원칙에 관한 위원회 결정'(이하 '위원회 결정')에 수록된 원칙[78]을 준수하는 국제

76 Esteban Burrone, "Standards, Intellectual Property Rights (IPRs) and Standards-Setting Process", *World Intellectual Property Organization*. http://www.wipo.int/sme/en/documents/ip_standards_fulltext.html (검색일: 2018년 11월 13일)

77 United States Standards Strategy Committee, 앞 75번 각주, p. 5.

표준기관이기도 하다.[79]

미국의 국내표준체계는 이와 같이 국제표준체계와도 긴밀히 연관되어 있으며, 실제로 미국 표준협회에서 인정한 표준개발기관에서는 아래와 같이 위원회 결정의 원칙에 대응하는 원칙을 준수하도록 요구하고 있다. 동시에 위에서 언급한 미국 표준정책의 특징 때문에 양자 간 긴장관계가 생기는 부분도 있다. 이를 비교 및 대조하면 다음과 같다.

(1) 투명성

표준 관련 활동에 관한 주요 정보는 모든 이해관계자가 접근할 수 있어야 한다는 것이 미국 표준협회의 투명성 원칙이다.[80] 이는 TBT 위원회 결정의 투명성 원칙[81]과 일치한다. 위원회 결정의 투명성 원칙 구성 요소는 초기 단계 공표, 회원들에게의 통지, 표준안의 제공, 이해당사자에게 충분한 의견제시 기간 허용, 제정된 표준의 빠른 공표, 정기적인 작업계획 공표[82] 등이다. 이러한 공표와 통지, 문서 제공, 의견 수용 등은 가급적이면 인터넷으로 하기를 권장한다.[83]

---

78 Committee on Technical Barriers to Trade, "Second Triennial Review of the Operation and Implementation of the Agreement on Technical Barriers to Trade"(World Trade Organization, 2000).

79 American National Standards Institute, "WTO Overview", *American National Standards Institute*. https://www.standardsportal.org/usa_en/toolbox/wto_overview.aspx (검색일: 2018년 10월 24일)

80 United States Standards Strategy Committee, 앞 77번 각주, p. 7.

81 Committee on Technical Barriers to Trade, 앞 78번 각주, 제3~5항.

82 위 각주, 제3항.

83 위 각주, 제5항.

(2) 개방성, 적법 절차

표준제정 절차 참여는 모든 이해당사자에게 개방되어 있다는 개방성 원칙과 표준 개발은 모든 의견을 고려하고 불복이 가능하다는 적법 절차의 원칙이 있다.[84] 이는 TBT 위원회 결정의 개방성 원칙[85]과도 일치한다. 이는 관련 기관에 회원 자격이 개방되어 있어야 한다는 원칙으로, 정책 개발부터 표준 개발의 각 단계가 모두 개방되어야 하며,[86] 이러한 참여를 할 수 있는 유의미한 기회가 주어져야 한다는 의미이다.[87]

(3) 공정성과 총의

특정 이해당사자가 지배하지 않는다는 공정성 원칙 및 영향을 받는 당사자들의 총의로 의사결정을 한다는 원칙은[88] 위원회 결정의 공정성과 총의 원칙과도 일치한다.[89] 이는 특정 공급자나 국가, 지역에 특혜를 부여하지 않도록 모든 이해당사자가 국제표준의 제정에 기여할 수 있는 유의미한 기회가 주어져야 한다는 의미이다.[90] 그 일환으로 표준제정기관에서는 모든 관련 당사자의 의견을 반영하고 충돌하는 의견을 조정하고자 총의 절차를 확립한다.[91]

---

84 United States Standards Strategy Committee, 앞 80번 각주, p. 7.
85 Committee on Technical Barriers to Trade, 앞 83번 각주, 제6항 및 제7항.
86 위 각주, 제6항.
87 위 각주, 제7항.
88 United States Standards Strategy Committee, 앞 84번 각주, p. 7.
89 Committee on Technical Barriers to Trade, 앞 87번 각주, 제8항 및 제9항.
90 위 각주, 제8항.
91 위 각주.

(4) 효과성, 관련성, 성능 기초

표준은 규제 수요와 시장 수요 및 과학적·기술적 발전과 관련성이 있어야 하며 이에 효과적으로 반응해야 하고,[92] 표준은 가능하면 도안의 세부사항보다는 성능 기반, 즉 필수적 특성에 기초한다는 원칙[93]은 위원회 결정의 효과성과 관련성 원칙과 일치한다. 국제무역 촉진과 불필요한 무역장벽 방지를 위하여 국제표준은 규제 수요와 시장 수요 및 각국의 과학적·기술적 발전과 관련성이 있어야 하며 이에 효과적으로 반응하여야 한다.[94] 국제표준은 세계시장을 왜곡시키거나, 공정한 경쟁을 해치거나, 혁신과 기술개발을 저해해서는 안 된다.[95] 또한 다른 국가나 지역에 상이한 수요나 이해가 있을 때 특정 국가나 지역의 특성이나 요구사항을 선호해서는 안 되며, 표준은 가능하면 도안이나 외형적 특성보다는 성능을 기준으로 한 상품 요건에 기초하여야 한다.[96]

(5) 일관성

중첩되고 모순되는 표준을 피하는 일관성 원칙은[97] 위원회 결정 중 국제표준기관끼리 표준의 중복과 중첩을 피하며 관련 국제표준기관끼리의 협력과 조정을 필수적으로 보는 일관성 원칙과 일맥상통한다.[98]

---

92 United States Standards Strategy Committee, 앞 88번 각주, p. 7.

93 위 각주.

94 Committee on Technical Barriers to Trade, 앞 91번 각주, 제10항 및 제11항.

95 위 각주, 제10항.

96 위 각주.

97 United States Standards Strategy Committee, 앞 93번 각주, p. 7.

98 Committee on Technical Barriers to Trade, 앞 96번 각주, 제12항.

(6) 기술지원

표준의 제정과 적용에 있어 개발도상국에 지원을 제공한다는 당 원칙은[99] 위원회 결정 중 특히 개발도상국이 표준 개발 과정에 효과적으로 참여하는 데 겪는 어려움을 고려해야 한다는 개발 측면 원칙과 상응한다.[100] 표준개발기관은 개발도상국이 사실상 배제되지 않도록 개발도상국의 국제표준 개발 참여를 촉진하는 구체적인 방안을 마련해야 하며, 이를 위하여 TBT 협정 제11조와 같은 기술지원을 제공할 수도 있다.[101]

(7) 미국적 원칙: 유연성, 시의적절성, 균형성

위의 국제적으로 인정된 원칙 외에도 미국 내에서는 유연성(상이한 기술, 제품, 서비스 부문의 수요에 부응하는 상이한 기술 이용을 허용), 시의적절성(행정적 사항으로 인하여 시장의 필요에 부응하지 못하는 결과를 피함), 균형성(모든 이해관계 사이의 균형)의 세 가지 원칙이 표준제정 과정에서 중시된다.[102]

이 중 유연성과 시의적절성은 특히 관료주의에 얽매이지 않는 민간이 주도하여 시장 요구에 빠르게 대응하는 데 강조점을 두는 미국 표준정책의 민간 주도성 및 시장중심성의 산물이기도 하다. 그 일환으로 앞에서도 언급했듯이 정부 부처에서도 사적 자발규격을 우선적으로 사용할 의무를 지지만, 이는 민간 부문 표준의 사용을 요구한 규정이지 국제표준의 사용을 요구하는 규정이 아닌 만큼 정부 부처에서 사용한 자발규격과 국제표준이 불일치할 경우 TBT 협정 제2.4조 위반 여부가 문제될 수 있다. 실제로 미국의 기술규제 중에서 국제표준과의 불일치로 문

---

99 United States Standards Strategy Committee, 앞 97번 각주, p. 7.

100 Committee on Technical Barriers to Trade, 앞 98번 각주, 제13항.

101 위 각주.

102 United States Standards Strategy Committee, 앞 99번 각주, p. 7.

제가 된 WTO 분쟁 사건[103] 및 대응사례(TBT 중앙사무국, 2016: 82(미국 LED 램프 시험 기준), 87(미국 낙뢰보호시스템(LPS) 표준))[104]가 존재하는 등 미국의 표준 및 이에 기초한 기술규정이 국제표준과 일치하지 않을 가능성은 상존한다.

4. 결론: TBT 과제 및 시사점

미국 TBT 조치와 표준정책의 특징에서 도출할 수 있는 시사점은 다음과 같다.

첫째, 미국은 최다의 누적 WTO 통보 TBT 조치를 기록하는 등 TBT 조치를 활발하게 사용하는 국가에 속하므로 규제의 빠른 파악과 이에 대한 신속한 대응이 요구된다. 따라서 통보 및 미통보 TBT 조치에 대한 지속적인 감시와 수출기업에 문제가 될 소지가 있는 기술규제의 조기 파악 및 분석이 필요하다.

둘째, 미국의 표준정책은 민간이 주도하는 특징상 분산적이고 자율적이며, 이러한 민간의 자발규격이 정부에서 사용하는 표준과 기술규제의 기초가 된다. 민간 표준개발기관에서 개발한 표준이 장래에 무역장벽의 기초로 사용될 가능성이 상존한다. 특히 미국 내 표준개발기관 중에서는 해당 분야에서 국제표준기관에 해당하는 기관도 있다. 따라서 미국 내 표준 개발의 동향을 파악하고, 특히 국제표준기관에 해당하는 표준개발기관을 중심으로 한국의 무역에 영향을 미칠 수 있는 표준 개발 과

103 앞 48번과 50번 각주.

104 미국 LED 램프 시험 기준(82쪽), 미국 낙뢰보호시스템(LPS) 표준(87쪽) 참조.

정에는 가능한 한 사전에 의견을 제시하는 등 참여한다면 불필요한 무역장벽의 가능성을 사전에 줄일 수 있을 것이다.

셋째, 다양성과 유연성을 중시하는 표준정책의 특성상 미국 표준정책상 아직 복수 표준의 가능성을 열어 두는 입장이 남아 있으며, 그 결과 표준 간 상호 충돌이 발생하고 국제표준을 준수하지 않는 기술규제가 제정될 수 있다. 미국 TBT 분쟁사례와 국내 대응사례에서도 알 수 있듯이, 미국의 다양한 표준에 대해서는 국제표준을 사용하거나 이를 준수하도록 요구하는 방안으로 대응해 나가야 한다.

넷째, TBT가 실제로 문제가 되었을 경우 한미 간에는 특정무역현안 제기와 WTO TBT 위원회를 통한 양자 간 대화뿐만 아니라 한미 FTA 협정에 근거하여 설치한 양국의 TBT 위원회 등 다양한 대화의 창구가 존재하는 것을 인식하고 활용해야 한다. 즉, 우리는 이러한 다양한 통로 및 FTA 협정문상의 설명의무 등 강화된 TBT 규정을 활용하여 미국의 TBT 조치에 효과적으로 대응할 수 있다.

참고문헌

강근복·손홍·윤석환·고순주(1995).「미국, 일본, 유럽(EU)의 정보통신표준화 정책기조 비교연구」,『사회과학연구』 제6권, 183-202쪽.

고민영(2012).「육류 상품에 대한 미국의 원산지 라벨링 조치를 둘러싼 국제통상법적 쟁점: TBT 협정 제2.1조 및 제2.2조를 중심으로」,『국제경제법연구』 제10권 제2호, 167-193쪽.

김규태(1996).「美國-改質 및 在來式 揮發油의 標準事件에 관한 抗訴審 判定」,『통상법률』 제10호, 163-188쪽.

김덕봉(2017).「미국 국립표준기술연구소(NIST) 스마트제조 기술·연구 현황」,『기계저널』 제57권 제8호, 44-48쪽.

김민정(2012).「〈미국-멕시코 참치분쟁 II〉에 대한 WTO판결 분석」,『국제경제법연구』 제10권 제2호, 117-166쪽.

김민정·박정준(2015).「한국 FTA의 TBT 규범 비교분석에 따른 법적 쟁점 연구」,『국제·지역연구』 제24권 제4호, 31-73쪽.

김상배(2012).「표준 경쟁으로 보는 세계패권 경쟁: 미국의 패권, 일본의 좌절, 중국의 도전」,『아시아리뷰』 제2권 제2호, 95-125쪽.

김영태·박기식(1996).「미국의 정보통신표준 시험기관 인정체계 분석: NVLAP을 중심으로」,『전자통신동향분석』 제11권 제3호, 123-133쪽.

김철환(1994).「美國의 CALS 정책과 표준체계」,『국방과 기술』 제188호, 48-59쪽.

무역기술장벽(TBT) 중앙사무국(2015).『2014년 무역기술장벽(TBT) 보고서』, 국가기술표준원.

_____(2016).『2015년 무역기술장벽(TBT) 보고서』, 국가기술표준원.

_____(2017).『2016년 무역기술장벽(TBT) 보고서』, 국가기술표준원.

박지영(2015).「미국, 유럽, 중국, 캐나다, ISO 번역 표준에 관한 복수사례 연구」,『번역학연구』 제16권 제2호, 33-61쪽.

배귀희(2017). 「미국과 독일의 표준정책의 비교: 제도적 상호보완성 개념을 중심으로」, 『한국공공관리학보』 제31권 제3호, 219-238쪽.

선아름·나희량(2015). 「무역기술장벽(TBT)이 교역에 미치는 영향: 한국의 對미국 전기전자 품목 수출을 중심으로」, 『국제지역연구』 제19권 제1호, 205-240쪽.

송주호·김미복·전상곤·정대희·임정민(2010). 「농식품분야 비관세조치의 경제적 평가」, 『한국농촌경제연구원 기본연구보고서』.

오선영(2013). 「자국민의 건강보호를 위한 기술규정 조치의 국제통상법적 쟁점에 관한 소고: 미국-인도네시아 정향담배 사건을 중심으로」, 『법학연구』 제54권 제2호, 133-158쪽.

이성형·전정기·신동석(2014). 「TBT 협정 제2조 제1항의 '동종 상품'과 '불리하지 않은 대우'의 해석: 미국 정향담배 사건을 중심으로」, 『통상법률』 제118호, 49-84쪽.

이주미(2017). 「이슈 요약: 미국 국별 무역장별보고서(NTE)의 한·중·일 무역·투자 장벽 분석 및 시사점」, 『Global Issue Paper, KOTRA』.

이희상·문승연(2017). 「무역기술장벽-기술혁신-통상의 영향에 관한 연구: WTO TBT 통보문을 중심으로」, 『한국공공관리학보』 제31권 제3호, 291-318쪽.

장용준·서정민·김민성·양주영(2011). 「무역상 기술장벽(TBT)이 무역에 미치는 영향과 정책적 대응방안」, 『연구보고서 11-14』, 대외경제정책연구원.

조경희(2009). 「미국 증명표장제도와 일본의 관련제도(상표제도, 인증제도)에 대한 고찰」, 『지식재산연구』 제4권 제2호, 93-124쪽.

코트라(KOTRA)(2017). 「Global Issue Paper: 미국 국별 무역장벽보고서(NTE)의 한·중·일 무역·투자 장벽 분석 및 시사점」, 대한무역투자진흥공사.

하태정·송종국·정다울·전주용·장용준·문선웅(2010). 「FTA 환경변화에 따른 기술무역장벽 대응방안」, 『정책연구 2010-05』, 과학기술정책연구원.

Lee, Kil Won(2013). "The Problems of De Facto Discrimination on Imported Tobaccos According to the US Technical Regulation-Implications from the US-Clove Cigarettes Case", 『미국헌법연구』 24. 2, pp. 235-261.

American National Standards Institute(2007). "Overview of the U.S. Standardization System: Voluntary Consensus Standards and Conformity Assessment Activities", *American National Standards Institute*.

Committee on Technical Barriers to Trade. "Second Triennial Review of the Operation and Implementation of the Agreement on Technical Barriers to

Trade" (World Trade Organization, 2000)

_____. "Twenty-Third Annual Review of the Implementation and Operation of the TBT Agreement" (World Trade Organization, 2018)

United States Standards Strategy Committee(2015). "United States Standards Strategy", *American National Standards Institute*.

American National Standards Institute. "미국 표준 시스템: 소개", *American National Standards Institute*. https://www.standardsportal.org/usa_kr/k/standards_system/introduction.aspx (검색일: 2018년 10월 24일)

_____. "About the American National Standards Institute", *American National Standards Institute*. https://share.ansi.org/shared%20documents/Standards%20Activities/International%20Standardization/Regional/Standards%20Portal/Flyer_AboutANSI_2009.pdf (검색일: 2018년 10월 24일)

_____. "U.S. Standards System: ANSI (Private Sector)", *American National Standards Institute*. https://www.standardsportal.org/usa_en/standards_system/ansi_private.aspx (검색일: 2018년 10월 24일)

_____. "U.S. Standards System: NIST (Government)", *American National Standards Institute*. https://www.standardsportal.org/usa_en/standards_system/nist_government.aspx (검색일: 2018년 10월 24일)

_____. "WTO Overview", *American National Standards Institute*. https://www.standardsportal.org/usa_en/toolbox/wto_overview.aspx (검색일: 2018년 10월 24일)

Burrone, Esteban. "Standards, Intellectual Property Rights (IPRs) and Standards-Setting Process", *World Intellectual Property Organization*. http://www.wipo.int/sme/en/documents/ip_standards_fulltext.html (검색일: 2018년 11월 13일)

International Organization for Standardization. "ANSI (United States)", *International Organization for Standardization*. https://www.iso.org/member/2188.html (검색일: 2018년 10월 24일)

K-stat. 「한국의 10대 무역국」, http://stat.kita.net/stat/world/major/KoreaStats06.screen (검색일: 2018년 10월 20일)

Morgan, Katharine(2005). "ASTM International's Global Focus", *ASTM Standardization News*. https://www.astm.org/SNEWS/AUGUST_2005/morgan_aug05.html (검색일: 2018년 10월 24일)

National Institute of Standards and Technology. "Smart Manufacturing", *National*

Institute of Standards and Technology. https://www.nist.gov/topics/smart-manufacturing (검색일: 2018년 10월 24일)

Office of the United States Trade Representative. "U.S.-Korea Free Trade Agreement: U.S. Korea Trade Facts", *Office of the United States Trade Representative*. https://ustr.gov/trade-agreements/free-trade-agreements/korus-fta (검색일: 2018년 10월 20일)

Thomas, James(August 2004). "Plain Talk for a New Generation: Wake Up Call", *Standardization News*. https://www.astm.org/SNEWS/AUGUST_2004/plaintalk_aug04.html (검색일: 2018년 10월 24일)

World Trade Organization(WTO). "DS2: United States—Standards for Reformulated and Conventional Gasoline", *World Trade Organization*. https://www.wto.org/english/tratop_e/dispu_e/cases_e/ds2_e.htm (검색일: 2018년 10월 21일)

______. "DS4: United States—Standards for Reformulated and Conventional Gasoline", *World Trade Organization*. https://www.wto.org/english/tratop_e/dispu_e/cases_e/ds4_e.htm (검색일: 2018년 10월 21일)

______. "DS61: United States—Import Prohibition of Certain Shrimp and Shrimp Products", *World Trade Organization*. https://www.wto.org/english/tratop_e/dispu_e/cases_e/ds61_e.htm (검색일: 2018년 10월 21일)

______. "DS85: United States—Measures Affecting Textiles and Apparel Products", *World Trade Organization*. https://www.wto.org/english/tratop_e/dispu_e/cases_e/ds85_e.htm (검색일: 2018년 10월 21일)

______. "DS100: United States—Measures Affecting Imports of Poultry Products", *World Trade Organization*. https://www.wto.org/english/tratop_e/dispu_e/cases_e/ds100_e.htm (검색일: 2018년 10월 22일)

______. "DS144: United States—Certain Measures Affecting the Import of Cattle, Swine and Grain from Canada", *World Trade Organization*. https://www.wto.org/english/tratop_e/dispu_e/cases_e/ds144_e.htm (검색일: 2018년 10월 22일)

______. "DS151: United States—Measures Affecting Textiles and Apparel Products (II)", *World Trade Organization*. https://www.wto.org/english/tratop_e/dispu_e/cases_e/ds151_e.htm (검색일: 2018년 10월 21일)

______. "DS381: United States—Measures Concerning the Importation, Marketing and Sale of Tuna and Tuna Products", *World Trade Organization*. https://www.wto.org/english/tratop_e/dispu_e/cases_e/ds381_e.htm (검색일: 2018년 10월 21일)

______. "DS384: United States - Certain Country of Origin Labelling (COOL) Requirements", *World Trade Organization*. https://www.wto.org/english/tratop_e/dispu_e/cases_e/ds384_e.htm (검색일: 2018년 10월 21일)

_____. "DS386: United States—Certain Country of Origin Labelling Requirements", *World Trade Organization*. https://www.wto.org/english/tratop_e/dispu_e/cases_e/ds386_e.htm (검색일: 2018년 10월 21일)

_____. "DS406: United States—Measures Affecting the Production and Sale of Clove Cigarettes", *World Trade Organization*. https://www.wto.org/english/tratop_e/dispu_e/cases_e/ds406_e.htm (검색일: 2018년 10월 21일)

_____. "Enquiry Points", *Technical Barriers to Trade Information Management System*. http://tbtims.wto.org/en/NationalEnquiryPoints/Search (검색일: 2018년 10월 21일)

______. "Search Specific Trade Concerns (STCs)", *Technical Barriers to Trade Information Management System*. http://tbtims.wto.org/en/Specific TradeConcerns/Search (검색일: 2018년 10월 29일)

______. "Search TBT Notifications", *Technical Barriers to Trade Information Management System*. http://tbtims.wto.org/en/Notifications/Search (검색일: 2018년 10월 24일)

제11장

EU 기술표준정책 특징과 TBT 과제

김민정

1. 서론

유럽연합(EU)의 기술표준정책은 유럽 경제를 단일시장으로 통합하는 과정에서 오랫동안 논의되었던 핵심적인 정책과제 중 하나이다. EU 통합시장 내에서 상품과 서비스가 자유롭게 이동하기 위해서는 회원국마다 다른 기술규정, 표준 및 적합성평가제도로 인하여 생기는 비관세장벽 문제를 근본적으로 해소해야 하였고, 이를 체계적으로 다루기 위한 제도가 필요했기 때문이다. EU 역내 무역기술장벽 문제를 해결하기 위해서 EU 회원국들이 가장 먼저 도출한 합의사항은 각국의 기술규제 권한을 EU로 위임한 것이다. 이 조치는 일명 구접근체제(old approach)로 불리는데, 이로써 단일시장을 규율하는 공통의 기술규제를 EU의 의사결정 절차에 따라 도입하는 기술표준체계가 마련되었다. 이러한 기본 체제가 점차 발전하여 오늘날 CE 마크 제도와 유럽표준(European Standards) 제도로 시행되고 있다.

이 장에서는 EU 기술표준정책의 기본 제도인 CE 인증제도와 유럽표준 제도를 설명한다. 이를 이해하기 위해서 유럽 경제통합 과정에서 역내 무역기술장벽 문제를 다루기 위하여 도입되었던 제도와 주요 발전 과정을 살펴본다. 특히 EU 현행 기술규제의 기본 골격이 되는 조화정책과 신접근체제(new approach), 신접근체제하의 적합성평가체제(global approach)와 CE 인증, 그리고 유럽표준화 기구의 유럽표준을 중점적으로 논의한다.

2. 유럽연합의 기술표준체제

EU의 조화(harmonization) 정책은 1958년 유럽 경제 공동체가 설립되던 유럽통합 초기부터 그 필요성과 중요성이 논의되었고, 점차 기술규정 및 표준에 있어서 EU 회원국 사이의 격차를 줄이고 공동시장을 창출하는 목표를 달성하기 위하여 핵심적인 정책으로 논의되었다.[1] 1970~1980년대 생산 기술이 급속도로 발달하고 소비자 권익보호와 환경보호에 대한 요구가 증가하자 EU 회원국은 저마다 자국에서 필요한 범위와 수준으로 기술요건을 도입하였고, 그 결과 EU 역내 무역에 있어 중대한 무역장벽으로 작용하게 되었다. 당시 시장통합이 어느 정도 진전되고 있음에도 불구하고 다른 회원국으로 상품을 판매하고자 할 때는 판매시장 회원국이 시행하는 안전 및 품질 기준에 맞추어야 하였고, 결과적으로 늘어나는 생산비용 때문에 시장확대의 비효율성이 증가하거나 아예 판매를 포기하는 상황이 빈번하게 발생하였다.

1 유럽경제공동체 설립의 바탕이 되는 로마조약 제100조와 제101조는 국내법의 조화(approximation of legislation)를 규정한다.

이에 따라 유럽공동체(EC)는 역내 무역기술장벽을 최소화할 수 있는 현실적인 방안을 강구하였고, 그 결과 본격적인 조화정책이 도입되었다. 조화정책을 도입하는 과정에서 많은 논의가 있었는데, 중요한 쟁점 중 일부는 기술규정의 완전한 조화를 목표로 할지 아니면 부분적인 조화를 목표로 할지에 관한 문제로, 오랫동안 회원국들 간 합의에 도달하지 못하여 난항을 겪기도 하였다. 마침내 EU 체제는 보건, 환경, 그리고 소비자 보호 관련 사항에 대해서는 완전한 조화의무를 도입하기로 합의하였다(Groetzinger, 1974). 여기서 완전한 조화란 회원국들이 제정하는 모든 기술규정과 표준을 조화(approximation)시키는 것으로 궁극적으로 유럽공동체가 공통의 기술 규정과 표준을 입법하여 적용하는 제도를 의미한다.

이후 기술규제에 대한 완전한 조화 목표는 EU법 및 관련 지침(directive)에 포함되었고 EU에서 도입하는 기술규제에 대하여 회원국들의 국내법적 조화가 본격화되었다.[2] 관련 EU 규정에 따르면 EU 회원국은 지침에서 정하는 기술요건 사항을 국내법으로 도입해서 반드시 이행해야 할 의무가 있는데, 다만 기술요건을 적용하는 구체적인 형태와 방식은 자율적으로 선택할 수 있다.[3] 이러한 조화의무는 해당 지침의 유효기관이 종료하더라도 그 지침과 일치하지 않거나 반하는 국내 입법이 금지되었으므로 조화정책의 효과가 지속적으로 강화되었다. 또한 국내법과 유럽연합법 사이의 충돌이 발생하는 경우 후자가 우선 적용됨으로써 강행규범으로서의 성격을 띠었다.

EU의 기술규제 관련 조화정책 중에서 가장 기본이 되었던 사안은

2 유럽연합법 제3조(g)항. 유럽연합법 제94조, 제95조[ex100 and 100a].

3 유럽연합법 제149조, 제149조[ex189].

역내 '무역기술장벽 제거를 위한 제도'였다. EU는 회원국 간 기술규정과 기술표준의 차이가 상당한 무역제한 효과를 본다고 보았고, 현행 조치들에 의한 차이를 해소하고 최소화하는 것이 무역을 원활히 하고 시장을 통합하는 핵심이라 보았다. 이에 따라 EU는 기술요건의 내용을 조화하기 위하여 신접근체제(new approach)를 시행하는 한편, 기술요건의 적합성평가절차를 통합하기 위하여 글로벌접근체제(global approach)를 시행하였다.

그러나 EU는 계속하여 급격하게 증가하는 신규 기술무역장벽을 보다 효과적으로 다룰 수 있는 방안이 필요하였고 기존 체제를 보완하고자 하였다. 그 결과 역내 기술장벽에 대하여 '통보의무'와 '유보제도'를 시행하였다. 이는 신규 기술규정 및 표준을 도입하기 이전에 사전적으로 회원국 간의 차이를 조율함으로써 무역기술장벽 증가를 미연에 억제하는 효과가 있었다.

또한 신접근체제하에서는 분야별 조화를 도모할 수 있었으나 문제는 조화 대상에 포함되지 않는 일명 회색지대에 있는 신제품과 신기술이 계속 시장에 진입하였으므로 이를 관리하는 것이 중요한 이슈가 되었다. 이러한 배경에서 EU는 '일반적인 제품 안전에 관한 제도'를 도입하여 기존 제도를 보완하고자 하였다.

상기한 EU 기술규제 표준화정책의 주요 쟁점과 제도적 발전 흐름을 중심으로 다음에서는 유럽의 신접근체제, 글로벌접근체제, CE 마크 제도 각각에 대하여 자세하게 논의한다.

1) 유럽연합 기술표준체제의 발전

(1) 구접근체제의 발전

유럽의 역내 무역기술장벽을 해소하기 위한 논의는 1960년대 중반부터 본격적으로 진행되었다. 그 결과 유럽공동체 이사회는 1969년 6월 "무역장벽 제거를 위한 일반 제도"를 채택하고 이와 관련 있는 두 건의 결의를 함께 채택하면서 실질적인 기술규제제도의 통합이 시작되었다. 동 제도가 구접근체제(old approach)이다(EC, 1969).

구접근체제하에서는 유럽이사회가 정기적으로 무역기술장벽이 되는 기술규정을 철폐하는 결정을 내렸는데, 통상적으로 6개월마다 3단계에 걸쳐 특정 제품 및 분야에 대한 무역기술장벽 금지 결정(decisions)이 채택되었다. 또한 구접근체제에서는 유럽공동체 차원에서 도입하는 기술규정 및 표준만이 원칙적으로 효력이 있었으므로, 만일 특정 기술규정이 금지되고 이와 관련하여 새로운 결의를 도입되기 전까지의 잠정기간 동안 회원국이 다른 회원국과의 협의를 거쳐 잠정적인 기술규정 시행이 가능하였다. 이러한 제도를 바탕으로 유럽공동체는 기술규제를 통합하려는 확고한 목표를 내세우고 회원국 간의 모니터링과 협의제도를 바탕으로 신규 무역기술장벽을 억제하였다(Waelbrock, 1970).

이후 유럽위원회는 품목별로 구체적인 기술요건을 입안하여 지침으로 적용했는데, 초기 대표적인 유럽 공통의 기술요건은 자동차, 압력기기, 측정기기 등에 대한 것이었다. 즉, 유럽시장 내에서는 해당 지침을 충족하는 상품만이 자유로운 거래가 가능하였으므로 점차 유럽의 기술규제 지침에 부합하는 제품을 중심으로 생산과 판매가 이뤄졌다.

그러나 문제는 지침의 요건이 매우 기술적이고 세부사항까지 규정하고 있어 비효율적이고 제품 개발과 혁신을 저해한다는 점이었다. 우선, 지침의 기술요건에 대하여 제품의 적합성을 판단하는 것이 쉽지 않았다. 더욱이 담당 공무원이 지침의 기술요건을 작성했을 뿐만 아니라 시행에 있어 해당 상품의 적합성까지 판단했으므로 이러한 관료적인 운영에서 많은 문제가 제기되었다. 특히 담당자가 산업 분야의 첨단기술이나 관행, 시장의 요구를 잘 알지 못했으므로 지침상의 기술요건에 대한 해석과 적용에 관한 분쟁이 빈번하게 일어났다.[4] 또한 제조기업은 끊임없이 기술을 개발하고 신제품을 생산하면서 시장수요에 부응해야 하였으나 구접근체제는 경직적이었으므로 유럽공동체 제조산업의 기술발전을 저해하는 요인이 되기도 하였다. 이처럼 지침을 계속 개정하는 것이 불가피하였고 많은 구조적 문제점이 제기되었으므로 구접근체제를 근본적으로 개선하기 위한 대책이 필요하였다.

(2) 신접근체제의 도입

유럽공동체는 구접근체제에서 무역기술장벽 제거와 기술규제 통합이 지지부진하게 진행되자 1980년대 중반부터 조화정책 시행에 보다 박차를 가하였다. 근본적으로 효율적인 제도로 재정비하는 것이 필요하다는 인식에 따라서 유럽이사회는 1985년 "기술조화와 표준에 관한 새로운 접근에 관한 결정"을 채택하였다(EC, 1985).[5] 이른바 신접근체제로 불리는 동 제도는 매우 광범위한 분야에 적용되었다. 유럽연합이 지침을 마련할 때 필수요건(essential requirements)에 관해서만 기술하고 나머지 기술적인 세부사항은 통합표준(harmonised standards)을 도입하여 규정하기로 한 점이 기존 제도와 다른 점이며, 주요 특징이다. 즉, 표준화 기관이 표준규격을 개발하고 회원국으로부터 권한을 위임받아 통합표준을 승인하여 도입했는데[6] 이렇게 도입된 유럽 표준규격을 준수할지를 생산

---

4 구접근체제의 제도적 문제점에 관해서는 다음을 참조한다. Costello(1990); Van de Walle de Ghelcke et al.(1990).

5 1985년 1월 유럽위원회는 Cassie de Dijon doctrine에 입각한 상호인정원칙을 도입하여 새로운 방식을 제안하였고, 그 제안서가 1월 30일 이사회와 의회에 제출되어 의사 개진[COM(85) 19]이 이뤄진 후 6월 4일 채택되었다.

6 유럽표준기관은 대표적으로 CEN(유럽표준화위원회), CENELEC(유럽전기기술위원회), ETSI(유럽전기통신표준연구소)가 있다.

자가 자발적으로 선택할 수 있었다. 단, 표준규격과 일치하는 방식으로 제품을 생산하는 경우 신접근체제의 필수요건에 적합하는 것으로 추정(presume)되었으므로 시장 간 거래에 있어서 별도의 적합성평가가 요구되지는 않았다. 요컨대 유럽연합은 최소한의 기술요건을 그 지침으로 정하고 구체적인 사항은 회원국이 정하거나 유럽표준기관이 개발하는 표준규격을 도입하였고, 생산자는 자발적으로 선택할 수 있었던 것이다.

신접근체제가 발전하기는 하였으나 여전히 구접근체제가 적용되는 분야도 남아 있으므로 오늘날 유럽의 기술표준체계는 신접근법과 구접근법을 모두 기본으로 한다. 두 체제가 적용되는 분야가 분리되는데, 우선 일반적으로 안전과 위생 관련 위험이 큰 화학 분야에 대해서는 구접근제도가 여전히 적용되고 있다. 또한 위험에 있어 보수적인 분야라 할 수 있는 자동차 안전, 식료품, 화장품, 의약품도 구접근체제의 대상이다. 다시 말해 이 분야에 대해서는 유럽연합이 상세한 기술요건을 제시하고 담당기관이 적합성을 평가하고 검토하여 시장판매를 승인하는 제도가 적용된다.

이후 도입된 신접근체제는 유럽연합 지침이 국민건강, 안전, 환경에 관한 필수요건만을 규정하는데, 기술표준 개발이 중요하거나 제품개발 주기가 비교적 짧은 분야라 할 수 있는 기계, 전기기기, 일부 의료기기, 승강기, 압력기기 등이 그 대상이다. 신접근체제에서는 동 분야 제품에 대하여 유럽연합이 일반적인 기술표준 기준과 방향만을 제시함으로써 시장에서의 기술표준 개발이 촉진될 수 있도록 했다는 점이 그 제도적 특징이다.

(3) 글로벌접근체제의 도입

한편, 신접근체제의 도입과 함께 각국이 운영하던 적합성평가 체계를 통합하고 정비할 필요가 있었다. 이는 신접근체제의 필수요건을 적용할 때 실질적으로 중요한 부분이 바로 적합성평가이기 때문이다. 다시 말해 아무리 유럽 공통의 필수요건을 적용한다 하더라도 이를 평가하고 제품 적합성을 판정하는 역량과 투명성이 회원국마다 다르다면 상호 신뢰를 구축하기 어렵기 때문이다. 그러므로 이러한 배경에서 이사회는 1989년 인증 및 시험소에 관한 글로벌접근체계를 도입하였다(EC, 1990; 1993). 신접근체제하에서 특정 필수요건에 해당하는 적합성평가 방법이 모듈로 제시되는데, 글로벌접근체계는 이러한 적합성평가 방법에 관한 자세한 사항을 규정한다. 글로벌접근체계하에서는 공급자가 자기 제품의 신접근체제 지침에 대한 적합성을 평가하고 이를 나타내는 CE 마크를 부착하도록 하는 공급자자기선언(Supplier's Declaration of Conformity: SDoC) 제도를 기본 모듈로 도입함으로써 제도적 효율성을 극대화하고자 하였다(EC, 1993).

글로벌접근하에서 채택한 적합성평가 관련 주요 원칙과 정책을 요약하면 다음과 같다. 첫째, 동 제도는 적합성평가절차의 다양한 단계에 대한 모듈을 설정하고 이러한 절차를 운영하는 기관을 지정한 후 이를 바탕으로 CE 마크 사용 절차에 관해 일관된 기준과 접근 방법을 확립하였다. 둘째, 품질보증 및 품질관리에 관한 유럽표준(EN ISO 9000 series)과 품질보증을 운영하는 적합평가기관에 관한 유럽표준(EN 45000 series)을 일반화하여 유럽 기준으로 도입하였다. 셋째, 인정(accreditation) 제도를 확립하고 관련 기술을 회원국 간 그리고 유럽연합 차원에서 증진하였고 넷째, 비규제 영역에 대해서는 검사와 인증에 관하여 회원국 간 상호인정협정 체결을 증진하기로 하였다. 다섯째, 측정, 측량, 시험을 실시하는 연구소, 인증, 검사원 및 인정기구 등 품질 검증 방법과 제도에 있어 국가 간, 산업 간의 격차를 최소화하고 여섯째, 유럽연합과 제3국 간의 무역기술장벽 해소 및 국제무역 증진을 위하여 상호인정협정, 협력프로그램, 기술지원 프로그램으로 촉진하는 것이다(EC, 1993).

다음에서는 유럽의 기술표준 정책의 기초가 되는 신접근체제와 CE 마크 제도를 설명한다.

2) 유럽연합의 신접근체제와 CE 마크 제도

(1) 지침의 원칙과 제정

신접근체제의 각 지침은 제품의 '필수요건'만을 제정한다는 원칙과 이 '필수요건'을 충족하는 제품만이 유럽연합 시장에서 판매될 수 있다는 원칙을 규정한다. 그리고 필수요건 관련 적합성평가 방법은 유럽표준기관의 표준규격을 따르거나 다른 방법을 선택적으로 이용할 수 있는데, 다른 방법을 선택하는 경우 이용 가능한 적합성평가절차가 해당 지침에서 규정된다.

신접근체제의 지침은 EC 조약법이 정하는 일반적인 지침 입법 절차에 따라 제정되는바, 요약하면 다음과 같다.[7] 즉, 집행위원회(Commission)가 제안하고 이사회가 검토하며 유럽의회의 의견을 수렴하여 채택 여부를 결정하는 것이다. 특히 최초의 입안 단계에서 집행위원회가 실무자들의 논의를 거쳐 신접근법 지침 제안서를 마련하고 이사회(Council)에 제출하면 이로써 입법 절차가 개시된다. 다음으로 이사회는 유럽의회(European Parliament)와 경제사회위원회(Economic and Social Committee)로부터 의견을 받아 수정, 보완하는 1차 검토 절차를 진행하

7 EC 조약법 제251조.

고, 최종안을 유럽의회에 제출하여 통과 여부 혹은 수정에 관하여 2차 검토 절차를 밟는다. 만일 유럽의회가 수정을 요구하는 경우 집행위원회는 제안서를 재검토하게 되는데, 재검토안을 제출하면 이사회가 최종적으로 채택 여부를 승인한다.

이와 같이 여러 단계에 걸친 복잡한 입법 절차를 거쳐 지침이 채택되므로 큰 노력과 시간이 투입되는 것을 알 수 있다. 그뿐만 아니라 해당 지침을 회원국이 국내법으로 도입함으로써 실질적으로 시행이 이뤄진다. 다만, 지침이 도입되면 회원국이 국내법을 제정하여 시행하는 것은 의무인데, 이는 집행위원회에서 특정 지침의 필수요건에 관한 내용을 논의하는 단계에서부터 EU 회원국 합의로 기술규정 기준을 정하고 조화(approximation)할 것을 전제로 하기 때문이다.

또한 회원국이 지침을 국내법으로 도입할 때 지침과 일치하지 않는 국내 기술규정은 모두 폐지하는 것이 원칙이다. 마찬가지로 회원국은 원칙적으로 지침에서 요구하는 기술요건 수준보다 더 까다롭거나 높은 수준으로 기술요건을 도입하는 것이 금지된다. 그러므로 상기 다소 까다로운 입법 절차를 통하여 유럽연합 내에 공통으로 적용되는 지침이 회원국의 기존 기술요건을 최대한 반영할 수 있도록 하고, 다시 유럽연합의 지침은 모든 회원국이 절대적으로 따라야 하는 기준으로 도입되는 절차로 지침 입법과 시행이 이뤄진다.

(2) 적용 분야와 지침

현행 신접근제도하에서 도입된 지침은 약 20개의 상품 및 상품군을 대상으로 하며 대부분 CE 인증을 의무화한다. 신접근체제 지침의 대상 분야는 다음과 같다.

저전압기기	의료기기: 이식용	승강기
단순압력용기	가스기기	냉장기기
완구류	온수보일러	압력기기
건설제품	민간 폭발물	정보통신 단말기
전자기기 적합성	의료기기: 일반	의료기기: 진단용
기계류	민간용 폭약	라디오 통신 단말기
개인용 보호장비	레저용 소형 선박	사람 수송용 케이블
비자동 측정기기	포장류, 포장용기류	

(3) 적합성평가와 모듈

글로벌접근체제하의 적합판정 절차는 여러 개의 모듈이 기본 체계를 이룬다. 각 모듈은 기본 모듈과 변형 모듈로 구성되는데, 모듈은 제품의 생산단계, 평가 방식, 그리고 평가 주체라는 세 가지 기준에 따라 총 8개로 나뉜다. 즉, 생산단계가 설계단계인지 생산단계인지(design, prototype or full production)에 따라, 평가 방식이 문서검토 방식인지, 형식승인 방식인지 혹은 제품품질보증 방식(documentary checks, type approval, quality assurance)인지에 따라, 그리고 평가의 주체자가 생산자인지 혹은 제3자인지에 따라 모듈이 구분된다. 그리고 해당 제품에 따라 이용 가능한 모듈이 다르며 이는 각 지침이 정한다.

총 8개의 기본 모듈은 모듈 A부터 모듈 H까지며, CE 마크를 사용하기 위한 적합성평가절차는 [그림 11-1]과 같이 모듈의 조합 혹은 변형 모듈의 조합으로 이뤄진다. 모듈 A, G, H는 설계단계와 생산단계 모두 적용되며 단독 모듈로 시행될 수 있지만, 모듈 C, D, E, F는 통상적으로 모듈 B와 함께 사용되어야 한다. 다만 설계 및 생산이 매우 간단한 제품인 경우 모듈 B 없이 단독으로 사용될 수 있다.

모듈 A는 생산자가 제품이 해당 지침의 요건에 부합하는지를 자체적으로 평가하여 기술문서를 작성, 보관하고 제품의 적합성을 선언하고

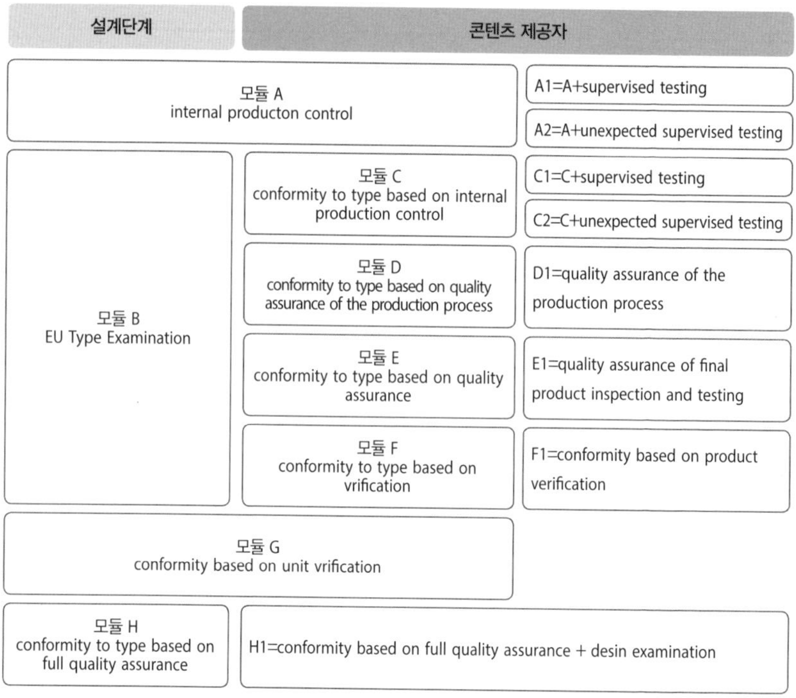

[그림 11-1] CE 마크 적합성평가의 16개 모듈

출처: EC(2008).

CE 마크를 부착하는 적합성평가 방식이다. 즉, 모듈 A는 제품의 설계, 생산, 완제품 검사의 모든 단계에 적용되며 공인시험기관의 개입이 전혀 이뤄지지 않는다.

모듈 B는 EC 형식 검사이며, 생산자가 제품이 해당 지침의 요건에 적합하는지를 평가하기 위하여 반드시 공인시험소의 개입이 필요한 방식이다. 공인시험소는 표본이 되는 생산형식(type)에 대하여 EC 형식 검사를 실시하여 적합성을 확증하고 인증서를 발급한다. 이를 위하여 생산자는 공인시험소에 EC 형식 검사를 신청하고 제품의 설계, 제조, 작동에 관한 기술문서를 제출해야 한다.

모듈 C는 형식적합성 검사이며, 생산자가 공인시험소에서 발급한 EC 형식검사 인증서의 형식에 부합하는 생산을 했음을 자체적으로 평가하여 기술문서를 작성, 보관하고 제품의 적합성을 선언하고 CE 마크를 부착하는 적합성평가 방식이다. 생산 및 완제품 검사 단계에서 이뤄진다.

모듈 D는 생산품질보증 방식으로, 생산자가 제품이 EC 형식검사에 부합하며 생산되었고 공인시험소에서 공인한 자체의 품질관리시스템에 따라 생산되었음을 확인하고 해당 지침의 요건에 대한 적합성을 선언하는 평가 방식이다. 모듈 D의 특징은 생산자가 제품의 제조, 완제품 검사 및 시험을 위하여 품질관리시스템을 운영해야 하고, 이 시스템은 EC형식검사 인증서의 형석과 부합하고, 상품의 제조 과정 전과 후를 포함하여 전 단계에 걸쳐 제품의 품질을 검사해서 적합성을 판단한다는 점이다. 그리고 생산자는 공인시험소로부터 자신의 품질관리시스템을 공인받아야 하고 공인 이후에도 지속적인 감독(surveillance)을 받으며, 품질관리시스템의 적절성을 유지해야 한다.

모듈 E는 제품품질보증 방식으로 모듈 D와 거의 모든 사항이 동일하다. 다만 품질관리시스템의 적용 범위에서 차이가 있는데 모듈 D에서는 생산 및 완제품을 모두 검사하지만 모듈 E는 완제품 검사에 국한되어 있다. 따라서 모듈 E의 품질관리시스템은 상품이 제조된 후 그 완제품에 대하여 생산자가 검사하고 적합성 여부를 판단하는 방식이다. 모듈 D와 마찬가지로 공인시험소가 품질관리시스템을 공인하고, 공인 이후에도 지속적으로 감독하며 반드시 생산지를 방문하여 완제품 검사를 실시해야 한다.

모듈 F는 제품검정 방식으로 제품의 제조 과정이 EC 형식검사 인증서의 형식에 부합하며, 해당 지침의 요건을 충족하는지를 자체적으로 검사, 증명 및 적합성 선언을 하는 방식이다. 공인시험소는 완제품에 대하여 생산자가 정하는 바에 따라 모든 완제품 검사를 실시하거나 일부 완제품을 검사하고 통계적으로 분석하여 적합성을 판정한다.

모듈 G는 단위 검정 방식이며, 생산자는 제품이 설계, 제조 및 작동시 해당 지침의 요건에 부합하는지를 확인하고 선언한다. 공인시험소는 완제품을 검사하고 적절한 제품 시험을 수행 후 통과 시 일련번호(identification)를 부착하고 적합성 인증서를 발급한다.

모듈 H는 종합품질검정 방식으로, 생산자는 설계, 제조 및 완제품 검사 및 시험 단계에서 공인된 품질관리시스템을 운영해야 한다. 그리고 공인시험소는 생산자의 품질관리시스템에 대하여 공인하고 공인 후에도 정기적으로 감사하고 추가로 불시 방문 검사를 시행한다.

상기 모듈을 바탕으로 신접근체계의 기본이 되는 적합성평가 방식은 2008년 새롭게 개정되었는데, 주요 개선 사항은 기존에 임시로 적용되던 변형 모듈이 유럽연합 차원에서 공식적으로 인정되어 결과적으로 총 16가지 모듈이 모두 공식 모듈이 되었다는 점이다. 이로써 각 분야 지침은 분명한 16가지 모듈을 조합하여 적합성평가 방식을 보다 명료하게 제시하게 되었다.

(4) 공인시험기관과 EU 인정제도

신접근체계에서 적합성평가는 모듈에 따라 이뤄지며 대부분 모듈은 제3자 적합성평가, 즉 공인시험기관의 역할을 필요로 한다. 위험이 큰 제품일수록 공인시험기관의 역할이 중요해지므로 공인시험기관이 역량과 전문성을 갖추었는지 그리고 그러한 역량과 전문성을 계속하여 유지하고 있는지가 제도 운영에 있어 매우 중요하다. 따라서 EU는 공인시험기관을 인가하고 지정하며 지속적으로 감독하는 인정제도를 운영하고 있다. 따라서 EU의 인정제도는 신접근체제와 CE 마크 제도가 효과적으로 운용되고 제도에 대한 신뢰가 유지될 수 있도록 하는 데에 있어 중추적인 역할을 한다.

공인시험기관 운영과 관련하여 제기되는 근본적인 구조적 문제는 EU 회원국 공인시험기관 사이에 충분한 정보교환과 협조가 이뤄지지 않아 유럽 전체의 일관적이고 효율적인 제도 운용을 어렵게 만든다는 점이다(EC, 2003). 특히 과거 공산주의 체제의 동유럽 국가들이 EU 체제에 참여하게 되면서 기존 회원국의 안전과 보호 수준에 미치지 못하게 되었다는 문제 제기가 많아지고 CE 인증제도 전체에 대한 신뢰가 위협을 받는다는 우려가 제기되기도 한다. 특히 유럽시장에 진출하려는 제3국 수출업자들이 신규 회원국의 공인시험소 관리가 허술한 틈을 오히려 이용한다는 문제점이 지적되기도 한다. 대표적인 사례로 CE 기준을 충족하지 못하는 중국산 장난감이 동유럽 국가를 통하여 유럽시장으로 진입하였고, EU의 시장감독 기능에 의해 사후적으로 안전규격 불합격 사실이 밝혀지면서 대대적인 리콜 조처가 내려지고 수입이 전면금지되었던 사건이 있었다.

[그림 11-2]와 같이 EU 체제에서는 기본적으로 각 회원국이 자국의 시험기관을 공인하고 해당 지침의 적합성평가를 수행할 기관을 지정할 수 있다. 신접근체제에서는 회원국이 자국의 공인시험소를 지정할 때 상당한 재량을 발휘할 수 있는데, 그 결과 각 회원국이 지정하는 공인시험기관은 그 회원국의 기술적·제도적 역량에 좌우될 뿐만 아니라 때로는 정치적 개입에 의해 결정되기도 하여 문제가 되고 있다. 또한 회원국이 공인시험기관을 평가, 감독할 때 해당 지침의 특정 기술요건과 관련해서 적합성평가를 수행할 역량이 있는지를 중점적으로 검토해야 하지만, 실제는 해당 기관이 유럽의 통합표준(EN 45000)을 충족하는 경우 지침 요건을 충족하는 것으로 간주하기 때문에 회원국의 국가 인정기관의 평가와 감독 관행이 공인시험기관에 많은 영향을 미친다는 문제가 있다.

따라서 EU 회원국의 국가 인정제도를 강화하고 EU 전체의 인정

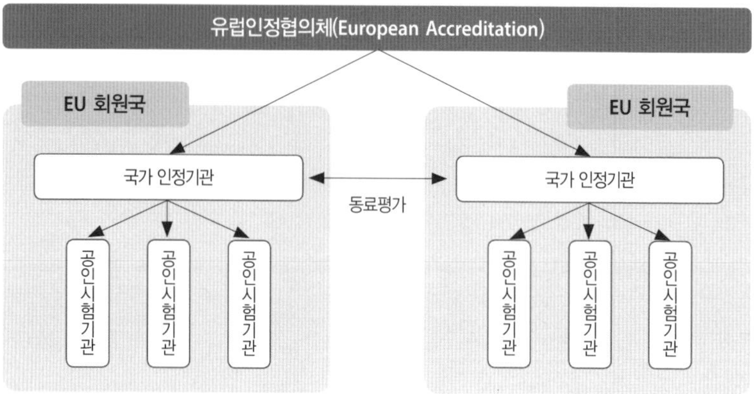

[그림 11-2] 유럽연합의 인정제도

출처: 저자 작성.

제도가 일관성 있는 체계를 갖출 수 있도록 하는 것이 중요한 제도적 과제로 논의되고 있다. EU 위원회는 국내 인정기관, 정부기관 및 유럽 위원회의 의무를 재확립하고 유럽인정협의체(European Cooperation for Accreditation: EA)의 역할을 명확하게 하도록 여러 가지 개선방안을 검토하고 있다(EC, 2008).

인정제도 관련 EU 정책의 주요 원칙은 크게 세 가지로 설명할 수 있다. 첫째, 인정제도를 국가가 관리하도록 했다는 점이 그 핵심이다. EU의 원칙에 따르면 국가 인정 행위는 국가 고유의 권한으로 정부와 연결되어야 하고, 만일 공공당국이 인정제도를 직접 관리, 운영하지 않는다면 공공당국의 업무로 위임하도록 하였다. 또한 국가 인정기관의 책임과 업무는 다른 국가기관과 분명하게 분리하고 비영리를 목적으로 운영해야 하며, 적합성평가 관련 활동과 서비스 제공, 자문 제공이 일체 금지된다. 그리고 인정기관이 적합성평가 기관의 주식을 보유하거나 어떠한 금전적·경영적 이해관계도 갖지 않도록 하였다. 이처럼 국가 인정기구가 적합성평가 기관을 공인 및 감독하는 기능을 독립적이고 객관적으로 수행할 수 있도록 거버넌스 체계를 확립하고 시험기관 인정을 원칙적으로 정부의 공공 업무로 둔 점을 주목할 필요가 있다.

둘째, 국가 인정제도 운용에 있어 비경쟁원칙이 적용된다. 즉, 국가 인정기관이 적합성평가 기관과 경쟁하거나 다른 회원국 국가 인정기관과 경쟁하는 것이 금지된다. 또한 기본적인 인정 업무만을 수행하고 유럽인정협의체 그리고 국제인정협력체제와 협력하기 위하여 자체적인 금전적·인적 자원을 확보해야 한다. 하지만 다른 회원국의 요청이 있으며 역내 국경을 초월해서 업무를 수행할 수 있으며, 다른 회원국 국가 인정기관의 인정업무 일부를 수행할 것을 요청하거나 요청받아 수행할 수 있다.

셋째, EU 체제에서 국가 인정기관에 대한 관리는 동료평가(peer evaluation)를 원칙으로 한다. 국가 인정기관은 독립적이고 상업적 영향을 받지 않아야 하며, 적합성평가 기관과 이해관계가 상충되는 것이 금지된다. 또한 업무의 객관성과 공평성을 확보하고 정부 비밀 보호를 충분히 뒷받침할 수 있는 제도를 갖춰야 하며 인정업무의 질을 유지할 수 있는 내부시스템과 역량을 갖춰야 한다. 이러한 기준을 바탕으로 국가 인정기관을 평가, 모니터링하는 역할은 EU 회원국들이 담당하는데, 기본적으로 동료평가 시스템과 제보(complaint) 절차로 구성된다. 이러한 동료평가 절차를 거쳐 EU 차원에서 각 회원국 국가 인정기관의 인정서비스에 대한 승인 여부를 결정한다. 모든 평가결과는 EU 회원국에 공개되고, 이후 유럽 집행위원회와 계속적인 논의가 이뤄진다.

(5) 사후적 시장 관리 및 감독 제도

EU는 회원국의 기술규제 조화를 바탕으로 신접근 지침을 마련하고, 적합성평가절차를 통합하며, 공인시험기관과 국가 인정기관을 체계적으로 관리함으로써 역내 통합적인 기술표준 제도를 확립하고 무역기술장벽이 없는 단일시장 달성을 추구한다. 여기서 논의할 사항은 바로 이러한 제도와 체계가 실제로 올바르게 적용되고 시행되는가에 관한 문제다. 즉, 신접근 지침의 기술요건을 정확하게 이행하고 회원국마다 일관되게 적용하는 것이 EU의 통합 기술표준정책의 중요하고 근본적인 정책과제라 할 수 있다.

이와 관련하여 EU는 2008년 시장감시에 관한 규정을 강화하였다(EC, 2008). 동 규정에 의하면 EU 정책발전의 주된 방향을 크게 두 가지로 요약할 수 있다. 그 하나는 시장관리감독에 대하여 회원국의 재량권이 점차 줄어들고 유럽연합 차원의 관리와 조율이 강화되고 있다는 점이다. 그리고 다른 하나는 회원국 시장감독 당국의 근본적인 문제가 충분한 자원 및 역량 확보와 관련이 높으므로, 유럽연합 차원에서 충분한 자원확보를 강화하고 제3국 무역관계에 대한 관리감독 기능을 강화한 부분이다.

후자의 일환으로 제3국 생산자 또는 수입자에 대한 추적요건을 강화한 부분 역시 주목할 사항이다. 이러한 절차를 긴급수입조치(safeguard clause procedure)라 하며, EU 당국이 수입제품 관련 신속한 개입이 요구될 정도로 심각한 위험을 감지하는 경우, 그 위험의 효과가 즉각적으로 나타나지 않더라도 시장감시 당국이 개입하여 제품을 시장에서 회수, 철거, 판매금지 조치를 취할 수 있도록 하였다. 이러한 조치에 대해서 시장감시 당국은 EU 당국에 신속하게 통보하도록 하였고, 역내 무역뿐만 아니라 대외무역에서의 시장감독 기준을 엄격하게 정하고 있다.[8]

---

8 Reguation(EC) No 765/2008 제19조, 제20조. 또한 동 규정 제28조에 따르면 시장판매 금지조치가 결정되는 경우, 회원국의 시장감시 당국은 역외국경 통제 당국에 이를 통보하고 제품과 함께 확인 문구 "product not in conformity-release for free circulation not authorised-Regulation(EC) No 765/2008"를 동봉하여 알리고, 통

(6) 기타

이외에도 신접근 지침하에서 EU는 상호인정협정(Mutual Recognition Agreement: MRA) 체결을 촉진하고, 개도국에 대한 기술지원을 강화하고 있다. [표 11-1]에서 EU가 체결한 상호인정협정의 예를 살펴볼 수 있는데, 그중 대표적인 기술지원 지역 프로그램으로 PRAQ(품질보증에 관한 지역 프로그램)가 있다. 동 프로그램은 동구유럽과 중앙유럽 국가들이 기술규제 역량과 신접근체계를 이행할 수 있도록 지원하는 것을 목적으로 한다. 상호인정협정의 경우 집행위원회는 1992년부터 회원국으로부터 협상 권한을 위임받아 미국, 일본, 캐나다, 호주, 뉴질랜드, 홍콩, 싱가포르, 필리핀, 한국, 스위스와 체결하였다. 대상 분야는 대부분 통신·전기전자·의료기기·자동차·운송기기 분야이다.

[표 11-1] EU 상호인정협정 예시(2007년 기준)

국가	공식산업	해당 기관 수
호주	자동차 및 자동차 제품	1
	전자기 적합성(2004/108/EC)	0
	저전압기기(73/23/EEC)	3
	기계류(98/37/EC)	1
	의료기기(93/42/EEC)	1
	압력기기(97/23/EC)	1
	전기통신 단말기(98/13/EC)	0
캐나다	전기기기 안전	3
	무선통신설비 및 전기통신 단말기(99/5/EC)	1
	레저용 소형 선박(94/25/EC)	1
일본	무선통신설비 및 전기통신 단말기(99/5/EC)	2
	전기기기	0
뉴질랜드	저전압기기(73/23/EEC)	2
	전자기 적합성(2004/108/EC)	1

제 당국이 제품을 폐기하거나 사용되지 않도록 해야 한다.

국가	공식산업	해당 기관 수
스위스	기계류(98/37/EC)	2
	개인 보호 장비(89/686/EEC)	3
	완구류(88/378/EEC)	1
	의료기기(93/42/EEC)	4
	매립식 의료기기(93/68/EEC)	1
	가스기기 및 온수 보일러(92/42/EEC)	1
	압력 용기(87/404/EEC)(압력 기기 포함 97/23/EC)	7
	방폭장비(94/9/EC)	2
	전기기기(저전압) (73/23/EEC)	9
	전자기 적합성(2004/108/EC)	7
	건축 시설과 장비(2000/14/EC)	2
	계측기기 및 포장류(71/317/EEC)	1
	계측기기 및 포장류(90/384/EEC)	1
	계측기기(2004/22/EC)	1
	자동차(Type-approval) (70/156/EEC)	4
	자동차(Testing) (98/91/EEC)	3
	농업 및 임업용 트랙터(Type-approval) (74/150/EEC)	2
	농업 및 임업용 트랙터(Testing) (79/532/EEC)	1
	Good Laboratory Practice-GLP	0
스위스	의약품 제조 및 품질관리 기준 GMP(Good Manufacturing Practice) 검사 및 인증	0
	건축자재(89/106/EEC)	10
미국	레저용 소형 선박(94/25/EC)	0
	전자기 적합성(2004/108/EC) 및 무선통신(99/5/EC)	0

상호인정협정 운용에 있어 절차적 요건이 부재하여 상호인정 원칙을 적용하기 어렵다는 점, 중소기업의 참여가 어렵다는 점 등이 실질적인 문제로 제기되고 있다(USTR, 2009). 이러한 문제를 보완하는 방안으로 EU는 국제 규제협력을 중요하게 고려하고 있는데, 특히 모범 관행을 공유하고 정보를 교환하는 협력을 강화하고 있다.

3. 유럽표준과 유럽표준화 기구

1) 유럽표준화 기관

유럽의 대표적인 표준화 기관이자 유럽연합과 유럽자유무역연합(EFTA)이 공식적으로 승인하고 유럽표준(ENs)을 제정할 권한을 위임한 3개의 표준기관은 유럽표준화위원회(European Committee for Standardization: CEN)와 유럽전기표준화위원회(European Committee for Electrical Standards: CENELEC), 유럽전기통신표준협회(European Telecommunications Standards Institute: ETSI)이다. 이들 표준화 기관은 설립 초기에는 국제표준화기구(ISO)와 국가표준화기관의 표준화 활동 영역이 대부분 중복되는 탓에 큰 역할을 하지 못하다가, 1985년 EU 신접근체계가 확립되면서 본격적인 표준화 활동을 하게 되었다(Egan, 2011). 기본적으로 신접근체제하에서 이들 유럽표준화 기구가 제정하는 유럽표준이 신접근 지침의 부록으로 추가됨으로써 본질적인 일부를 구성하게 되었기 때문이다. 다시 말해 유럽표준이 임의 표준이었으므로 의무적으로 참조해야 하는 기준은 아니었지만, 신접근체제에서 생산자가 자신의 제품이 지침의 필수요건을 충족하거나 유럽통합표준을 충족하여 지침의 필수요건에 부합한다고 추정받을 수 있었으므로 점차 유럽표준의 역할이 증가하였다.

유럽표준은 신접근체계의 실체적인 세부사항을 구성하는 역할 외에도, 유럽 역내 최적의 기술적 관행을 반영하는 지역표준으로 발전하였고, 통상적으로 EU 회원국의 공공기관 조달 과정에 입찰요건으로 활용되고 있다. 이처럼 유럽표준은 역내 높은 품질의 제품과 서비스가 공급될 수 있도록 하고 단일시장을 촉진하는 중추적인 역할을 하고 있다.

유럽표준화위원회(CEN)는 34개 국가표준기관으로 구성되며 총의 제(consensus) 절차를 통하여 유럽표준(European Standards: ENs), 기술요건(Technical Specifications: TSs), 기술보고서(Technical Reports: TRs)를 제정한다. 동 기구는 2017년 기준, 15,000여 개의 표준을 제정했으며, 주로 접근성, 방위산업 및 보안 분야, 에너지 효율 분야, 에너지 라벨링, 에코디자인 및 에너지 관리, 보건 및 안전 분야의 표준을 제정하며, 상품, 서비스, 시스템 표준 등 모든 분야를 다루고 있다.[9]

유럽전기표준화위원회(CENELEC)는 전기전자 분야의 전문 표준화 기관으로 유럽표준(ENs)과 통합문서(Harmonized Documents: HDs) 형식의 표준제정에 집중하고 있다. 위원회는 주로 전기자동차, 전기기기, 전자파적합성, 광섬유, 전지, 가정용 기기, 정보통신기술, 호환표준, 의료기기, 철도, 스마트그리드, 스마트가정, 스마트 측정, 태양열시스템 등의 분야에 대하여 표준을 제정한다.[10]

유럽전기통신표준협회(ETSI)는 통신, 방송, 전자네트워크와 서비스 분야에서 표준을 제정하는 기관[11]으로 신접근하의 위임 사항에 따라 EU 회원국이 사용할 유럽표준을 제정한다(EC, 2012). 공급자자가선언(SDoC) 운영과 CE 마크 관련 사항과 연계된 활동을 하며, 최근 사물인터넷(IoT), 5G 등 다양한 최첨단 통신 분야에서 표준을 개발하고 있다.

2) 유럽의 표준 유형

유럽표준화기구가 제정하는 표준의 대표적인 유형은 다음과 같다.

9 유럽표준화위원회. www.cen.eu (검색일: 2018년 11월 30일)

10 유럽전기표준화위원회. www.cenelec.eu (검색일: 2018년 11월 30일)

11 유럽전기통신표준협회. www.etsi.org (검색일: 2018년 11월 30일)

- 유럽표준(European Standards: ENs)
- 통합문서(Harmonization Documents: HDs)
- 유럽예비규격(European Pre-Standards: ENV)

유럽표준과 통합문서의 가장 큰 차이는 EU 회원국이 각 표준을 국내법으로 도입할 때 구속력이 다르다는 데에 있다. 전자는 유럽 역내에서 승인된 표준으로 모든 회원국 국가기관이 동일한 표준을 국내법으로 도입 또는 수용해야 한다. 이는 곧 회원국이 국내에서 시행하던 모든 불일치 표준을 철폐하는 것을 함의한다.

후자인 통합문서는 보다 신축적인 국내입법이 허용되는 표준화 양식이다. 즉 국내표준기관이 통합문서의 표준을 시행하고 국내에서 적용하던 불일치 표준을 철폐해야 하는 기본적인 의무는 동일하지만, 통합문서에서 허용하는 일정 범위 내에서 일탈(deviation)이 가능하다. 가령 예외적인 상황으로 핀란드와 스웨덴의 기후적인 요건으로 통합문서에서 일부 변형된 표준이 국내에서 적용될 수 있는 것이다. 이러한 일탈은 크게 두 가지 유형으로 구분되는데 Type A는 회원국 간 또는 행정 절차상의 차이를 반영하기 위한 일탈이고, Type B는 기술적 차이를 반영하기 위한 일탈의 유형이다.

EU는 역내 공통의 통합된 표준 적용을 위하여 회원국 간 유럽표준에 관한 협정 체결을 촉진하고 있는데, 때로는 특정 기간 안에 유럽표준을 도입할 것을 요구하기도 하며, 기술 진보와 혁신 속도가 빠른 영역에서의 표준화에 대해서는 유럽예비규격(ENV)을 도입하도록 촉구하기도 한다. 주로 보건, 안전 분야보다는 호환성, 지식재산권 관련 분야에서, 그리고 ETSI 표준의 경우 이러한 ENV 활용이 크다.

3) 유럽표준(ENs)의 제정

유럽표준의 제정 절차는 [그림 11-3]에서 보는 바와 같이 EU 집행위원회에서 출발하여 EU 회원국 국내 절차를 거쳐 다시 EU에서의 최종 승인을 받는 절차로 이뤄지며, 이 과정에서 다양한 이해관계 절충과 의견이 수렴되고 조율된다. EU 집행위원회는 신접근체제하에서 유럽표준제정을 관련 유럽표준화 기구에 위임할 수 있다는 규정에 따라 매년 유럽표준에 관한 실행 계획을 보고하고, 우선 제정해야 하는 유럽표준을 제안한다. 유럽표준기관과 EU 회원국 국가표준기관은 위원회의 계획에 따라 표준화 작업을 시작하게 되는데, 통상적으로 CEN 또는 CENELEC의 기술심의위원회(Technical Board: TB) 주도하에 이뤄진다. 즉, 새로운 표준이 EN 초안으로 마련되면 기술위원회가 최종심의를 진행하는데, 제안 표준이 해당 산업, 생산자, 기관이 제시한 문제를 해결하는지, 당시의 기술 진보 수준에 부합하는지, 그리고 신접근체제의 요구사항에 부합하는지를 중점적으로 심의하게 된다.

기술위원회가 표준 개발을 승인하는 경우, 기술위원회(Technical Committee: TC)가 구성되고 표준 또는 문서를 검토하는데, 일반적으로 세 가지 기준에서 검토가 이뤄진다. 첫째, 관련 국제기준이 이미 존재한다면 그 국제표준을 기초로 사용할 것을 권고하게 된다. 둘째, 논의되고 있거나 적용되고 있는 국제표준이 없다면 해당 표준에 대한 수요가 충분히 있는지를 검토하게 된다. 위원회는 국가표준기관의 의견을 수렴하여 동의 수준을 고려해야 한다. 국가표준기관에는 3개월의 검토 기간이 주어지며, 국내에서 표준화가 진행되고 있는 사항에 대하여 상세한 정보를 제공해야 한다. 한편, 산업계는 유럽표준화 기관에서 적법한 절차에 따라 의견을 제시할 수 있다.

이처럼 표준을 제정하는 절차에서 가능한 많은 검토 의견을 수렴하

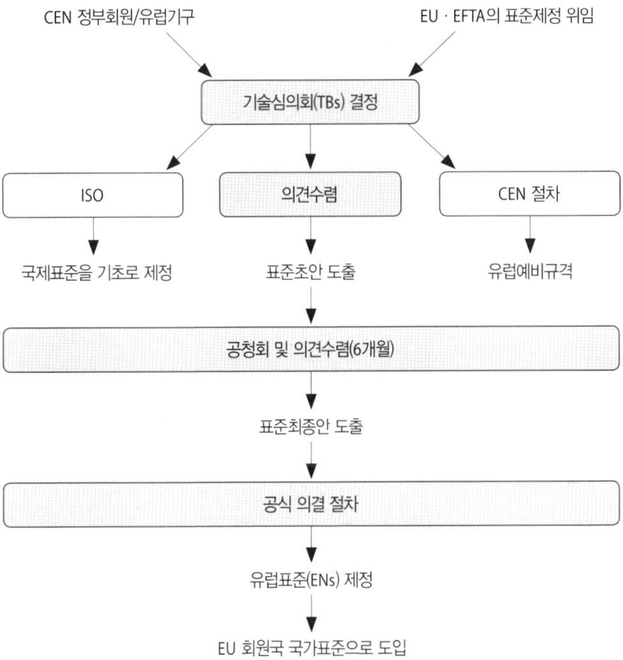

[그림 11-3] 유럽표준(ENs) 제정 절차

출처: Egan(2003: 157).

게 되며, 고도의 전문성과 경험을 바탕으로 절차가 진행되는 것을 알 수 있다. 기술위원회가 표준안에 대한 최종적인 합의를 도출하는 경우, 국가표준기관은 이를 6개월 이내에 국내에서 회람하고 공청회를 개최하여 국내 합의를 도출해야 한다. 때로는 마지막 국내 입법(비준) 과정에서 난관을 겪게 되는데 통상적으로 다양한 이해관계가 최종 협상 단계에서 더욱 조직적이고 전략적으로 작용하기 때문이다(Egan, 2003). 국내승인을 마치면 다시 유럽표준기관, 즉 유럽 지역체제 차원에서 승인 절차를 거치게 되는데 이때에도 회원국의 복잡한 표결전략이 작용하게 된다.

4. EU 기술규제와 WTO TBT 분쟁

WTO 체제에서 EU는 무역기술장벽 분쟁과 통상마찰을 가장 빈번하게 겪고 있는 WTO 회원국이다. WTO TBT 위원회에서 EU의 기술규제에 대한 특정무역현안(STC)이 현재까지 가장 많이 제기되었고 WTO 분쟁해결기구에서 TBT 분쟁 중 가장 많은 소송을 제기 받았다. 1995년 WTO 발효 이후, 50여 건의 TBT 분쟁 중에서 EU 기술규제에 대한 분쟁소송은 14건(협의요청 기준)이며 [표 11-2]와 같다.

WTO 분쟁소송의 대상이 되었던 EU 기술규제를 종합적으로 살펴보면 몇 가지 특징을 알 수 있다. 첫째, 분쟁이 제기되었던 기술규제 쟁점 대부분이 생산공정방법(PPM)에 관한 기술요건이었다는 점이다. 특히 유럽은 식품에 대한 소비자 인식을 반영하거나 특정 혹은 전통 제조방법을 배타적으로 적용하고 유지하려는 목적으로 기술요건 및 제품 특성을 요구하는 사례가 많다. 그 결과 TBT 분쟁 소송이 빈번하게 제기되었는데, 대표적으로 EC-조개관자, EC-버터, EC-정어리, EC-와인, EC-농산물 분쟁이 있다.

WTO 발효 초기 분쟁인 EC-조개관자 사건에서 프랑스는 프랑스산 관자에는 "Coquille Saint-Jacques" 또는 "noix de Coquille Saint-Jacques"라는 명칭을 사용할 수 있지만 동종 캐나다, 페루, 칠레산 관자(Placopecten magellanicus)에는 상기 명칭을 사용할 수 없고 "Petoncle(Saint-Jacques)"로만 표기할 수 있다는 규정을 도입하여 문제가 되었다. 제소국들의 주장은 "Saint-Jacques" 표기를 금지할 경우 소비자들이 완전히 별개의 상품으로 인식할 뿐만 아니라 "Petoncle"이라는 명칭은 프랑스산과 동종 상품임에도 불구하고 저품질 상품으로 인식할 수 있다는 것이었다. 이러한 근거로 제소국들은 프랑스 조치가 GATT 협정과 TBT 협정의 내국민대우 및 불필요한 무역제한 금지 의무를 위반한다고 주장하였다.

유사 분쟁인 EU-버터 사건에서 유럽연합은 뉴질랜드산 버터가 유럽의 버터 제조 방법을 따르지 않았다고 판단하여 관세 분류상 구분을 두었고 이것이 쟁점 사안이 되었다. EU-와인 사건에서도 EU의 와인 제조 방법에 관한 공동기준(Council Regulation (EC) No. 1493/1999 및 Commission Regulation (EC) No. 883/2001)에 따라 아르헨티나산 와인의 산화 과정이 유럽 내에서 허용되지 않자 아르헨티나가 소송을 제기하였다. EC-정어리 분쟁은 EU가 특정 정어리 어종만을 '정어리'라는 명칭으로 판매할 수 있도록 하였는데, 그 결과 특정 어종 이외의 어종은 '정어리' 표기를 할 수 없었다. 동 분쟁은 유럽으로 정어리를 수출하던 페루가 소(訴)를 제기하여 패널 및 상소 기구 심의를 거치게 된 최초의 WTO TBT 분쟁이다. 분쟁해결기구는 '정어리' 명칭 사용에 관하여 Codex Stand 94, 즉 '관련 국제표준'이 EU와 다르게 규정하고 있었음에도 EU가 이를 기초로 기술규정을 도입하지 않았다고 결론 내리면서 TBT 협정 제2.4조 불합치를 판정하였다.

둘째, EU의 엄격하거나 까다로운 안전규제를 주목할 필요가 있다. EC-석면, EC-호르몬, EC-유전자 변형 식품 분쟁을 통해 볼 수 있듯이 EU는 위험물질 혹은 식품에 관하여 높은 수준으로 안전규제를 하고 예방주의적 접근(precautionary approach)을 원칙으로 적용하고 있다.

EC-호르몬 분쟁이 그 대표적인 사례인데, EU는 가축에 사용하는 성장호르몬의 식품안전성이 확보되지 않았으므로 그러한 호르몬 사용을 규제하고 성장호르몬을 투여한 쇠고기 제품 수입을 금지하였다. 이에 미국은 EU 조치에 대하여 반박한바, SPS 협정에 근거하여 유럽의 조치가 과학적 근거가 결여되었고 위장된 무역제한 조치이고, TBT 협정상 기술규정과 적합성평가 관련 비차별 원칙과 불필요한 무역제한 금지 원칙을 위반한다고 주장하였다. 마찬가지로 EC-유전자 변형(GMO)

분쟁에서도 EU는 유전자 변형 식품의 안전성이 검증되지 않았으므로 해당 제품 수입을 전면 금지했는데, 동 사건에서도 미국이 제기한 SPS 협정 및 농업협정 문제가 주요 쟁점으로 논의되었다. 이들 분쟁의 가장 핵심적인 쟁점은 EU가 SPS 협정 규정에 따라 과학적 근거를 두고 분쟁의 조치를 시행하였는가에 있었는데, 보다 근본적으로는 EU가 예방주의 원칙에 근거하여 매우 높은 수준으로 안전기준을 도입했고 그로 인한 수입금지 조치가 통상법상의 분쟁으로 이어졌다.

셋째, EU의 환경보호 및 생물 다양성 보장에 관한 기술규제 조치가 TBT 분쟁 대상이 되고 있는데 이처럼 기후 변화, 환경보호에 관한 규제조치가 점차 증가하고 있으나 보호 수준이나 방법을 해당 국가가 재량적으로 정하여 시행하므로 국제무역 관점에서는 해결하기 까다로운 통상쟁점 되는 경우가 있다. 일례로 EC-물개 분쟁은 EU가 바다 물개 보호를 위하여 관련 제품 수입을 전면 금지하는 한편, 일부 비상업 목적의 제품을 예외적으로 수입 허용하는 조치를 취했는바, 상소심의까지 진행되며 치열한 분쟁이 되었다.

이처럼 유럽 기술규제를 상대로 한 TBT 무역분쟁을 보면 소비자 보호와 환경보호와 관련된 조치가 많고 산업별로는 식품 분야 이슈가 대부분을 차지한다. EU가 도입하는 높은 기술요건 수준과 엄격한 기준 그리고 위험에 대한 EU의 예방 주의 접근은 앞으로도 계속 TBT 분쟁의 핵심 사안이 될 가능성이 크다. 더욱이 EU 기술규제에 대하여 제기되는 STC 현황을 고려하면 상기 쟁점들이 중심 사안임을 확인할 수 있다.

EU 기술규제는 유럽시장 통합에 있어 중요한 통합과제로 논의되었고, 회원국 간의 역내 무역을 고려하여 기술규정과 표준을 시행한다는 특징이 있으므로 분쟁 조치 및 쟁점에 대한 전문적인 이해가 강화되어야 할 것이다.

[표 11-2] EU 기술규제에 대한 WTO TBT 분쟁 현황

	분쟁조치	기술요건	제소국	제3참여국	분쟁기간	원용협정(조항)
1	EC-Scallops (DS 7, 12, 14)	PPM	캐나다, 페루, 칠레	호주, 아이슬란드, 일본, 미국	1995. 5. ~ 1996. 7.	GATT, TBT (2.1, 2.2, 2.12)
2	EU-Hormones (DS 26, 48)	안전	미국, 캐나다	호주, 뉴질랜드, 노르웨이	1996. 1. ~ 2011. 3.	GATT, SPS, AA,TBT(2.1, 2.2, 5.1)
3	EC-Butter (DS72)	PPM	뉴질랜드	미국	1997. 3. ~ 1999. 1.	GATT, LIC, TBT(2)
4	EU-Rice (DS134)	관세분류	인도	-	1998. 5. ~	GATT, AA, SPS, CV, TBT(14)
5	EC-Asbestos (DS135)	안전	캐나다	브라질, 짐바브웨, 미국	1998. 5. ~ 2001. 4.	GATT, SPS, TBT(2)
6	EU-Wood of Conifer (DS137)	PPM	캐나다	-	1998. 6. ~	GATT, SPS, TBT(2)
7	EC-Sardines (DS231)	PPM	페루	캐나다, 칠레, 콜롬비아, 에콰도르, 베네수엘라, 볼리비아, 미국	2001. 3. ~ 2003. 7.	GATT(XI), TBT(2, 12)
8	EC-Wine(DS263)	PPM	아르헨티나	-	2002. 9.	GATT(I, III, XVI), TBT(2, 12)
9	EC-Trademarks and GI for Agricultural Products (DS 290)	PPM	호주	아르헨티나, 브라질, 캐나다, 중국, 타이페이, 콜롬비아, 과테말라, 인도, 멕시코, 뉴질랜드, 터키	2003. 4. ~ 2006. 4.	GATT, TRIPS, AEWTO, TBT(2)
10	EC-Biotech Products (DS 291, 292, 293)	안전	미국, 캐나다, 아르헨티나	아르헨티나, 호주, 브라질, 캐나다, 칠레, 중국, 타이페이, 콜롬비아, 엘살바도르, 온두라스, 멕시코, 뉴질랜드, 노르웨이, 파라과이, 페루, 태국, 우루과이	2003. 5. ~ 2010. 3.	GATT, AA, SPS, TBT(2.5, 12, 14)

	분쟁조치	기술 요건	제소국	제3참여국	분쟁기간	원용협정 (조항)
11	EC-Seal Products (DS 369, 400, 401)	환경	캐나다	아르헨티나, 중국, 콜롬비아, 에콰도르, 일본, 멕시코, 노르웨이, 미국	2007. 9. ~ 2014. 1.	GATT, AA, TBT(2)
12	EC-Poultry (DS 389)	안전	미국	호주, 과테말라, 한국, 뉴질랜드, 노르웨이, 타이페이	2009. 1. ~ 2009. 11.	GATT, AA, SPS, TBT(2)
13	EC-Seal Products (DS	환경	캐나다, 뉴질랜드	아르헨티나, 중국, 콜롬비아, 에콰도르, 일본, 멕시코, 노르웨이, 미국, 러시아	2009. 11. ~ 2014. 6.	GATT, TBT(2)
14	EU-Biodiesel (DS 459)	환경	아르헨티나	-	2013. 5. ~	GATT, AEWTO, TRIMS, SCM, TBT(2)

5. 결론

EU는 공동시장 창출을 위하여 오랫동안 역내 무역기술장벽 문제를 다루어 왔다. 오늘날 EU 차원에서 통합된 기술규제를 발전시키고 유럽표준을 국제표준으로 승격시키면서 표준화 경쟁력을 과시하고 있을뿐더러 유럽산 제품의 안전성과 품질에 대하여 세계시장 수요자들의 높은 신뢰 수준을 구축한 것을 보더라도, EU의 기술표준 제도가 여러 회원국이 참여하고 있음에도 불구하고 지금까지 상당한 성과를 거두었음을 알 수 있다.

EU의 기술표준 정책과 제도적 체계는 지역체제의 대표적인 예로서, 다자통상체제에서 TBT에 대응하고 협력을 강화하는 제도 발전에 중요한 참고 모델이 될 수 있다. EU의 신접근체제에서 시행하고 있는 강도 높은 통보제도, 상호인정체계, 유럽표준 사용, 인정제도 등 역내 기술규제 통합을 촉진하는 제도를 시행하는 데 WTO TBT 협정상의 기본 규범과 유사할뿐더러 선행하는 발전수준을 갖추었기 때문이다. 다만 EU 확대에 따른 기술표준체제의 완전한 통합이 주요 당면 과제 중 하나이고, 제3국 무역에 있어 TBT 문제가 끊이지 않고 제기되고 있는 현 실정은 통합 규모가 커질수록 해결해야 할 사안이 더욱 복잡해진다는 측면을 시사하기도 한다.

EU 기술표준정책에 있어 대외무역에서 제기되는 TBT 문제는 EU의 확고한 기본 정책 방향으로 인하여 앞으로도 계속될 가능성이 크다. 특히 예방주의 원칙에 입각한 강도 높은 안전품질 기준이라든지 EU 절차를 통하여 합의되는 EU 회원국 이외의 국가들에는 배타적인 기술규정 및 표준은 분쟁 쟁점을 근본적으로 해소하기 까다로우므로, TBT 통상분쟁의 불씨가 될 승산이 높기 때문이다.

그러므로 정책적인 관점에서 EU 기술규제 대응을 강화하기 위해서 TBT 통상분쟁에 대하여 WTO 및 FTA 규범을 적용하는 법적·논리적 전문성을 갖추고 대응역량을 강화할 필요가 있다. 이외에도 국제표준화 활동과 다양한 규제협력 차원에서 양자 관계를 논의하고 구축함으로써 대응 채널을 확대하려는 노력이 계속되어야 할 것이다.

참고문헌

윤성욱(2009). 「EU의 기술규정 통합과정 분석: New & Global Approach를 중심으로」, 『EU 연구』 제25호, 23-56쪽.

정병기(2013). 「유럽 통합 과정에서 나타난 유럽 표준화 정책의 성격과 의미: 세계화 대응과 공동규제성」, 『EU학 연구』 제18권 2호, 29-56쪽.

Costello, Declan(1990). "The Internal Market", *The Annual Review of European Community Affairs*, London: Brassey's, pp. 55-57.

Egan, Michelle(2001). *Constructing a European Market*, New York: Oxford University:

Groetzinger, Jon(1974). "The New GATT Code and the International Harmonization of Product Standards", *Cornell International Law Journal*, Vol. 8, pp. 168-188.

Van de Walle de Ghelcke, et al.(1990). "The New Approach to the Elimination of Technical Barriers in the European Community", *Brigham Young University Law Review*(Fall), pp. 1543-1573.

Waelbrock, Michael(1970). "Recent Developments and Future Prospects of the Common Market", *Goergia Journal of International & Comparative Law*, Vol. 1, pp. 1-17.

European Community(EC)(1969). General Programme of 28 May 1969 for the elimination of technical barriers to trade which result from disparities between the provisions laid down by law, regulation or administrative action in Member States, OJ C76, 17/06/1969.

____(1985). Council Regulation of 7 May 1985 on a new approach to technical harmonization and standards, OJ C 136, 04/06/1985, pp. 1-9.

____(1989). A Global Approach to Certification and Testing, COM(89) 209 final,

SYS 208.
____(1990). Council Decision of 13 December 1990 concerning the modules for the various phases of the conformity assessment procedures which are intended to be used in the technical harmonization directives, OJ L 380, 90/683/EEC, pp. 13-26.
____(1993). Council Decision of 22 July 1993 concerning the modules for the various phases of the conformity assessment procedures and the rules for the affixing and use of the EC conformity marking, which are intended to be used in the technical harmonization directives, OJ L 220, 93/465/EEC, pp. 23-39.
____(1995). Regulation (EC) No 764/2008 of the European Parliament and of the Council of 9 July 2008 Laying down procedures relating to the application of certain national technical rules to products lawfully marketed in another Member State and repealing Decision No 3052/95/EC, OJ L 218, pp. 21-29.
____(2003). Communication from the Commission to the Council and the European Parliament, Enhancing the Implementation of the New Approach Directives, COM(2003) 240 final.
____(2008). Decision No 768/2008/EC of the European Parliament and of the Council of 9 July 2008 on a common framework for the marketing of products, and repealing Council Decision 93/465/EEC, OJ L 218, pp. 82-128.
____(2008). Regulation (EC) No 765/2008 of the European Parliament and of the Council of 9 July 2008 setting out the requirements for accreditation and market surveillance relating to the marketing of products and repealing Regulation (EEC) No 339/93, OJ L 218, pp. 30-47.
____(2012). Regulation (EU) No 1025/2012 of the European Parliament and the Council of 25 October 2012 on European standardisation, amending Council Directives 89/686/EEC and 93/15/EEC and Directives 94/9/EC, 95/16/EC, 98/34/EC, 2004/22/EC, 2007/23/EC, 2009/23/EC, 87/95/EEC and Decision No 1673/2006/EC of the European Parliament and of the Council, OJ L 316/12, pp. 12-33.
EEC(1965). General program for the elimination of technical barriers to trade caused by disparities between legislative measures in Member States, 8 EEC OJ, pp. 1161-2250.

USTR(2009). National Trade Estimate Report on Foreign Trade Barriers: EU.

유럽전기표준화위원회. www.cenelec.eu
유럽전기통신표준협회. www.etsi.org
유럽표준화위원회. www.cen.eu

제12장

베트남 표준정책 발전과 TBT 쟁점*

주한나·이희진

1. 서론

베트남은 최근까지 눈부신 경제성장을 보이고 있다. 베트남에 대한 국내 기업들의 관심이 날로 증가하는 가운데 2018년을 기준으로 약 7,000여 개의 한국 기업이 베트남에 진출해 있다(KOTRA, 2019). 우리나라의 무역대상국으로서 베트남의 위상 또한 지속적으로 높아지고 있다. 베트남은 2017년 중국, 미국에 이어 우리나라의 세 번째로 큰 수출대상국이 되었으며, 2018년에 이어 2019년에도 이 같은 지위를 유지할 것으로 예측되고 있다(관세청, 2018). 기술표준정책은 한 국가의 산업정책과 궤를 같이하여 발전할 수밖에 없다. 이에 보호무역주의가 강화되고 있는 글로

* 이 글의 "2. 베트남의 경제성장과 무역 참여"와 "3. 베트남의 국가표준정책 발전"은 주한나의 박사학위 논문 "Standardization and Innovation in Developing Countries: Cases of National Standard-Setting Committees in Vietnam"(Zoo, 2017)을 바탕으로 재구성한 것이다.

벌 경제 상황을 고려하면, 베트남의 주요 무역기술장벽(Technical Barriers to Trade: TBT) 이슈들을 베트남 표준정책의 발전상과 더불어 살펴보는 것은 향후 베트남 산업 발전 방향에 따른 TBT 쟁점들을 예측할 수 있게 해 준다는 점에서 가치 있다. 이 장에서는 베트남의 정치, 경제 전반에 걸친 개혁인 1986년 도이머이(Đổi Mới) 이후 최근까지 베트남의 국가표준정책 발전 과정을 개괄한다. 그리고 최근 특히 제조업 분야에서 두드러지고 있는 베트남 정부의 고부가가치 산업육성 전략과 더불어 표준정책에서 어떠한 변화들이 나타나고 있는지를 살펴본다. 또한 이 같은 정책 변화가 TBT의 측면에서 어떤 새로운 쟁점들을 가져오고 있는지를 검토한다.

2. 베트남의 경제성장과 무역 참여

베트남은 체제 전환국으로서 대표적인 경제발전 성공 사례로 꼽힌다(World Bank, 2016b). 1986년 공산주의 기반의 혼합경제 추진을 목표로 도입한 개방형 개혁인 도이머이는 거시경제 안정화, 시장중심의 개혁, 적극적인 경제통합의 세 가지 과제를 중심으로 추진되었다. 도이머이 이후 베트남의 1인당 GNI는 1991년 US$ 110에서 2015년 US$ 1,990로 20배 가깝게 급등하였다. 이처럼 높은 수준의 경제성장과 더불어 베트남 경제는 빠른 속도로 글로벌 무역 체제에 편입되어 왔다. 1986년 이전 상대적으로 폐쇄된 경제체제를 갖고 있었던 베트남은 소수의 국영기업(trading monopolies)들이 수출입을 독점하였다(McCaig and Pavcnik, 2013). 도이머이는 수출입 쿼터제, 무역 허가제, 수출 관세 완화 등 대내적으로 무역 관련 규제의 전반적인 철폐를 가져왔다. 그뿐만 아니라 베트남은 2000년을 전후하여 다양한 양자 및 다자간 무역협정을 통해

[표 12-1] 베트남의 FTA 체결 현황

FTA명	체결국/지역	연월일
ASEAN FTA	아세안 10개 회원국	1995. 1. 1. (발효)
ASEAN-중국 CECA (포괄적경제협력협정)	아세안 10개 회원국, 중국	2005. 7. 1. (발효)
ASEAN-한국 CECA	아세안 10개 회원국, 한국	2007. 6. 1. (발효)
ASEAN-일본 CECA	아세안 10개 회원국, 일본	2008. 12. 1. (발효)
베트남-일본 경제동반자협정	베트남, 일본	2009. 10. 1. (발효)
ASEAN-뉴질랜드-호주 FTA	아세안 10개 회원국, 뉴질랜드, 호주	2010. 1. 1. (발효)
ASEAN-인도 포괄적경제동반자협정	아세안 10개 회원국, 인도	2010. 1. 1. (발효)
베트남-칠레 FTA	베트남, 칠레	2012. 3. 14. (발효)
베트남-한국 FTA	베트남, 한국	2015. 12. 20. (발효)
베트남-EAEU	베트남, 벨라루스, 카자흐스탄, 러시아, 아르메니아, 키르기스스탄	2016. 10. 5. (발효)
ASEAN-홍콩	아세안 10개 회원국, 홍콩	2017. 11. 12. (서명)
CPTPP (TPP11) (환태평양경제동반자협정)	베트남, 뉴질랜드, 싱가포르, 칠레, 브루나이, 말레이시아, 페루, 호주, 멕시코, 캐나다, 일본	2018. 12. 30. (발효)
베트남-EU FTA	베트남, EU	2018. 10. 19. (서명)
베트남-이스라엘	베트남, 이스라엘	협상 중
베트남-EFTA FTA	베트남, 아이슬랜드, 리히텐슈타인, 노르웨이, 스위스	협상 중
RCEP	아세안 10개 회원국, 한국, 일본, 중국, 인도, 호주, 뉴실랜느	협상 중

출처: ADB, Asia Regional Integration Center.

경제를 본격적으로 개방하였는데, 1995년 ASEAN FTA, 2001년 베트남-미국 FTA 등이 이뤄진 데 이어 2007년에는 세계무역기구(World Trade Organization: WTO)에 가입하였다. 베트남은 2018년 현재 총 16건의 FTA를 체결하거나 협상 중에 있다(표 12-1).

이 같은 변화와 함께 2016년을 기준으로 베트남의 수출 규모는 1,766억 달러로 세계 29위의 수출국으로 성장하였다(World Bank, 2019). 베트남 총생산에서 수출이 차지하는 비중 또한 도이머이 이전인 1989년 3.9% 수준에서 2015년 89.7%로 급격하게 증가하였다(그림 12-1). 이

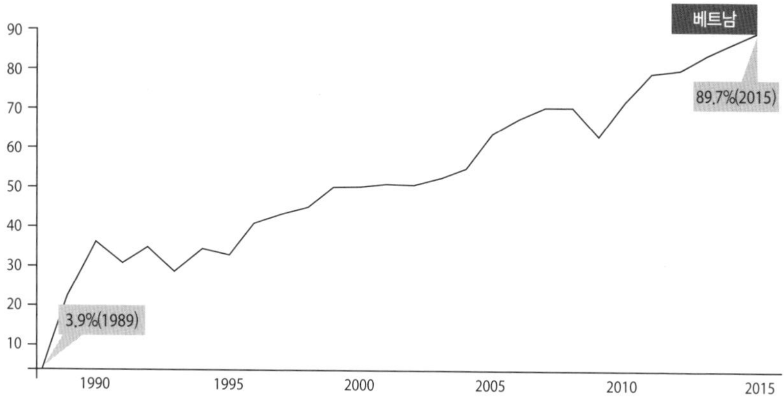

[그림 12-1] 상품 및 서비스 수출(1989~2015)(단위: GDP 대비 %)

출처: World Bank(2016a).

와 더불어 농업 중심의 베트남 경제에서 제조업이 차지하는 비중 역시 꾸준히 증가하였다. 1991년 40%였던 GDP 중 농업의 비중은 2015년 17%로 지속적으로 하락하였다(World Bank, 2016a).

베트남 경제에서 수출 및 제조업의 비중이 점차 커지면서 베트남의 표준체계 역시 많은 변화를 겪었다. 특히 2007년 베트남이 WTO에 가입하면서 TBT 협정에 의거하여 기술규정을 마련하고, 이를 위한 국가표준체계를 정립하는 데 집중적인 노력이 이뤄졌다. 다음에서는 베트남 국가표준체계의 발전상에 대하여 보다 자세히 살펴본다.

3. 베트남의 국가표준정책 발전

1) 개괄

베트남의 표준체계는 국가표준화기관((National Standardization Body)이

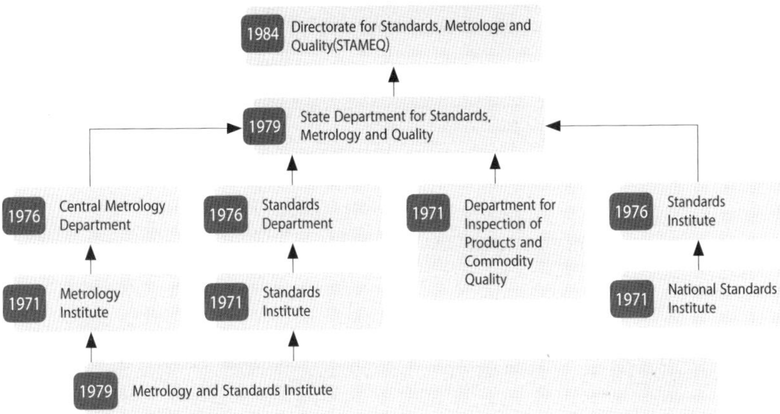

[그림 12-2] STAMEQ의 기관 연혁

출처: STAMEQ 홈페이지.

과학기술부(Ministry of Science and Technology: MoST) 산하 공공기관인 기술표준총국(Directorate for Standards, Metrology and Quality: STAMEQ)이라는 점에서 정부가 주도하는 공공형(public-led model) 성격을 띤다. 일반적으로 정부 주도 표준화는 국가표준화기관이 국가표준을 독점적으로 개발, 보급하는 형태를 갖는데, 민간이 중심이 되어 역량을 갖춘 민간 표준화기관이나 표준개발기구(Standards Development Organization: SDO)가 국가표준을 개발할 수 있도록 하는 민간 주도 표준화 체계와 대비된다. 개발도상국의 경우 주로 정부 주도 표준화를 채택하고 있는데, 이는 국가 시책을 반영한 표준을 하향식으로 개발하여 정부의 산업 정책을 보다 효과적으로 추진할 수 있다는 장점과 더불어, 민간 주도형으로 표준 개발을 선도할 기업의 기술개발 기반이 약하다는 실질적 한계에 기인한다. 2012년을 기준으로 STAMEQ 운영 예산의 80% 이상이 정부 예산으로 충당되고 있다. STAMEQ의 전신은 1962년 설립된 계량표준원(Institute for Metrology and Standards: IMS)으로 1984년 법정계량, 적합성평가 분야를 총괄하는 현재 STAMEQ의 형태로 개편되었다(그림 12-

2). STAMEQ은 베트남의 표준, 법정계량, 적합성평가와 관련된 정책 기획, 법률 제정뿐 아니라 표준 및 기술 규정의 개발 및 시행령(decree) 개발, 생산성 및 품질 관리와 관련된 업무를 총괄한다. 전통적으로 국가표준의 역할을 중시하는 사회주의 전통에 따라 베트남의 국가표준화기구는 여타 동남아시아 국가들에 비해 상대적으로 오랜 역사를 가진 특징이 있다(Zoo, 2017).

2) WTO 가입 이전 표준체제

도이머이 이전 베트남의 표준은 소관 정부 부처를 중심으로 개발되었다. 상당 부분 이행 강제성을 띠었는데, 별도의 기술규정(technical regulation)이 없는 상황에서 사실상 기술규정과 같은 역할을 하였다(Thang, Nam, and Thuyet, 2015). 75% 이상의 베트남 국가표준이 강제표준이었으며, 과학기술표준심의위원회(Decision Committee on Science and Technical Standards)의 주도하에 분야별 전문성을 지닌 국가기관에서 각각의 기술규정에 대한 적합성평가를 담당하였다(Lee, Zoo, and Khoi, 2018). 상당수 표준이 러시아 표준(Russian Standards: STV)을 기반으로 베트남 현황에 맞추어 적절히 변용되었다. 표준은 국가, 부처, 지방표준 및 민간표준의 네 가지로 구분되었다.

도이머이와 함께 국가표준화 체계 역시 전반적인 변화를 맞이하게 되었는데, 가장 두드러진 변화는 이전과 달리 MoST가 국가표준의 개발을 전담하게 되었으며, 이와 함께 대부분의 국가표준이 자발적 표준으로 변화되어 이행 강제성이 사라졌다는 점이다(Zoo, 2017: 94, 96). 약 97%의 국가표준이 자발적 표준으로 변화되었으며, 3%에 해당하는 표준들의 이행만이 강제되었다. 이 시기 베트남 국가표준은 러시아 표준 중심이었던 이전과는 달리 일본 JIS, 독일 DIN, 영국 BIS, EU, EN 표준 등이 보다 다양하게 레퍼런스로 활용되기 시작하였다. 이 시기 표준체제는 별도의 기술규정이 여전히 존재하지 않는 상황 속에서 국제표준화기구(ISO)의 ISO 17025 등 가이드라인에 따른 품질 적합성평가제도 등의 형태로 운영되었다는 점에서 과도기적 성격을 띠고 있었다.

3) WTO 가입 이후 표준체제

(1) 표준체제 관련 법

① 표준 및 기술규정에 관한 법(2007)

베트남의 표준체제는 WTO 가입을 기점으로 상당한 변화를 겪었다. WTO TBT 협정에서 요구하는 "국제표준에 기반을 둔 기술규정의 제정"을 이행하기 위한 표준 관련 법체계의 정비가 이뤄졌다. 2006년 제정, 2007년 1월 1일부로 발효된 표준 및 기술규정에 관한 법(Law on Standards and Technical Regulations, Decree 127/2007/ND-CP)은 "국가표준" 및 "국가표준화" 업무의 범위를 정의하였다. 이 법은 베트남의 표준을 국가가 주도하여 개발하는 베트남 국가표준인 TCVN(Vietnam National Standard)과 그 밖의 기업표준(TCCS)의 두 가지로 구분하였으며, 두 표준 공히 자발적(voluntary)임을 명시하였다. 국가표준화 업무는 자발적 표준인 TCVN의 개발, 강제성을 띤 기술규정인 QCVN(Vietnam National Quality Certification)의 개발, 승인 및 적용을 포함한다. 기술규정은 국가 단위의 QCVN과 지방 단위의 기술규정인 QCDP의 두 가지로 구분되나 QCDP의 개발 또한 TCVN에 근거하여 수행되어야 한다. 또한 TCVN 및 QCVN의 이행과 관련된 적합성평가 업무를 포함하는데, 적합성평가절차는 인증서 및 자가적합성 선언에 대한 내용을 포함한다. WTO TBT 협정에서 제시하는 대로, 베트남의 국가안보에 반하거나 혹은 지역 특성에 적합하지 않은 경우를 제외하고, TCVN 및 QCVN은 국제표준 및 지역표준을 기반으로 개발된다는 점을 언급하고 있다. 실제로 2007년 이후 TCVN에서 국제표준 부합화 비율이 보다 높아지고 있다.

② 품질관리법(Law on Product Quality, 2007)

품질관리법은 베트남 국회에서 2007년 통과되어 2008년 7월 1일부로 발효된 법으로, 제품의 품질관리에 관한 원칙들을 규정하고 있다. 이 법은 베트남의 제품 및 생산품의 품질이 해당 국가표준 및 기술규정에 의거해 관리된다는 점을 명시한다. 또한 이 법은 베트남 제품 및 생산품을 제1종(category 1) 및 제2종(category 2)의 두 종류로 구분하고 있는데, 1종 상품은 제조사가 적합한 표준을 기반으로 자발적으로 품질을 관리하도록 하는 반면, 2종 상품의 경우 유관 정부기관에서 정의하는 강제 기술규정에 근거한 품질관리가 이뤄져야 한다. 이 법은 2종 상품에 해당하는 상품 목록을 제시하고 있다. 품질관리법은 인간, 동식물의 안전, 환경보존, 생산성 및 품질 제고, 베트남 제품의 국제경쟁력 강화를 목적으로 제정되었다.

③ 에너지 효율 및 사용절감법(Law on Energy Efficiency and Saving Utilization)

이 법은 2010년 국회를 통과해 2011년 1월 1일 발효되었으며, 개인 또는 기관의 에너지 효율, 사용절감 관련 권리 및 의무뿐 아니라 이를 위한 국가의 관리 책무를 명시하고 있다. 특히 시장에서 유통하기 위하여 반드시 에너지 효율 마크를 부착해야 하는 전기전자제품을 규정하고, 이를 위한 구체적인 인증 마크 부착 절차를 제시한다. MoIT(Ministry of Industry and Trade, 산업통상부)는 특히 전기전자제품의 에너지 효율 관련 인증서, 검사, 사후관리 등 국가체계를 관리하며, 또한 이 같은 강제 인증제도의 기준으로 활용될 국가표준 TCVN의 개발을 담당하는 것으로 업무가 구분되어 있다.

(2) 표준의 개발 과정

표준의 개발은 소관 부처에서 기획하되, MoST 산하의 STAMEQ이 전체 표준 개발 계획에 대한 총괄적인 조정 기능을 수행하는 형태로 추진된다. 각 부처에서 기획한 연간 표준 개발 계획은 MoST에서 수합, 중복에 대한 조정 및 승인 과정을 거치게 된다. MoST는 연간 표준 개발 계획의 개발을 위하여 각 부처 대표, 유관 산업에 종사하는 기업 및 산업협회와의 대화 포럼을 운영한다. 연간 표준 개발 계획은 개발이 예정된 표준의 제목 및 담당 위원회명, 개발 기간 및 비용, 개발 방식 등을 기술한다. 실제 표준의 개발은 STAMEQ 산하 기관인 VSQI(Vietnam Standards and Quality Institute)에서 구성하는 기술표준위원회(Technical Committees: TC)에서 이뤄진다. TBT 협정 annex 3에서 규정하는 절차를 준수하여, 기술표준위원회를 통하여 개발된 표준은 60일간 일반에 공개되어 의견수렴 과정을 거친다. STAMEQ은 의견수렴의 과정까지 완료된 표준을 MoST 승인을 위하여 제출하게 되며, MoST의 승인을 받은 표준은 자발적 국가표준 TCVN으로 등록되게 된다. TCVN은 추가적인 시행령 혹은 법률 제정을 통하여 기술규정으로서 이행에 강제성을 띠는 QCVN으로 전환될 수 있으며, 각 소관 부처에서 이를 담당한다. 마지막으로, TCVN/QCVN의 이행 모니터링은 매 3년에 한 번씩 설문을 통하여 점검된다. 이 설문은 각 소관 부처의 협조를 얻어 수행되는데, 이를 바탕으로 특정 표준의 개정 필요성 등을 검토하게 된다.

VSQI는 표준 개발을 위한 TCVN/TC들을 구성, 운영하는 것과 동시에 TCVN의 보급을 촉진하기 위한 교육, 홍보 활동, 그리고 베트남 산업 생산품의 품질 및 생산성 향상을 위한 ISO 9001, ISO 14001,

ISO 22000 등 국제표준의 보급을 총괄하는 수행기관이다. TCVN/TC 각 위원회의 구성은 정부기관, 대학이나 연구소 등 과학기술 및 교육 분야 전문기관, 산업협회, 기업, 소비자협회, 기타 전문가 등 해당 표준 분야에 대한 전문성을 가진 다양한 이해관계자들로 구성되는 것을 원칙으로 한다. 일반적으로 TCVN/TC는 (1) 기술표준 개발을 위한 프로젝트 및 개발 계획의 제안, (2) 국제표준이나 개별 기관에서 제출한 표준 제안을 바탕으로 한 기술표준 초안의 개발 및 평가, (3) 국가표준에 대한 컨설팅, (4) 의뢰받은 기술 규정 초안 개발 등의 업무를 수행한다. 각 TCVN/TC의 요청에 따라 STAMEQ이 그 필요를 인정하여 승인하는 경우, 각 위원회는 하부위원회(Sub-Committees: SCs)를 구성할 수 있다. 각각의 TCVN/TC는 일반적으로 기술위원장(Chair) 및 간사(Secretary)를 포함해 약 10~15명의 기술위원으로 구성된다. 기술위원장의 경우 해당 분야에서 전문성을 갖는 인사가 추대되며, 간사직은 VSQI 직원이 수행한다. 2018년 현재 분야별 120개의 TCVN/TC가 설치되어 있으며, 여기에 참여하는 기술위원들의 수는 900여 명에 이른다(Zoo, 2017). 각 기술위원회 내에서 의사결정은 합의 기반(consensus)에 의해 이뤄지는 것을 원칙으로 한다. 2015년을 기준으로 약 7,000건의 TCVN, 400여 건의 QCVN이 제정되었다.

(3) 표준 관련 주요 정책

베트남의 국가표준은 품질 인증서의 기술 기준, 제품 자가적합성 선언 기준, 수출 및 수입 제품의 품질검사 기준으로 활용된다(STAMEQ, 2015). 현재 베트남에서 국가표준화 전반을 다루는 전략 문서는 별도로 개발되지 않은 상태이다. "국가표준화 전략"은 일반적으로 국가의 경제 및 산업 정책 전반에서 국가표준화의 전략적인 역할을 규정하고, 이를 이행하기 위한 재원의 확보, 기관 및 인적 역량 개발 방안 등

[표 12-2] 베트남의 ISO 기술위원회 P-member 참여 현황

기술위원회 번호	기술위원회명/하위 위원회
176	176/SC2 품질관리
207	207 환경경영 207/SC1 환경경영 시스템 207/SC1 환경경영 시스템 207/SC2 환경평가 및 관련 환경조사 207/SC7 온실가스 관리 및 유관 활동
22	22/SC38 모터사이클과 모페드
234	234 어업 및 양식업
249	249 전통 중국 한의학
268	268 지속가능한 도시와 거주지들
282	282 물 재활용
34	34/SC15 커피
45	45 고무 및 고무제품
	45/SC2 검사 및 분석
	45/SC3 고무산업 원자재(라텍스 포함)
5	5/SC10 금속 플랜지
	5/SC5 이음새(나사형, 납땜형, 용접형, 파이프형)
71	71/SC7 콘크리트 구조물의 유지보수

출처: ISO 홈페이지.

을 구체화하는 문서로, 경제산업 정책의 일환으로서 표준의 위상을 드러낸다는 점에서 중요하다. 개별 문서로 존재하지는 않지만, 베트남에서 지속적으로 강화되고 있는 기술표준의 역할을 강조한 문서로, 2010년 총리령으로 발효된 "2020 베트남 산업 제품 생산성 및 품질 제고 프로그램(the national programme on improving productivity and quality of products and goods of Vietnam's enterprises in 2020, Decision No. 712 in 2010)"을 꼽을 수 있다. 이 문서는 2010~2015년, 2016~2020년까지 두 차례의 5개년 계획 수행을 통한 국가표준화 전략을 제시한다. 이 문서에 따르면, 베트남은 2020년까지 자국 주요 산업 생산품과 관련해 6,000여 개의 신규 TCVN을 개발하고, 그중 60% 이상을 국제표준 및 ASEAN 지역 내에서 통용되는 표준과 조화시키는 것을 주요 목표 중 하나로 추진하고 있

다. 특히 안전, 보건위생 및 환경보호 등과 관련된 표준 개발을 우선순위로 강조한다. 또한 표준의 개발과 더불어 제품 품질관리 및 적합성평가와 관련된 지방의 시험인증 역량을 강화하고, 국가 차원에서 표준인증 전문가 네트워크를 강화하며, 기업의 기술혁신 및 제품 품질 제고의 일환으로 자발적 표준 도입에 대한 인식을 높여야 함을 기술하고 있다.

종합하자면 WTO 가입 이후 베트남의 표준체계는 국가 기술규정의 기반으로서 국가표준, 그리고 국가표준의 참조 모델로서 국제표준을 중시하는 방식으로 빠르게 변화하였다. TCVN, QCVN을 명확히 정의하고, TCVN 개발과 관련된 국가표준화 체계의 절차 및 방식에 대한 정보의 공개, 다양한 이해관계자들이 참여하는 기술표준위원회(TCVN/TC)를 통한 표준 개발 방식 등 국제적으로 통용되는 국가표준화 체계를 정립하는 등 다양한 노력이 수반되었다.

이와 더불어 베트남의 국제표준화기구 참여 수준 역시 지속적으로 증대되었다. 2018년을 기준으로 국제표준화기구(International Organization for Standardization: ISO)의 89개 기술위원회 및 하위 위원회에 참여하고 있는데, 그중 17개에서 표준 개발과 관련된 투표권을 갖고 의사결정에 참여할 수 있는 P-회원(Participating member)으로, 72개에서 투표권 없이 표준 개발 관련 정보에 대한 접근만 허용되는 O-회원(Observing member)으로 참여하고 있다(표 12-2).

4. 베트남의 표준정책 변화와 최근 TBT 쟁점

1) 개괄

베트남은 WTO 가입에 즈음하여 수입 쿼터제, 수입 금지 및 수입과 관련된 허가 제도 등 많은 수의 비관세장벽들을 철폐하였다. 그러나 여전히 전략적 산업 분야에 대한 비관세장벽이 존재한다. 또한 단순 조립에 머무르던 베트남 제조업 분야의 부가가치를 높이기 위하여 부품소재산업 및 제조업 육성을 위한 다양한 정책을 추진 중인데, 베트남 국내 기업을 보호하기 위한 강제인증제도를 포함한 기술장벽을 확대하는 추세에 있다. 여기서는 먼저 베트남의 TBT 통보 변화 추세를 살펴보고, 베트남의 산업정책 변화 추이에 따라 변화하고 있는 대(對) 베트남 TBT 쟁점에 대하여 검토한다.

2) 베트남의 TBT 통보문 변화 추세

베트남은 2007년 WTO 가입 이후 2008년부터 TBT를 통보해 오고 있으며, 2018년 11월을 기준으로 11년 동안 총 151건의 TBT 통보문을 발행하였다(그림 12-3). 연도별로 살펴보면 2015년에 30건으로 가장 많았다. 연도별 차이가 있지만, 베트남의 경우도 최근 개발도상국 발 TBT 통보문 수 증가 추세와 동일하게 WTO 가입 초기에 비해 꾸준히 통보문 수가 증가 추세에 있음을 확인할 수 있다.

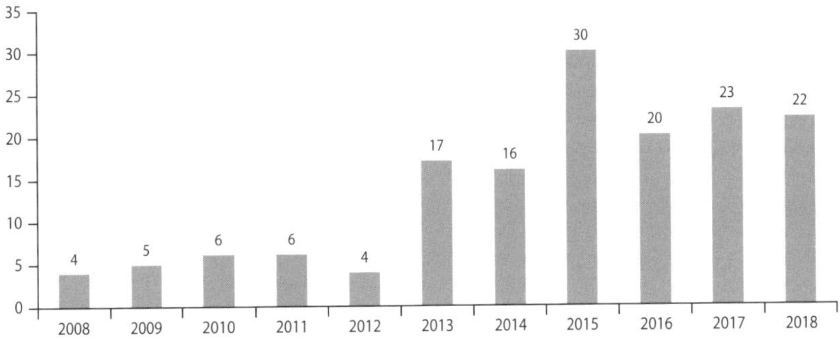

[그림 12-3] 베트남의 연간 TBT 통보문 수 추이(2008~2018)(단위: 건)

출처: KNOW TBT 웹사이트 기준으로 저자 정리.

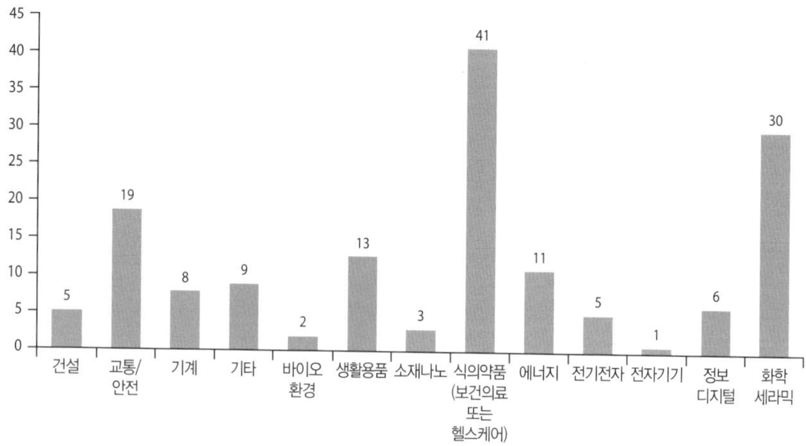

[그림 12-4] 대분류별 TBT 통보문 수(2008~2018)(단위: 건)

출처: KNOW TBT 웹사이트 기준으로 저자 정리.

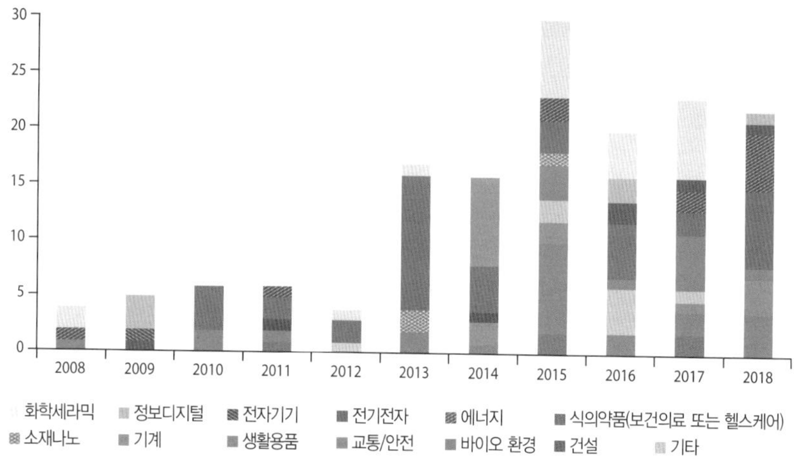

[그림 12-5] 연도별, 대분류별 통보문 추이(2008~2018)(단위: 개)

출처: KNOW TBT 웹사이트 기준으로 저자 정리.

대분류별 통보문의 수를 보면 식의약품과 관련된 통보문이 전체 153건 중 27%에 해당하는 41건을 차지하고, 뒤를 이어 화학세라믹이

20%(30건), 교통/안전 관련이 12%(19건)로 나타났다(그림 12-4).

연도별, 대분류별 추이를 살펴보면 식의약품 관련 통보문의 수는 베트남의 WTO 가입 초기부터 꾸준히 통보된 반면, 화학세라믹 및 에너지 관련 TBT 통보문 수는 2015년 이후 비교적 두드러지게 증가한 것을 확인할 수 있다(그림 12-5).

베트남을 대상으로 WTO TBT 위원회 정례회의에서 제기되었던 특정무역현안(Specific Trade Concerns: STC)을 살펴보면 2010년부터 2017년까지 총 7건이 나타난다(표 12-3). 2010년대 초반 제기된 STC 현안들은 주로 식의약품 위주였으나, 2017년 제기되어 최근까지 WTO TBT 위원회에서 현안으로 진행 중인 사안으로 자동차 제조업과 사이버보안 관련 조치 등 보다 고도화된 산업 부문 이슈가 눈에 띈다.

[표 12-3] WTO TBT 위원회에서 베트남에 제기된 STC의 주요 내용

IMS ID	제목	제기국	최초 제기	제기 횟수	이슈
544	사이버보안 조치	일본, 미국, 뉴질랜드, EU, 캐나다, 호주	2017	4 (진행)	• 베트남의 사이버보안법 초안에 대하여 국가표준 및 국가기술규정, 적합성평가절차가 국제표준과 상이 • 과도한 규제로 무역장애 우려
549	자동차 제조, 조립, 수입 및 자동차 워런티 및 수리 서비스 시행령	캐나다, EU, 일본, 멕시코, 러시아, 태국, 미국	2017	5 (진행)	• 2018년 1월 시행된 시행령 Decree 116/2017이 통보 후 충분한 준비 기간 없이 시행되어 추가 정보 및 적절한 시행 유예 기간 필요 • 과도한 규제로 무역장애 우려
532	주류 무역에 관한 시행령 초안	멕시코	2017	2 (종료)	• 주류 무역에 대한 시행령 초안 • 해외기업에 대한 차별적 조치 • 선적분별 인증이라는 과도한 규제
356	식품안전법 시행령	호주, 캐나다, 칠레, 뉴질랜드, 미국, EU	2012	3 (종료)	• 2012년 6월 시행된 식품안전법 시행령 Decree 38 • SPS로 통보되었으나 라벨링 등 TBT 위원회 통보 필요 • 과도한 인증 요구로 무역장애 우려, 시행 유보 요청

IMS ID	제목	제기국	최초 제기	제기 횟수	이슈
349	알코올 생산 및 무역 관련 규정	호주, 캐나다, 칠레, 멕시코, 뉴질랜드, 남아공, 미국, EU	2012	1 (종료)	• 주류 생산 및 무역 면허제도 관련 규정 시행령 Decree 40 개정안 예고 • 추가 정보의 요청, 해외기업에 대한 차별적 조치, 규제 정당성에 대한 우려 및 과도한 규제로 무역장애 우려
316	주류, 화장품, 모바일 전화 적합성평가절차 등	호주, 캐나다, 칠레, 뉴질랜드, 미국, EU	2011	3 (종료)	• 주류, 화장품, 모바일전화 적합성 평가절차에 대한 산업통상부 고시(197/TB-BCT) 및 주류, 화장품류 수입에 관한 재정부 고시(4629-TCHQ) • 해당 조치에 대한 TBT 위원회 통보 요청 및 시행 유보 요청 • 과도한 인증 요구로 인한 무역장애 우려
267	주류	호주, 칠레, 멕시코, 미국, EU	2010	1 (종료)	• 주류 식품안전에 관한 기술규정 • 국제표준 조화 및 추가 정보 요청

출처: WTO TBT Information Management System.

3) 베트남의 산업 정책 변화와 TBT 쟁점 변화

베트남의 TBT 통보문 추이와 피제기된 STC 현안의 변화상을 살펴보면, 최근 베트남 TBT 이슈의 중심이 보다 고도화된 산업 부문으로 이동되는 추세인 것으로 판단된다. 이 같은 TBT 현안의 변화는 최근 두드러지는 베트남의 제조업 중심 산업발전전략 강화 기조와 궤를 같이한다.

베트남 정부는 2014년 베트남 산업발전전략 2025~2035(Strategy on Vietnam's industrial development through 2025, with a vision toward 2035, Decision 879/QD-TTg)을 통하여 제조업에 최우선 순위를 두는 종합적인 발전계획을 발표한 바 있다. 이 전략은 제조업, 전자통신 산업, 신재생에너지 산업을 주력 산업으로 채택하고 제조, 자동차, 화학, 전자통신 등 각 부문 발전을 지원하기 위한 관련 부품·소재산업(supporting industries)을 육성하는 것을 골자로 한다.

이 같은 베트남 정부의 산업발전전략은 전체 산업에서 제조업의 비중이 점점 커지고는 있으나, 로컬 기업의 역량은 여전히 단순 조립과 같은 비교적 부가가치가 낮은 영역에 머물러 있다는 한계를 타개하기 위한 것으로 볼 수 있다. 글로벌 기업의 해외직접투자(Foreign Direct Investment: FDI)가 강화되고 있지만, 해외에서 핵심 부품을 수입하여 완제품을 단순 조립, 제조하는 생산 기지의 형태의 산업이 주를 이루고 있기 때문이다.

특히 최근 두드러지게 성장한 베트남 전기전자산업 부문에서 이 같은 산업 구조의 특징이 잘 드러난다. 지속적으로 증가하고 있는 FDI는 베트남 전기전자산업의 발전을 이끈 원동력으로 지목된다(이경숙, 2013; 이은미, 2016). 2000년대 일본 캐논, 파나소닉 등을 필두로 내수용 제품 생산을 위한 투자가 시작된 이래 2008년 삼성전자의 베트남 투자와 함께 본격적인 베트남의 전기전자산업 도약이 시작되었다(KOTRA, 2019: 16). 전통적으로 베트남의 1위 수출산업이었던 섬유산업을 제치고 2013년 이후 휴대폰과 전자제품, 부품이 베트남 총 수출액의 수위를 차지하고 있다. 그러나 이 같은 FDI 중심의 성장은 다른 한편으로 다국적기업의 생산기지로 단순 조립에 치중해 온 베트남 제조업 분야의 한계를 드러내기도 한다. 전기전자 부문에서 FDI 기업이 차지하는 비율은 약 95%에 달하며(KOTRA, 2019), 핵심 부품 조달 역시 대부분을 이들 FDI 기업의 해외 공급망을 통하여 수입하는 구조이다. 이에 실질적으로 베트남 로컬 기업들로의 유출 효과는 크지 않은 상황이다. 즉, 자생적인 R&D 및 품질관리 역량이 낮다는 한계와 직결되는 것이다(Lee, Zoo, and Khoi, 2018). 이에 베트남의 국내 제조업 기반을 강화해 보다 높은 부가가치 영역으로 이동하기 위한 정부 정책, 특히 FDI 투자로 인한 해외

다국적기업의 생산 기술을 베트남의 국내 생산 기반에 보다 광범위하게 확산시키기 위한 산업 정책의 중요성이 강조되고 있다.

이처럼 제조업 분야에서 자국 산업의 역량을 강화하기 위한 베트남 정부의 노력은 소비재 부문에서 베트남 산업체를 해외 기업과의 경쟁에서 적극적으로 보호하기 위한 각종 비관세조치의 증가와도 연결된다. 주지하다시피 자국 산업보호를 위한 목적으로 수입금지제도, 쿼터제도, 기술인증이나 위생검역(SPS), 환경보호와 관련된 각종 비관세장벽을 높이고 있는 것으로 평가된다. 이에 베트남 국내 기업과 경쟁이 발생할 수 있는 소비재나 완제품에 대해서는 상당한 수준의 비관세장벽이 설치되어 수출을 어렵게 하고 있다(한국무역신문, 2018).

먼저, 베트남 부품·소재산업 및 제조업 기반 육성을 위한 TBT 조치라는 관점에서 2013년 공포된 시행령(Decree) 187/2013/ND-CP를 주목해야 한다. 이 시행령은 특정 종류 물품에 대한 수입을 규제하고 있는데, 특히 중고 소비재도 수입규제 대상에 포함되어 있다. 중고 기계류의 수입 요건을 엄격하게 규정하여 수입을 제한한다거나 섬유나 봉제제품, 전자제품, 피혁제품, 전기전자기기, 가전제품 등 중고 소비재의 수입을 금지하는 비관세장벽을 설치하였다. 특히 Decree 187의 시행에 관한 시행령(Circular) 31/2015/TT-BTTTT는 수입규제 대상 중고 소비재 목록에 중고 휴대전화, 무선 핸드셋이 포함된 유선전화, 랩톱, PDA, 노트북, 디지털카메라, 손목시계 및 휴대용 시계 등을 추가한 바 있다. 오토바이와 자전거류 또한 이 시행령의 규제 시행 대상에 포함된다. 이 같은 조치는 베트남 부품산업 및 제조업 기반을 보호하는 것을 목적으로 추진되었다. 그러나 이 조치는 삼성전자 등 베트남 내에서 대규모 생산 시설을 운영하고 수출제품을 생산하는 기업들의 지속적인 TBT 이슈제기에 직면하였다. 이에 베트남 정부는 2016년, 총리령 18/2016/QD-TTg를 통하여 같은 기업 조직 내에서 생산시설을 이전하는 형태로 수입되는 IT 제조품에 한하여 수입 제한을 해제하는 내용을 공포한 바 있다.

또한 최근 WTO TBT 위원회에서 베트남에 제기된 STC 현안이기도 한 자동차 및 자동차 부품 관련 규제를 살펴볼 수 있다. 2017년 시행된 Decree 116/2017/ND-CP는 베트남 국내 자동차 제조산업을 보호하기 위한 완성차 수입규제 조치이다(KOTRA, 2019: 22-23). 이 시행령은 특히 기존에 완성차 모델별로 검사를 실시했던 배출가스와 안정성 테스트를 모든 수입 차량에 대하여 요구하고 있어 일본, 태국, 미국 등 주요 수출업자들의 베트남 내 완성차 판매를 실질적으로 어렵게 하고 있다.

5. 결론

베트남은 복잡한 통관 절차, 각종 인증 및 검사, 허가 절차가 복잡할 뿐만 아니라 전산화 수준이 낮아 통관부터 인증에 이르기까지 전 과정에 불필요한 비용과 시간이 많이 소요되는 점, 통관 및 인증 과정의 부정부패 또한 고질적인 무역장벽으로 지적되고 있다. 더불어 베트남은 눈부신 경제성장과 함께 보다 고부가가치 영역으로의 이동을 위하여 자국 제조업 기반을 적극적으로 보호하는 보호무역 기조를 강화하고 있다. 특히 부품제조업을 포함해 자국 제조업 기반을 육성하고자 하는 베트남 정부의 최근 산업 정책 추세를 반영하면, 베트남의 TBT 이슈는 기존의 식의약품 중심에서 제조업 분야 전반으로 중심점이 지속적으로 이동하게 될 것으로 판단된다.

참고문헌

이경숙(2013). 「베트남 전자산업 현황과 협력 방안」, 『산업경제분석』, 산업연구원(KIET).

이은미(2016). 「2017년 베트남 경제전망 및 주요 이슈 점검」, 『트레이드 포커스』 제42호, 한국무역협회.

코트라(KOTRA)(2019). 『2019 국별진출전략: 베트남』 KOTRA-10-029. 대한무역투자진흥공사.

Lee, H., Zoo, H., and Khoi, Nguyen Van(2018), "Standardization Policy for Industrial Development: A Case of the Electrical/Electronics Industry in Vietnam", in 2017/18 Knowledge Sharing Program with Vietnam (III): Cooperation in Solving Issues on Technical Barriers to Trade(TBT) within Framework of WTO and FTA, Ministry of Economy & Finance of Korea. Korea Development Institute.

Thanh, Vo Tri., Anh Duong Nguyen, and Minh Tran Binh(2016). "Non-tariff Measures in Viet Nam", *Non-Tariff Measures in ASEAN*. Ed. Ing, L. A., de Cordoba, S. F., and Cadot, O., Economic Research Institute for ASEAN and East Asia and United Nations Conference on Trade and Development.

Zoo, H.(2017). "Standardization and Innovation in Developing Countries: Cases of National Standard-Setting Committees in Vietnam", Doctoral Dissertation, Yonsei University.

한국무역신문. 「베트남, 절대 만만한 시장이 아니다」(2018년 11월 15일 자). http://weeklytrade.co.kr (검색일: 2019년 8월 15일)

Asia Development Bank(ADB). Asia Regional Integration Center: Free Trade

Agreements. http://aric.adb.org/fta-country (검색일: 2019년 8월 15일)
Central Intelligence Agency(CIA). The World Factbook: Vietman. https://www.cia.gov/library/publications/the-world-factbook/geos/vm.html (검색일: 2018년 10월 31일)
Directorate for Standards, Metrology and Quality(STAMEQ). http://tcvn.gov.vn/?lang=en (검색일: 2018년 10월 31일)
International Organization for Standardization(ISO). http://iso.org (검색일: 2018년 10월 31일)
McCaig, B. and N. Pavcnik(2013). "Moving out of Agriculture: Structural Change in Vietnam (NBER Working Paper No. 19616)", NBER Working Paper, Cambridge, Mass. https://doi.org/10.1017/CBO9781107415324.004 (검색일: 2018년 10월 31일)
Thang, P. Q., Nam, N. G., and Thuyet, N. N.(2015). "Codes and Standards for Geotechnological Engineering in Vietnam", Hanoi. https://www.jiban.or.jp/file/e/events/jv2015_thang.pdf (검색일: 2018년 10월 31일)
World Bank(2016a). Vietnam, DataBank. http://data.worldbank.org/country/vietnam (검색일: 2018년 10월 31일)
____(2016b). "World Bank Vietnam Overview"(October 10, 2016). http://www.worldbank.org/en/country/vietnam/overview#1 (검색일: 2018년 10월 31일)
____(2019). World Integrated Trade Solution(WITS) database. http://wits.worldbank.org (검색일: 2019년 8월 15일)
WTO. Technical Barriers to Trade Information Management System. http://tbtims.wto.org/ (검색일: 2019년 8월 15일)

KNOW TBT. https://www.knowtbt.kr/
K-stat. http://stat.kita.net

찾아보기

집필진

안덕근

서울대학교 국제대학원 국제통상 전공 교수이며, 국제통상전략센터 소장으로 활동하고 있다. 서울대학교 경제학부를 졸업하고 University of Michigan에서 경제학 박사학위와 법무박사학위(J.D.)를 취득하였다. 현재 WTO, 한-미 FTA, 한-EU FTA, 대만-에콰도르 FTA 분쟁 패널 후보, *Journal of International Economic Law*, *Journal of World Trade* 편집위원 등으로 활동하고 있으며, 무역위원회 무역위원을 맡는 등 다양한 정부 자문 역할을 하고 있다.

강성진

김&장 법률사무소 전문위원이며, 뉴욕주 변호사이다. University of Michigan Law School LL.M(법학 석사)과 고려대학교 법학 박사학위(국제법 전공)를 취득하였다. 벨기에 브뤼셀과 한국 등에서 국제통상 및 공정거래법 관련 실무 경험을 쌓은 뒤 김&장 법률사무소 통상팀에서 국제통상 관련 실무 및 연구 활동을 하고 있다.

공수진

고려대학교 법학연구원 연구교수이며, 뉴욕주 변호사이다. 고려대학교에서 법학 석·박사학위를 취득하고 Georgetown University Law Center에서 LL.M을 취득하였다. 외교통상부 당시 2등서기관으로 FTA 및 투자협정 협상에 참여했으며, 이후 아세아문제연구소에서 동북아 통합에 대한 연구를 수행한 바 있다. 대한국제법학회, 한국국제경제법학회 및 국제공정무역학회 이사로서, 통상·투자 분야에서 활발한 연구 활동을 하고 있다.

곽동철

한국무역협회 통상지원단 연구원이다. 서울대학교 사회학과를 졸업하고 서울대학교 국제대학원에서 국제학(국제통상) 석·박사학위를 취득하였다. 디지털경제, 디지털무역규범, 전자상거래협상, ICT 통상정책, ICT 국제표준과 표준화 분야에서 활발한 연구 활동을 펼치고 있으며, 업계 및 정부에 통상 관련 자문을 제공하는 역할을 맡고 있다.

곽주영

연세대학교 경영대학 교수이다. 서울대학교 국제지역원에서 경제학 석사학위(지역학 전공)를 취득하고 중국 베이징대학교 광화관리학원(Guanghua School of Management)에서 전략 전공으로 박사과정을 수학하였다. 미국 매사추세츠 공과대학(MIT)에서 기술경제 및 정책으로 박사학위를 취득하였다. 연세대학교에서 학부 협동과정 외교통상학과 중국지역학 책임교수(학과장)를 역임하였다.

김민정

서울대학교 국제학연구소 통상전략센터 선임연구원이다. KDI 국제정책대학원에서 정책학(국제관계) 석사학위, 서울대학교 국제대학원에서 국제학(국제통상) 박사학위를 취득하였다. SSK 전임연구원과 KDI School 전문위원을 역임하였다. 국제통상 관련 연구와 교육을 하고 있으며, 특히 비관세장벽과 기술규제 분야를 중점적으로 연구하고 있다.

김현정

현대자동차 글로벌경영연구소 연구위원이다. 서울대학교 국제대학원에서 경제학 석사학위(통상협상 전공), KDI 국제정책대학원에서 공공정책학(통상법 전공) 박사학위를 취득하였다. 세계 주요 자동차시장의 특성 분석 및 미래 시장 예측과 더불어 환경규제 강화에 따른 전동화(Electrification) 트렌드와 공유기반 모빌리티서비스의 부상 등 자동차산업의 패러다임 전환에 대하여 연구하고 있다.

박정준

법무법인(유) 광장 국제통상연구원 연구원이다. 토론토대학교에서 국제지역학(동아시아학) 학사, 서울대학교에서 국제학(국제통상) 석사학위를 취득한 뒤 박사과정을 수료하였다. 국제통상법 및 정책(WTO·FTA), 남북통상 분야에 대하여 연구하고 있으며, 산업통상자원부, 한국경제매거진, 한국관세무역개발원에 기고하는 등 국제통상 분야에서 활발하게 활동하고 있다.

오선영

숭실대학교 글로벌통상학과 교수이며, 뉴욕주 변호사이다. 미국 New York University에서 LL.M., American University에서 법학 박사학위를 취득하였다. 국제경제법과 국제환경법 관련 활발한 연구 활동을 하고 있다.

이지형

숭실대학교 초빙교수이며, 워싱턴 D.C. 변호사이다. 미국 Georgetown University Law Center에서 J.D., 이화여자대학교에서 법학 박사학위를 취득하였다. 주요 분야는 국제환경법 및 국제경제법이다.

이희진

연세대학교 국제학대학원 교수이다. 서울대학교 경영학과에서 학사, 사회학과에서 석사학위를 취득했으며, London School of Economics에서 Information Systems 분야 박사학위를 취득하였다. 국제표준 및 개발협력 분야에서 활발한 연구 활동을 하고 있다.

장용준

경희대학교 무역학과 교수이다. 부산대학교 경제학과를 졸업한 후 Indiana University에서 경제학 석·박사학위를 취득하였다. 대외경제정책연구원 부연구위원, 한국국제통상학회 사무국장을 역임하였다. 한국국제통상학회 이사와 학술 저널 『국제통상연구』의 부편집위원장으로 연구 활동을 하고 있다.

제현정

한국무역협회 통상지원단 단장이다. 통상 분야의 연구, 기업 지원, 대정부 활동을 총괄하고 있다. 서울대학교 외교학과를 졸업하고, 서울대학교 국제대학원 국제관계 석사학위 및 국제학(국제통상) 박사학위를 취득하였다. 민간 전문가로 한-미 FTA, 한-캐나다 FTA, 한-인도 CEPA 협상에 참여한 바 있으며, 민관의 소통과 협력을 위해 통상산업포럼, 수입규제협의회, 비관세장벽협의회 사무국을 운영하고 있다.

주한나

한림대학교 미래융합스쿨, 글로벌협력대학원 조교수이다. New York University에서 공공행정(개발)학 석사학위, 연세대학교에서 국제학(개발협력) 박사학위를 취득하였다. 개발도상국의 표준화와 혁신, 정보통신기술과 개발도상국의 경제사회적 발전(ICT4D), 국제개발협력 분야에서 활발한 연구 활동을 하고 있다.